KEYNES X HAYEK

NICHOLAS WAPSHOTT

KEYNES X HAYEK

TRADUÇÃO DE
ANA MARIA MANDIM

7ª edição

EDITORA RECORD
RIO DE JANEIRO • SÃO PAULO
2024

CIP-BRASIL. CATALOGAÇÃO NA PUBLICAÇÃO
SINDICATO NACIONAL DOS EDITORES DE LIVROS, RJ

W225k
7ª ed.

Wapshott, Nicholas
  Keynes x Hayek: as origens – e a herança – do maior duelo econômico
da história. / Nicholas Wapshott; tradução de Ana Maria Mandim. – 7ª ed. –
Rio de Janeiro: Record, 2024.

  Tradução de: Keynes x Hayek: the clash that defined modern economics
  Inclui bibliografia e índice

  ISBN 978-85-01-40101-4

  1. Keynes, John Maynard, 1883-1946. 2. Hayek, Friedrich August
von, 1899-1992. 3. Economia. 4. Política econômica. I. Mandim, Ana Maria.
II. Título.

16-29892

CDD: 306.4
CDU: 392.6

Copyright © Nicholas Wapshott, 2011

Título original em inglês: Keynes x Hayek: the clash that defined modern economics

Todos os direitos reservados. Proibida a reprodução, armazenamento ou transmissão de partes deste livro, através de quaisquer meios, sem prévia autorização por escrito.

Texto revisado segundo o Acordo Ortográfico da Língua Portuguesa de 1990.

Direitos exclusivos de publicação em língua portuguesa para o Brasil adquiridos pela
EDITORA RECORD LTDA.
Rua Argentina, 171 – Rio de Janeiro, RJ – 20921-380 – Tel.: (21) 2585-2000,
que se reserva a propriedade literária desta tradução.

Impresso no Brasil

ISBN 978-85-01-40101-4

Seja um leitor preferencial Record.
Cadastre-se no site www.record.com.br e receba
informações sobre nossos lançamentos e nossas promoções.

EDITORA AFILIADA

Atendimento e venda direta ao leitor:
sac@record.com.br

A Anthony Howard

Sumário

Prefácio   9

1. O herói glamoroso   13
   Como Keynes se tornou o ídolo de Hayek, 1919-27

2. Fim do império   29
   Hayek experimenta a inflação diretamente, 1919-24

3. As linhas da batalha são traçadas   45
   Keynes nega a ordem "natural" da economia, 1923-29

4. Stanley e Livingstone   65
   Keynes e Hayek se encontram pela primeira vez, 1928-30

5. O homem que matou Liberty Valance   87
   Hayek chega de Viena, 1931

6. Duelo ao alvorecer   105
   Hayek critica severamente A Treatise, *de Keynes, 1931*

7. Devolver fogo!   121
   Keynes e Hayek entram em conflito, 1931

8. A empreitada italiana   137
   Keynes pede a Piero Sraffa que continue o debate, 1932

9. Rumo à *Teoria Geral*   151
   A cura grátis para o desemprego, 1932-33

10. Hayek pisca   169
    A Teoria Geral convida a uma resposta, 1932-36

11. Keynes arrebata os Estados Unidos   187
    Roosevelt e os jovens economistas do New Deal, 1936

12. Irremediavelmente empacado no capítulo 6   207
    Hayek escreve sua própria "Teoria Geral", 1936-41

13. A estrada para lugar nenhum   227
    Hayek vincula as soluções de Keynes à tirania, 1937-46

14. Os anos no deserto   249
    Mont Pèlerin e a mudança de Hayek para Chicago, 1944-69

15. A era de Keynes   271
    Três décadas de prosperidade americana inigualada, 1946-80

16. A contrarrevolução de Hayek   295
    Friedman, Goldwater, Thatcher e Reagan, 1963-88

17. A batalha reiniciada   317
    Economistas de água doce e de água salgada, 1989-2008

18. E o vencedor é...   339
    Evitando a Grande Recessão de 2008 em diante

Agradecimentos   353

Notas   355

Bibliografia selecionada   405

Índice   415

Prefácio

Foi, talvez, o episódio mais incomum no longo duelo entre os dois gigantes do pensamento econômico do século XX. Durante a Segunda Guerra Mundial, John Maynard Keynes e Friedrich Hayek passaram a noite toda juntos, sozinhos, no telhado da capela de King's College, Cambridge.[1] A tarefa deles era olhar para o céu e procurar bombardeiros alemães com a missão de despejar bombas incendiárias nas pequenas cidades pitorescas da Inglaterra.

Na primavera e no verão de 1941, em retaliação ao bombardeio britânico das cidades medievais Lübeck, que abrigava um covil de submarinos, e Rostok, terra natal das oficinas do bombardeiro Heinkel, aviões alemães bombardearam uma série de cidades inglesas sem valor estratégico. Exeter, Bath e York suportaram tempestades de chamas que puseram em risco construções antigas. Os redatores britânicos das manchetes dos jornais criaram a expressão "A blitz Baedeker", porque parecia que os aviões alemães selecionavam os alvos britânicos consultando o guia de viagens alemão que classificava as cidades de acordo com seu valor cultural. Embora tivesse poucas indústrias de guerra importantes, Cambridge garantiu seu lugar no cardápio nazista de devastação por sua universidade fundada na Idade Média.

Noite após noite, a faculdade e os estudantes de King's, armados de pás, faziam rodízio para vigiar o teto da enfeitada capela gótica, cuja pedra de fundação foi lançada por Henrique IV em 1441. Os que vigiavam a Catedral de St. Paul's em Londres haviam descoberto que não existia remédio contra uma bomba incendiária, mas que, se a bomba pudesse ser empurrada por cima da beirada do parapeito antes de pôr fogo no telhado, o dano seria mínimo. E, assim, Keynes, perto dos 60 anos, e Hayek, com 41 anos, sentaram-se e esperaram o iminente ataque germânico, as pás encostadas na balaustrada de pedra calcária. Estavam unidos pelo medo comum de não ser corajosos ou ágeis o bastante para salvar a venerável incumbência de pedra.

Foi particularmente coerente que os dois economistas desafiassem o perigo nazista, porque ambos, de diferentes modos, haviam previsto o surgimento da tirania do nacional socialismo e pressagiado a ascensão de Hitler. Keynes era um jovem professor de economia em King's, quando, na deflagração da Primeira Guerra Mundial, foi recrutado pelo Tesouro, o ministério britânico das finanças, para levantar dinheiro de Wall Street a fim de financiar os esforços aliados. Quando a guerra terminou em 1918, Keynes foi mantido no posto para aconselhar sobre a melhor forma de extrair dos alemães derrotados as reparações de guerra.

Keynes ficou chocado com o que descobriu nas conversações de paz em Paris. Enquanto os vitoriosos líderes aliados, incitados pela vingança, saboreavam a miséria que esperavam infligir à nação alemã mediante severas punições financeiras, Keynes via a questão de um ângulo bem diferente. Ele acreditava que levar à miséria uma nação comercial moderna como a Alemanha seria impor uma pobreza paralisante a seus cidadãos e que isso proporcionaria as condições para o surgimento de políticos extremistas, insurreição, até revolução. Keynes achava que, em vez de levar a Primeira Guerra Mundial a um fim justo, o Tratado de Versalhes plantava as sementes da Segunda Guerra Mundial. De volta a casa, escreveu *The Economics Consequences of the Peace* [As consequências econômicas da paz], uma acusação devastadora da loucura dos líderes Aliados. O livro foi best-seller em todo o mundo e deu a Keynes notoriedade internacional como economista com senso comum.

A eloquência cáustica de Keynes não se perdeu com Hayek, um jovem soldado do exército austríaco na frente italiana que regressou para encontrar devastada sua cidade natal, Viena, e abalada a confiança de seu povo. Hayek e sua família sofreram com a inflação súbita que logo atacou a economia austríaca. Hayek viu os bens de seus pais se derreterem, uma experiência que o colocaria permanentemente contra aqueles que advogavam a inflação como cura para uma economia quebrada. Ele estava determinado a provar que não havia soluções simples para problemas econômicos intratáveis, e veio a acreditar que aqueles que defendiam programas de grandes gastos públicos para reduzir o desemprego acenavam não só para a inflação descontrolada como também para a tirania política.

Embora concordassem sobre as falhas do Tratado de Paz de Versalhes, Keynes e Hayek passaram a maior parte dos anos 1930 discordando sobre o futuro da economia. Em pouco tempo, o desacordo incluiu o papel do próprio governo e a ameaça da intervenção no mercado às liberdades individuais. O debate esquentou e, malconduzido, assumiu o espírito de uma briga religiosa. Quando o crash do mercado de ações em 1929 desencadeou a Grande Depressão, os dois homens fizeram afirmações concorrentes sobre a melhor forma de restaurar a saúde da estilhaçada economia mundial. Embora o par finalmente fizesse as pazes, seus ardentes discípulos continuaram a batalha feroz por muito tempo depois que os dois homens morreram.

Em setembro de 2008, aconteceu outro crash em Wall Street e outra crise financeira mundial estourou. O presidente George W. Bush, partidário ostensivo das opiniões de Hayek sobre a santidade do livre mercado, defrontou-se com uma dura escolha: observar o mercado estabilizar-se em uma depressão que poderia rivalizar com a de oitenta anos antes, ou rapidamente adotar soluções keynesianas para gastar trilhões de dólares emprestados do governo para proteger de maiores danos a economia que naufragava. A perspectiva de deixar o livre mercado chegar a sua pior situação era tão alarmante que, sem pensar duas vezes, Bush abandonou Hayek e abraçou Keynes. A eleição de um novo presidente, Barack Obama, desviou a atenção de novas e vastas injeções de dinheiro emprestado na economia. Mas, antes que os fundos de estímulo fossem completamente esgotados, houve violenta reação popular contra incorrer em tais níveis de dívida pública sem precedentes. O movimento Tea Party levantou-se para exigir que a administração mudasse seu curso. "Hank, o povo americano não gosta de resgates financeiros",[2] foi a repreensão de Sarah Palin, a mais respeitada figura do Tea Party, ao secretário do Tesouro, Henry Paulson, em outubro de 2008. Glenn Beck, comentarista político, fez reviver a reputação de Hayek ao chamar a atenção dos americanos para o negligenciado livro de Hayek, *Road to Serfdom* [Estrada para a servidão], e, assim, o austríaco há muito esquecido subiu ao topo das relações de livros mais vendidos. Keynes agora estava por fora, e Hayek, por dentro.

As discussões em torno de afirmações divergentes sobre as virtudes do livre mercado e da intervenção do governo proliferam hoje tão ferozmente quanto nos anos 1930. Então, quem estava certo, Keynes ou Hayek? Este livro é uma tentativa de responder à pergunta que dividiu políticos e economistas por oitenta anos e mostrar que as inflexíveis diferenças entre dois homens excepcionais continuam a marcar a grande divisão entre as ideias dos liberais e dos conservadores até o dia de hoje.

1.

O herói glamoroso

Como Keynes se tornou o ídolo de Hayek, 1919-27

O maior debate na história da economia começou com a simples requisição de um livro. Nas primeiras semanas de 1927, Friedrich Hayek, jovem economista vienense, escreveu para John Maynard Keynes em King's College, Cambridge, na Inglaterra, pedindo um compêndio escrito cinquenta anos antes, de Francis Isidro Edgeworth[1], exoticamente intitulado *Mathematical Psychics* [Psicologia matemática]. Keynes respondeu em uma única linha, em um cartão simples: "Sinto muito, mas meu estoque de *Mathematical Psychics* está esgotado."

O que teria levado Hayek, um economista desconhecido com pouca experiência, a aproximar-se justamente de Keynes, talvez o mais famoso economista do mundo? Para Keynes, o pedido de Hayek foi apenas mais um em sua lotada caixa de correio. O prodígio da economia de Cambridge não guardou registro do pedido de Hayek, embora estivesse tão consciente da contribuição que prestava à posteridade mediante sua ousada abordagem do estudo da economia política, que dera para armazenar cada bilhete e cada carta. A publicação póstuma de sua correspondência, mesmo editada, encheu treze volumes. Hayek, enquanto isso, estava completamente consciente do significado de seu pedido. Guardou zelosamente a resposta trivial de Keynes e preservou-a pelos sessenta e cinco anos seguintes como lembrança pessoal e troféu profissional. O cartão-postal encontra-se hoje no arquivo Hayek, na Hoover Institution, no campus da Universidade de Stanford, em Palo Alto, Califórnia, prova tangível de que Hayek provocou o primeiro contato do que se tornaria um intenso duelo sobre o papel do governo na sociedade e o destino da economia mundial.

Edgeworth interessou Hayek porque um dos assuntos que o autor explorou bastante era um tópico de que se ocupariam tanto Keynes quanto Hayek: como recursos escassos podem maximizar a "capacidade para o prazer". O desagradavelmente intitulado *Mathematical Psychics: An Essay on the Application of Mathematics to the Moral Sciences* [Psicologia matemática: um ensaio sobre a aplicação da matemática às ciências morais], publicado em 1881, foi o trabalho mais conhecido de Edgeworth. Ele antecipou um grande número de debates que iriam envolver economistas no século seguinte, incluindo noções de "concorrência perfeita", "teoria dos jogos" e, de suma importância para a batalha pendente entre Keynes e Hayek, a crença de que a economia irá alcançar um estado de "equilíbrio" com todo adulto fisicamente apto plenamente empregado. Edgeworth foi também um intérprete prematuro de teorias sobre a moeda e sistema monetário, que, em 1927, tanto Keynes quanto Hayek já haviam tratado detalhadamente. Existia um pretexto, embora fraco, que pode ter motivado Hayek a procurar contato com Keynes: Keynes sucedera Edgeworth como editor do *Economic Journal* em 1911.

Mas é difícil imaginar por que Hayek esperava que Keynes tivesse aquilo a que Keynes bem-humoradamente se referiu como "meu estoque de *Mathematical Psychics*", como se mantivesse um depósito secreto dos trabalhos proibidos de Edgeworth. Embora Edgeworth fosse pouco lembrado até entre os economistas britânicos, *Mathematical Psychics* estava disponível em livrarias. Existia uma divisão profunda entre a escola britânica de economia, centralizada nos ensinamentos de Alfred Marshall,[2] mentor de Keynes em Cambridge, Inglaterra, e economistas do continente, que focalizavam as teorias de investimento de capital (o dinheiro investido em uma empresa), expostas em Viena por Ludwig von Mises,[3] mentor de Hayek, e, simultaneamente, bastante contato, com nível regular de mal-entendidos, entre os dois campos. A economia marshalliana se baseava no entendimento comum do assunto e em como os negócios funcionavam na prática, conceitos emanados da tradição mercantilista que tornara a Grã-Bretanha a nação mercantilista mais bem-sucedida da história. As noções da "escola austríaca" eram mais teóricas e mecanicistas, mais derivadas de um entendimento prático que intelectual de como os negócios poderiam funcionar.

A maior parte dos austríacos lia em inglês e era fluente nessa língua, se não influenciados pela tradição inglesa; os ingleses, em geral, não liam em alemão e ignoravam amplamente os trabalhos de teóricos austríacos e alemães. Mas tão grandes eram os laços entre os acadêmicos, que as fronteiras nacionais significavam pouco. O comércio de livros e jornais continuou ao longo dos horrores da Primeira Guerra Mundial, mesmo que os estudiosos se achassem em lados opostos de fronteiras transformadas em trincheiras. O filósofo Ludwig Wittgenstein, colega de Keynes em Cambridge e primo distante de Hayek,[4] escreveu para Keynes enquanto servia no exército austríaco na frente italiana: "Seria possível enviar [um novo volume do filósofo de Cambridge Bertrand Russell] para mim e me deixar pagar depois da guerra?"[5] Keynes acedeu devidamente.[6]

Mesmo que Hayek não conseguisse encontrar uma cópia de *Mathematical Psychics* na grande biblioteca da Universidade de Viena, há uma grande distância entre isso e imaginar que seu passo seguinte seria o mundialmente conhecido Keynes. Keynes não era meramente um membro de King's College, Cambridge, que ensinava economia a estudantes de graduação. Aos 42 anos, era mundialmente famoso por seu papel de negociador do Tesouro Britânico na Conferência de Paris, que foi a precursora do Tratado de Versalhes, que levou ao fim o cataclismo da Primeira Guerra Mundial. Ao revelar ao público mais amplo a intensa xenofobia e o espírito nacionalista que havia guiado as deliberações em Paris, Keynes se tornou uma figura celebrada não apenas na Grã-Bretanha, como na Europa em geral, particularmente nas nações derrotadas, Áustria e Alemanha.

O entendimento precoce de economia e finanças públicas de Keynes era tão vasto que, quando a Grã-Bretanha declarou guerra, em setembro de 1914, ele foi recrutado para negociar um enorme empréstimo de credores americanos. O empréstimo era grande não apenas porque financiava o esforço de guerra britânico em todo o mundo, como também porque os banqueiros americanos não confiavam nos franceses e italianos para pagar o empréstimo, deixando à Grã-Bretanha o reembolso de seus aliados. Os esforços de Keynes foram tão engenhosos e seu charme tão efetivo em cortar caminho na burocracia que, quando a guerra terminou, Keynes se uniu à equipe para aconselhar como fazer os alemães pagarem por causar tanta morte e devastação.

A guerra foi a mais destrutiva da história. Em sua raiz, a luta entre, de um lado, os Poderes Centrais de Alemanha e Áustria e, de outro, os Aliados, compreendendo Grã-Bretanha, França, Rússia e, no final, os Estados Unidos, se dava em torno de terras e do comércio mundial. Em semanas, os dois lados haviam cavado milhares de trincheiras estreitas e abafadas à distância de um grito entre elas, de onde saíam para investidas suicidas. A guerra marcou o fim da idade da cavalaria e o alvorecer da era moderna. Cavalaria e baioneta lentamente deram lugar a batalhas de tanques, armas químicas e bombardeios aéreos. Depois de quatro anos terríveis, os alemães foram levados à submissão pela fome e, na época do armistício de 1918, quase dez milhões de soldados haviam morrido, outros oito milhões estavam "desaparecidos", mais de 21 milhões tinham sido feridos e quase sete milhões de civis pereceram. Uma geração de jovens europeus havia sido assassinada ou mutilada.

Como Hayek recordou, Keynes foi "em certa medida um herói para nós, europeus centrais,"[7] devido à sua corajosa condenação dos líderes britânicos, franceses e americanos por cobrar reparações paralisantes aos remanescentes da aliança derrotada. Seu relato condenatório das conversações em Paris, *The Economic Consequences of the Peace*, foi publicado apenas meses depois que o Tratado de Versalhes foi assinado, e se tornou sensação mundial imediatamente. Continha ataques irreverentes aos líderes Aliados, incluindo retratos devastadores do presidente americano Woodrow Wilson, do primeiro-ministro francês Georges Clemenceau[8] e do primeiro-ministro britânico David Lloyd George.[9] As predições de Keynes de que as pesadas reparações levariam à instabilidade e ao extremismo político e poderiam detonar outra guerra mundial se tornariam previsões arrepiantes. O que Hayek não sabia quando tentou pela primeira vez atrair Keynes era todo o *background* da rebelião muito burguesa do jovem professor de Cambridge.

Keynes nascera numa família de acadêmicos. Seu pai, Neville, escrevia livros de economia e era um administrador da Universidade de Cambridge. Sua mãe, Florence, era intelectual também, uma das primeiras graduadas da Universidade Newnham, só de mulheres, em Cambridge, que se tornou a primeira prefeita mulher de Cambridge. Keynes desfrutou de uma mentalidade mais independente e original que sua mãe e seu pai. Depois de cursar Eton College, a principal escola secundária para os filhos de aristocratas, Keynes tornou-se aluno de graduação de King's College, estudando matemática. Logo foi adotado pelo mentor de seu pai, Alfred Marshall, de cabeleira branca, o luminar da economia inglesa que havia escrito o compêndio definitivo sobre economia na língua inglesa, *Principles of Economics* (1890), no qual introduziu conceitos econômicos básicos como a noção de que os preços são determinados pelo cruzamento das curvas de oferta e demanda e que o uso de um objeto determina seu valor. Impressionado com o brilho de Keynes, Marshall o pressionou a abandonar a matemática e canalizar suas energias para a economia.

Em Cambridge, Keynes forjou várias amizades intensas com um grupo exclusivo cujas ideias boêmias guiariam seus pensamentos e ações para o resto da vida. O Grupo de Bloomsbury,[10] integrado pelos escritores prestes a se tornar famosos Lytton Strachey,[11] Virginia Woolf[12] e E. M. Forster,[13] e os artistas visuais Duncan Grant,[14] Vanessa Bell,[15] Roger Fry[16] e outros, compartilhava admiração pelas ideias de G. E. Moore,[17] filósofo moral de Trinity College, Cambridge, que dava muito valor à amizade e à estética. O grupo rejeitava padrões vitorianos sufocantes, particularmente a moralidade sexual puritana, e seus integrantes usavam uma linguagem particular para excluir outros. Os amores entrelaçados do grupo eram a liga que os unia. Eles continuaram a viver lado a lado nas quadras do bairro de Bloomsbury, que deu nome ao grupo e em falsas casas rústicas na zona campestre do sul inglês.

Keynes não era bonito nem se considerava atraente, mas desfrutava uma presença física dominante. Tinha 1,83m de altura e ombros levemente curvos, característica que adquirira como colegial de estatura elevada. Assim que saiu de Eton, deixou crescer um farto bigode. Muito chamativos eram seus olhos profundos cor de amêndoa, calorosos e convidativos, que sugeriam atenção envolvente. Homens e mulheres caíam sob seu domínio. Sua voz melíflua seduzia até os que resistiam ao seu charme. Hayek observou, "aqueles de nós que tiveram a boa sorte de conhecê-lo pessoalmente logo experimentaram o magnetismo de sua conversação brilhante, com seu amplo leque de interesses e sua voz enfeitiçante."[18]

Keynes ficou algo distanciado do resto do Grupo de Bloomsbury não por causa de suas inclinações pessoais — era ávido colecionador de pintura moderna, escritor prolífico e eloquente e homossexual promíscuo e desembaraçado —, mas por causa do campo que escolheu. Enquanto os outros levavam uma existência artística rarefeita fora da sociedade convencional, na qual podiam criticar a ordem estabelecida com impunidade, o talento de Keynes como economista o fez ser grandemente demandado pelo governo de tempo de guerra. Como seus colegas do Bloomsbury não tardaram a apontar, Keynes se unira à mesma classe dominante que eles desprezavam. Como muitos do grupo, Keynes não levava a sério a intenção do governo na Primeira Guerra Mundial de obter vitória clara e decisiva e acreditava que, para deter a carnificina diária nas trincheiras, a guerra devia ter um fim rápido sem vitória para nenhum dos lados.

A guerra mal havia começado quando, em novembro de 1914, Keynes achou intolerável o banho de sangue na frente ocidental. "Estou absoluta e completamente desolado", escreveu para Strachey. "É profundamente insuportável ver dia após dia os jovens irem embora... para o matadouro. Cinco desta universidade, que não se formaram ou que acabaram de se formar, já foram mortos."[19] À medida que a guerra se arrastava, as mortes dos jovens amigos traziam a carnificina para casa. "Ontem chegaram notícias de que dois dos nossos estudantes foram mortos, eu os conhecia", escreveu Keynes para seu amante ocasional Duncan Grant. "E hoje, morreu Rupert."[20] As notícias de que o poeta Rupert Brooke, de 28 anos, havia morrido a caminho do campo de batalha de Gallipoli chocou a nação, mas provocou um pesar especial entre os amigos na King's.

Não obstante as tendências pacifistas, Keynes estava preparado para emprestar seu intelecto ao esforço de guerra, menos porque era patriota que por se intrigar com os enigmas das políticas públicas em tempo de guerra. Keynes desempenhou um papel mais importante no esforço de guerra do que qualquer outro funcionário não eleito. E foi muito bom nisso. Como seu biógrafo R. F. Harrod[21] explicou, "ele ocupava a posição-chave em que, sem desafiar o centro do esforço econômico interaliado, pensava a política, e, de fato, arcava com a responsabilidade final das decisões."[22] Esse foi um aspecto da vida de Keynes que o distanciou de Hayek: enquanto Hayek era consumido pela teoria econômica em si mesma e mantinha uma distância deliberada da política, Keynes se interessava pela aplicação da economia como meio de melhorar a vida dos outros.

Quando a guerra entrou em seu segundo ano, 1915, a tentativa de Keynes de conciliar seu posto no Tesouro com a crença de que a guerra era imoral começou a afetar suas amizades do Bloomsbury. No início de 1916, foi pressionado a unir-se a eles e evitar o serviço militar, registrando sua objeção de consciência.[23] O insolente Strachey, que perdera a afeição de Grant para Keynes, era o mais áspero em mostrar que o trabalho de Keynes o desgostava. Depois que Edwin Montagu, o secretário financeiro do Tesouro, proferiu uma tirada sanguinária contra os alemães, Strachey recortou a notícia do jornal e colocou-a sobre o aparelho de jantar de Keynes com um bilhete que dizia: "Querido Maynard, por que você ainda está no Tesouro? Atenciosamente, Lytton."[24] Strachey contou ao irmão James: "Eu ia mandar pelo correio, mas calhou de ele estar jantando no Gordon Square quando eu também estava. Então, coloquei o bilhete em cima de seu prato. Ele ficou realmente sem graça." Strachey acrescentou: "O que adiantaria ele continuar a imaginar que estava fazendo algum bem a tais pessoas?... O pobre coitado parecia muito honesto em relação a isso, e admitiu que parte do motivo para ficar era o prazer que sentia por ser capaz de fazer o trabalho tão bem. Também parecia pensar que prestava um grande serviço ao país poupando alguns milhões [de libras] por semana."[25]

O HERÓI GLAMOROSO

A pressão levou Keynes a pensar em renunciar. Ele começou a passar muito tempo defendendo os amigos da condenação à prisão pela alegada objeção de consciência. Mas continuou convencido de que seu envolvimento na administração da guerra era certo e que sua contribuição levava a uma política mais benigna do que se deixasse o trabalho para outros. Quando se fez a paz em 1918, ficou contente por ter resistido a retirar-se para a tranquila irresponsabilidade de King's College. Mas o fim da guerra não lhe concedeu o desencargo de seu trabalho público. Como um dos chefes da política britânica de guerra, em janeiro de 1919 partiu para a Conferência de Paz de Paris para assessorar o primeiro-ministro Lloyd George na estratégia de negociação.

Keynes tinha poucas ilusões sobre as conversações e se envolveu nelas com a mesma justificativa que havia usado para se engajar na administração da guerra: divertia-se por estar tão intimamente ligado aos assuntos do país. Sentia que o resultado seria mais justo e menos incivilizado — se não exatamente civilizado — se participasse. Tinha sentimentos de culpa por ter alimentado a máquina de guerra até aquele ponto e esperava expiar esses sentimentos assegurando-se de que o tratado fosse justo. Como expôs seu biógrafo Robert Skidelsky,[26] "ele buscava uma forma de praticar um ato de reparação pessoal."[27]

A preocupação suprema dos Aliados era assegurar que "a Alemanha compensasse todo o mal causado à população civilizada dos Aliados e suas propriedades pela agressão da Alemanha por terra, mar e ar".[28] Os franceses, liderados por seu decaído primeiro-ministro George Clemenceau, eram os mais obstinados na insistência de que as nações derrotadas pagassem pela destruição física e humana que haviam desencadeado. Mas os Aliados logo se encontraram em uma situação difícil. Quanto mais exigiam a confiscação dos ativos domésticos germânicos e dos investimentos no exterior, seu carvão e as indústrias do aço, sua marinha mercante e assim por diante, menos os alemães seriam capazes de lhes pagar somas anuais em dinheiro. As elites governantes de nações novas como Hungria, Polônia e Tcheco-Eslováquia que, como membros dos antigos impérios germânico e austro-húngaro, tinham enviado seus excedentes de bens para as capitais do império, diminuíam ainda mais a capacidade de pagar das nações conquistadas.

E havia outras complicações. Um resultado do conflito foi a revolução bolchevique na Rússia, que derrubara brutalmente os democratas mencheviques que puseram fim ao domínio do czar Nicolau II e fizera a paz com os Poderes Centrais. Se os Aliados não cuidassem de que as populações vencidas pudessem atender suas demandas, poderiam abalar tanto a democracia nas nações derrotadas, que o comunismo se espalharia para o Ocidente. De fato, nem bem o kaiser Guilherme II foi deposto em novembro de 1918, quando a derrota da Alemanha era vista como inevitável, o novo governo democrático foi desafiado por um golpe liderado pelos marxistas revolucionários da Liga Espártaco sob Rosa Luxemburgo.[29] Mesmo assim, os Aliados continuaram a criar condições maduras para extremistas. Enquanto brigavam entre eles sobre quanto cobrar do governo alemão em Weimar, continuaram a manter o bloqueio que levara à rendição alemã. Logo, um desastre humanitário engolfou Alemanha e Áustria, uma condição de miséria geral que forneceu as circunstâncias perfeitas para os revolucionários conseguirem apoio.

Em Paris, Keynes se tornou um campeão pacifista para as nações subjugadas. Ele argumentava que a Alemanha não devia ser aniquilada pela fome e se deu ao trabalho de assegurar que a Áustria, em particular, fosse tratada com mais tolerância, fato que se tornou amplamente conhecido em Viena, para onde o jovem Hayek voltara recentemente da frente italiana. Keynes se tornou amigo do Dr. Carl Melchior,[30] sócio do Banco M. M. Warburg, sediado em Hamburgo, e negociador-chefe dos alemães em Paris. Num encontro secreto especificamente proibido pelos Aliados, os dois homens forjaram um acordo pelo qual suprimentos de comida começariam a chegar à Alemanha, se a esquadra de marinha mercante alemã se rendesse aos Aliados.

Em maio de 1918, Keynes fez um apelo em favor das mulheres e crianças da Áustria que estavam passando fome. De acordo com as minutas do encontro que firmou o acordo Melchior, "o Sr. Keynes afirma que gostaria de fazer uma descrição adequada das assustadoras condições na Áustria. As pessoas morriam de fome em grande número, e [os britânicos] já lhes emprestavam somas substanciais para que comprassem alimento. Uma grande parte da população estava sem roupa. As pessoas estavam em uma situação desesperadora e já haviam sido espantosamente punidas por sua participação na guerra."[31] Foi a resistência de Keynes contra os vitoriosos em favor de melhorar a situação ruim dos austríacos, assim como sua oposição ao Tratado de Versalhes que asseguraram o status de herói com que o recompensaram Hayek e seus amigos vienenses.

Keynes, acreditando que as reparações se mostrariam desastrosas para a perspectiva de paz permanente na Europa, sentia-se cada vez mais infeliz. "Estou profundamente esgotado, em parte pelo trabalho e em parte pela depressão pelo mal em torno de mim", escreveu para a mãe. "A Paz é ultrajante e impossível e não pode trazer nada a não ser infelicidade... Acho que fui cúmplice de toda essa maldade e loucura, mas o fim agora está perto."[32] Ele escreveu para Grant, que se passava por agricultor para escapar do alistamento, que os líderes aliados "tinham a chance de adotar uma visão ampla, ao menos humana, do mundo, mas a recusaram sem hesitar."[33] Ele escreveu para o ministro da Fazenda, Austen Chamberlain, que "o primeiro-ministro nos está levando a todos para o pântano da destruição. O acordo que está propondo para a Europa a desorganiza economicamente e deve despovoá-la de milhões de pessoas... Como espera que eu assista a esta trágica farsa?"[34] Chamberlain, que, uma semana antes, expressara a

Keynes o "forte sentimento de que a continuação de seus serviços por ora é de grande importância",[35] não respondeu.

Keynes se retirou do Hotel Majestic, que abrigava o resto da equipe do Tesouro, e buscou refúgio em um apartamento junto ao tranquilo e arborizado Bois de Boulogne, no oeste da cidade. Ele sofreu um colapso nervoso e escreveu para a mãe. "Passo mais da metade do meu tempo na cama e me levanto apenas para reuniões com o ministro da Fazenda, [seu aliado em argumentar contra reparações punitivas, o marechal de campo da África do Sul J. C.] Smuts,[36] o primeiro-ministro [Lloyd George]... Eu estive distintamente à beira de uma crise nervosa, na semana passada, e, sem gostar de forma alguma da perspectiva, voltei imediatamente para a cama."[37] Convencido de que muito pouco ainda poderia fazer para trazer sanidade ao tratado, Keynes renunciou, escrevendo para Lloyd George: "Devo dizer-lhe que, no sábado, estarei escapando para longe desta cena de pesadelo. Não posso fazer mais nada aqui... A batalha está perdida."[38]

Encolerizado pelo que vira e ouvira em Paris, Keynes decidiu fazer bom uso da experiência e, em duas semanas, se abrigara em uma fazenda de propriedade de Grant e a mulher, Vanessa Bell, em Charleston, East Sussex. Seu objetivo era, de forma calma, abrangente, impiedosa e, com frequência, divertida, expor o perigoso absurdo das pretensões dos Aliados. Escreveu *The Economic Consequences of the Peace* num ritmo impetuoso. Seu ponto de vista em geral era que as conversações de paz não eram nada disso. A volúpia da vingança e o desejo de ver a Alemanha permanentemente humilhada por provocar o que chamou de "guerra civil europeia"[39] provavelmente causariam outro conflito mundial. "Movido por ilusão insana e amor-próprio temerário, o povo alemão derrubou as fundações sobre as quais todos nós vivemos e construímos", escreveu Keynes. "Mas os porta-vozes dos povos francês e britânico correm o risco de completar a ruína."[40]

Keynes queria que seus leitores compreendessem toda a enormidade da punição distribuída pelos Aliados e que a Alemanha era incapaz de satisfazer suas obrigações com o tratado. Aproveitando a deixa do satírico *Eminent Victorians*, de Strachey, que ridicularizava ídolos britânicos como a enfermeira heroica da Guerra da Crimeia, Florence Nightingale, Keynes capturou a imaginação do público interpretando as personalidades que se encontravam para a austera conferência diária na mesa do presidente Wilson em Paris, "um homem muito velho que guardava sua força para ocasiões importantes... fechava os olhos com frequência e se inclinava para trás em sua cadeira com um rosto impassível de pergaminho, as mãos enluvadas de cinza cruzadas diante dele."[41] A atitude do primeiro-ministro francês era que "não se deve nunca negociar com um alemão ou conciliar com ele; você deve dar-lhe ordens", e ele acreditava que "uma paz de magnanimidade ou tratamento justo ou igual... poderia apenas ter o efeito de encurtar o intervalo de recuperação da Alemanha e apressar o dia em que ela novamente lançará sobre a França seus números maiores".[42]

Keynes foi igualmente rigoroso com Lloyd George, embora sua mãe o tivesse persuadido a omitir uma passagem brilhante que o descrevia como "essa sereia, esse bardo de pés de cabra, esse visitante meio humano à nossa era, provindo das mágicas florestas povoadas de pesadelos e feitiçarias da antiguidade céltica".[43] Mas Keynes manteve a acusação de que Lloyd George cinicamente convocara eleições gerais no meio das negociações de Paris para assegurar a vitória do seu governo Liberal e havia participado de uma guerra de apostas com os rivais Conservadores sobre quem levaria a Alemanha à miséria mais rápido.

Para Keynes, o diabo do tratado estava, de fato, no detalhe. A Alemanha teria que devolver a Alsácia-Lorena, rica em carvão, que havia tomado na guerra franco-prussiana de 1870, assim como as províncias de mineração de carvão do Saar e da Alta Silésia. Keynes achava que "a entrega do carvão destruirá a indústria alemã".[44] Além disso, a Alemanha entregaria seus rios navegáveis, como o Reno, para um organismo internacional, e perderia a frota mercante e grande parte do equipamento ferroviário e material rodante. Ele achava que "o futuro industrial da Europa é negro e as perspectivas de uma revolução muito boas".[45]

Depois, vinham as reparações. Keynes revelou que a principal intenção da França era assegurar que a Alemanha fosse reduzida à condição de uma nação de pobres rústicos, enquanto franceses e italianos tinham um alvo secundário: resgatar suas economias em bancarrota. Não importava que a própria Alemanha estivesse em bancarrota e sem condições de levantar recursos mediante impostos ou empréstimos. Keynes apontou que as vingativas populações Aliadas cujo desejo de vingança era tão forte que "a cifra para a capacidade futura da Alemanha de pagar... ficaria irremediavelmente aquém das expectativas populares".[46] A soma em que o tratado insistia estava muito além dos meios de que dispunha a Alemanha. "A Alemanha de fato se comprometeu a entregar aos Aliados todo o seu excedente de produção para sempre."[47] O veredicto de Keynes era que o tratado "esfola a Alemanha viva ano após ano" e que o tratado provaria ser "um dos atos mais ultrajantes de um vencedor cruel na história civilizada".[48]

Entregue ao editor, Macmillan, em novembro de 1919, *Economic Consequences* foi para as máquinas no mês seguinte. Até Strachey, que desde que perdera Grant para Keynes era hipercrítico em relação aos esforços literários do amigo, não pôde disfarçar sua satisfação. "Querido Maynard", escreveu. "Seu livro chegou ontem e eu o engoli de uma só vez... Quanto ao motivo, ele é certamente o mais esmagador, mais terrível."[49] Keynes respondeu, ironicamente, que o livro tinha sido bem recebido. "O livro está sendo coberto... por um dilúvio de aprovação", escreveu. "Cartas do gabinete de ministros vêm em toda entrega do correio, dizendo que concordam com cada palavra dele etc., etc. Espero um bilhete do PM [primeiro-ministro] a qualquer momento, dizendo-me o quão profundamente o livro representa seus pontos de vista e como os expus bem."[50]

A imprensa popular jingoísta acusou Keynes de ser pró-germânico e sugeriu que ele não compreendia como era importante para a Alemanha ser adequadamente punida. Um jornal recomendou que ele fosse condecorado com a Cruz de Ferro, o maior reconhecimento da Alemanha pela coragem. Chamberlain, patrão de Keynes, o acusou de deslealdade. "Francamente, sinto que alguém que ocupou posição de tanta confiança... se sentisse impelido a escrever nesse tom sobre o papel que seu país desempenhou", escreveu. "Não posso deixar de temer que o nosso curso internacional não se torne mais fácil com tais comentários."[51] O livro, descrito por Harrod como "uma das melhores peças de polêmica da língua inglesa",[52] e por Skidelsky como "uma afirmação pessoal única da literatura do século XX",[53] transformaria a vida de Keynes. Dali em diante, ele seria muito procurado por jornais de todo o mundo para comentários sobre o tratado e tudo que tivesse que ver com comércio e economia.

As vendas do livro contam sua própria história. A primeira edição americana, de 20 mil exemplares, se esgotou imediatamente. Em abril de 1920, a conta era 18.500 na Grã-Bretanha e 70 mil nos Estados Unidos. Foi traduzido para o francês, o flamengo, o holandês e o italiano, assim como para o russo, o romeno, o espanhol, o japonês e o chinês. Em junho, as vendas internacionais estavam acima de 100 mil. Para grande delícia de Keynes, o livro foi traduzido para o alemão. E foi a edição alemã que se tornou tão popular em Viena. Como Hayek observaria, *"Economic Consequences of the Peace* de Keynes o tornou ainda mais famoso no continente que na Inglaterra."[54]

2.

Fim do império

Hayek experimenta a inflação diretamente, 1919-24

Friedrich Hayek sofreu uma guerra muito diferente da de Keynes, dezesseis anos mais velho que ele. Quando ainda era um estudante de 15 anos, no início do conflito em 1914, Hayek era alto para a idade, o que levava estranhos a lhe perguntarem por que não estava alistado. Os Von Hayek eram patriotas austríacos, produtos perfeitos da Viena de fim do século que não tinham dúvidas sobre a decisão do imperador de lutar ao lado da Alemanha. Mas não foi senão em março de 1917, quando estava perto dos 18 anos, que Friedrich, o mais velho de três irmãos, se alistou para se tornar oficial do exército austríaco.

O pai de Hayek, August, era um médico e professor universitário frustrado que nunca havia superado o sentimento de fracasso por não conseguir o status de catedrático em tempo integral. Consolava--se sendo professor de meio período de botânica na Universidade de Viena. Como no clã Keynes, a universidade fazia parte da vida familiar. Gustave, pai de August, era professor de ciências naturais do secundário, e o padrasto de August, Franz von Juraschek, um dos mais proeminentes economistas austríacos. A ambição frustrada de August parece ter sido passada para Friedrich, que foi prestar serviço militar com a intenção de se tornar professor universitário tão logo a paz fosse restabelecida. "Cresci com a ideia de que não havia nada mais elevado na vida do que se tornar professor universitário, sem nenhuma concepção clara da matéria que queria fazer... Até pensei em me tornar psiquiatra",[1] recordou.

À diferença de Keynes, que se distinguiu como estudante, Hayek era mau aluno e, por duas vezes, foi afastado da escola, como confessou, "porque criava dificuldades com meus professores, que se irritavam com a combinação de capacidade óbvia e preguiça e falta de interesse que eu demonstrava... Continuamente deixava de fazer o dever de casa, contando com captar o suficiente durante as aulas para passar apertado."[2] Para seu alívio, Hayek descobriu que a pura inteligência o aproximava de seus comandantes nas aulas de treinamento. "Apesar da falta de quaisquer aptidões naturais especiais, e até mesmo a despeito de certa falta de jeito, apareci entre os cinco ou seis que estavam no alto da lista de setenta ou oitenta cadetes",[3] lembrou. Quando seu treinamento estava completo, a guerra entrava no último ano, que Hayek passou na frente italiana como oficial de telefonia. Sua vida esteve em perigo pelo menos umas quatro vezes. Uma vez, um pedaço de projétil perfurou seu capacete. Outra vez, atacou um ninho de metralhadora iugoslava em plena inundação, o que jocosamente descreveu como "experiência desagradável".[4] Ele quase se enforcou ao saltar de um balão de observação ainda usando fones de ouvido. E estava num avião de observação que foi atacado por um caça italiano.

Mas, na maior parte do tempo, a guerra significou espera interminável acompanhada de tédio debilitante. Hayek buscava conforto na leitura e foi depois que lhe emprestaram um livro de economia que descobriu a disciplina que se tornaria a paixão de sua vida. "Os primeiros dois livros de economia [que encontrei]... eram tão ruins que fico surpreso por não me terem desinteressado completamente",[5] disse. Hayek se interessou em como uma economia de tempos de paz se transforma durante a guerra, quando o livre mercado dá lugar às necessidades do Estado. Leu o trabalho de Walter Rathenau, economista que se tornou político encarregado de matérias-primas para o esforço de guerra austríaco. "Acho que as ideias dele sobre como reorganizar a economia foram provavelmente o começo do meu interesse em economia", disse Hayek. "E elas eram, definitivamente, um tanto socialistas."[6]

"Nunca fui social-democrata formalmente, mas teria sido o que na Inglaterra seria descrito como socialista fabiano",[7] relembrou Hayek. Isso o colocava à esquerda de Keynes, a vida inteira um membro dos Liberais, partido progressista que pressionava por um meio-termo entre a social-democracia, que tinha por objetivo introduzir democraticamente a propriedade pública das principais indústrias, e o conservadorismo, com uma crença no *status quo* e no livre mercado. "Nunca fui capturado pelo socialismo marxista", disse Hayek. "Ao contrário, quando eu encontrava o socialismo em sua forma marxista, assustadoramente doutrinária... ele só me repelia. Mas o socialismo do tipo brando, acho que a política social alemã, socialismo de Estado do tipo de Rathenau, foi um dos instigadores que me levaram ao estudo da economia."[8] Enquanto estava de licença, Hayek se inscreveu para estudar economia na Universidade de Viena assim que a guerra terminasse.

Depois do armistício de 11 de novembro de 1918, Hayek retornou a Viena, que não era mais a cidade interessante, sofisticada e confiante que um dia chamara de sua casa. A guerra também deixou Hayek debilitado fisicamente. Em suas últimas semanas, contraiu malária. Na derrota, o imperador austro-húngaro Karl I, que havia liderado um império de 50 milhões de pessoas, desobrigou-se de governar os remanescentes de seus antigos domínios. Quando a guerra acabou, movimentos separatistas tiraram vantagem da confusão para instalar estados independentes. O império perdeu sete décimos de seu território para novas nações como Tchecoslováquia, Polônia e Iugoslávia. A Hungria também se separou da Áustria e se declarou uma república marxista soviética. As mudanças revolucionárias afetaram até o patronímico dos Von Hayek. Por decreto do novo governo republicano da Áustria, o prefixo "von" foi removido dos sobrenomes de família antes proeminentes.

O Tratado de Saint-Germain-en-Laye não foi menos oneroso para a Áustria do que o Tratado de Versalhes para a Alemanha. "A Áustria Alemã", resto de uma terra que, como cabeça sem torso, sobreviveu à dissolução do império austro-húngaro, estava proibida pelos vencedores de se chamar "alemã" e proibida de alinhar-se com a Alemanha sem permissão da Liga das Nações. As pilhagens infligidas ao povo austríaco durante o conflito, à medida que os Poderes Centrais faliam para pagar o conflito, tornaram-se até mais agudas em tempo de paz. Como Hayek recordou, "Viena, que era um dos grandes centros culturais e políticos da Europa... tornou-se a capital de uma república de camponeses e operários."[9] Despojada de suas rotas imperiais de suprimento, a cidade logo esgotou as magras reservas de trigo húngaro e carvão tcheco. Mercadorias básicas, como pão e eletricidade, tornaram-se proibitivamente caras. Mulheres e crianças esmolavam nas ruas.

Foi no meio desse tumulto infernal que o livro *Economic Consequences of the Peace* aterrissou e foi devorado por Hayek e seus amigos. Keynes estava, como sempre, motivado pelo desejo de minorar o sofrimento e descreveu a mendicância dos austríacos como uma das mais notáveis iniquidades do acordo de pós-guerra. Acusou os líderes Aliados de indiferença cruel ante os apuros dos austríacos. "A Europa morrendo de fome e se desintegrando ante seus olhos era uma questão em torno da qual era impossível despertar o interesse dos Quatro [líderes Aliados]",[10] escreveu. Os membros do quarteto estavam tão obcecados por vingança que pareciam cegos ao agir para despachar as nações derrotadas para o caos e a revolução. "O perigo diante de nós", escreveu Keynes, "é a rápida depressão do padrão de vida das populações europeias a um ponto que significará a morte pela fome para alguns (um ponto a que já chegara a Rússia e aproximadamente atingido pela Áustria)... Estas, em sua aflição, podem derrubar os remanescentes de organização e fazer submergir a própria civilização."[11] Os austríacos não seriam capazes de suportar as dolorosas reparações impostas a eles, "porque não têm nada", escreveu Keynes.[12] Na Áustria, escreveu, "fome, frio, doença, guerra, assassinato e anarquia são uma experiência presente real."[13]

Keynes citou o ponto de vista do governo alemão de que os pagamentos da reparação atrasariam o relógio em cinquenta anos, para uma economia pré-industrial, que só poderia sustentar uma fração da atual população alemã. "Aqueles que assinarem esse Tratado vão assinar a sentença de morte de muitos milhões de homens, mulheres e crianças alemães", escreveu Keynes. "A acusação é, no mínimo, tão verdadeira acerca do acordo austríaco quanto do alemão." Keynes citou um editorial publicado no *Arbeiter-Zeitung*, o jornal vienense: "Cada cláusula [do Tratado de Saint-Germain] é permeada de crueldade e impiedade, na qual nenhuma aragem de simpatia humana pode ser detectada, que contraria frontalmente o que liga um homem a outro, que é em si mesma um crime contra a humanidade, contra um povo sofrido e torturado." Keynes comentou: "Tenho conhecimento do Tratado Austríaco em detalhe e estava presente quando alguns de seus termos eram rascunhados, mas não acho fácil refutar a justiça desse desabafo."[14]

Keynes apontou uma ameaça insidiosa à sociedade civil na Alemanha e Áustria: a alta rápida dos preços. Até famílias vienenses como os Hayeks, que eram abastadas antes da guerra, não ficaram imunes a esse assalto galopante a seus padrões de vida. Um par de sapatos, que custava 12 marcos em 1913, mudava de mãos por 32 trilhões de marcos uma década depois. Um copo de cerveja custava 1 bilhão de marcos. Notas de 1 milhão de marcos eram usadas para acender fogão. Enquanto o preço dos bens essenciais levantava voo, a poupança de famílias como a dos Hayeks tornara-se sem valor e suas posses diminuíram drasticamente de valor. Os títulos do governo, que austríacos leais e patrióticos compraram para financiar a guerra, perderam o valor.

Para Hayek, com 19 anos de idade, o fim das hostilidades acarretou uma mudança na escolha da carreira. Embora estivesse inscrito na Universidade de Viena para estudar economia, fez outros planos para o caso de a guerra prosseguir "indefinidamente".[15] Planejou o que considerava uma fuga honrada dos perigos da linha de frente: o corpo diplomático austríaco. Pediu transferência para a força aérea, cujo prolongado treinamento lhe daria tempo suficiente para estudar para o exame de ingresso na academia diplomática. "Eu não queria ser um covarde, então decidi, no final, ser voluntário para a força aérea para provar que não era um covarde", disse. "Se ficasse seis meses como piloto de avião de combate, achava que teria o direito de sair. Mas tudo isso fracassou por causa do fim da guerra... A Hungria caiu, o curso diplomático desapareceu, e a motivação, que tinha sido realmente sair de forma honrada da luta, passou."[16]

Hayek retomou seus planos anteriores e entrou para o departamento de direito da Universidade de Viena, que ensinava economia. Começou a se familiarizar com a Escola Austríaca de economia. Quando Hayek começou a estudar economia, a escola austríaca não era tão distinta quanto se tornaria depois de confrontar os marxistas que emergiram após a Primeira Guerra Mundial, quando começou a promover as virtudes de deixar o livre mercado sozinho, a abordagem do *laissez-faire* para a economia. A escola austríaca preocupava-se especialmente com os preços, em particular o "custo de oportunidade" de um produto, isto é, as alternativas entre as quais os consumidores escolhem ao comprar bens que competem entre si. Se uma pessoa compra uma cerveja, faz isso em vez de comprar vinho; se investe dinheiro na compra de um bem, abre mão do juro; se vende investimentos, abre mão do preço que o investimento pode alcançar mais tarde. E assim por diante. É a noção de custos de oportunidade que está por trás da teoria do capital de vários "estágios de produção", segundo a qual os produtores abrem mão de produzir um bem a fim de fornecer um bem mais valioso adiante. Hayek começou lendo os livros *Principles of Economics* e *Investigations into the Method of Social Sciences*, de Carl Menger,[17] que primeiro postulou a noção de utilidade marginal: quanto maior a quantidade de um bem, menos será considerado valioso. Foi aluno de Friedrich Wieser,[18] que afirmava que os preços eram a chave do entendimento de como o mercado funciona e que os empresários desempenham papel-chave em assegurar o progresso por meio do desenvolvimento de novos mercados.

A Viena de pós-guerra era um lugar perfeito para Hayek explorar economia. Ele não era imune à inflação galopante (alta de preços) em torno dele. Seu pai, que, como médico, tinha condições de ajustar o preço da consulta para cima, podia financiar os estudos do filho na universidade, mas não havia dinheiro para financiar as viagens para estudos em outro lugar. Quando a Universidade de Viena fechou, no inverno de 1919-20 por causa da escassez de combustível para aquecimento, Hayek passou oito semanas em Zurique, Suíça, à custa de amigos botânicos do pai, que, segundo Hayek, "como parte dos esforços gerais em prol das crianças alemãs e austríacas desnutridas, queriam ajudar o filho de um amigo que voltara recentemente da guerra e não apenas necessitava de alimentos, como também sofria de malária."[19]

"Zurique, em 1919-20, me deu a primeira experiência do período de pós-guerra de como seria uma sociedade 'normal', com Viena ainda nas garras da inflação e da inanição pela fome",[20] disse Hayek. Ele também tinha a esperança de fazer o segundo ano na Universidade de Munique por ser admirador do sociólogo Max Weber,[21] que ensinava lá. O plano fracassou, entretanto, em junho de 1920, quando Weber, aos 56 anos, morreu de *influenza*, embora esta não tenha sido a principal razão de Hayek mudar de ideia. Como ele explicou, "os estágios posteriores da inflação austríaca iriam, de qualquer forma, tornar impossível para meu pai pagar os custos dos meus estudos durante um ano na Alemanha."[22] Mas algum bem resultaria do desapontamento. Em vez de passar um ano na Bavária, Hayek foi forçado a procurar trabalho. No processo, conheceu o homem que se tornaria a mais importante e duradoura influência em sua vida e em seu trabalho, Ludwig von Mises, um professor de economia na Universidade de Viena, com estreitos contatos no governo, que havia estudado a alta de preços que engolfava o país. O narigudo Mises, uma personalidade difícil, egomaníaca, que usava bigode à Charlie Chaplin, se tornaria o pai da economia de mercado, autor de um acurado estudo das inadequações do socialismo e inspiração para os que acreditavam que a quantidade de moeda disponível em uma economia era a chave para entender a inflação.

Depois de passar muito tempo estudando tanto economia quanto psicologia enquanto lei, o que considerava "uma atividade paralela", Hayek completou seu curso em dois anos, graduando-se em novembro de 1921. Foi Wieser quem recomendou Hayek a Mises para trabalhar como assistente legal de um órgão de governo criado para administrar a fixação da dívida de guerra entre a Áustria e outras nações. Hayek, consequentemente, começou a trabalhar em um campo similar ao de Keynes. O primeiro encontro de Hayek com Mises foi menos que promissor. Em carta de recomendação, Wieser descreveu Hayek para

Mises como "economista promissor", com o que o egocêntrico Mises disse a Hayek: "Economista promissor? Eu nunca o vi em minhas aulas."[23] Mesmo assim, Mises lhe ofereceu a posição, que Hayek assumiu em outubro de 1921.

Hayek experimentou a inflação galopante austríaca em seu próprio contracheque. Seu salário no primeiro mês foi de cinco mil coroas (velhas), mas no mês seguinte recebeu quinze mil coroas para compensar a queda de valor da moeda. Em julho de 1922, Hayek recebia um milhão de coroas para acompanhar a hiperinflação.[24] Em apenas oito meses, teve duzentos aumentos de salário. Em janeiro de 1919, 1 dólar americano comprava 16,1 coroas austríacas; em maio de 1923, 70.800 coroas.[25] O Banco Austro-Húngaro imprimia dinheiro dia e noite para atender à demanda.

Em *Economic Consequences of the Peace*, Keynes havia apontado os perigos de a inflação sair de controle em uma linguagem que seria usada contra ele por Hayek e os seguidores da "moeda sadia". Keynes tinha consciência de que a relação fixa entre moedas de antes da Primeira Guerra Mundial, vinculada ao preço do ouro, fora superada pelos acontecimentos, porque os governos haviam imprimido dinheiro para pagar a guerra. Keynes lembrou aos leitores que o enfraquecimento das moedas era um convite à revolução. "Diz-se que Lenin afirmou que o melhor meio de destruir o sistema capitalista era corromper a moeda", escreveu Keynes. "Por um processo contínuo de inflação, os governos podem confiscar, secreta e sub-repticiamente, parte importante da riqueza de seus cidadãos."[26] Keynes deu crédito ao líder bolchevique pela perspicácia dele. "Lenin certamente tinha razão", escreveu. "Não há meio mais discreto, nem mais certo de derrubar a base existente da sociedade do que corromper a moeda."[27] Em novembro de 1918, pela estimativa de Keynes, "esse processo na Rússia e na Austro-Hungria [de imprimir dinheiro] chegou a um ponto em que, para os propósitos do comércio exterior, a moeda é praticamente inútil." Mas Keynes advertiu que "a preservação de um valor espúrio para a moeda, pela força da lei expressa na regulação dos preços, contém em si mesma, entretanto, as sementes da decadência econômica final."[28] Para aqueles, como Hayek, abrigados em seus casacos de inverno dentro de casa porque não podiam comprar combustível de aquecimento, o aviso de Keynes continha a verdade.

Keynes direcionou seus pensamentos para soluções práticas contra a inflação de preços e a queda do valor da moeda. O editor do *Manchester Guardian*, C. P. Scott, lhe encomendou uma série de suplementos que tratassem dos problemas da reconstrução europeia. Esse novo conjunto de assuntos de Keynes rapidamente se tornou sucesso internacional. Entre outras línguas, os suplementos foram traduzidos para o alemão, e Hayek, Mises e outros devoravam atentamente cada edição.

"Todos líamos ansiosamente suas famosas contribuições... e minha admiração foi reforçada pelo fato de ele ter antecipado, no *Tract on Monetary Reform* [livro de Keynes de 1923, amplamente inspirado em suas contribuições ao *Guardian*], minha primeira pequena descoberta",[29] recordou Hayek. A "pequena descoberta" que Keynes "antecipou" foi que fixando o preço de uma moeda em relação ao ouro — "o padrão-ouro" — os preços domésticos podiam flutuar e não podiam ser controlados. Os governos ficavam diante de uma escolha: ter uma moeda com preço fixo, ou preços domésticos fixos. Como Keynes colocou, "se o nível externo de preços é instável, não podemos manter estáveis o nosso próprio nível de preços *e* o nosso câmbio. E somos compelidos a escolher."[30] Nesse momento, Keynes e Hayek estavam pensando segundo linhas similares e paralelas — inspiração simultânea, talvez — a despeito do aviso de Mises a Hayek de que Keynes "sustentava uma boa causa com argumentos econômicos muito ruins".[31]

Keynes recebia pagamentos extravagantes pelos suplementos do *Guardian*. C. P. Scott com frequência se frustrava com Keynes, chamando-o de "um pensador brilhante e original", mas também "a mais obstinada e autocentrada pessoa que jamais conheci".[32] Entre os que Keynes persuadiu a contribuir estavam H. H. Asquith, primeiro-ministro britânico da época da guerra; Ramsay MacDonald, o futuro primeiro-ministro do Partido Trabalhista britânico; Léon Blum, que foi primeiro-ministro da França três vezes; Sidney Webb, cofundador, com sua mulher Beatrice, do movimento social-democrata fabiano na Inglaterra e da London School of Economics; Walter Lippmann,[33] jornalista americano; Maxim Gorki, o autor russo; Harold Laski, da London School of Economics and Political Science; os historiadores de Oxford Richard Tawney e G. D. H. Cole; o negociador-chefe alemão nas conversações de paz em Paris, Carl Melchior; até a rainha da Romênia. Para um toque de Bloomsbury, Keynes encomendou a capa a Duncan Grant e Vanessa.

No primeiro suplemento, publicado em abril de 1922, Keynes contribuiu com três artigos, incluindo dois que seriam os primeiros capítulos de *Tract on Monetary Reform*. O assunto era de supremo interesse para os antigos países beligerantes, cujas moedas quase sem exceção tinham sido abruptamente desvalorizadas desde 1914. Keynes acreditava que as nações pagariam um alto preço se restaurassem suas moedas ao valor de antes da guerra e propunha em vez disso uma nova ordem, fixando a moeda em seus valores correntes, permitindo-se que a libra esterlina se valorizasse não mais de 6% ao ano.[34] Isso era oposto à linha advogada pelo Tesouro Britânico e o Banco da Inglaterra: ambos queriam a esterlina restaurada ao seu valor de pré-guerra.

O custo de restaurar as moedas às paridades de pré-guerra seria a deflação maciça (uma contínua baixa dos preços), acompanhada de altas taxas de juros e a venda no exterior de tantos bens quanto se importava. Ou, como Keynes dizia, "trabalhar e mourejar". Apesar dos receios de Mises, Hayek encontrava pouco do que discordar nas análises de Keynes. Era Keynes quem defendia que não havia inflação (alta dos preços) nem deflação, mas preços firmes para evitar que as famílias europeias fossem novamente visitadas pela injustiça.

De fato, quando Keynes escreveu, "aquele que não vendeu nem 'especulou', que fez 'reservas adequadas para sua família'... já havia sofrido as mais pesadas visitas da injustiça",[35] ele poderia estar descrevendo a família Hayek, levada à beira da penúria por seu patriotismo.

Keynes introduziu nos suplementos o primeiro passo na direção de recomendar que os governos administrassem a economia, uma linha de pensamento que o afastaria de Mises, Hayek e outros devotos do livre mercado. Os governos europeus estavam sendo obrigados a escolher entre inflação e deflação. Para Keynes, isso era uma evidência de que o *laissez-faire* não era mais apropriado. Ele defendia, em lugar disso, que o governo agisse para impedir a flutuação dos preços.

Mises e, finalmente, Hayek acreditavam que as "forças naturais" do mercado que trabalhavam na direção de um "equilíbrio" podiam restaurar a ordem de uma economia flutuante. Para Keynes, "sentar tranquilamente à margem" e ser golpeado repetidamente por "causas ao acaso, deliberadamente removidas do controle central" era inaceitável, porque tal abordagem levaria ao caos e não a níveis de preços firmes, não abaláveis. Keynes concluía: "Devemos libertar-nos da profunda desconfiança que existe contra permitir que a regulação do padrão de valor esteja sujeita a uma *decisão deliberada*."[36]

Num destruidor ataque à manutenção do valor do dólar americano pelo acúmulo de ouro, política que rejeitou por "enterrar nas cavernas de Washington o que os mineiros de Rand laboriosamente trouxeram para a superfície",[37] Keynes acrescentou uma observação que conformaria seus argumentos sobre as virtudes relativas do mercado livre e as virtudes de uma economia administrada. Segundo sua avaliação, o padrão-ouro — pelo qual o preço de uma moeda era fixado pelo preço do ouro — não era um artifício verdadeiro do livre mercado porque seu preço de troca era estabelecido pelos bancos centrais. "No mundo moderno do papel-moeda e do crédito bancário não há fuga de uma moeda 'administrada', quer queiramos ou não", argumentou. "A conversibilidade ao ouro não vai alterar o fato de que o próprio valor do ouro depende da política dos bancos centrais."[38] Era uma linha de pensamento que Hayek também adotaria.

Keynes também começou a testar a lógica por trás da noção de que ao longo do tempo uma economia se estabilizaria num ponto em que todos estivessem empregados, "verdade" ensinada a ele por Alfred Marshall e que era também um princípio importante da escola austríaca. Ao diagnosticar a relação entre dinheiro e preços através do tempo, Keynes concluiu que, "no longo prazo", deveria haver uma relação constante entre quantidade de moeda em um sistema e preços estáveis. No entanto, "esse longo prazo é um guia enganoso para os assuntos atuais",[39] argumentou, porque o que mudava os preços em relação à quantidade de moeda ao longo do tempo era a velocidade com que o dinheiro era gasto (a "velocidade de circulação"), que poderia alterar os preços fora de proporção com a quantidade de moeda. Embora o equilíbrio dependesse "do longo prazo", asseverava Keynes — e essa se tornaria uma de suas mais famosas observações —, "no longo prazo estaremos todos mortos".[40]

A observação visava à relação entre moeda e preços, mas Keynes descobriria que "no longo prazo, estaremos todos mortos" tinha uma verdade mais ampla para todas as tentativas de calcular o papel que a teoria do equilíbrio desempenhava na economia. Embora fossem se passar alguns anos antes que Keynes abandonasse a crença na teoria do equilíbrio, ele havia encontrado um meio de explicar por que o prometido estado de equilíbrio não curaria o alto desemprego persistente. Embora a teoria do equilíbrio sugerisse que, no longo prazo, se atingiria um estado em que todos estariam empregados, Keynes descobriu que o longo prazo era uma escala de tempo elusiva que estava sempre fixada em algum tempo indeterminado do futuro. Como uma cenoura presa em uma vara para fazer um burro andar para a frente, o longo prazo estava para sempre fora de alcance. Para aqueles que mais tarde sugeririam que as soluções de gasto público para o desemprego levariam à inflação no longo prazo, ele tinha se precavido com uma pronta réplica: "No longo prazo estaremos todos mortos."

Os pontos de vista de Keynes sobre o papel da taxa de câmbio em determinar a inflação eram particularmente pertinentes para Hayek e outros na Escola Austríaca. Enquanto muitos governos europeus haviam permitido que suas moedas flutuassem livremente, pendentes de uma decisão mais ampla sobre se o continente restauraria a si próprio para a condição econômica de 1914, o governo austríaco decidiu elevar o valor da coroa sem demora. Um empréstimo da Liga das Nações para a Áustria era condicionado por cortes nos gastos públicos, incluindo a abolição de setenta mil postos de trabalho no governo e o fim dos subsídios aos alimentos. Em 1925, a coroa foi vinculada ao preço do ouro num valor alto. Enquanto os artigos de Keynes no *Guardian* se destinavam aos princípios envolvidos na administração de taxas de câmbio, Hayek e seus colegas testemunhavam de perto as dolorosas consequências das medidas para aumentar o valor da coroa.

Hayek logo ficou inquieto e decidiu visitar os Estados Unidos para testemunhar em primeira mão como operava o capitalismo sem rédeas. Graças ao salário do governo ajustado à inflação, a renda de Hayek se mantinha equiparada aos preços em alta e ele até foi capaz de economizar um pouco. Na primavera de 1922, Mises apresentou Hayek ao professor Jeremiah Whipple Jenks, da New York University, que visitava Viena depois de ter participado de um grupo de especialistas financeiros, incluindo Keynes, contratados pelo governo alemão para aconselhar como estabilizar o valor do marco.[41] Jenks, que planejava escrever um livro sobre a economia das nações da Europa Central devastadas pela guerra, convidou Hayek para ir a Manhattan a fim de trabalhar como pesquisador do projeto.

O dinheiro estava tão apertado que Hayek atravessou o Atlântico com uma passagem só de ida porque não tinha o suficiente para uma de ida e volta. Para poupar o preço de um telegrama, Hayek não informou Jenks da data de sua chegada. Hayek desembarcou na fila de passageiros do cais West Side de Manhattan em março de 1923 com apenas vinte e cinco dólares no bolso e apresentou-se na sala de Jenks na NYU para ser informado de que o professor não podia ser contactado. Hayek viu-se numa terra estranha, sem dinheiro, sem amigos. Decidiu arranjar um emprego até a volta de Jenks e lhe ofereceram o trabalho de lavador de pratos em um restaurante da Sexta Avenida. Uma hora antes da que ele devia mergulhar as mãos na água com sabão, recebeu um telefonema do escritório de Jenks dizendo que o economista estava de volta. Isso foi o mais perto que Hayek chegou de fazer algum trabalho manual. De fato, em toda a sua vida, nunca trabalhou para o setor privado.

Hayek tomou providências para sua vida americana com prazer. Começou a trabalhar em um Ph.D. na NYU sob a supervisão de J. D. Magee, catedrático de economia; frequentava as aulas lotadas de Wesley Clair Mitchell, autoridade estabelecida em ciclos de negócios,[42] o fenômeno pelo qual os *booms* econômicos (períodos de rápido crescimento econômico) eram seguidos de quedas bruscas (períodos de contração da atividade econômica); e assistia a seminários do socialista alemão J.B. Clark na Columbia. Hayek ficou intrigado com os trabalhos reservados do Conselho Executivo do Federal Reserve (FED), o banco central americano, cujo acúmulo de ouro e manipulação da moeda haviam sido tratados extensamente por Keynes. Hayek trabalhou por um breve período para Willard Thorp, conselheiro econômico do presidente Wilson em Paris durante as conversações de paz, durante as quais ele garimpou informação sobre flutuações no desempenho industrial da Alemanha, Áustria e Itália, que o levaram a considerar a natureza e a previsibilidade do ciclo de negócios.

Em maio de 1924, curto de dinheiro e sem sorte, Hayek cruzou o Atlântico de volta. Em casa encontrou uma carta que lhe concedia uma bolsa de estudos Rockfeller que, tivesse ele recebido mais cedo, teria financiado sua estada nos Estados Unidos por mais um ano. Mas a oferta veio muito tarde. Hayek não pôde retornar aos Estados Unidos por mais 25 anos.

3.

As linhas da batalha são traçadas

Keynes nega a ordem "natural" da economia, 1923-29

No retorno a Viena, Hayek reassumiu seu posto no governo, administrando a dívida de guerra da Áustria. Mises pôs Hayek debaixo da asa e começou a agir como seu mentor, tentando até conseguir-lhe um emprego na Câmara de Comércio austríaca. Quando Hayek começou a cortejar Helen Berta Maria von Fritsch, Mises ajudou a cimentar a relação recebendo o casal para jantar em sua casa.

Foi Mises quem semeou dúvidas na mente de Hayek sobre as virtudes do socialismo. Os livros *Economic Calculation in the Socialist Commonwealth*, de 1920, e seu marco, em 1922, *Socialism, an Economical and Sociological Analysis* desarranjaram as crenças social-democratas de Hayek e ajudaram a convencê-lo de que o socialismo era um falso deus. Como Hayek colocou, "o socialismo prometia preencher nossas esperanças de um mundo mais racional, mais justo. E depois veio [o *Socialism*, de Mises]. Nossas esperanças se despedaçaram. O *Socialism* nos contou que buscávamos melhorias na direção errada."[1]

A principal objeção de Mises a uma sociedade comunista ou socialista era que ela ignorava o mecanismo de preço que ele acreditava ser essencial para qualquer economia operar com eficiência. Ele arguiu em *Economic Calculation* que, como numa sociedade socialista o governo possuía as principais indústrias — "os meios de produção" — e, portanto, fixava os preços dos bens, o propósito decisivo dos preços, distribuir recursos escassos, se tornava redundante. Afirmava que "cada passo que nos afasta da propriedade privada dos meios de produção e do uso da moeda também nos afasta da economia racional".[2] Os argumentos de Mises foram para o centro do debate que se seguiria entre Keynes e Hayek e pressagiaram uma das afirmações finais de Hayek que, por ignorar preços de mercado, o socialismo priva os indivíduos de sua contribuição única para a sociedade — expressar, mediante sua vontade de pagar um preço, sua opinião sobre o valor de um objeto ou serviço. O planejamento central, argumentaria Hayek, priva os indivíduos de uma liberdade fundamental.

Enquanto Mises tentava encontrar um posto de pesquisa financiado pelo governo, Hayek começou a escrever um relato do que havia aprendido nos Estados Unidos, relatando que o crédito barato lá estava levando a um *boom* nas indústrias de bens de capital que, ele acreditava, iria mostrar-se insustentável. Ele inferiu sobre a natureza do ciclo de negócios, o que chamou de "flutuações industriais", que se tornaria essencial para sua contribuição à teoria econômica e o campo de batalha no qual lutaria com Keynes. Para tornar-se um conferencista universitário pago, Hayek tinha que publicar um trabalho original. Com esse objetivo, começou a reunir fatos e argumentos, que, esperava, seriam uma contribuição importante para a teoria da moeda. Isso, também, o levaria a conflitar com Keynes.

Enquanto estava nos Estados Unidos, Hayek concluiu que o ciclo de negócios — no qual uma economia regularmente oscila entre um período de alta atividade e prosperidade e um período de falências de empresas e desemprego — era um tema de estudo que valia a pena. Tendo se familiarizado com as ferramentas da pesquisa empírica que estavam em amplo uso nos Estados Unidos, embora ainda não adotadas por economistas europeus, como estudos de tempo e movimento do comportamento de trabalhadores e registro da produção de fábricas e máquinas, ele esperava criar um instituto em que pudesse estudar o ciclo dos negócios em detalhe. Hayek expôs a ideia a Mises, que ficou cético ao ponto do desdém. Mises não acreditava que a economia pudesse ser tratada como uma ciência natural e achava que as tentativas de registrar os elementos de um ciclo de negócios seriam enganosas e sem sentido.

Enquanto isso, na Grã-Bretanha, a mente de Keynes se movimentava rápido. Preparava os suplementos do *Guardian* para publicação como livro e, nos meses anteriores à publicação, em dezembro de 1923, começou a trabalhar em um novo livro sobre o papel do dinheiro na sociedade, *A Treatise on Money*. Suas contribuições francas ao debate econômico eram muito procuradas, desde o jornal da elite governante *The Times* ao populista *Daily Mail*. Depois que assumiu a presidência do *The Nation and Athenaeum*, em março de 1923, também escreveu sobre eventos da atualidade em suas colunas.

A alta taxa de desemprego que perseguia a Grã-Bretanha no início dos anos 1920 começou a preocupar Keynes. Sua motivação era a compaixão pelos que não tinham trabalho e a indignação pela economia estar organizada de tal modo que um grande volume de desempregados — 1,1 milhão, ou acima de 11,4% da força de trabalho, em julho de 1923 — era considerado necessário. Isso o levou a questionar a suposição estratégica que Alfred Marshall lhe ensinara: que, ao longo do tempo, a economia chegaria a um estado de equilíbrio com pleno emprego. Como as taxas de desemprego continuavam a aumentar, Keynes se tornou mais vociferante em sua opinião de que o governo deveria reduzir as taxas de juros emitindo títulos do governo. Além disso, Keynes se persuadiu de que o governo tinha a obrigação de empregar trabalhadores diretamente em projetos de obras públicas, como a construção de estradas.

A taxa de câmbio da libra esterlina estava no centro do debate econômico. No fim dos anos 1920, Keynes propôs que o melhor caminho para restaurar a saúde econômica da Grã-Bretanha no início da Primeira Guerra Mundial era fixar a libra em US$ 3,60, o valor de mercado para o qual havia caído de sua paridade pré-guerra de US$ 4,86, devido ao vasto empréstimo, concedido ao governo por bancos americanos, necessário para financiar a guerra. Ele acreditava que fixar a libra esterlina em US$ 3,60 manteria os preços firmes, com o desemprego em 6% a 7%. Essa proposta foi ignorada por funcionários do Tesouro e pelo Banco da Inglaterra, que preferiram restaurar o valor da libra à paridade pré-guerra.

Entre 1921 e 1922 a economia britânica sofreu os horrores simultâneos de altas taxas de juros, altos salários, preços em queda, a libra em alta (o que tornou as exportações caras demais, causando desequilíbrio comercial) e alto desemprego. Em julho de 1923, apesar das más condições econômicas da Grã-Bretanha, o Banco da Inglaterra, em seu desejo de elevar ainda mais o valor da libra, aumentou a taxa de juros de empréstimos bancários de 3% para 4%.[3] Keynes amaldiçoou os dirigentes do banco por introduzir "um dos movimentos mais mal orientados desse indicador que jamais ocorreram... O Banco da Inglaterra, atuando sob a influência de uma doutrina estreita e obsoleta, cometeu um grande erro".[4]

No mês seguinte, na Liberal Summer School em Cambridge, Keynes advertiu que o próprio capitalismo estaria em perigo de "ataques e críticas de inovadores socialistas e comunistas" a menos que o governo ou o Banco da Inglaterra começassem a administrar a economia. Estendeu a crítica em dezembro, em discurso no National Liberal Club, em Westminster, com um ataque em grande escala à confiança do governo nas ideias do livre mercado para resolver seus problemas econômicos.

"É óbvio que uma sociedade individualista deixada a si mesma não trabalha bem ou mesmo toleravelmente", declarou. "Quanto mais problemáticos os tempos, pior funciona o sistema de *laissez-faire*." Como em *A Tract*, publicado no mesmo mês e que, com típica audácia keynesiana, foi "humildemente dedicado aos dirigentes e à Corte do Banco da Inglaterra", Keynes argumentava que o remédio para as condições econômicas incertas estava ao alcance do banco, que poderia, sem apelar para nova legislação, administrar a economia britânica e o ciclo de negócios reduzindo a taxa de juros e emitindo títulos. Novamente, Keynes proferiu austera advertência contra a inação. "Profetizo que, a menos que [os dirigentes do banco] abracem a sabedoria a tempo, o sistema sobre o qual vivem vai funcionar tão defeituosamente que eles serão superados por coisas irresistíveis que odiarão muito mais que aos brandos e limitados remédios oferecidos a eles agora."[5]

O ano em que Hayek estava nos Estados Unidos, 1924, foi um período importante para o desenvolvimento rápido de argumentos contra a operação do livre mercado. Em janeiro, Ramsay MacDonald se tornou o primeiro-ministro Trabalhista da Grã-Bretanha, embora de um governo de minoria, privando os Conservadores de uma maioria na Câmara dos Comuns. Em abril de 1924, uma carta no *The Nation* defendeu um programa de obras públicas financiado com recursos dos contribuintes para fazer o país voltar aos trilhos. A proposta foi uma manobra do ex-primeiro-ministro liberal Lloyd George para mostrar que seu partido protegia mais o trabalhador que o Trabalhista, o partido fundado por sindicatos que ameaçava desalojar os Liberais como a alternativa natural dos britânicos aos Conservadores. Keynes uniu-se ao debate no mês seguinte com artigo intitulado "O Desemprego Necessita de uma Solução Drástica?" A resposta, sugerida por Keynes, foi um retumbante sim.

"Devemos buscar auxílio no princípio de que a prosperidade é cumulativa.[6] Ficamos presos em uma trilha. Precisamos de um empurrão, um choque, uma aceleração", argumentou Keynes. Sugeriu como "a derradeira cura para o desemprego" que 100 milhões de libras fossem gastas em um programa habitacional, em estradas melhores e melhorias na rede elétrica. Sugeriu que estimular a economia restauraria a confiança nos negócios. "Vamos experimentar com coragem essas linhas", escreveu, "mesmo que alguns projetos virem fracassos, o que é muito provável."[7]

A atitude descuidada de Keynes em relação ao dinheiro dos contribuintes era chocante, especialmente para o ministro do Trabalho, Philip Snowden, que superava a maioria dos Conservadores em suas opiniões conservadoras sobre como uma economia deveria ser administrada. "Não é parte do meu trabalho como ministro da Fazenda colocar diante da Câmara dos Comuns propostas para o gasto do dinheiro público", disse a seus colegas membros do Parlamento. "A função de um ministro da Fazenda, como eu a entendo, é resistir a todos os pedidos de gastos feitos por seus colegas e, quando não resistir mais, limitar a concessão ao ponto mais limitado de aceitação."[8] Mas Keynes era inflexível em que gastar era essencial e que o desperdício era o menor dos males. "Com investimento doméstico, mesmo que desorientado ou extravagantemente executado", escreveu, "ao menos o país tem a melhoria no que vale a pena; o mais mal concebido e extravagante programa de construção de casas imaginável nos deixa algumas casas."[9]

Keynes voltou a seu tema radical em um segundo artigo para *The Nation*. "Considerando como [estimular o investimento doméstico]", escreveu, "somos trazidos à minha heresia — se é uma heresia. Eu faço entrar o estado. Abandono o *laissez-faire*... Ele encarregou do bem-estar público a empresa privada, sem controle e sem ajuda. A empresa privada não está mais sem controle — está sendo reprimida e ameaçada de muitos modos diferentes... E, se a empresa privada não está mais sem controle, não podemos deixá-la sem ajuda."[10]

Entusiasmando-se com o tema, Keynes estava pronto para dar o passo seguinte em sua cuidadosa revolução moderada no pensamento: sugeriu que o *laissez-faire* era espúrio, ilógico e havia sido ultrapassado pelos acontecimentos. Lançou esse argumento em uma palestra no Sidney Ball Memorial, na Universidade de Oxford, intitulada "O Fim do *Laissez-faire*", antes de levá-lo à Universidade de Berlim dois anos depois, onde o repetiu palavra por palavra para conhecimento dos alemães — e austríacos falantes de alemão como Hayek. Keynes estava em pleno estilo Bloomsbury: espirituoso, eloquente, sarcástico, radical e desmistificador da velha ordem. Ao levar o ataque intelectual ao *laissez-faire*, Keynes foi muito além das fronteiras da teoria econômica, que era ainda menos entendida popularmente do que é hoje, em relação a ideias de como assegurar que os indivíduos desfrutassem a máxima felicidade.

Keynes começou com um resumo da visão geral de pensadores desde o Iluminismo aos seus dias, incluindo todos os que haviam proposto o *laissez-faire* como respeitável, natural, justo e inevitável. Creditou ao que chamou de "os economistas" o estabelecimento de argumentos conflitantes entre "individualistas conservadores", como John Locke,[11] David Hume[12] e Edmund Burke,[13] e os "democratas igualitários" Jean-Jacques Rousseau,[14] William Paley[15] e Jeremy Bentham[16] ao sustentar que, "pelo funcionamento das leis naturais, indivíduos que perseguem o interesse próprio com esclarecimento e em condições de liberdade sempre tendem a promover o interesse geral."[17] Ou, em resumo, o bem público era o somatório dos interesses próprios individuais de todos os indivíduos combinados. Era a visão proposta pelo sociopata Blitzer em *Hard Times*, livro de Charles Dickens: "Estou convencido de que todo o sistema social é uma questão de interesse próprio. Aquilo para o qual você sempre deve apelar é o interesse próprio de uma pessoa."[18]

Para Keynes, o resultado de confiar no interesse próprio era o fim da política, porque "o filósofo político poderia aposentar-se em favor do homem de negócios — porque o último poderia realizar o *summum bonum* filosófico apenas perseguindo seu próprio lucro".

Àqueles pensadores Keynes acrescentou Charles Darwin,[19] cuja teoria evolucionista dos mais aptos tinha sido ampliada para explicar o comportamento econômico. Enquanto "os economistas" argumentavam que a livre concorrência havia construído Londres, Keynes escreveu, "os darwinianos poderiam ir mais longe que isso — a livre concorrência construiu o Homem." Para os que afirmavam que o livre mercado oferecia uma justa resolução para reivindicações concorrentes, Keynes explicou claramente: "*Não é* verdade que os indivíduos possuam uma 'liberdade natural' consagrada pelo uso em suas atividades econômicas. *Não existe* nenhum 'pacto com Deus' que confira direitos perpétuos aos que Têm ou aos que Adquirem. O mundo *não é* governado de cima, de forma que o interesse privado e o social sempre coincidam. *Não é* administrado aqui de baixo para que, na prática, coincidam. *Não é* uma dedução correta dos Princípios da Economia que o autointeresse esclarecido sempre funcione em prol do interesse público. Nem é verdade que o autointeresse geralmente seja esclarecido; com mais frequência os indivíduos que agem separadamente para promover seus próprios fins são ignorantes demais ou fracos demais para sequer alcançá-los. A experiência *não mostra* que os indivíduos, quando constituem uma unidade social, são sempre menos perspicazes do que quando agem separadamente."[20]

Para não ser surpreendido por acusações de ser um socialista velado, Keynes tratou de atacar o protecionismo e o socialismo marxista, as duas grandes tradições políticas que se opunham às soluções de livre mercado, e afirmou que amparavam o próprio sistema que desprezavam. Enquanto o protecionismo era plausível, embora errado, Keynes reservava a maior parte de seu desprezo para o marxismo. Ele se perguntava "como uma doutrina tão ilógica e obtusa podia ter exercido influência tão poderosa e prolongada sobre as mentes dos homens".[21] Mais tarde, rejeitou o socialismo de Estado como "pouco melhor que a sobrevivência empoeirada de um plano para resolver problemas de cinquenta anos atrás com base no entendimento equivocado do que alguém disse cem anos atrás".[22] Keynes estava ansioso para tornar claro que, à diferença dos marxistas e de alguns socialistas, ele não advogava que o Estado substituísse a empresa privada. "A coisa importante para o governo", escreveu, "não é fazer coisas que os indivíduos já estejam fazendo, e fazê-las um pouco melhor ou um pouco pior, mas fazer coisas que, no presente, não são feitas de maneira alguma."[23]

Vale a pena reafirmar, à luz daqueles que hoje em dia continuam a descrever Keynes e os keynesianos como socialistas velados, que, enquanto Hayek foi social-democrata por algum tempo, Keynes nunca foi socialista de espécie alguma, nem flertou com o socialismo, sequer com sua anêmica versão britânica, o fabianismo. Keynes era um membro muito antigo dos liberais que estavam envolvidos em uma batalha pela sobrevivência com os social-democratas do Trabalhismo. Acreditava em um "meio caminho" entre capitalismo e socialismo, entre o conservadorismo e a social-democracia e entre o que acreditava serem dogmatismos primitivos de ambos os lados. Inevitavelmente, talvez, foi repudiado por um dos lados como apologista do capitalismo que ressuscitou a prosperidade de um sistema falido e, pelo outro lado, como socialista rasteiro que, por trás da fala macia, silenciosamente fazia entrar o marxismo pela porta dos fundos.

É um dos aspectos menos edificantes da luta de ideias entre conservadores e liberais evocada pela controvérsia entre Keynes e Hayek que termos políticos com frequência tenham sido arbitrariamente mal usados para confundir a discussão. Para alguns, a linha que separa o capitalismo do socialismo começa com governo de qualquer espécie; para outros, começa com qualquer ato social, do tipo das amáveis ações do Bom Samaritano ou até da democracia representativa. Keynes saiu do roteiro em sua palestra em Sidney Ball para afirmar que, "de minha parte, acho que o capitalismo, sabiamente administrado, pode, provavelmente, tornar-se mais eficiente para atingir fins econômicos que qualquer sistema alternativo já existente", embora admitisse que, "em si mesmo [o capitalismo] é, de muitas maneiras, extremamente censurável." Ou, como escreveu para Sir Charles Addis, um diretor do Banco da Inglaterra: "Busco melhorar o maquinário da sociedade, não subvertê-lo."[24]

Na palestra, Keynes, por suas ideias, matara o dragão do *laissez-faire*, mas ainda não havia encontrado uma estrutura teórica para pôr em seu lugar. Depois de uma colorida diatribe, suas conclusões foram pouco mais que pensar em voz alta. Suas ideias alternativas não eram nem revolucionárias, nem alarmantes. Fez a sugestão tentativa de que mais poderia ser feito por agências não estatais, que poderiam proporcionar resultados mais eficientes e equitativos, como as universidades e o Banco da Inglaterra. Para membros da Escola Austríaca que leram o discurso na Sidney Ball, Keynes havia maculado seu princípio-guia, de que o livre mercado era bom e que todas as tentativas para subjugá-lo eram más ou fúteis, ou ambas.

Embora para alguns, no governo, Keynes fosse pouco mais que uma pessoa irritante, ministros ainda iam consultá-lo. Quando se buscaram opiniões sobre se o valor da libra esterlina deveria ser fixado pelo preço do ouro — "o padrão-ouro" — à paridade pré-guerra de US$ 4,86, Keynes ficou entre a pequena minoria que pressionava para que a paridade não fosse fixada pelo ouro de maneira alguma. Depois, quando ficou claro que a discussão estava perdida, Keynes sugeriu que ela deveria ser fixada ao preço flutuante de então, US$ 4,44. Em poucas palavras, em meio a um debate que viu Keynes recuar e ceder para obter um acordo que minimizaria o dano que a fixação do preço da libra infligiria à economia, ele previu que restaurar a paridade da libra ao seu valor de antes da guerra provocaria deflação maciça (queda de preços) e cortes severos nos salários e padrões de vida de trabalhadores importantes como os mineiros, cujo produto, cotado ao novo nível, não seria competitivo internacionalmente.

Nas eleições gerais de outubro de 1924, os Conservadores puseram fim ao breve governo trabalhista de MacDonald. Em fevereiro de 1925, o novo chefe do governo Conservador, o ex-Liberal Winston Churchill, escreveu um cortante memorando para o controlador financeiro no Tesouro, Otto Niemeyer. O independente Churchill se orgulhava de desafiar as opiniões convencionais e, após ler no *The Nation* os argumentos de Keynes contra um retorno à paridade pré--guerra, persuadiu-se de que fixar a libra em US$ 4,86 causaria mais desemprego, que estava em um milhão e subindo. O corolário, a redução dos salários entre 10% e 12%, para complementar a revalorização com escalada ascendente da libra, não ocorreria, argumentava Keynes, porque os sindicatos fortes, como a Federação dos Mineiros, garantiam que os níveis salariais fossem "rígidos", ou lentos para responder a outros fatores econômicos, e não poderiam ser cortados com facilidade.

"O Tesouro nunca, me parece, enfrentou o significado profundo do que o Sr. Keynes chama de 'paradoxo do desemprego em meio à escassez'", escreveu Churchill para Niemeyer. "O Governador [do Banco da Inglaterra] se permite ser perfeitamente feliz ante o espetáculo de a Grã-Bretanha possuir o melhor crédito do mundo simultaneamente com um milhão e um quarto de desempregados."[25] No mês seguinte, Churchill convidou Keynes e as principais figuras do mundo financeiro para jantar em sua residência oficial em Downing Street, 11. Keynes e Reginald McKenna, o chefe de governo Liberal do período de guerra, argumentaram que a redução dos salários em 10% teria de ser imposta aos mineiros de carvão e que greves prolongadas e uma contração (redução da atividade) em indústrias-chave se seguiriam. Três dias depois, após persistente pressão de colegas mais ortodoxos, Churchill abandonou sua oposição instintiva à opinião do Tesouro e concordou em recolocar o preço da libra esterlina em paridade fixa com o preço do ouro — o "padrão-ouro" — na paridade de antes da guerra.

A decisão de Churchill levou Keynes a escrever uma série de artigos para *The Nation* que foram colecionados em um best-seller, *The Economic Consequences of Mr. Churchill*, cujo título ecoava seu *Economic Consequences of the Peace*. Keynes argumentava que fixar o valor da libra em uma cotação 10% mais alta que a taxa flutuante (ou mercado) levava "a uma política de redução dos salários de todos em dois xelins [10%] por libra".[26]

Como não havia mecanismo para assegurar que isso fosse imposto coletivamente aos trabalhadores, os que tivessem pouco poder de barganha ou sindicatos tímidos sofreriam desproporcionalmente. Os empregadores e o governo se veriam "envolvidos numa luta com cada grupo em separado por vez, sem perspectiva de que o resultado será justo, e nenhuma garantia de que os grupos mais fortes não irão ganhar à custa dos mais fracos".[27]

Keynes sugeriu que elevar a taxa de câmbio era um meio brutal de impor a deflação (uma queda nos preços). "A deflação não reduz salários 'automaticamente'", escreveu. "Ela os reduz causando desemprego. O objetivo característico da política monetária apertada é coibir um *boom* incipiente. Ai daqueles cuja fé os leva a usá-lo para agravar uma depressão."[28] Keynes estava decididamente do lado dos mineiros, a quem, escreveu "será oferecida uma escolha entre a morte pela fome e a submissão, os frutos de sua submissão para resultar no benefício de outras classes... Em termos de justiça social não se pode de forma alguma defender a redução dos salários dos mineiros. Eles são as vítimas do rolo compressor econômico".[29] Keynes advertiu que a decisão de Churchill iria detonar sentimentos revolucionários entre os trabalhadores.

Keynes predisse que, para evitar consequências sociais catastróficas da decisão de manter a libra em seu preço de antes da guerra, o governo seria obrigado a conceder empréstimos para não ter problemas, e logo ficou claro que ele tinha razão. Quando, em junho, os donos de minas mandaram um ultimato aos sindicatos de mineiros para aceitar a redução dos salários ou enfrentar as consequências, e o sindicato ameaçou uma greve nacional, o primeiro-ministro Stanley Baldwin prontamente ofereceu aos proprietários de minas um empréstimo de dez milhões de libras para continuar pagando aos seus mineiros pela velha e não competitiva taxa no mercado mundial em vez de encarar o caos na indústria.

Logo ficou claro que a volta ao padrão-ouro mostrava-se ruinosa para a economia britânica. Poucos historiadores econômicos hoje consideram que a decisão não tenha sido um desastre. Foi a primeira de uma sucessão de eventos que trouxeram o capitalismo à beira do precipício; o ano de 1926 viu a primeira greve geral na Grã-Bretanha; os Conservadores perderam a eleição geral de junho de 1929, e os Trabalhistas foram reconduzidos ao poder como o maior partido na Câmara dos Comuns; o crash do mercado de ações americano em outubro de 1929 provocou um trauma financeiro mundial; a crise financeira levou em agosto de 1931 à formação de uma coalizão de emergência, o Governo Nacional, na Grã-Bretanha; e, no mês seguinte, após somente seis anos de penalização, a libra esterlina era desatrelada do padrão-ouro.

Em 1926, Mises ganhou uma bolsa Rockfeller para visitar os Estados Unidos e aceitou. À margem de uma apertada agenda de palestras, explorou os métodos usados nos estudos empíricos da economia que tanto haviam intrigado Hayek. Voltou para Viena acreditando que a metodologia poderia ser valiosa, se fosse meticulosamente analisada e seletivamente aplicada ao estudo quantitativo do ciclo de negócios, o fenômeno por meio do qual os *booms* econômicos (períodos de rápido crescimento econômico) eram seguidos de recessões (períodos de contração da atividade econômica). Mises começou a levantar fundos para o novo Instituto Austríaco para Pesquisa do Ciclo Econômico e não teve de buscar muito além da sua sala de seminários para encontrar um diretor. A pessoa óbvia era Hayek, e, em 1º de janeiro de 1927, o novo instituto começou a trabalhar, com Hayek à frente.

Um dos primeiros atos de Hayek em seu novo papel foi escrever para Keynes pedindo uma cópia do trabalho de Edgeworth, *Mathematical Psychics*. Que Hayek pedisse um livro a Keynes parece menos uma pesquisa inocente que uma tentativa proposital de chamar a atenção de Keynes, mais um ato audacioso de deferência que um desafio. A curta resposta de Keynes, em um cartão-postal, embora escrita à mão, deve ter soado como um desapontamento. Mas o nível de ironia na resposta de Keynes — "Sinto dizer que meu estoque de *Mathematical Psychics* se esgotou" — não serviu de barreira para Hayek, embora, pela resposta de Keynes, este não fizesse ideia de quem era Hayek. Hayek conhecia bem Keynes, do *Economic Consequences of the Peace*, e, certamente, havia lido *Tract on Monetary Reform*, de Keynes, e encontrou pouco com que discordar. Não se sabe se Mises e Hayek leram os ataques de Keynes ao livre mercado, como a palestra na Sidney Ball, que contradizia diretamente suas crenças básicas. Os repetidos apelos de Keynes para o governo reduzir as taxas de juros e investir em obras públicas, que iam diretamente de encontro à Escola Austríaca de economia, saíam em publicações inglesas que raramente chegavam a Viena.

Hayek começou a ampliar gradativamente o trabalho de Mises e iniciou o delineamento da relação entre moeda, preços e desemprego. Em sua exploração do trabalho do Federal Reserve,[30] Hayek observou que havia alguns no FED que esperavam achar uma resposta para os *booms* e fracassos recorrentes do ciclo de negócios. Concluiu que, embora pudessem existir meios de reduzir para uma pequena extensão as flutuações mais descontroladas do ciclo, a meta de livrar os Estados Unidos do ciclo de negócios era inútil.

No esforço para manter estáveis os preços ao consumidor, os governadores do Federal Reserve aumentavam as taxas de juros e vendiam títulos do governo, um remédio que Keynes defendera no *Tract*. Mas Keynes argumentava que o índice de preços ao consumidor que inspirava suas ações era um instrumento grosseiro que revelava pouco das flutuações de preços de cada um dos bens de consumo. Era, portanto, um indicador enganoso pelo qual ajustar a taxa de juros geral. Descobriu que fixar a taxa de juros e a política monetária com índice tão amplo e tão impreciso poderia tanto exacerbar quanto sanar o problema que o FED se propunha a resolver. Ele concluiu: "Um índice do nível geral de preços não pode revelar nenhuma informação importante em relação ao curso do ciclo, nem, mais importante ainda, pode fazer isso no tempo certo."[31]

Era opinião de Keynes que, na base do ciclo econômico, existia uma escassez crônica de demanda que causava a redução da atividade econômica, que resultava em desemprego desnecessário. Ele argumentava que, em caso de ausência da empresa privada que assegurasse a demanda adequada, os governos deveriam proporcionar demanda eles próprios por meio de obras públicas. (Ele ainda teria de conceber uma justificativa intelectual pela qual deveriam fazer isso.) Mises, no entanto, expandindo teorias postuladas pelo economista sueco Knut Wicksell,[32] abordava a intervenção no ciclo de negócios de uma maneira diferente. Ele afirmava que, quando um banco central reduzisse a taxa de juros, interferiria no equilíbrio natural entre a poupança dos indivíduos e os investimentos em bens de capital (maquinaria usada para fazer produtos). Mais bens de capital eram comprados com dinheiro mais barato do que o que poderia ser sustentado pelo nível genuíno de poupança, o que levava ao desequilíbrio. Com o tempo, o banco central ficava com um dilema: ou continuar a reduzir as taxas de juros para proporcionar ainda mais investimento, o que novamente injetaria demasiado dinheiro em um sistema em busca de muito poucos bens, provocando inflação; ou aumentar as taxas de juros, o que levava o investimento a diminuir e depois interromper-se, ocasionando uma recessão pior do que aquela que o Banco Central estava tentando evitar originalmente.

Hayek levou a análise de Mises um passo adiante ao examinar o que acontece exatamente quando crédito barato é usado para investir em bens de capital. Ele acreditava que a baixa deliberada das taxas de juros e a provisão de dinheiro para investimento em desequilíbrio com a poupança estendiam anormalmente o "período de produção" (a extensão de tempo necessária para produzir os bens). O período de produção era tão longo, de fato, que uma boa parte do desenvolvimento de bens de capital, em particular "bens de ordem superior" (maquinaria para fazer bens que estão mais distantes dos bens que o consumidor compra), teriam de ser abandonados porque não havia demanda (desejo dos consumidores de comprá-los) no tempo em que eram completados. Por exemplo, uma fábrica de formas de sorvete para refrigeradores comerciais poderia falir quando houvesse recessão na demanda de sorvete.

O nó da questão, de acordo com Hayek, era que, ao reduzir as taxas de juros, o Banco Central interferia com a relação entre poupança e investimento. Ele e a Escola Austríaca acreditavam que todos os mercados ao longo do tempo, incluindo o mercado monetário, chegariam a um estado de equilíbrio em que a oferta de bens pelos fabricantes e a demanda iriam se igualar. Hayek sugeria que o mecanismo de preço refletia a tendência para o equilíbrio, e qualquer tentativa de alterar artificialmente os preços teria consequências terríveis. Em sua opinião, mexer indevidamente com os preços era meramente desorganizar os sintomas do impulso em direção ao equilíbrio. Reduzir artificialmente as taxas de juros, ou o preço do crédito, meramente levavam a valorizar a inflação, enquanto elevar as taxas de juros artificialmente significava estimular uma contração da atividade econômica (recessão).

Por trás desses pensamentos estavam os postulados de Wicksell sobre a diferença entre a "taxa de juros natural", onde a poupança individual iguala o investimento, e a "taxa de juros de mercado", ou o preço do crédito fixado pelos bancos. Para os membros da Escola Austríaca, o ciclo de negócios deveria ser posto em movimento pela diferença entre a taxa de juros natural e a taxa de mercado. Era impossível para os bancos centrais determinar exatamente qual a taxa de juros natural, então eles, inevitavelmente, fixavam a taxa de juros de mercado em um nível desapropriado, abrindo caminho para os *booms* e colapsos do ciclo de negócios. Hayek acreditava que, ao se manter fiel à taxa de juros natural, a moeda em uma economia se tornaria "neutra", e as flutuações do ciclo de negócios nessas circunstâncias seriam causadas por mudanças em outros fatores, como o desenvolvimento de novos produtos e as novas descobertas.

As linhas de batalha entre Keynes e Hayek estavam assim traçadas. Keynes acreditava que era dever do governo fazer o que pudesse para tornar a vida mais fácil, particularmente para os desempregados. Hayek acreditava ser inútil os governos interferirem com forças que eram, a seu modo, tão imutáveis quanto as forças naturais. Keynes rejeitava a adesão ao livre mercado como uma aplicação inapropriada do darwinismo às atividades econômicas e argumentava que um entendimento melhor do funcionamento de uma economia permitiria aos governos responsáveis tomar medidas que poderiam eliminar os piores efeitos da base do ciclo de negócios. Hayek, finalmente, chegou à conclusão de que o conhecimento sobre como exatamente uma economia funcionava era difícil, senão impossível, de descobrir, e que as tentativas de formar a política econômica com base em tal evidência era, como um barbeiro praticando cirurgia primitiva, fazer mais mal que bem.

Keynes acreditava que o homem era senhor de seu destino, enquanto Hayek, com alguma relutância, acreditava ser o homem destinado a viver pelas leis naturais da economia como era obrigado a viver segundo todas as outras leis naturais. Assim, os dois homens vieram a representar dois pontos de vista alternativos de vida e governo, com Keynes adotando uma visão otimista de que a vida não precisava ser tão dura se apenas os que estavam em posições de poder tomassem as decisões certas, e Hayek subscrevendo a noção pessimista de que havia limites estreitos colocados para o esforço humano e que as tentativas de alterar as leis da natureza, por mais bem intencionadas que fossem, estavam fadadas a levar, no melhor dos casos, a consequências não desejadas.

Enquanto o mundo se dirigia ao memorável ano de 1929, os dois homens estavam bem adiantados rumo ao aguçamento de suas opiniões divergentes. Até então, os saltos de imaginação de Keynes haviam esbarrado grandemente com a incompreensão, mas com pouca oposição articulada. Os que rejeitavam suas prescrições não constituíam desafio intelectual às suas ideias e, em lugar disso, se agarravam a certezas ortodoxas e se abrigavam atrás da inércia intelectual. Hayek trabalhava amplamente com noções existentes, e suas contribuições para refinar a teoria do capital da Escola Austríaca eram pouco notadas fora de um pequeno círculo de Viena. Como na fábula moral de Esopo da lebre e da tartaruga, o energético Keynes partira a toda velocidade, deixando Hayek no ponto de partida.

O crash do mercado de ações de outubro de 1929 mudaria tudo. Quando o mundo foi lançado no tumulto financeiro, governantes e governados exigiram uma explicação para o que estava acontecendo e um caminho rápido para sair da confusão. Os hedonistas e frenéticos anos 1920 haviam se precipitado em uma depressão e caído de cabeça no que seria uma década de recessão. O mundo estava à beira da ruína, sem fim à vista para as aflições gêmeas do desemprego em massa e pobreza opressiva. No novo e terrível clima de desesperança e desespero, Keynes, o otimista, estava apto para oferecer uma saída nova e clara do atoleiro, enquanto Hayek, o pessimista, deveria construir um argumento para justificar por que todas as tentativas de arrumar o sistema eram inúteis.

Keynes teve suas ideias amplamente bem recebidas ao oferecer um pouco de esperança em meio à tristeza. Hayek descobriria logo que suas sombrias avaliações, por mais acuradas que fossem, encontrariam poucos entusiastas, porque trouxera uma mensagem sóbria que desculpava a inação pouco atraente. A revolução keynesiana estava a ponto de decolar no meio da incerteza e do horror da Idade dos Ditadores, e nenhum volume de pessimismo, por mais lógico, desanimaria o clamor dos políticos para encontrar um meio de sair do pântano econômico. Antes que muito tempo se passasse, as profundas diferenças intelectuais entre Keynes e Hayek se tornariam amplamente evidentes à medida que os dois homens viessem a se desafiar.

4.

Stanley e Livingstone

Keynes e Hayek se encontram pela primeira vez, 1928-30

A breve jornada de Hayek para estudar o pensamento econômico nos Estados Unidos confirmou que o lar do capitalismo sem freios não era onde o futuro da economia estava sendo debatido. Hayek descobriu que teria de viajar para a Grã-Bretanha. Com esse objetivo, em 1927 escreveu para Keynes, depois tomou providências para encontrar um meio de se apresentar pessoalmente. Uma oportunidade surgiu em 1928[1] quando Hayek foi convidado a um encontro do London and Cambridge Economic Service,[2] fundado cinco anos antes por Keynes como empreendimento conjunto entre a London School of Economics (LSE) e a Universidade de Cambridge. No fim de uma das sessões, os dois homens se encontraram pela primeira vez.

A cena deve ter parecido cômica para um observador. Ambos tinham mais de um metro e oitenta, com Keynes levando ligeira vantagem, considerando-se em conta o fato de ter postura curvada, o que lhe dava distinta superioridade quando intimidava um oponente. Os dois homens usavam grandes bigodes, com Hayek portando uma espécie de óculos de armação fina de metal que os britânicos associavam a intelectuais da Europa central. Keynes usava ternos de três peças desalinhadas de risca de giz com certo ímpeto desorganizado, as mãos enfiadas nos bolsos do casaco, enquanto o colarinho branco duro de Hayek e o paletó de tweed totalmente abotoado refletiam sua mente organizada e meticulosa.

Havia outras pistas para as personalidades contrastantes. Keynes disfarçava a aspereza do que dizia com voz doce que, inicialmente, tendia a encantar e depois hipnotizar os rivais, enquanto Hayek falava mal inglês, com forte e curto sotaque austríaco que até Keynes, que, quando criança, havia sido educado por uma fieira de governantas alemãs, deve ter achado difícil de decifrar. A excessiva formalidade de Hayek era imediatamente visível. "Ainda posso ver a porta de minha sala se abrindo para deixar entrar a figura alta, forte e reservada que se anunciou tranquila e firmemente como 'Hayek'", recordou o jovem professor de economia da London School of Economics Lionel Robbins,[3] na primeira vez em que viu Hayek.

Keynes e Hayek encontraram-se como totais estranhos, embora, em segundos, tivessem dispensado as formalidades e se envolvessem num inflamado debate. Para Hayek o encontro era momentoso, o preenchimento de uma antiga ambição. Para Keynes era uma disputa de rotina, apenas outro embaraço com um desorientado discípulo do livre mercado. Em termos da história das ideias econômicas, no entanto, foi tão importante quanto o encontro entre Henry Stanley e David Livingstone. Foi a primeira peleja, ainda que um exercício de boxe com oponente imaginário, na batalha de titãs que entraria pelo século seguinte.

Hayek recorda vividamente o encontro como uma primeira prova de Keynes em modo irreconciliável e como introdução adequada à intensidade da batalha que viria: "Finalmente, tivemos nosso primeiro choque teórico — em alguma questão sobre a eficácia das mudanças nas taxas de juros", recordou. "Embora em tais debates Keynes tentasse primeiro esmagar cruelmente uma objeção de maneira algo intimidadora para um jovem, se alguém o enfrentasse em tais ocasiões ele desenvolveria um interesse muito amigável, mesmo que discordasse fortemente da opinião de alguém."[4] Desde o início de sua espinhosa amizade, que durou até Keynes morrer, vinte anos depois, Hayek sentiu que Keynes, embora discordasse das opiniões da Escola Austríaca, estava interessado no que ele tinha a dizer. "No momento em que me opus com argumentos sérios, ele me levou a sério e, desde então, sempre me respeitou", lembrou Hayek. "Sei de seu jeito de falar de mim em geral: 'Claro que ele é louco, mas suas ideias também são muito interessantes.'"[5]

Hayek achou um amigo em Londres: Robbins, como raros economistas britânicos da época, lia em alemão e havia explorado os trabalhos de vários economistas europeus, incluindo Mises, o sueco Knut Wicksell e o austríaco Eugen von Böhm-Bawerk.[6] Arrojado e ambicioso, Robbins foi promovido pelo diretor da LSE, William Beveridge,[7] para a cadeira de política econômica em 1929, com a idade de 31 anos, tornando-se "o mais jovem professor universitário do país".[8] Ao assumir o posto, Robbins determinou que a LSE deveria opor-se a Cambridge, o lar de Marshall e Keynes, como a fonte da sabedoria em teoria econômica britânica, apresentando todo o repertório do pensamento europeu. Hayek também tinha grandes esperanças. Tencionava trabalhar em Londres durante alguns anos como parte de um grande plano que o levaria ao topo.

Hayek contou à mulher "meio de brincadeira"[9] sua ambição de subir ao topo da sociedade austríaca. Ele primeiro ensinaria economia em Londres durante algum tempo antes de voltar a lecionar em Viena. Depois, enquanto sua reputação crescia, esperava ser indicado presidente do Nationalbank, o Banco Central austríaco. Em seus anos de declínio voltaria a Londres como embaixador austríaco. Como relembrou, com a falta de modéstia e autoconsciência que eram as chaves de sua personalidade, isso não "era de maneira alguma uma aspiração desarrazoada e me daria aquela espécie de vida na fronteira do trabalho puramente acadêmico e trabalho público que, provavelmente, na última parte de minha vida, eu consideraria muito satisfatória".[10] Tornando-se conhecido em Londres, Hayek deu o primeiro passo de seu elaborado programa de vida.

Robbins, um ex-organizador do trabalhismo socialista, foi atraído para Hayek pelo ensaio deste, "The 'Paradox' of Saving",[11] que buscava refutar a relação direta entre poupança e demanda, o volume poupado por indivíduos e seu desejo de gastar com bens, postulada pelos economistas americanos Waddill Catchings e William Trufant Foster.[12] A dupla havia, como Keynes, proposto obras públicas para promover a demanda em uma economia durante a recessão, o que Hayek chamava de "a função emprego", correlação direta entre emprego e demanda agregada (o total de bens que os consumidores querem comprar em uma economia). Em seu estudo de 1926, "The Dilemma of Thrift",[13] Foster e Catchings afirmavam que as recessões eram causadas pela falta de demanda de bens e serviços resultante de excessiva poupança. Asseveravam que as recessões aconteciam quando os indivíduos escolhiam poupar em lugar de gastar, deixando de comprar os bens adicionais produzidos como resultado de sua poupança ser investida em bens de capital. Daí, argumentavam, poupança demais no topo do ciclo de negócios levava a um excesso de bens não vendidos na base do ciclo.

Eles defendiam um "Conselho do Orçamento Federal" para investir em obras públicas, com dinheiro emprestado, se necessário, para provocar demanda, abastecendo, assim, os consumidores de dinheiro para comprar o excesso de bens produzidos em uma recessão. Hayek lamentava o fato de a dupla de economistas ter persuadido o conservador secretário de Comércio do presidente Warren G. Hardings,

Herbert Hoover,[14] a estimular as agências federais a gastar o dinheiro do contribuinte na criação de empregos.[15]

"The 'Paradox' of Saving" foi uma tentativa de corrigir Foster e Catchings. Hayek argumentou que a afirmação do par se baseava em um equívoco: eles se haviam enganado sobre o papel do capital no processo produtivo. Na economia real, a poupança não está disponível para ser investida em nova produção a não ser que existam boas razões para acreditar que os novos produtos a serem disponibilizados pelo novo investimento serão prontamente vendidos. A circunstância em que as poupanças dos consumidores eram investidas na fabricação de bens não desejados, em lugar de ser usadas para adquirir bens, não se aplicava, portanto.

Hayek argumentava que a produção não era um processo único com um único preço e produto final. Era provável que houvesse economias de escala em qualquer produção estimulada por investimento novo que reduziria o preço dos bens, tornando-os disponíveis, então não haveria excesso. Hayek lembrou que Böhm-Bawerk mostrara que os estágios da produção de capital eram muitos e de duração variada, o que Böhm-Bawerk chamou de produção "indireta". Além das fábricas que produziam bens, havia fábricas fazendo elementos que eram montados para fazer bens e fábricas de máquinas-ferramenta que faziam máquinas que faziam bens, ou parte de bens. Em cada estágio do processo indireto, os investidores eram remunerados de tal forma que, contrariamente à afirmação de Foster e Catchings, tinham dinheiro suficiente para pagar pelos bens que resultavam do estágio final de produção.

Hayek admitia que, "se administrado com extraordinária precaução e habilidade sobre-humana", o plano de ter uma infusão de dinheiro no sistema para provocar demanda "poderia... talvez, ser executado para prevenir crises".[16] Entretanto, mais provavelmente "a longo prazo", tal manipulação da economia "causaria graves distúrbios e desorganização do sistema econômico como um todo".[17] Concluiu que "toda a experiência de tais tentativas para aliviar o desemprego com obras de socorro e, assim por diante, é, à luz de sua análise, altamente questionável".[18]

Na época em que Hayek e Keynes se encontraram pela primeira vez e discutiram, "The 'Paradox' of Saving" só estava disponível em alemão, em pequena edição de um jornal de economia vienense, e Keynes pode ser desculpado por não a ter lido. Mas, mesmo que tivesse recebido uma tradução inglesa, não é certo que Keynes tenha captado muito da contra-argumentação de Hayek. Rigorosamente pensado em prosa densa, com longos períodos em alemão contendo orações subordinadas uma atrás da outra, "The 'Paradox'" não é leitura fácil. Contém numerosas equações e gráficos para demonstrar que os estágios de produção envolvidos na fabricação de um bem de consumo aumentam o custo final. Hayek admite como corretas as lições de Böhm-Bawerk e admoesta os que não estão familiarizados com os principais trabalhos da Escola Austríaca, mesmo se, por confissão de Hayek, apenas uma, a primeira edição de *Positive Theory of Capital*, de Böhm-Bawerk, estivesse disponível em inglês, publicada em Londres quarenta anos antes.

Robbins não apenas lera Böhm-Bawerk em alemão, como também apreciava a habilidade com que Hayek defendera seu ponto de vista em "The 'Paradox'". Em vista do que avaliava como demolição convincente de Hayek da "função emprego", o conceito que fundamentava o pensamento de Keynes, Robbins convidou Hayek a fazer quatro palestras na LSE em fevereiro de 1931. Hayek estava ciente do motivo por que fora convidado. "[Robbins] lançou-se sobre o meu tema: este é o pensamento de que necessitamos no momento para combater Keynes",[19] Hayek recorda ter ouvido de Robbins. "The 'Paradox'" foi traduzido para o inglês e publicado na edição de maio de 1931 de *Economica*,[20] o jornal da LSE que Robbins editava. Ao apresentar Hayek à Grã-Bretanha, Robbins instigou o grande debate entre Hayek e Keynes.

A pergunta que se coloca é: por que Robbins não convidou Mises para replicar Keynes? Mises era mais conhecido do que Hayek e já construíra uma formidável obra que desafiava muitas afirmações de Keynes. Dois fatores parecem ter influído na decisão de Robbins. Para ser eficiente no contra-ataque a Keynes, Robbins precisava de alguém que pudesse ser rapidamente entendido. O inglês de Mises tinha falhas, e seu sotaque austríaco era tão pesado que ele tinha dificuldade para se fazer entender. "Ele, certamente, não estava à vontade em francês ou inglês", explicou seu biógrafo Jörg Guido Hülsmann. "Quando dava palestras em línguas estrangeiras, a destreza o abandonava."[21] Ao contrário, a curta temporada de Hayek em Nova York o equipara com um inglês rudimentar falado, embora de natureza falha.

A comparativa juventude de Hayek também era um fator contribuinte. Robbins era jovem e talvez se sentisse mais à vontade trabalhando com alguém de idade similar. Mises não apenas era mais velho, como também tinha velhos hábitos que não mudavam com facilidade. Tinha uma bem merecida reputação de taciturno e irritadiço. Até sua mulher, Margit, não conseguia gostar dos recorrentes maus humores do marido. "A única coisa sobre [Mises]", recordou, "tão espantosa quanto amedrontadora era seu temperamento. Ocasionalmente, tinha terríveis explosões de raiva... Esses ataques terríveis eram realmente um sinal de depressão."[22] Mises era também profundamente pouco prático. De acordo com Margit, "não sabia sequer cozinhar um ovo".[23] Então Hayek, indivíduo racional e equilibrado até onde Robbins podia apreciar, parecia a escolha ideal. No "'Paradox'", Hayek tinha um conjunto de argumentos que imediatamente o colocaria em oposição à infecção keynesiana que Robbins via espalhar-se a partir de Cambridge.

Entre o primeiro encontro de Hayek com Keynes em Londres em 1928 e sua chegada para as quatro palestras em fevereiro de 1931, aconteceu um cataclismo que mudaria completamente os limites de seu iminente debate. O crash do mercado de ações de Wall Street, em outubro de 1929, foi um desastre econômico sem precedentes. A escala do horror desatado pelo subsequente colapso da economia americana iria provocar uma linha de perguntas práticas para os economistas. O que causou o crash? Que lições poderiam ser aprendidas para impedir que acontecesse de novo? E o que pode ser feito para aliviar a miséria do desemprego detonado pela catástrofe?

Não era, de forma alguma, óbvio, na época, o quão longe iriam os efeitos do crash, como se espalhariam para o resto da economia mundial, ou quais seriam as ramificações políticas do desastre. Nos meses e anos à frente, no entanto, Keynes se acharia bem posicionado para levar adiante suas opiniões radicais, não apenas porque estava preocupado em promover políticas pró-emprego por meio de suas atividades jornalísticas e políticas, como porque suas teorias pareciam fornecer uma justificativa intelectual para tentar criar empregos por meio de obras públicas. A rejeição de Hayek às teorias de Keynes e, por associação, sua rejeição às recomendações mais comuns para a criação de empregos, pareceriam crescentemente fora de sintonia com o sentimento público à medida que a crise se transformava em depressão, e o desemprego em ambos os lados do Atlântico começava a aumentar.

Keynes talvez conhecesse melhor que Hayek o impacto pessoal da crise, porque era um especulador diário no mercado de *commodities* e monetário. Muitas manhãs ele ficava na cama até o meio-dia, dando instruções para seu corretor por telefone. Sua acuidade financeira assegurava que os magros recursos de seus amigos do Bloomsbury ganhassem o bastante para perseguir seus ensaios artísticos sem se preocupar com ter que ganhar a vida. Embora não tivesse ações americanas, Keynes foi colhido pela velocidade do colapso do mercado. A fortuna que havia amealhado com especulação no mercado derreteu com o crash. (Apostando no mercado, ele logo fez uma segunda fortuna, tão grande quanto a primeira.) Mas, se Keynes fracassou em prever o desastre iminente, suas teorias pareciam ajustar-se confortavelmente às novas circunstâncias.

Mal publicou seu *Tract on Monetary Reform*, em 1924, começou a escrever *A Treatise on Money*. Seria uma aventura épica. *The Economic Consequences of the Peace* havia levado semanas para ser escrito; *A Treatise* levou seis anos e dois meses, em parte porque Keynes foi distraído por controvérsias políticas britânicas, tais como seus esforços a favor dos Liberais na eleição geral de 1929; em parte por seu envolvimento nos assuntos de King's College; em parte pela miríade de outras atividades que reclamavam sua atenção. De 1925 em diante, a vida de Keynes se tornou ainda mais complicada quando, depois de ter vivido metade da vida como homossexual, se casou com Lydia Lopokova, uma bailarina de espírito infantil dos Balés Russos de Sergei Diaghilev, nove anos mais nova que ele.

O casamento de Keynes com Lydia desconcertou os integrantes do Bloomsbury, especialmente os Woolf, para quem a mente excitável de Lydia e seu hilariante mau uso das palavras a tornavam uma parceira inadequada para seu amigo cerebral e homossexual. Mas Lydia não era de se amedrontar; Keynes estava completamente apaixonado. Ele continuou a dividir seu tempo entre Cambridge, Londres e sua casa de fazenda em Tilton,[24] em Sussex Downs, onde Lydia vivia a maior parte do tempo. Escrevia quase sempre longas cartas para ela, deixando uma rica provisão de correspondência íntima, despudorada e sexualmente explícita[25] que se equiparava à vida amorosa apaixonada, aventurosa e desinibida do casal. Queriam muito ter filhos, embora, depois de algum tempo, ficasse claro que Lydia era infértil. Para poupar sua mulher do embaraço, Keynes dizia que era o responsável por não terem filhos e escondia o desapontamento atrás do humor negro. Finalmente dignificado como "Lord Keynes de Tilton", costumava referir-se a si mesmo como "Infértil Keynes".

A despeito das muitas distrações, Keynes estava determinado a consolidar seus mais recentes pensamentos. Mas esticar a escrita de *A Treatise* por quase sete anos teve efeito adverso sobre a coerência no trabalho final. Revisou repetidamente o manuscrito para dar conta de seus pensamentos sempre em mudança e mais de uma vez abandonou capítulos inteiros à luz de nova inspiração. Ainda em agosto de 1929, com a publicação marcada para o outono de 1930, Keynes escreveu para o seu editor, Daniel Macmillan: "Envergonho-me de dizer que, depois de revisar mais de 440 páginas numeradas, cheguei à conclusão de que certos capítulos devem ser drasticamente reescritos, e o todo muito consideravelmente reorganizado."[26]

Como resultado, o livro é uma trama complexa de ideias discrepantes em um todo não inteiramente convincente. "O livro não deu uma visão completa de seu pensamento, apenas um corte transversal dele",[27] observou Roy Harrod, amigo e biógrafo de Keynes. Na véspera da publicação, Keynes escreveu para os pais, "artisticamente, é um fracasso — mudei de ideia demasiadas vezes durante a redação para que ele possa ter uma unidade apropriada".[28] No prefácio, Keynes admite que o livro "representa mais uma coletânea de material do que um trabalho acabado".[29] Não obstante suas reservas, *A Treatise* foi publicado, em dois grandes volumes, em dezembro de 1930.

Um dos temas centrais do livro — e no qual Keynes acreditava ter acrescentado uma nova dimensão à forma pela qual uma economia deveria ser entendida — era traçar a distinção clara entre poupança e investimento (ou desembolso de capital). Até aquele momento, os economistas assumiam que, ao longo do tempo, poupança e investimento tinham o mesmo valor. Mas Keynes sugeriu que, como um grupo de pessoas poupava e outro grupo investia, um desequilíbrio tendia a ocorrer. Quando o volume investido era maior que o volume poupado, o resultado era um *boom*, acompanhado da inflação dos preços. Inversamente, quando a poupança levava vantagem sobre o investimento, um estado de depressão ocorria, acompanhado de deflação e desemprego. Ele raciocinava que a renda total em uma economia se originava tanto da venda de bens de consumo quanto de bens de capital. Se não havia poupança e a renda total era gasta em bens de consumo, o preço desses bens subiria acentuadamente e haveria um *boom*. Inversamente, se toda a renda fosse poupada, o preço dos bens de consumo cairia e as indústrias faliriam.

O corolário do argumento de Keynes tinha implicações importantes para a tentativa de administrar o ciclo de negócios, porque argumentava que, se suas afirmações estivessem corretas, a inflação de preços seria reduzida pelo crescimento da poupança, e uma depressão poderia ser curada com o aumento do investimento. Keynes sugeriu que a causa dos *booms* e contrações alternados do ciclo de negócios era a ação dos bancos, que também detinham a cura. "É a maquinaria dos bancos que torna [o desequilíbrio] possível",[30] escreveu Keynes, porque os bancos criavam crédito independentemente do desejo ou da capacidade de uma comunidade para poupar. Os bancos não baseavam as decisões de crédito em relação ao nível de poupança que tinham em seus cofres: "Seu principal critério do quanto emprestar é totalmente diferente — principalmente a proporção entre suas reservas em caixa e seus passivos monetários."[31] Os níveis de poupança e de investimento poderiam ser alinhados se um Banco Central se dispusesse a controlar cuidadosamente o volume de crédito oferecido. O resultado seriam preços estáveis. Como Wicksell, Keynes diferenciava entre uma "taxa natural de juros", em que poupança e investimento eram os mesmos e os preços permaneciam estáveis, e uma "taxa de juros de mercado", o que os bancos cobravam para seus próprios fins.[32]

Ao longo de *A Treatise*, Keynes assumiu que poderia ser atingido um estado de equilíbrio em que poupança e investimento fossem iguais e os preços estáveis, qualquer que fosse a taxa de juros fixada pelo Banco Central, e que, naquele estado, haveria pleno emprego.

Seu ponto de vista era que a "teoria monetária, quando tudo está dito e feito, é pouco mais que uma vasta elaboração da verdade de que 'tudo vai acabar dando certo'".[33]

Keynes também voltou ao espinhoso problema das taxas de câmbio fixas e do papel que desempenhavam em promover *booms* e contrações do ciclo de negócios. Ele sugeriu que, enquanto o padrão-ouro subsistisse, os bancos centrais não seriam capazes de administrar o crédito de forma que poupança e investimento fossem mantidos iguais, porque estariam, em lugar disso, usando a política de taxa de juros para manter a moeda na taxa fixada. Ele lutara ferozmente para impedir o governo britânico de atrelar a libra esterlina ao valor de antes da guerra, de US$ 4,86. Uma vez que a batalha estava perdida, no entanto, Keynes reajustou seus pensamentos para acomodar as novas condições e concluiu que havia alguma virtude em subordinar todas as moedas a uma única medida comum, como o ouro, depois que a turbulência da economia mundial causada pela Primeira Guerra Mundial tivesse passado.

Em *A Treatise* deu um passo adiante, propondo a formação de um novo mecanismo para vincular todas as moedas, um "banco central supranacional", uma noção que se tornaria realidade no acordo de Bretton Woods, de 1944, da taxa de câmbio fixa para todas as moedas. Em vez de fixar as moedas em relação ao preço do ouro, o que, para Keynes, era, na realidade, pouco mais que fixá-las em relação ao dólar, ele propôs, em *A Treatise*, que seria mais equitativo se as moedas fossem alinhadas a uma cesta de sessenta bens importantes comercializados internacionalmente e pudessem flutuar anualmente até 2% acima ou abaixo do valor fixado. Mesmo então, predisse que alguns países considerariam difícil manter a nova paridade se suas populações sofressem "severo desemprego".[34] Nesse "caso especial", argumentou, "não era suficiente a Autoridade Central estar pronta a emprestar.... [O] governo deve ele próprio promover um programa de investimento doméstico [obras públicas]".[35]

Foram as ideias dispostas em *A Treatise* que Keynes direcionou para a política do Partido Liberal antes da eleição geral de junho de 1929. E é em suas declarações políticas daquela época que pode ser vista uma imagem mais clara do que se tornaria a "revolução keynesiana" tomando forma. Os Liberais tinham posto fé no astuto galês Lloyd George, cujo comportamento cínico nas conversações de Paris horrorizara Keynes. Mas Keynes concluiu, relutantemente, que Lloyd George era a melhor esperança dos Liberais e se lançou na formulação de políticas econômicas com as quais atrair o eleitorado, sendo a principal delas a promessa de pôr o país de volta ao trabalho. Por volta do ano de 1929, o desemprego na Grã-Bretanha atingira 1,34 milhão. No mínimo, um em cada dez britânicos estava sem trabalho havia mais de oito anos, exceto durante um curto período de recuperação em 1924.

Em março de 1928, Keynes revelou suas novas ideias na Federação Nacional Liberal. "Vamos nos levantar por meio do uso de nossos recursos ociosos para aumentar nossa riqueza. Com homens e fábricas sem trabalho, é ridículo dizer que não podemos arcar com as despesas de novos desenvolvimentos. É precisamente com essas fábricas e esses homens que vamos arcar com elas",[36] disse. Em julho, Keynes escreveu uma poderosa justificativa para políticas de criação de emprego que formatou para Lloyd George. "Quando temos homens sem emprego e fábricas sem uso e mais poupança do que usamos em casa, é profundamente imbecil dizer que não podemos arcar com essas coisas. Porque é com os homens sem emprego e as fábricas sem uso e com nada nas mãos que essas coisas são feitas",[37] escreveu.

Em março seguinte, Keynes ridicularizou o Tesouro por sugerir que nada poderia ser feito para solucionar o desemprego. "Eles acreditam que, se as pessoas forem induzidas a poupar o máximo que puderem, e se medidas forem, então, tomadas para impedir que qualquer outra coisa seja feita com essas poupanças, a taxa de juros vai cair", escreveu.

"Realmente, se todas as formas de empreendimento capitalista forem consideradas ilegais, a taxa de juros afundaria para zero — enquanto a taxa de desemprego subiria até o céu."[38] Como afirmaria em *A Treatise*, por estar atada a um preço dólar/libra inapropriado desde 1925, a Grã-Bretanha se tornara um "caso especial", onde o equilíbrio do pleno emprego se tornara ilusório. Apenas obras públicas, argumentou Keynes, poderiam sacudir a economia preguiçosa de volta à vida. No panfleto "Lloyd George pode fazer isso?", Keynes expôs sua argumentação de forma simples: "Há trabalho para fazer; há homens para fazê-lo. Por que não juntar os dois?"[39]

Keynes orçou seu programa de emprego em face das zombarias de Conservadores de que o dinheiro seria desperdiçado. Keynes argumentava que, ao contrário, era por não fazer nada que os recursos da nação eram desperdiçados. Os benefícios pagos aos desempregados já estavam custando aos contribuintes 50 milhões de libras anuais, sem contar a assistência aos pobres. Nos oito anos anteriores, os desempregados haviam recebido um total de 500 milhões de libras para não fazer nada. Era um inacreditável esbanjamento de recursos. Soma tão vasta poderia ter construído um milhão de casas novas, ou renovado um terço das estradas britânicas, ou dado gratuitamente um carro novo a uma em cada três famílias, ou poderia ter estabelecido um fundo fiduciário grande o bastante para dar entradas de cinema gratuitas a todos os britânicos até o fim dos tempos.[40] "Mas esse não é nem de perto todo o desperdício", escreveu. "Existe uma perda muito maior para os próprios desempregados, representada pela diferença entre as "assistências" que recebem e o salário pleno como trabalhadores, e pela perda da força e da moral. Há perdas nos lucros dos empregadores e nos impostos para o ministro da Fazenda. Há perda inestimável por retardar por uma década o progresso econômico de todo o país."[41]

O programa que Keynes propunha custaria 100 milhões de libras por ano. Os Conservadores afirmavam que isso criaria apenas dois mil empregos por ano, mas, argumentava Keynes, eles ignoravam não apenas a poupança dos benefícios pagos aos desempregados e de empréstimos estrangeiros, como também o que poderia vir por "efeito multiplicador": cada emprego criado pelo governo acrescentaria outro emprego para suprir de bens o novo trabalhador. "A maior atividade comercial produziria mais atividade comercial; porque as forças da prosperidade, assim como as de uma depressão comercial operam por efeito cumulativo"[42], declarou.

À medida que se aproximava o dia das eleições, Keynes acreditava que os Liberais venceriam. Embora os Conservadores tenham recebido mais votos, 38%, conquistando 260 cadeiras, os caprichos do sistema eleitoral asseguraram que os Trabalhistas conquistassem a maioria das cadeiras na Câmara dos Comuns, 287, com uma proporção ligeiramente menor dos votos, 37%. Os Liberais, com 23% dos votos, puderam reunir apenas 59 membros. Embora privado da maioria absoluta, Ramsay MacDonald formou um governo de minoria, dependendo para sobreviver do voto de confiança dos Liberais. Keynes foi muito procurado pelo novo governo e, no mês seguinte ao crash em Wall Street, foi apontado para o Comitê Macmillan de Finanças e Indústria a fim de examinar a relação entre o setor bancário e a economia inteira.

Isso marcou o fim do longo namoro de Keynes com os Liberais. Keynes, sempre o pragmático, agora dirigia suas energias para persuadir o novo governo a aceitar suas prescrições. MacDonald convidou-o a almoçar três vezes entre novembro e dezembro de 1929 para pedir-lhe conselho, e indicou Keynes para seu Conselho Econômico Consultivo. Mas logo se revelou para Keynes que o timorato MacDonald, a despeito de todas as suas credenciais radicais, não era progressista e, em muitos aspectos, muito menos "socialista" que o próprio Keynes.

Keynes ofereceu ao Comitê Macmillan uma performance brilhante em que expôs amplamente e com extraordinária eloquência suas teorias complexas em linguagem que o leigo podia entender. O presidente, Lord Macmillan, um juiz impassível, ficou tão enamorado das hipnóticas palestras diárias de Keynes que lhe disse: "Dificilmente notamos a passagem do tempo quando você está falando."[43] Para aqueles que acham difícil compreender as ideias em *A Treatise*, a exposição delas por Keynes em linguagem simples torna sua leitura enormemente interessante, não menos quando explica os efeitos de uma disparidade entre poupança e investimento ao invocar o funcionamento de uma imaginária república bananeira.[44] Junto com os princípios estabelecidos em *A Treatise*, Keynes descreveu suas opiniões sobre inúmeros elementos da economia que se tornariam importantes na antecipação da "revolução keynesiana" e definiria a diferença entre suas ideias e as da escola austríaca no debate iminente com Hayek.

Sua maior contribuição nas audiências legislativas foi explicar o papel que a taxa de desconto bancário, a taxa de juros fixada pelo Banco da Inglaterra, desempenhava na administração da economia. No primeiro dia, ele descreveu por que a imposição de altas taxas de juros leva a uma contração (redução) no investimento e a uma queda nos preços, enquanto uma redução nas taxas proporciona as circunstâncias para um *boom*. Embora esse arranjo funcionasse a longo prazo, quando há uma balança comercial favorável e os preços e custos podiam subir ao longo do tempo, tornava-se catastrófico quando um ajuste de custos para baixo fosse necessário. Como explicou Harrod, Keynes afirmou que "era importante para [o comitê] entender que o mecanismo no qual acabamos colocando nossa exclusiva dependência só poderia produzir um ajustamento para baixo mediante severo desemprego, que levava a cortes nos salários monetários".[45]

Keynes declarou que poupança e investimento estavam desequilibrados e reconheceu que as pressões monetárias, sob a forma de altas taxas de juros que levavam a um aumento no custo do empréstimo às empresas, poderiam apenas pressionar para baixo os lucros e custos, como os salários. O resultado era o desemprego. Um problema na Grã-Bretanha nos anos 1920, no entanto, era que, por causa da negociação coletiva feita pelos sindicatos, os salários eram "rígidos" e não podiam ser facilmente cortados. De fato, por causa da redução na extensão da semana de trabalho e da manutenção dos salários devido às exigências, os salários haviam, de fato, aumentado. Keynes advertiu o comitê de que "nunca houve na história antiga ou moderna uma comunidade preparada para aceitar sem imensa luta a redução geral no nível de renda monetária".[46]

Embora negasse para o comitê que os benefícios pagos aos desempregados houvessem contribuído para a "rigidez" nos índices salariais, comparando essa sugestão à dos que diziam que a existência de hospitais estimulava as doenças, Keynes admitiu, em um programa de rádio, que os benefícios pagos aos desempregados de fato aumentaram a resistência dos trabalhadores em aprovar a redução dos salários. "A existência do auxílio-desemprego sem dúvida reduz a pressão sobre o indivíduo para aceitar um índice salarial ou um tipo de emprego que não é o que ele quer, ou com que está acostumado"[47], disse. Mesmo assim, o remédio que sugeriu para reduzir os salários a um nível que o país pudesse bancar era uma política de renda administrada pelo governo, o que Keynes chamou de "redução acordada no nível das rendas monetárias". Ele insistia em que a redução teria de se aplicar a todos os setores da comunidade igualmente, não apenas aos assalariados do setor industrial, e o resultado do "contrato social" seria uma redução dos preços. Embora fosse "em alguns aspectos o remédio ideal"[48], Keynes admitia que tal política era provavelmente impossível de implementar. Para aumentar o emprego, pressionou pelo gasto público nas estradas e no sistema telefônico. À objeção do Tesouro de que o aumento do gasto público era uma visão míope, ele objetava: "Entramos num círculo vicioso. Não fazemos nada porque não temos o dinheiro. Mas é precisamente porque não fazemos nada que não temos o dinheiro."[49]

Sir Richard Hopkins, o porta-voz do Tesouro que testemunhou ante o comitê, a quem Robbins descreveu como "diminuto em estatura, com aparência bastante parecida à de um macaco extremamente inteligente"[50], resistiu bem aos argumentos de Keynes de obras públicas para criar empregos. Ele acreditava que investimentos não produtivos solapariam a atração de investimentos estrangeiros nas empresas britânicas, levando também a um desvio de capital britânico para o exterior; que orientar recursos para certas empresas desarranjaria o mercado de trabalho, retirando trabalhadores de empresas mais produtivas e lucrativas para projetos públicos comparativamente de menor valor; e que havia um volume limitado de capital — se o governo levantasse capital para seus programas, iria privar a indústria do capital de que esta necessitava. A resposta de Keynes foi que a redução dos pagamentos aos desempregados e das perdas nos negócios resultantes de uma volta ao pleno emprego mais que compensaria tais fatores.

Não foram apenas as persistentes exigências de Keynes pela intervenção do governo que ofenderam o Tesouro, o Banco da Inglaterra e aqueles que concordavam com as ideias da Escola Austríaca. Tão ofensivo quanto isso era o ataque de Keynes ao livre comércio e, após um angustiado debate interno, sua defesa de tarifas de importação. Em seu depoimento ao Comitê Macmillan, Keynes rejeitou tarifas de importação, comparando-as ao uso de drogas — uma vez impostas, eram difíceis de retirar —, mas, em seu relatório ao Conselho Econômico Consultivo do primeiro-ministro, defendeu a incidência de impostos sobre importação — e créditos de exportação — como a única política palatável para a população em geral. Keynes era inflexível, no entanto, em que a Grã-Bretanha e o mundo se encontravam em situação tão terrível que medidas terríveis, como a imposição de impostos comerciais, tinham de ser tomadas. "Os defensores do livre comércio podem, coerentemente com sua crença, ver os impostos para elevar a arrecadação do governo como nossa ração de reserva, que pode ser usada apenas em uma emergência", ele escreveu em março de 1931. "A emergência chegou."[51]

A mudança de opinião de Keynes sobre as tarifas para aumentar a arrecadação do governo foi a principal razão de seu profundo desacordo com o defensor do livre comércio Robbins, a quem ele pessoalmente indicara para o Comitê do Conselho Econômico Consultivo sobre Perspectiva Econômica. Por que Keynes ofereceu a Robbins tal posição é difícil de decifrar, pois era inevitável que logo discordassem. O biógrafo de Keynes Robert Skidelsky sugere que Robbins "sozinho, tinha convicção intelectual para resistir ao abraço consensual de Keynes. Talvez Keynes não percebesse a força das convicções de Robbins sobre o livre mercado quando sugeriu seu nome; ou talvez superestimasse seu próprio poder de persuasão".[52]

De qualquer modo, os dois homens se chocaram no Comitê Macmillan da forma mais abrasiva. Ambos tinham temperamento irritável e, para a consternação dos outros membros do comitê, ambos estavam preparados para utilizá-lo à larga. Até seu encontro com Robbins, Keynes meramente tinha que suportar o conservadorismo mesquinho e a falta de imaginação dos funcionários do Tesouro e do Banco da Inglaterra. Com Robbins foi obrigado a enfrentar uma forma de nêmese, um jovem combatente com uma mente brilhante que em favor das noções da Escola Austríaca havia ignorado as ideias radicais que emanavam de Cambridge. A resposta de Robbins a todos os supostos remédios de Keynes era deixar o mercado seguir seu curso, por mais punitivo que fosse para a indústria britânica, aos empregadores britânicos, à empresa britânica, aos trabalhadores britânicos. Se, como Keynes continuamente insistia, a economia britânica estava em desequilíbrio, então deveria ser deixada a corrigir-se com o tempo. Todas as prescrições de Keynes iriam apenas adiar o inevitável, tornando as coisas piores e perpetuando a miséria. Como descreveu Harrod, Robbins "via nas propostas [na tarifa de Keynes] um afastamento das antigas tradições que fizeram a Grã-Bretanha grande, e um devastador golpe na ainda muito tenra planta do internacionalismo... Robbins sentia que devia devotar todas as suas forças a resistir."[53]

Keynes, enquanto isso, respondia às soluções de livre mercado com o ridículo: "Podemos chegar a um ponto... se insistirmos no *laissez-faire* [o livre mercado] o bastante, em que cultivaremos nossos próprios vinhedos. Desde que exista um resíduo das exportações britânicas (por exemplo, fidalgos e velhos senhores) que os Estados Unidos fiquem contentes em comprar e nós possamos reduzir nossas necessárias importações, mais nossos excedentes de poupança, para equalizar com esse resíduo, o equilíbrio será restaurado." Ele continuava: "Se conseguirmos tolerar isso, e estivermos preparados para abandonar um pouco o *laissez-faire* utilizando tarifas, proibições de importação, subsídios, investimentos do governo e impedimentos ao empréstimo estrangeiro, então poderemos esperar uma recuperação logo... Vocês poderão, além disso, ter evitado uma catástrofe social."[54] Tão assustador quanto isso, na perspectiva de Robbins, era que Keynes chegasse à conclusão de que o melhor caminho para reduzir salários era deixar os preços subirem, diminuindo, portanto, seu valor real.

Robbins queria chamar seu amigo Hayek como testemunha especializada para o comitê, na crença de que Hayek não se dobraria sob o peso do bombardeio de Keynes. Mas Keynes rejeitou a ideia. Robbins aceitou a dispensa de sua testemunha "estrela" com surpreendente boa vontade, mas sua impaciência ante a atitude superior de Keynes chegou ao máximo. Incapaz de concordar com o relatório final rascunhado por Keynes e os outros, Robbins exigiu permissão para oferecer opinião dissidente da minoria. Como Robbins recorda: "Keynes, que, então como sempre, era capaz de acessos de fúria ingovernáveis, ficou furioso... Em sua ira, ele me tratou muito mal."[55] Citando a opinião do secretário do gabinete, Keynes negou a Robbins o direito de distanciar-se do resto do comitê. Precedentes foram reunidos por meio dos quais era considerado inconstitucional para um único indivíduo publicar um relatório de minoria. Os outros membros se revezavam para dizer que era falta de educação, malfeito, inaceitável, falta de cavalheirismo fazer tal escândalo. Não era que Robbins estivesse criando um precedente desnecessário; "a fim de não prejudicar as chances de políticas econômicas úteis serem adotadas, eles estavam preparados para minimizar seus desacordos".[56]

Mas Robbins ficou firme. E Keynes foi obrigado a ceder. Relutantemente permitiu que uma opinião dissidente, intitulada "Relatório pelo Professor L. Robbins", fosse anexada às principais conclusões. Mas todo o calor e o rancor da briga entre Keynes e Robbins, refrega antecipada da guerra que Hayek travaria, foram desperdiçados. Em outubro de 1930, MacDonald recebeu o relatório e, depois, se sentou sobre ele, sendo a inércia a melhor parte da coragem de um primeiro-ministro mesquinho, congelado na apreensão.

Keynes logo esqueceu seu explosivo desacordo com Robbins. "Não se passaram muitas semanas antes que Keynes e eu nos encontrássemos novamente... como se nada houvesse entre nós a não ser diferenças intelectuais", lembrou Robbins. "Nunca senti que ele fosse outro a não ser um grande homem e um homem cuja estatura era tal que idiossincrasias de comportamento pessoal, como aquela de que fui vítima, tornavam-se desimportantes, na perspectiva geral de sua qualidade e de seu caráter."[57]

Robbins, no entanto, estava determinado a prosseguir com o debate. Agora, sua intenção de trazer Hayek de Viena, como um pistoleiro de faroeste, para mirar no importuno Keynes, tornou-se prioridade urgente. O que Robbins não percebia era que a chegada de Hayek seria diretamente manipulada por William Beveridge, que tinha má opinião de Keynes. Beatrice Webb, cofundadora da LSE com seu marido, Sidney, almoçara com Beveridge e descobrira que "ele detesta Keynes e o vê como um charlatão da economia".[58] Como

Robbins, Beveridge esperava as palestras iminentes de Hayek como uma forma de colocar Keynes em seu lugar.

O cenário agora estava pronto para Hayek montar um desafio a Keynes da segurança de seu posto de membro do corpo docente da LSE enquanto se desempenhasse bem no relato da teoria da Escola Austríaca do ciclo de negócios no quarteto de palestras que Robbins o convidara a fazer.

5.

O homem que matou Liberty Valance

Hayek chega de Viena, 1931

Lionel Robbins e William Beveridge se autonomearam assistentes técnicos no mais conhecido duelo da história da economia. Friedrich Hayek chegou a Londres em janeiro de 1931 para aceitar o convite de Robbins para proferir quatro palestras baseadas em seu estudo do ciclo de negócios e sua tentativa de provar, em "The 'Paradox' of Saving",[1] que recessões não eram causadas pela falta de desejo dos consumidores de comprar bens.

O primeiro porto de escala, entretanto, não foi a London School of Economics, em Houghton Street off the Strand em Londres, mas Cambridge, 80 quilômetros ao norte, onde foi convidado a proferir uma palestra na Marshall Society, um ativo grupo de economistas formado em sua maioria por companheiros de John Maynard Keynes. A sociedade, dedicada à memória do pai da economia anglo-saxônica, Alfred Marshall, era o lar espiritual da economia de Cambridge. Era um lembrete vivo para Hayek de que ele aterrissara em território estrangeiro, onde a Escola Austríaca não ditava as regras. Como os economistas de Cambridge costumavam dizer, "tudo pode ser encontrado em Marshall".[2] Hayek queria provar que estavam errados. Com ousadia típica, entrou na cova do leão.

Era da natureza do sempre encantador Keynes e da atração de suas ideias independentes que congregasse em torno de si um grupo de discípulos ferozmente fiéis. Keynes sempre desfrutara a convivência de pequenos grupos de íntimos, desde seus primeiros dias como membro dos "Apóstolos" em Cambridge, uma sociedade secreta assim chamada por jovens com pensamentos afins, devotados às ideias do filósofo inglês G. E. Moore, então um membro do núcleo do Grupo de Bloomsbury. Como professor carismático de economia em King's College, dava a um pequeno grupo de jovens — naqueles dias, Cambridge era um esmagador bastião de homens — aconselhamento amigável e generoso. Escolhia como alunos favoritos os de mentalidade original, capazes de diverti-lo em longas conversas. A Marshall Society incluía um grupo mais exclusivo de seguidores que, de brincadeira, referiam-se a si mesmo como o "Circus de Cambridge".

Um deles era Richard F. Kahn,[3] que relembrou como se sentiu em seu primeiro encontro com o grande homem, reclinado horizontalmente em uma poltrona com as longas pernas esticadas, em seus suntuosos aposentos em King's College, decorados com murais de Vanessa Bell e Duncan Grant. "Tremi, na verdade, quando estava para entrar nos aposentos de Keynes em [King's] College para minha primeira supervisão [ensino informal de College]", recordou Kahn. "Mas, logo que os outros três estudantes e eu nos acomodamos em torno da lareira, vimos que falava conosco — e nos estimulava a falar — um homem que era amigável e genial, e ansioso para fortalecer nossa autoconfiança." Era habilidade de Keynes combinar a admiração e a acessibilidade, que despertavam em seus mais próximos colaboradores uma devoção que beirava o espiritual. Ele era mais que um professor sublime; era adorado como guru e sábio. Kahn relembrou que "a publicação de *A Treatise* em 31 de outubro de 1930 levou quase imediatamente um grupo de economistas mais jovens a se reunir para discutir as questões básicas, estimulado pelo conhecimento de que Keynes estaria em breve embarcando em um novo livro [*The General Theory of Employment, Interest and Money*]".[4]

Outro membro importante do círculo, Austin Robinson, pode ter sido a pessoa que primeiro apelidou o seminário semanal informal de "Circus de Cambridge". "Estávamos lendo devotadamente [*A Treatise on Money*] e digerindo-o", escreveu. "Inevitavelmente, alguns de nós — Richard Kahn, Joan Robinson[5] [mulher de Austin], Piero Sraffa,[6] James Meade[7] e eu — nos vimos discutindo-o juntos. O que veio a ser chamado de 'Circus' emergiu primeiro mais por acidente que por desígnio."[8] Além desses cinco havia C. H. P. Gifford, A. E. W. Plumptre, L. Tarshis e um pequeno grupo de estudantes. Cada novo membro era submetido a uma entrevista exploratória por Kahn, Austin Robinson e Sraffa. O grupo se reuniu regularmente entre janeiro e maio de 1931 e desfrutou animados debates, embora, à genuína maneira de Cambridge, ninguém se ofendesse por mais acirrado que fosse o desapontamento, ou ferinas fossem as palavras. Como Austin Robinson lembrou, "é apenas pela discussão, pelo conflito, se você quiser, que a economia progride."[9]

O Circus, que se reuniu primeiro nos aposentos de Kahn em Gibbs Building em King's e mais tarde no Old Combination Room em Trinity College, com alto-falantes dados por Keynes, um grupo de confiáveis jovens economistas com quem ele conferiria provas de galé tipográficas do *The General Theory* e, importante para seu duelo com Hayek, uma falange leal de discípulos pronta para defender seu patriarca em todos os momentos. Keynes não participava dos encontros do Circus. Um dos assíduos, James Meade, membro de Hertford

College, Oxford, que passava um ano em Cambridge, lembrou que, "do ponto de vista de um humilde mortal como eu, Keynes parecia fazer o papel de Deus numa peça moralista; ele dominava a peça, mas raramente aparecia no palco. Kahn era o Anjo Mensageiro, que trazia mensagens e problemas de Keynes para o Circus e voltava para o céu com o resultado de nossas deliberações."[10]

Kahn era um físico indiferente que se tornou inspirado economista graças ao seu domínio da matemática, ganhando um grau de primeira classe antes de ser eleito membro de King's em 1930. A troca de disciplina de Kahn levou o economista da Escola Austríaca Joseph Schumpeter,[11] com típica falta de sensibilidade, a informá-lo de que "muitos cavalos de corrida fracassados se tornam cavalos de aluguel bastante bons".[12] Keynes achava que Kahn tinha "tanta aptidão natural para a economia quanto qualquer um a quem ensinei desde a guerra".[13] Kahn era altamente inteligente e meticuloso em sua lógica, mas lhe faltava confiança para impor suas ideias aos outros. Afável, de maneiras impecáveis e conhecido por seus colegas como "Ferdinando", seu nome do meio, Kahn foi, talvez, o mais importante de uma fila de jovens a quem Keynes conferiu o título "aluno favorito". Judeu ortodoxo, Keynes afetuosamente o apelidou "jovem rabino".

Apesar de uma vida de estudo da economia, de que se tornou professor em Cambridge de 1951 a 1972, Kahn publicou pouco e é mais conhecido como o artesão-chefe do ateliê de Keynes. Schumpeter corrigiria sua falta de tato inicial, creditando a Kahn uma grande parte de *The General Theory*, escrevendo que a parte de Kahn "na histórica conquista não pode ter ficado muito longe da coautoria".[14] Schumpeter citou a devoção de Kahn a Keynes como exemplo da generosidade que tipificava os estudiosos de Cambridge. "Eles jogam as ideias em uma piscina comum. Por meio da crítica e sugestão positiva ajudam a dar às ideias de outros uma existência definida. E exercem influência anônima — influência como líderes — muito além do que pode ser definitivamente creditado a eles a partir de suas publicações."[15]

Austin Robinson, um membro do Sidney Sussex College, Cambridge, chegou da Índia em abril de 1919, depois de pilotar aviões anfíbios durante a Primeira Guerra Mundial, e era, como muitos da geração de estudantes de Cambridge que sobreviveram à guerra, motivado pela perspectiva de fazer do mundo um lugar melhor. "Estávamos determinados a não permitir que os problemas do mundo fossem novamente resolvidos pela guerra", escreveu. "Ingênuos podemos ter sido, mas, apesar de tudo, éramos sinceros."[16] Ele ouviu Keynes, recém-chegado das conversações de paz em Paris, proferir uma série de palestras que se tornariam *The Economic Consequences of the Peace*. Robinson ficou encantado. Após um período de bons trabalhos em Liverpool, voltou a Cambridge para estudar economia. "Minha economia estava preocupada em melhorar o estado do mundo — em fazer dele um lugar um pouco melhor para os pobres, assim como para os ricos", recordou.[17] Sua lembrança do Circus era que ele, Kahn e outros começaram a se reunir e que "Keynes soube de nossas reuniões e perguntou a Kahn o que estávamos discutindo, e Kahn levava para ele nossos problemas e dificuldades".[18]

A mulher de Austin Robinson, Joan, nascida Joan Violet Maurice, uma graduada em economia do Girton College, uma faculdade apenas para mulheres, tornou-se, segundo Skidelsky, biógrafo de Keynes, "a única mulher [até então] entre os grandes economistas".[19] Assim como seu audacioso pai, o major-general Sir Frederick Barton Maurice, que acusou o primeiro-ministro Lloyd George durante a Primeira Guerra Mundial de ter enganado o Parlamento sobre o número de soldados britânicos na frente ocidental, a Sra. Robinson gostava de controvérsia e era uma feroz advogada das causas que apoiava. Sua característica típica era o ataque dirigido aos homens. Como um contemporâneo lembrou, "Hayek repreendeu-a por ela achar que, se as pessoas não concordavam com ela, deviam ser de pouca inteligência, com uma moral tampouco muito melhor, de forma que a discussão para diante e para trás com ela era frequentemente difícil, para dizer o mínimo".[20] Ela faria uma significativa contribuição à economia não apenas por sua estreita colaboração com Kahn na *General Theory*, de Keynes, como também por sua "concorrência imperfeita" e por seu trabalho pioneiro de recuperar a reputação de Karl Marx como economista. Ela e Austin tinham um casamento ostensivamente feliz com duas filhas, mas sua estreita colaboração intelectual com Kahn levou-os a se tornarem amantes. O casal foi surpreendido uma vez por Keynes *in flagrante*, Keynes dizendo a Lydia que o par estava "amorosamente enlaçado no chão do estúdio de Kahn, embora eu espere que a conversa fosse puramente sobre 'The Pure Theory of Monopoly'".[21]

Hayek encontrou o Circus pela primeira vez quando falou para a Marshall Society como um prelúdio à sua estreia na LSE. Vários fatores trabalhavam contra ele para desferir um golpe demolidor no próprio território de Keynes. Ele estava com febre e, confuso, apressou os preparativos para a palestra, que envolviam reunir em uma só falação as quatro palestras teóricas densas escritas para a LSE. Isso o deixou mal preparado para antecipar a reação fria de um grupo que era, no melhor dos casos, cético quanto a qualquer coisa que emergisse da Escola Austríaca.

Hayek sofria de outra inibição significativa. Apesar dos quatorze meses que passara em Nova York, seu inglês falado continuava rudimentar. Seu sotaque austríaco era tão forte quanto a névoa de Londres e permaneceu pesado pelo resto de sua vida. Quando foi falar na Marshall Society, não o ajudou que ele, com frequência, fosse obrigado a virar de costas para a audiência para desenhar em um quadro-negro uma série de diagramas intrincados, difíceis de compreender e, para a audiência, totalmente ininteligíveis. O próprio Keynes não foi porque estava em Londres, o que pode ter estimulado seus jovens seguidores a serem mais rudes com o convidado que se ele estivesse presente. Nessas circunstâncias, Hayek fez bem em manter a distância.

Seria tentador sugerir que os keynesianos estavam tão imbuídos das lições que seu guru recentemente publicara em *A Treatise* que marginalizaram Hayek com base em que ele propunha uma teoria econômica contrária. Muito simplesmente, no entanto, eles não podiam compreender os conceitos que Hayek estava tentando explicar. Mesmo que tivessem recebido um texto preparado de antemão, não poderiam compreender melhor, porque o inglês escrito de Hayek necessitava de um bom tradutor e editor e era ainda menos compreensível que seu inglês falado. Como Hayek admitiu mais tarde, as noções a que se referia eram aceitas como verdadeiras entre os economistas da Escola Austríaca, mas não eram familiares para os economistas britânicos, que tratavam a economia continental com a mais profunda suspeita. De fato, muitos argumentos que Hayek assumia que sua audiência inglesa entenderia sequer estavam disponíveis em inglês.[22]

Depois de gastar mais de uma hora proferindo sua tese e rabiscando seus aranhosos diagramas, detalhando a explicação de por que os ciclos econômicos iam do *boom* à contração, Hayek abriu tempo para perguntas da audiência. Os jovens keynesianos captaram aos poucos que o principal ímpeto da fala de Hayek era que, contrariamente à assertiva de Keynes, ele acreditava que não existia vínculo entre demanda agregada (o total de bens que os consumidores querem adquirir em uma economia) e emprego. Embora sempre prontos a um debate violento, e mais ainda quando um estrangeiro desorientado ousava entrar em seu aconchegante mundo, os jovens keynesianos ficaram ao menos por uma vez incapazes de pensar em algo para dizer. O pedido de Hayek para que fizessem perguntas foi respondido com um silêncio indiferente.

O afável Kahn ofereceu um relato mais ou menos objetivo desse notável ataque à ortodoxia marshalliana e ao novo pensamento de

A Treatise. Sua lembrança é severa, mesmo que, escrita mais de cinquenta anos após o evento, tenha se suavizado com a passagem do tempo. Por mais que tentasse, Kahn não pôde disfarçar o fato de que a recepção deve ter sido devastadora até mesmo para um tipo tão rijo e intelectualmente seguro como Hayek, cujo calmo ar de confiança combinava com uma arrogância quase aristocrática, perfeitamente ajustada a seu celebrado papel de opositor de um mestre.

"Os membros da audiência — sem exceção — ficaram completamente desnorteados", escreveu Kahn. "Em geral, uma fala na Marshall Society é seguida de uma barragem vívida e prolongada de discussões e perguntas. Nessa ocasião, houve completo silêncio. Senti que tinha de quebrar o gelo. Então me levantei e perguntei: "É sua opinião que, se eu saísse amanhã e comprasse um casaco novo, isso aumentaria o desemprego? 'Sim', disse Hayek. 'Mas', apontando para os triângulos no quadro, 'isso exigiria uma discussão matemática muito longa para explicar por quê'".[23]

Joan Robinson, que tinha a reputação de despachar cruelmente seus opositores, foi a menos generosa. "Eu me lembro muito bem da visita de Hayek a Cambridge a caminho da London School", recordou quase quarenta anos depois. "Ele expôs sua teoria e cobriu o quadro-negro com seus triângulos. Todo o argumento de Hayek, como pudemos ver mais tarde, consistia em confundir a taxa corrente de investimento com o estoque total de bens de capital, mas não pudemos ver isso na época. A tendência geral parecia ser mostrar que a depressão era causada pela inflação." Ela resumiu cruelmente a desafortunada estreia de Hayek em um cenário londrino como um "deplorável estado de confusão".[24]

Hayek voltou para Londres, algo punido por sua experiência em Cambridge, mas confiante em que teria uma recepção mais calorosa na LSE. Embora admitindo que as palestras de Hayek seriam "ao mesmo tempo difíceis e empolgantes"[25], Robbins tinha muitas esperanças de que as palestras transformassem o cenário intelectual britânico. Para assegurar que Hayek não tivesse, novamente, a recepção fria oferecida a ele em Cambridge, o maior auditório de palestras foi reservado, e uma audiência escolhida minuciosamente por Robbins foi preparada para aplaudir o desempenho de Hayek, desse no que desse. Os que não estavam familiarizados com as noções da Escola Austríaca foram estimulados a polir seu conhecimento previamente para responder positivamente. À diferença de Cambridge, Hayek recebeu um lugar de honra no pequeno palco elevado, com uma dúzia de fileiras de cadeiras de madeira diante dele, lotadas com cerca de duzentos estudantes e quadro de funcionários, com mais uma centena, ou mais, enchendo as galerias.

Nenhum dos presentes duvidava da importância do evento para o futuro da teoria econômica e a reputação da LSE. Os argumentos que Hayek estava a ponto de expor sobre o papel decisivo que os meios de pagamento desempenham no funcionamento de uma economia eram importantes tiros iniciais na guerra contra Keynes e Cambridge, e dariam, indiretamente, fundamento à contrarrevolução monetarista que finalmente desafiaria o keynesianismo. A primeira palestra de Hayek, "Teorias da Influência da Moeda sobre os Preços", era uma visão geral da relação entre moeda, preços e produção.

Ele abriu a primeira palestra admitindo que a decisão do Tesouro Britânico de reconduzir a libra esterlina ao padrão-ouro na paridade de antes da Primeira Guerra Mundial havia proporcionado ampla evidência de que "a contração da circulação"[26] da moeda (menos dinheiro trocando de mãos) leva a uma redução na produção industrial. Lamentou o fato de que a recente turbulência de eventos econômicos na Grã-Bretanha e na Europa tivesse feito pouco para ajudar mais na compreensão do papel-chave que as forças monetárias desempenhavam na economia. Culpou por isso "uma certa mudança de atitude por parte da maioria dos economistas a respeito da metodologia apropriada à economia, uma mudança que, em muitos lugares, é saudada como um grande progresso: me refiro à substituição de métodos qualitativos por métodos quantitativos de investigação".[27] Hayek insistiu em que os elementos de medida da economia não eram substitutos para a compreensão de como uma economia funciona. Zombou das tentativas "para estabelecer conexões causais *diretas* entre a quantidade *total* de moeda, o nível geral de todos os preços e, talvez, também o volume *total* de produção"[28] em equações matemáticas, como se a economia fosse uma ciência não diferente da física ou da química. A chave verdadeira para compreender a atividade econômica, argumentou, eram as escolhas que os indivíduos faziam, que eram tantas e tão diversificadas, que não podiam ser facilmente mensuradas. Da mesma maneira, descartou suposições baseadas no nível geral de preços. Muito mais reveladoras, argumentou, eram as miríades de preços diferentes acordadas em incontáveis transações individuais que, juntas, compõem a economia.

Em uma ampla retrospectiva histórica da teoria monetária, Hayek citou, com admiração, Richard Cantillon,[29] o economista irlandês-francês do início do século XVIII que abriu caminho para o entendimento das forças monetárias. Cantillon descreveu como a nova injeção de moeda, na forma de depósitos de ouro e prata descobertos por exploradores da América do Sul no século XVII, aumentou o poder de compra dos que trouxeram os metais preciosos para a Europa. Sua nova riqueza levou os exploradores a gastar mais, o que provocou a alta dos preços, o que, consequentemente, encheu os cofres dos vendedores de bens, que, em troca, gastaram mais, e assim por diante. Cantillon e, mais tarde, o filósofo escocês David Hume observaram que, ao longo do tempo, o efeito geral dos novos meios de pagamento só beneficiava os que os descobriam e produziam, e que o resto da sociedade terminava sofrendo à medida que os novos suprimentos de prata e ouro elevavam os preços. Embora considerasse isso útil, Hayek disse que tinha reservas acerca da teoria de Cantillon, uma vez que "os efeitos podem ser muito opostos, dependendo de quando o dinheiro adicional vem primeiro para as mãos de comerciantes e produtores".

Hayek, depois, chamou a atenção para um elemento que faltava em Cantillon e Hume: "A influência da quantidade de moeda na taxa de juros e, por meio dela, na demanda relativa pelos bens de consumo, de um lado, e dos produtores ou bens de capital de outro."[30] Um excesso de moeda tendia a baixar o preço dos empréstimos, que levava os bens de consumo a aumentar de preço enquanto tornava a poupança menos atraente. Ele descreveu como a relação entre moeda e taxas de juros tinha sido explorada por pensadores como Henry Thornton,[31] David Richard,[32] e Thomas Tooke,[33] e como o vínculo entre moeda e capital, na forma de "poupança forçada", foi tratado por Jeremy Bentham, Thomas Malthus,[34] John Stuart Mill,[35] León Walras,[36] Knut Wicksell e Eugen von Böhm-Bawerk. Ao atrair a atenção para o que percebia como uma falha na lógica de Wicksell, Hayek fez um ataque à suposição central de Keynes em *A Treatise on Money*,[37] que, se a "taxa natural" e a "taxa de mercado" de juros eram idênticas, os preços permaneceriam estáveis.[38] Exatamente por que discordava de Wicksell — e de Keynes — Hayek prometeu estender-se em palestra posterior.

Mas, na primeira palestra, ele, de fato, anunciou uma noção que mostrou a profundidade de sua diferença com Keynes. "Parece óbvio, assim que se começa a pensar sobre isso, que quase qualquer mudança na quantidade de moeda também deve necessariamente influenciar a produção."[39] Ele acreditava estar à beira de um grande progresso na teoria da moeda que "não mais [seria] uma teoria do valor do dinheiro em geral, mas uma teoria da influência da moeda nas diferentes taxas de troca entre bens de todos os tipos".[40]

Hayek, então, fez uma declaração espantosa: a moeda não tem valor intrínseco. "Não existe... necessidade de moeda nesse sentido

— o volume absoluto de moeda em existência não tem consequência sobre o bem-estar da humanidade — e não existe, portanto, um valor objetivo da moeda no sentido em que falamos no valor objetivo dos bens. O que nos interessa é apenas como os valores relativos dos bens como fontes de renda, ou como meios de satisfação de vontades, são afetados pela moeda."[41]

Para aqueles da audiência, notavelmente os que haviam lido e digerido *A Treatise* de Keynes com olho cético, publicado três meses antes, a palestra de Hayek ofereceu uma nova direção na qual começar a repensar a teoria econômica. Em pronunciado contraste com a recepção em Cambridge, a primeira palestra de Hayek em Londres teria caloroso aplauso. Muito importante foi que o sempre competitivo Robbins ficou encantado com o que ouviu e convencido de que encontrara o homem certo para desafiar as novas teorias potentes que Keynes estava propagando.

Em sua segunda palestra, dada no dia seguinte e intitulada "As Condições de Equilíbrio entre a Produção de Bens de Consumo e a Produção de Bens de Produção", Hayek abordou um tema importante e, à luz da recessão mundial, altamente tópico: em que condições os recursos de fato são deixados sem uso? Declarou que, para explicar qualquer fenômeno econômico, era conveniente assumir que, ao longo do tempo, a economia assumiria um estado de equilíbrio em que todos os recursos seriam plenamente empregados. Mas haveria tempos, nesse ínterim, em que todos os recursos disponíveis não seriam usados.

Entre todos os modos pelos quais a produção poderia ser aumentada, sugeriu Hayek, o mais efetivo era empregar capital para satisfazer a demanda futura, no que — e aqui ele tomou emprestado do economista austríaco Eugen von Böhm-Bawerk — chamou de métodos "indiretos" de produção. Hayek desenhou um diagrama no quadro com a forma de um triângulo, como os que haviam confundido tanto sua audiência em Cambridge. Argumentou que, para satisfazer a demanda futura, empresários investem ao longo do tempo em uma sucessão de bens de capital intermediários, como ferramentas e maquinaria, que são, na maior parte, vendidos para outros produtores de bens de capital. No devido tempo, o emprego desses métodos de produção "indiretos" levava a uma provisão de mais bens de consumo no futuro. Os empresários estavam preparados para protelar a obtenção de lucro mediante investimento em tais métodos intermediários de produção porque isso lhes permitiria produzir mais bens de consumo no futuro, e com isso preencher os desejos dos consumidores, que poupam hoje para ter mais amanhã.

O que trouxe Hayek à questão essencial de sua palestra: como métodos de produção que necessitam de menos capital progridem para métodos que precisam de mais capital? A resposta era simples: quando as pessoas gastavam menos em bens de consumo e poupavam mais, suas poupanças eram investidas em bens de capital. Mas havia outro caminho: mais bens de capital poderiam ser produzidos quando os bancos disponibilizassem dinheiro para os produtores mediante empréstimos. Esse segundo método, ele disse, não era poupança real, mas "poupança forçada", porque o novo investimento acontecia não por causa de um aumento da poupança, mas simplesmente porque convinha aos bancos emprestar. Quando o dinheiro emprestado aos produtores era reduzido ao seu nível anterior, o capital investido em equipamentos era perdido. "Veremos na próxima palestra", ele disse, de maneira ameaçadora, "que tal transição para métodos menos capitalísticos de produção toma necessariamente a forma de uma crise econômica".[42]

Uma vez mais a audiência ficou em suspenso, aguardando ansiosamente o que viria a seguir. Em sua terceira palestra, no dia seguinte, Hayek invocou o trabalho de seu mentor Ludwig von Mises. Abriu a fala, intitulada "O Funcionamento do Mecanismo de Preço no Curso do Ciclo do Crédito", com uma citação de Mises: "O primeiro efeito do aumento da atividade produtiva, iniciada pela política dos bancos de emprestar abaixo da taxa natural de juros é... elevar os preços dos bens de produção enquanto os preços dos bens de consumo sobem moderadamente... Mas, logo, um movimento contrário se instala: os preços dos bens de consumo sobem e os preços dos bens de capital caem, isto é, a taxa de juros de empréstimos sobe e se aproxima novamente da taxa natural de juros."[43]

Com sua abordagem usual, impecavelmente meticulosa, se não desagradavelmente enxuta, Hayek descreveu como um aumento injustificável no empréstimo levava, ao longo do tempo, a um deslocamento no processo de produção de bens de capital que, em troca, causava um colapso no ponto mais baixo do ciclo de negócios. Para ajudar os que não tinham implacável inclinação analítica, Hayek deu um exemplo: "A situação seria similar à de pessoas em uma ilha isolada que, depois de ter construído parcialmente uma enorme máquina que satisfaria todas as suas necessidades, descobrissem que haviam consumido toda a sua poupança e capital livre disponível antes que a nova máquina pudesse fornecer seus produtos", disse. "Eles, então, não teriam escolha a não ser abandonar temporariamente o trabalho no novo processo e devotar todo o seu trabalho a produzir o alimento diário sem nenhum capital."[44]

No mundo real, sugeriu Hayek, o resultado era o desemprego persistente. Ele ofereceu uma verdade simples, se não impalatável aos que, como Keynes, defendiam o aumento da demanda por bens de consumo para aumentar o emprego: "A maquinaria da produção capitalista só funcionará sem percalços se ficarmos satisfeitos em consumir não mais que a parte da nossa riqueza total que sob a organização existente de produção é destinada ao consumo corrente. Todo aumento de consumo, se não for para causar impacto na produção, requer nova poupança prévia."

Hayek também confrontou outro remédio keynesiano: se uma fábrica ociosa entrasse novamente em uso, isso impulsionaria uma economia em depressão de volta à vida e aumentaria o emprego. "O que [economistas como Keynes] omitem é que... para que as atuais fábricas existentes pudessem ser usadas em toda a sua capacidade seria necessário investir um grande volume de outros meios de produção em processos longos que só dariam frutos em futuro comparativamente distante."[45] Hayek prosseguiu: "deveria estar bem claro que a concessão de crédito ao consumidor, que recentemente tem sido tão fortemente defendida como uma cura para a depressão, teria, na verdade, efeito muito contrário." Tal "demanda artificial", sugeriu, iria meramente adiar o dia do ajuste de contas. "O único caminho para 'mobilizar' todos os recursos disponíveis é, portanto, não usar estimulantes artificiais — durante uma crise, ou depois disso —, mas deixar que o tempo efetue uma cura permanente."[46] Em resumo, não havia caminho fácil para sair de uma recessão. A longo prazo, o livre mercado iria restaurar uma economia ao equilíbrio onde todos estariam empregados.

Uma vez mais, Hayek acertou no alvo com sua audiência. Ali, finalmente, estava um repúdio irrefutável e convincente às noções intervencionistas keynesianas. Hayek mostrou que as soluções vindas de Cambridge, que pareciam tão plausíveis, estavam cheias de falhas lógicas. Ter a melhor das intenções não era bastante. Tratar de sintomas de uma economia deprimida investindo com dinheiro emprestado só piorava as coisas. Em vez disso, Hayek ofereceu um remédio sóbrio e pessoal: esquecer consertos rápidos, a desconfortável verdade é que apenas o tempo cura uma economia em desequilíbrio. Cuidado com doutores de fala macia, como Keynes, que ofereciam cura rápida, porque eles são charlatães, vendedores de poções mágicas e curandeiros. Todo atalho leva apenas de volta ao começo. Não há opções agradáveis. Apenas o longo prazo fornece a verdadeira recuperação. O mercado tem sua própria lógica e contém seu próprio remédio natural. Não era papel de Hayek oferecer banalidades porque ele, à diferença de Keynes, não era agitador político.

Em sua quarta palestra, no dia seguinte, Hayek se aventurou no território em grande parte ainda inexplorado da teoria monetária, que poderia finalmente sustentar o ponto principal da oposição teórica às ideias keynesianas. Hayek sugeriu que a quantidade de moeda em uma economia e a velocidade com que circulava entre as pessoas detinham a chave do entendimento sobre como o sistema trabalhava. "Sob as condições existentes, a moeda sempre exercerá uma influência determinante no curso dos eventos econômicos e... portanto, nenhuma análise dos atuais fenômenos econômicos será completa se o papel desempenhado pela moeda for negligenciado", declarou.[47] Mas ele insistiu em que a teoria monetária, embora ferramenta essencial para o melhor entendimento do sistema econômico, tem limitações severas. Era bom para tempos normais, mas não, talvez, para os tempos que o mundo enfrentava.

Hayek acreditava que, para uma economia trabalhar mais efetivamente, era essencial que a moeda operasse como fator neutro. "O aumento ou redução da quantidade de moeda em circulação dentro de qualquer área geográfica serve a uma função tão definida como o aumento ou a redução das rendas monetárias de indivíduos particulares, nomeadamente a função de capacitar os habitantes a retirar uma fatia maior ou menor do produto total do mundo", disse.[48] Aumentar a oferta de moeda inflige cargas desnecessárias a certos setores da sociedade. "O aumento da quantidade de moeda apenas significa que alguém tem de desistir de parte de seu produto adicional em favor dos produtores do novo dinheiro."[49] Ele estava ansioso para enfatizar que a criação de moeda adicional vinculava a moeda medida não apenas em cédulas bancárias, como também em empréstimos bancários, créditos puramente contábeis e formas de crédito não conectadas aos bancos. "A característica peculiar dessas formas de crédito é que elas surgem sem estar sujeitas a nenhum controle central, mas, uma vez que passam a existir, sua convertibilidade em outras formas de moeda deve ser possível se quisermos evitar um colapso do crédito", disse.[50]

Para evitar as mais extravagantes oscilações de um ciclo de negócios, argumentou Hayek, os bancos deveriam vigiar estreitamente seus empréstimos. "Banqueiros não precisam temer prejudicar a produção por demasiada precaução", ele disse. A ação judiciosa dos bancos era, talvez, tudo que poderia ser conquistado em termos de manter a política monetária sob controle. "Sob as condições existentes, ir além está fora de questão. Seja como for, isso poderia ser tentado apenas por uma autoridade monetária central para todo o mundo: a ação de parte de um único país estaria condenada ao desastre."[51]

Embora a remoção da moeda como fonte de desequilíbrio fosse importante, advertiu que uma política monetária estrita não era uma panaceia. "É, provavelmente, uma ilusão supor que sempre seremos capazes de eliminar inteiramente as flutuações industriais por meio da política monetária", disse. Mas aqueles, como Keynes, que acreditavam que uma economia trabalhava melhor quando havia certo nível de inflação estavam equivocados. "O máximo que podemos esperar é que a crescente informação do público torne mais fácil para os bancos centrais seguirem uma política cautelosa durante a oscilação ascendente do ciclo e, assim, mitigar a depressão seguinte, e resistir às propostas bem-intencionadas, mas perigosas, de lutar contra a depressão com 'um pouco de inflação'."[52]

Então, Hayek chegou ao fim de suas palestras. "No final das contas, as palestras foram uma sensação", lembrou Robbins, "em parte por suas revelações de um aspecto da teoria monetária clássica que, por muitos anos, havia sido esquecido."[53] Havia uma sensação, de acordo com Joseph Schumpeter, de que Hayek estava dizendo algo novo e surpreendente.

Embora as palestras de Hayek levantassem tantas questões quanto as que respondiam, Robbins ficou particularmente satisfeito, porque elas haviam conquistado exatamente seu intento, apresentar os economistas britânicos a "esta grande tradição [a Escola Austríaca], [que] fará alguma coisa para persuadir os leitores ingleses de que aqui está uma escola de pensamento que só pode ser negligenciada ao custo de se perder contato com o que pode provar ser um dos mais frutíferos desenvolvimentos científicos da nossa era".[54]

As palestras serviram como extensa entrevista de emprego para Hayek, que queria muito entrar para a LSE. Foi muito satisfeito, portanto, que, por causa de suas fortes palestras, Beveridge tenha oferecido a Hayek uma bolsa de professor visitante e, no ano seguinte, o tenha recompensado com a Cátedra Tooke em Ciência Econômica e Estatística.[55] De acordo com Robbins, "houve voto unânime a favor".[56] Hayek aceitou o posto sem reservas.

6.

Duelo ao alvorecer

Hayek critica severamente *A Treatise*, de Keynes, 1931

No mês em que Hayek chegou a Londres, Keynes pressionava as donas de casa de Londres em um programa de rádio a gastar, gastar, gastar. O baixo preço dos bens significava que os compradores britânicos nunca haviam passado tão bem. Mas, enquanto os empregados iam bem, milhões estavam ociosos. "Muitos milhões de libras em bens poderiam ser produzidos a cada dia por trabalhadores e fábricas que estão ociosos", dizia Keynes.[1]

A resposta, dizia Keynes, era simples, embora contrária à lógica. "Muitos hoje... acreditam que a coisa mais útil que ele e seus vizinhos podem fazer para consertar a situação é *poupar* mais que o normal. Se eles se abstiverem de gastar... acreditam que terão ajudado a empregar... Nas atuais circunstâncias... isso é muito errado." Na redução ao absurdo dos elementos essenciais de sua teoria, Keynes advertia sobre o que poderia acontecer se todos poupassem demais. "Suponha que todos parássemos de gastar nossas rendas juntos e decidíssemos poupar tudo. Ora, todos ficariam sem emprego. E, em breve, não teríamos renda para gastar. Ninguém ficaria um centavo mais rico e o fim seria todos morrermos de fome."

"Sempre que você poupa cinco xelins, você põe um homem fora do trabalho por um dia", ele disse à sua audiência. "Por outro lado, quando você compra bens, você aumenta o emprego... Porque, se você não compra bens, as lojas não vão liquidar seus estoques, elas não repetirão os pedidos e alguém vai ser dispensado do emprego", disse. "Portanto, donas de casas patrióticas, saiam para a rua cedo amanhã e façam compras maravilhosas... E tenham a alegria extra de estar aumentando o emprego, aumentando a riqueza do país."[2] Ao menos uma mulher aceitou o conselho de Keynes: sua esposa Lydia, que fez sua parte para derrotar o desemprego, comprando lençóis em uma loja de Londres.

Keynes pressionava as administrações municipais a investirem em programas públicos de obras para criar empregos. "Por exemplo, por que vocês não destroem todo o sul de Londres, de Westminster a Greenwich... Isso empregaria homens? Ora, claro que sim! É melhor os homens ficarem ociosos e miseráveis, retirando o auxílio-desemprego? Claro que não."[3]

O programa causou enorme agitação, levando editorialistas de, pelo menos, quarenta jornais a reforçar os argumentos de Keynes. "Nunca tive uma publicidade dessas em minha vida",[4] Keynes escreveu para Lydia. Mas o governo aflito de Ramsay MacDonald não tomou conhecimento. O ministro da Fazenda, Philip Snowden, achou a ideia de Keynes altamente irresponsável. Sem esperança, disse ao gabinete de ministros que as finanças do país estavam "horríveis... à medida que cada mês passa sem sinal de recuperação da crise econômica mundial, as perspectivas financeiras se deterioram de forma constante e regularmente".[5]

Um memorando do Tesouro ecoou o nervosismo de Snowden sobre a cura do desemprego com obras públicas, predizendo que "o continuado empréstimo do Estado na atual escala sem providência para reembolso... iria rapidamente comprometer a estabilidade do sistema financeiro britânico".[6] Keynes admitiu que suas ideias poderiam levar os mercados mundiais a temer que o governo britânico pudesse renegar suas dívidas, desencadeando uma fuga da libra esterlina, e sugeriu tarifas de importação temporárias. A reviravolta despertou uma nova rodada de piadas sobre o hábito de Keynes de mudar de opinião. A mais comum era: "Se você puser dois economistas em um quarto, você obterá duas opiniões, a menos que um deles seja Lord Keynes, em cujo caso você obterá três",[7] observação com frequência atribuída a Winston Churchill. A resposta apócrifa de Keynes era: "Quando os fatos mudam, eu mudo de ideia. O que o senhor faz?"[8]

A proposta de Keynes de tarifas de importação esbarrou com a oposição tanto de aliados políticos quanto de adversários. Tanto Snowden quanto Lloyd George eram inflexíveis partidários do livre comércio, enquanto os Conservadores, que deveriam ter recebido bem o endosso de Keynes a uma política que advogavam há muito, não tiveram necessidade de lhe dar as boas-vindas por juntar-se à sua causa. Esperavam a queda do segundo governo trabalhista de MacDonald, que coroaria o retorno dos Conservadores ao poder.

O volume de trabalho que Keynes suportava começou a se fazer sentir. No início de 1931, a má saúde que iria acossá-lo pelo resto da vida tornou-se evidente pela primeira vez. Uma severa dor de dente degenerou em gripe acompanhada de amigdalite. Seis anos depois se descobriu que ele sofria de endocardite bacteriana, uma infecção debilitante das válvulas do coração que foi incurável até que a penicilina se tornou disponível. Mas Keynes manteve sua apertada agenda. No fim de maio, se recuperara o bastante para aceitar um ciclo de palestras nos Estados Unidos. Era sua primeira viagem aos Estados Unidos em mais de uma década. Não foram férias para ele.

Keynes era requisitado dos dois lados do Atlântico. O colapso do Banco Credit-Ansalt em Viena, em 11 de maio de 1931, depois que se revelou que cinco sextos de seu capital tinham sido perdidos por maus empréstimos para apoiar negócios austríacos falidos, precedeu uma emergência econômica europeia generalizada. Na Grã-Bretanha, o governo trabalhista de MacDonald estava em momento de ruptura, e os Estados Unidos também em tumulto econômico. Keynes estava ansioso para ver por si mesmo os efeitos calamitosos do crash do mercado de ações em 1929 na economia americana. Foi convidado pela Universidade de Chicago a falar sobre desemprego nos Estados Unidos, cuja taxa atingira 16,3%, mas não se passou muito tempo antes que outros americanos solicitassem suas opiniões sobre como curar a catástrofe econômica mundial.

Embora não tivesse nenhum cargo no governo britânico, nem fosse enviado aos Estados Unidos como embaixador informal, a fama de Keynes lhe dava status de celebridade, o que lhe deu acesso aos americanos mais influentes. Nem bem o *SS Adriatic* chegou a Nova York, ele e Lydia foram rapidamente levados para o refúgio campestre em Long Island do presidente do Federal Reserve, Eugene Meyer, que imediatamente fez de Keynes seu confidente. "[Meyer] estava constantemente ao telefone com o presidente [Hoover], com o presidente do Morgan etc. Eu ficava sozinho com ele, e ele me falava com espantosa liberdade", escreveu Keynes para seu antigo aluno, o ex-editor do *The Nation*, Hubert Henderson.[9]

Meyer lutava com o que fazer acerca do colapso da economia alemã à luz das debilitantes reparações da Primeira Guerra Mundial, um assunto caro ao coração de Keynes. Exatamente o que Keynes recomendou a Meyer não está registrado, embora suas opiniões sobre a insanidade de exigir da Alemanha reparações que este país não poderia suportar eram tão conhecidas que talvez não fosse necessário para ele dizer absolutamente nada. Qualquer coisa que dissesse parecia estar certa. Imediatamente, Meyer sugeriu a Hoover que as reparações fossem cortadas pela metade; três dias mais tarde, Hoover deu um passo adiante, declarando uma moratória do pagamento por um ano. Keynes considerou a decisão "um primeiro passo do maior valor possível".[10]

Keynes informou a seu amigo O. T. Falk,[11] em Londres, o estado de coisas perigoso nos Estados Unidos que pressagiava de forma impressionante os sintomas da crise bancária que surpreenderia os Estados Unidos meio século depois, em setembro de 2008. "[Os bancos] compraram grandes quantidades de títulos de segunda linha que se depreciaram e seus adiantamentos para fazendeiros contra imóveis são inadequadamente garantidos",[12] recordou Falk.

Em palestra na New School em Nova York, Keynes rejeitou as prescrições do livre mercado "dos assim chamados 'economistas' ligados aos maiores bancos de Nova York"[13] e advogou uma alta dos preços e o afrouxamento do crédito para colocar a economia de volta nos trilhos. Dirigindo-se a economistas e especialistas em política externa em Chicago, disse à sua audiência que eles estavam em meio à "maior catástrofe ocasionada inteiramente por causas econômicas — do mundo moderno",[14] e sugeriu que a Grande Depressão havia sido provocada pela "extraordinária imbecilidade" da política de altas taxas de juros do FED. Na até então mais coerente justificativa intelectual da necessidade de contar com o governo para investir quando as condições econômicas se tornam estagnadas, prosseguiu: "Nada, obviamente, pode restaurar o emprego que não restaure primeiro os lucros dos negócios. Embora nada, a meu juízo, possa restaurar os lucros dos negócios que não restaure primeiro o volume de investimento."[15] Defendeu elevar o investimento mediante "programas sob os auspícios diretos do governo ou de outras autoridades públicas" e "uma redução na taxa de juros de longo prazo". Keynes ficou surpreso ao descobrir que, em uma cidade que foi o lar dos empresários americanos e ponto focal dos seus negócios, os economistas de Chicago, liderados por Quincy Wright,[16] parecessem tão veementes em aumentar os gastos públicos quanto ele.[17]

Keynes voltou para casa, uma Grã-Bretanha em profunda crise de confiança na habilidade do governo de pagar suas dívidas, combinada com uma fuga da libra esterlina, que ainda estava atrelada ao padrão-ouro. As eleições alemãs de 1930, que levaram à vitória o extremista Partido Nazista de Adolf Hitler, incitaram visões de uma guerra civil na Alemanha, levando a uma fuga de capitais do país e a pesadas retiradas de ouro e moedas estrangeiras. No início de 1931, o Reichsbank alemão era incapaz de honrar seus compromissos, desencadeando uma crise bancária que levou, por sua vez, a uma intensa rodada de especulações contra a libra esterlina, forçando o Tesouro britânico a buscar um empréstimo dos Estados Unidos. Para honrar os termos do empréstimo, Lord Snowden, o ministro da Fazenda, propôs um pacote de severos cortes drásticos nos gastos públicos formulados por um antigo funcionário da Prudential Assurance, Sir George May. Os cortes incluíam uma redução de 20% nos pagamentos aos desempregados. Keynes condenou as medidas de May como causadoras do próprio fracasso e estimou que de 250 mil a 400 mil trabalhadores seriam expulsos do trabalho em consequência, custando ao Tesouro muito mais do que se esperava poupar com o corte do seguro-desemprego.

Perguntado por MacDonald sobre sua opinião acerca do plano de May, Keynes replicou que estava tão irritado que seus pensamentos eram impublicáveis. Keynes pressionou fortemente o primeiro-ministro a ignorar o conselho de May. Predisse, corretamente, que a manutenção do valor da libra em seu nível corrente era insustentável. Keynes condenou o relatório May no *Daily Herald*, como "o documento mais tolo que tive a infelicidade de ler", e as propostas orçamentárias de Snowden para implementar os cortes de May como "repletas de idiotices e injustiça."[18]

Nesse estágio da recessão, argumentou Keynes, era melhor para a Grã-Bretanha conviver com um grande déficit do que tentar quitá-lo rapidamente cortando gastos. Como explicou, "no momento, todos os governos têm grandes déficits. Os empréstimos do governo de um tipo ou outro são remédios naturais, por assim dizer, para prevenir que as perdas nos negócios, em recessão tão severa como a atual, sejam tão grandes que levem a uma parada completa da produção."[19] O gabinete de MacDonald era esmagadoramente favorável às tarifas de importação de Keynes para ajudar a corrigir o balanço de pagamentos, mas Snowden vetou a ideia. Quando descobriu que não poderia reunir a requisitada maioria na Câmara dos Comuns para implementar os cortes de May, MacDonald renunciou, mas o monarca, Rei George V, pressionou-o a formar uma coalizão com os Conservadores, o que MacDonald conseguiu fazer. Em uma eleição apressadamente convocada para outubro de 1931, o Governo Nacional encabeçou a votação, conquistando 552 assentos na nova Câmara dos Comuns, derrotando o próprio Partido Trabalhista de MacDonald, que se recusara a seguir a liderança, e ficou com apenas 46 membros. Os Liberais foram reduzidos a um pequeno grupo, que se dividiu em três facções competitivas. A surra nos Trabalhistas e nos Liberais marcou a maré vazante da influência de Keynes sobre a política econômica britânica.

MacDonald assumiu a direção de uma nova administração esmagadoramente Conservadora, devotada a uma política de profundos cortes nos gastos públicos. Em 15 de setembro de 1931, MacDonald abandonou o padrão-ouro. Como R. F. Harrod, biógrafo de Keynes, observaria: "Todos esses anos de trabalho tinham sido em vão. Se apenas tivessem seguido o conselho de Keynes em 1925!"[20] Keynes podia sentir-se vingado pela decisão, mas não era tempo de celebrar. O dano à economia nos seis anos intermediários havia devastado a indústria britânica. Centenas de milhares de trabalhadores britânicos tinham sido desnecessariamente demitidos por causa do valor insustentável estabelecido para a libra esterlina pelos apegados ao pensamento ortodoxo. À medida que a década avançava sem um fim à vista para a disseminada miséria econômica, Keynes ficou alarmado ao ver como os jovens estudantes em torno dele em Cambridge estavam se voltando para o comunismo. No início dos anos 1930, os Apóstolos, a sociedade em grande parte homossexual de Cambridge a que Keynes pertencia, recrutou Guy Burgess e Anthony Blunt, que se tornaram agentes soviéticos. Foi para barrar esse extremismo que Keynes redobrou os esforços para encontrar um meio de melhorar os excessos suicidas do capitalismo.

Em maio de 1931, enquanto Keynes cruzava o Atlântico, Hayek punha os toques finais em um ataque injurioso ao *Treatise* de Keynes para publicação na edição de agosto do periódico *Economica* da LSE. Nem bem Hayek se juntara à faculdade LSE, Robbins, em seu papel de editor do *Economica*, encarregou-o de submeter o trabalho de Keynes a um rigoroso escrutínio. Robbins tencionava publicá-lo logo, totalmente confiante em que Hayek não mediria suas palavras. Hayek se voltou avidamente para a tarefa. Ali estava uma chance de se opor à crescente atração das ideias keynesianas no coração do corrente debate sobre a recessão mundial e avaliar e responder ao mais recente trabalho teórico do economista mais influente do mundo.

Hayek se dispôs a garantir que sua crítica causasse comoção. Enquanto ele próprio causara pouca impressão nos keynesianos no Circus, até então havia fracassado até em chamar a atenção do grande homem. O quarteto de palestras na LSE que lhe rendera a indicação para ensinar lá fracassou em causar mais que um murmúrio além de Houghton Street. Não havia sinal de Keynes ter notado o triunfo particular de Hayek, mas ele não seria capaz de ignorar uma avaliação detalhadamente argumentativa de seu pensamento no *Economica*. Hayek buscava ansiosamente a fama em sua nova terra e estava convencido, como Robbins estava, de que uma avaliação de Keynes expressada com gentileza, boas maneiras e totalmente razoável não chegaria ao resultado desejado. Sua contribuição teria de ser um ataque brusco, escrito para ter o máximo efeito. Hayek com frequência dizia a seus colegas que admirava em particular pensadores como Schumpeter e Keynes, que faziam os bons e grandes torcerem o nariz e gostavam de chocar opiniões respeitáveis. Agora ele estava pronto para oferecer a Keynes uma dose de seu próprio remédio.

Na sentença de abertura de sua crítica, Hayek foi impecavelmente polido sobre Keynes e suas muitas conquistas, como se adequava a um cavalheiro austríaco que era muito mais jovem que Keynes e um novato no cenário acadêmico inglês. "O aparecimento de qualquer trabalho do Sr. J. M. Keynes será sempre uma questão de importância: e a publicação de *A Treatise on Money* foi longamente esperada com intenso interesse por todos os economistas", escreveu. Então, deslizou um punhal entre as costelas de Keynes. "Não obstante isso, como se revelou, *A Treatise* mostra ser tão obviamente — e, penso, reconhecidamente — a expressão de uma fase transitória em um processo de rápido desenvolvimento intelectual, que não se pode dizer que seu aparecimento tenha o significado definitivo que em certo tempo se esperava dele."[21]

Hayek adotou o ar superior que informaria o resto de sua avaliação, sugerindo que Keynes era uma figura ignorante, insular, preso ao pensamento anglo-saxônico provinciano de seu professor e mentor Alfred Marshall, e que sua tentativa atrasada de se atualizar com o pensamento austríaco era uma tarefa grande demais para ele. "Tão fortemente [*A Treatise*] traz as marcas da recente descoberta de certas linhas de pensamento até agora não familiares à escola a que o Sr. Keynes pertence, que seria decididamente injusto olhá-lo como algo mais que experimental — uma primeira tentativa de amalgamar essas ideias com o pensamento monetário tradicional em Cambridge",[22] escreveu.

Hayek continuou a desaprovar com leve elogio. "Se, para um economista continental, essa forma de abordagem não parece tão nova quanto para o autor, deve-se admitir que ele fez a tentativa mais ambiciosa de levar a análise aos detalhes e às complicações do problema que já foi feita."²³ Depois de oferecer algum estímulo pela tentativa de apreender a economia continental, Hayek acrescentou uma picada paternalista. "Se ele foi bem-sucedido aqui, se não foi seriamente estorvado pelo fato de não ter devotado o mesmo volume de trabalho para entender os teoremas fundamentais da economia 'real' sobre os quais unicamente qualquer explicação monetária pode ser construída com sucesso, que devotou para embelezamentos subsidiários, são questões que serão examinadas mais tarde."²⁴

O que simplesmente irritava Hayek não era tanto a natureza do trabalho diante dele, como as lições que Keynes retirara de seu relato adaptado e, com frequência, mal aplicado de algumas ideias da Escola Austríaca para adiantar suas próprias propostas de política intervencionista no mundo real: a pressão sobre programas governamentais de obras públicas para criar empregos. "Que tal livro seja teoricamente estimulante não é preciso dizer", escreveu Hayek. "Ao mesmo tempo, é difícil suprimir alguma preocupação em relação ao efeito imediato que sua publicação em seu formato presente pode ter sobre o desenvolvimento da teoria monetária. Foi, sem dúvida, a urgência que atribui a propostas práticas que afirma serem justificadas para o seu raciocínio teórico que levou o Sr. Keynes a publicar o trabalho no que é, admitidamente, um estado inacabado."²⁵

Hayek, então, adotou o artifício oratório que um Marco Antônio manchado de sangue empregou ao elogiar as virtudes do recém--assassinado Júlio César. "As propostas são, de fato, revolucionárias e não podem falhar em chamar ampla atenção: elas vêm de um escritor que estabeleceu uma reputação quase única e bem merecida pela coragem e pela visão prática; estão expostas em passagens em que o autor exibe todas as suas espantosas qualidades de aprendizado, erudição e conhecimento realístico."[26] Em seguida, a condenação: as teorias de Keynes podem parecer plausíveis, até convincentes, ao ignorante, mas são pouco mais que uma confusão para qualquer um que saiba alguma coisa de economia. O trabalho é "tão altamente técnico e complicado que deve permanecer para sempre inteiramente incompreensível para aqueles que não são especialistas".[27] Hayek fez pouco esforço para disfarçar o desprezo pelos termos-chave e equações sobre os quais Keynes construiu sua teoria. A exposição de Keynes era tão "difícil, assistemática e obscura" e "extremamente difícil", com "um grau de obscuridade que... é quase inacreditável", que "nunca se pode estar certo de se ter entendido o Sr. Keynes corretamente".[28]

Tendo, em seus comentários de abertura, escoriado Keynes por suas inadequações intelectuais e falta de conhecimento das teorias econômicas austríacas básicas, Hayek inicia uma longa, complexa e frequentemente quase incompreensível explicação de por que a ignorância de Keynes da teoria austríaca do capital, incluindo a própria contribuição de Hayek, que ainda não havia sido publicada em inglês e, portanto, Keynes não poderia ter lido, garantia que *A Treatise* era de pouca utilidade para explicar as flutuações do ciclo de negócios.

Do começo ao fim, Hayek adotou um tom mal-humorado de indignação, como se Keynes tivesse partido para ofendê-lo deliberada e pessoalmente. "Não tenho objeção fundamental a essa distinção algo irritante [entre os lucros dos empresários e a renda monetária]",[29] escreve, antes de listar o que ele parece imaginar ser uma sucessão de menoscabos pessoais. "Não posso concordar com a explicação dele sobre por que os lucros crescem",[30] escreve. "Devo confessar que sou absolutamente incapaz de acrescentar qualquer coisa útil ao seu conceito."[31] E "terei repetidas oportunidades para apontar"[32] outras percebidas incompreensões de Keynes. Enquanto Keynes, que também não era desprovido de um grande ego, era tão autoconfiante que frequentemente mudava de ideia e admitia seus erros, a postura de Hayek era de absoluta segurança de que estava certo em todos e cada um dos pontos em particular. Keynes se deleitava com a controvérsia e o debate, e recebia bem os que discordavam dele, enquanto Hayek, no julgamento de Robbins, "não era proselitista. Ele próprio tinha fortes convicções. Mas, na discussão, seu foco nem sempre era persuadir, mas perseguir implicações".[33]

Em vez de limitar-se a explicar suas diferenças com o argumento e as conclusões de Keynes, as observações rabugentas estão coalhadas de críticas *ad hominem*, como "ele parece pensar..." e "apesar de algumas afirmações claramente contraditórias do Sr. Keynes", a quem acusa de "peculiaridades muito perniciosas". Hayek condena a obscuridade de linguagem de Keynes enquanto compõe com o erro de seu rival, como nesta observação: "A maioria das dificuldades que aparecem aqui são uma consequência do método peculiar de abordagem adotado pelo Sr. Keynes, que, desde o início, analisa processos dinâmicos complexos sem estabelecer os fundamentos necessários por meio da análise estática adequada do processo fundamental."[34]

Quanto à substância, Hayek se confunde com Keynes sobre definições, preferindo termos austríacos estabelecidos para conceitos tão básicos como "poupança" e "investimento" aos já usados em Cambridge ou recém-cunhados por Keynes ao descrever o que acreditava serem fenômenos observados recentemente. A objeção principal de Hayek ao tratado de Keynes, no entanto, é o fato de este ignorar noções austríacas da teoria do capital, em particular as implicações para os preços e a demanda de meios de produção "indiretos" de bens de capital que ele havia tão singularmente falhado em explicar apropriadamente em sua palestra na Marshall Society. Hayek chama a atenção para duas noções no centro de suas opiniões conflitantes de como a economia funciona: Hayek não podia concordar com a rejeição de Keynes à necessidade de um equilíbrio entre poupança e investimento; nem podia aceitar a afirmativa de Keynes de que a importância da divergência entre investimento e poupança era que isso afetava adversamente a estabilidade dos preços.

Sobre outros assuntos de desacordo, Hayek considerou imperdoável a decisão de Keynes de adotar algumas, mas não todas, noções de Knut Wicksell e não integrar o trabalho posterior sobre teoria do capital desenvolvido por Eugen von Böhm-Bawerk. "É a *priori* improvável", escreveu, "que uma tentativa de usar as conclusões retiradas de certa teoria sem aceitar a própria teoria seja bem-sucedida. Mas, no caso de um autor do calibre intelectual do Sr. Keynes, a tentativa produz resultados verdadeiramente notáveis. O Sr. Keynes ignora completamente a base geral teórica da teoria de Wicksell. Mesmo assim, parece ter sentido que tal base teórica é deficiente e, de acordo com isso, sentou-se para produzir uma por si mesmo."[35] Ao repreender Keynes por não ter levado em conta o trabalho de Frank Taussig,[36] o teórico da economia conhecido como "Marshall americano", Hayek perguntou sarcasticamente: "Não teria o Sr. Keynes tornado a tarefa mais fácil para si mesmo se apenas não tivesse aceitado um dos descendentes da teoria de Böhm-Bawerk, mas também se tivesse familiarizado com a substância daquela própria teoria?"[37]

Bem no fim de sua diatribe, Hayek recuou de seu modo hostil e começou a bajular Keynes, mais para censurá-lo por erros de omissão e julgamento. Foi como se tivesse sido avisado, talvez por Robbins, de que era importante encerrar de forma menos azeda, para fazer Keynes morder o anzol. "Existe apenas uma palavra que eu gostaria de acrescentar neste ponto", escreveu. "É muito provável que, nas páginas precedentes, eu tenha, com frequência, vestido meus comentários de criticismo, onde simplesmente deveria ter pedido mais explicações, e tenha me demorado demais em imprecisões menores de expressão. Espero que isso não seja tomado como sinal de apreciação inadequada do que é, inegavelmente, de tantas maneiras, um desempenho magnífico sobre o qual o que tive a dizer até agora foi quase exclusivamente crítico."

Hayek continuou, algo insinceramente, "meu objetivo foi, do começo ao fim, contribuir para o entendimento desse livro invulgarmente difícil e importante, e espero que meu empenho nessa direção seja a melhor prova do quão importante eu o considero".[38] Uma arrogância extraordinária informou sua declaração seguinte, de que, se Keynes tivesse, ao menos, sido capaz de se explicar melhor em *A Treatise*, poderia ter descoberto que concordava com a maneira de Hayek ver as coisas. "É até possível que, no fim, se revele que existe menos diferença entre os pontos de vista do Sr. Keynes e os meus do que atualmente me inclino a aceitar", opinou. "Talvez a dificuldade seja apenas que o Sr. Keynes tornou, de fato, extraordinariamente difícil seguir seu argumento. Espero que o crítico seja desculpado se, em uma consciensiosa tentativa de entendê-lo, possa ter sido traído algumas vezes pela impaciência com os incontáveis obstáculos que o autor pôs no caminho da completa compreensão de suas ideias."

As observações conclusivas de Hayek provaram ser um falso desfecho. Sua crítica foi, meramente, o primeiro golpe do que seria uma dupla praga. Ele usou uma nota de rodapé para mandar uma salva de advertência na direção de Keynes em Cambridge de que mais do mesmo viria quando retomou a segunda parte de sua resenha na edição do mês seguinte de *Economica* porque, confessou, "às vezes, é extremamente difícil descobrir exatamente qual é o significado do conceito do Sr. Keynes", e "não estou de maneira alguma certo de entender corretamente o Sr. Keynes".

Hayek fez um apelo direto a Keynes para fornecer uma réplica rápida às suas críticas a fim de esclarecer alguns pontos, que considerou confusos ou pouco claros. "Há tantas perguntas acumuladas dessa espécie, que o Sr. Keynes poderia certamente esclarecer que é, provavelmente, mais sábio parar neste momento, na esperança de que, nesse tempo, elucidações forneçam base firme sobre a qual continuar com a discussão."³⁹ E, com isso, os revólveres de Hayek silenciaram, por algum tempo. Ele não sabia ao certo se Keynes morderia a isca, mas, por seu conhecimento do homem, ele — e Robbins — tinham pouca dúvida de que, em breve, estariam na ponta de recepção de pesados golpes emanados das salas de Keynes em King's.

Experimental, primeira tentativa, inacabado, inteiramente ininteligível, fraqueza do argumento, tão difícil, assistemático, obscuro, extremamente difícil, inconsistente, obscuridade, inacreditável, cuidado extremo, a maior reserva. Com essas duras palavras e frases desdenhosas, Hayek deu a salva inicial contra o poderoso Keynes. Sua intenção era clara: desafiá-lo a cada passo, não lhe dar quartel, chamar atenção para si próprio ao gritar que o imperador estava nu. É revelador, talvez, que Robbins não se tenha disposto a criticar *A Treatise* nesses termos, porque seria inibido por convenções acadêmicas estabelecidas e por simples boas maneiras, e ficaria aberto a acusações de vingança em seguida à sua altercação com Keynes quando ambos serviram no Comitê Macmillan.

Mas Robbins estava inextricavelmente implicado no ataque. Como editor do *Economica*, não apenas designara Hayek para a tarefa, como também aprovara e corrigira o texto. De fato, é quase certo que Robbins tenha ajudado Hayek a escrever o ataque, porque o uso do inglês do começo ao fim de "Reflexões sobre a teoria pura da moeda do Sr. J. M. Keynes" não tem falhas, embora, na época, Hayek lutasse com o inglês escrito. Quando as quatro palestras de Hayek na LSE foram publicadas em forma de livro como *Prices and Production*, Hayek agradeceu a contribuição de Robbins na correção do seu inglês, ou, como colocou, "o considerável trabalho de pôr o manuscrito em forma adequada à publicação".⁴⁰ No mínimo, Robbins nada fez para ajudar Hayek a evitar o tom ofensivo e a linguagem que usou do começo ao fim da resenha de Keynes.

Quando o verão de 1931 virava outono, a preocupação mais urgente de Hayek, de fato a única, era se Keynes se dignaria de responder. Keynes estaria em seu direito se tivesse ignorado a crítica mal-humorada de Hayek com base em que tinha peixe muito maior para fritar. Para Keynes, responder a Hayek era apenas mais uma das numerosas tarefas que tinha em mãos, tanto nacional quanto internacional, pública e privada. Fosse ele uma personalidade menos generosa, poderia arguir que fazia pouco sentido travar discussão com o obscuro Hayek, cuja abordagem conservadora da economia era conhecida, quando o próprio Keynes tentava salvar o mundo do limbo econômico.

O anúncio de que a Grã-Bretanha afinal abandonaria o padrão-ouro poderia dar a Keynes um breve momento de prazer [com o sofrimento alheio], mas ele, provavelmente, estava com pouca disposição para celebrar. Com toda a sua explicação, persuasão, campanhas e pressão sobre governos sucessivos por mais de uma década para resolver o desemprego mediante o aumento do gasto público, tinha muito pouco a mostrar por seus esforços. Keynes zombou de seu próprio fracasso em conquistar apoio entre os que estavam no poder como "os grasnidos de uma Cassandra que nunca pôde influenciar o curso dos eventos a tempo".[41] Keynes já desenvolvia ideias além de *A Treatise* com a ajuda do pequeno círculo de discípulos, trabalhando no que se tornou conhecido como a "General Theory". Então, no momento em que esquadrinhou a apimentada resenha de Hayek no *Economica*, bem poderia ter encolhido os ombros e a jogado na cesta de lixo. Em vez disso, Keynes se voltou e enfrentou o inimigo.

7.

Devolver fogo!

Keynes e Hayek entram em conflito, 1931

Sempre foi instinto de Keynes responder à crítica de frente, por mais absurda que pudesse achar a análise concorrente. O instinto dominante em Cambridge era tirar proveito da discussão. Quando o próprio Keynes se envolvia, o debate era invariavelmente conduzido em linguagem divertida. Polemista natural e talentoso, não conseguia evitar o exagero ao descrever suas diferenças com os oponentes. Até a poderosa mente do filósofo britânico Bertrand Russell[1] podia intimidar-se ante a brilhante inteligência de Keynes. "O intelecto de Keynes foi o mais aguçado e claro que já conheci", escreveu. "Quando discutia com ele, eu sentia como se fizesse algo perigoso e raramente emergia sem me sentir um pouco tolo. Às vezes, me inclinava a pensar que tanta inteligência devia ser incompatível com profundidade, mas não acho que esse sentimento se justificasse."[2] O historiador da arte Kenneth Clark[3] concordava, relatando "ele nunca era obscuro".[4] Roy Harris condizia: "Ninguém em nossa época foi mais inteligente que Keynes nem fez menos esforço para esconder isso."[5]

É marca da sublime confiança de Hayek, com leve traço, talvez, da falta de temor que pode acompanhar a ignorância, que estivesse desejoso de enfrentar Keynes no território que era o próprio lar de Keynes. A resposta de Keynes foi de fogo contra fogo. O resultado foi Keynes solto, uma resposta quase visceral a um opositor que ele sentia ser tão estruturalmente conectado à estreiteza do pensamento da Escola Austríaca, que era incapaz de compreender um ponto de vista que exigisse ousado salto de imaginação. A dura resenha de Hayek de *A Treatise on Money* conjurou uivos de raiva de Keynes, que ficou ofendido pelo fracasso do oponente em considerar que Keynes publicava ideias reunidas por quase sete anos e vistas como trabalho em andamento. Realmente, como a principal meta intelectual de Hayek era se contrapor a Keynes, ele devia estar ciente de que Keynes já estava bem adiante das ideias expressadas em *A Treatise*.

No prefácio de *A Treatise*, Keynes admite que está insatisfeito com seus esforços. "Há bastante neste livro que representa o processo de me livrar de ideias que tinha e descobrir o caminho para as que tenho agora", escreve. "Há muitas peles que deixei cair enquanto editava estas páginas... Sinto-me como alguém que vem forçando seu caminho através de uma selva confusa."[6]

Foi uma confissão extraordinária para uma figura tão conspicuamente pública e ofereceu um *insight* da relação paradoxal que tinha com seus seguidores e com o público em geral. Keynes era humilde o bastante para reconhecer suas insuficiências e, ao mesmo tempo, supremamente confiante em que valia a pena tornar pública sua jornada intelectual, mesmo que incompleta. Teria feito melhor se seguisse o conselho de Sir Arthur Quiller-Couch aos escritores,[7] de que um autor devia ser desapiedado e "matar seus prediletos".[8] Em vez disso, Keynes ofereceu um refém fácil para um rival meticuloso, tenaz e implacável, voltado para construir sua reputação à custa dele.

Que a resenha de Hayek não tenha feito concessão alguma à admissão de impropriedade de parte do próprio Keynes garantiu que o debate subsequente entre Keynes, com o apoio de seus seguidores em Cambridge, e Hayek, endossado pela banda de devotados à Escola Austríaca, rapidamente decaísse para ataques pessoais ásperos e frequentemente brutais que sobreviveriam por muito tempo tanto a Keynes quanto a Hayek. No outono de 1931, Keynes encontrou-se na desconfortável posição de ter de defender pensamentos em que não acreditava mais, embora sua resposta na edição de novembro do *Economica* tenha revelado que estava algo intrigado pelo ímpeto da argumentação de Hayek. Razão pela qual, talvez, estivesse preparado para gastar tanta energia ao defender-se do ataque dele.

Keynes leu as 26 páginas da resenha de Hayek, a primeira das duas partes de lápis na mão, e ficou cada vez mais furioso, escrevinhando 34 réplicas na margem. No final, estava exasperado com a abordagem de Hayek não apenas de *A Treatise*, como do debate acadêmico em geral. "Hayek não leu meu livro com aquela dose de 'boa vontade' que um autor tem o direito de esperar de um leitor", escreveu. "Enquanto fizer isso, não verá o que eu quis dizer, ou se estou certo. Evidentemente, ele tem uma paixão que o leva a me escolher como vítima, mas me deixa imaginando que paixão é essa."[9] Keynes admitiu em sua "Réplica ao Dr. Hayek" que as contribuições de Hayek ao corrente debate econômico tinham despertado sua curiosidade. Começou avaliando brutalmente os argumentos que Hayek apresentara em *Prices and Production*. "O livro, tal como está, me parece uma das mais assustadoras confusões que jamais li, com apenas uma proposta razoável a começar da página 45", escreveu, "e, apesar disso, permanece um livro de algum interesse, que deve deixar sua marca na mente do leitor." Na sentença seguinte, concedeu que o livro tinha alguma virtude. "É um exemplo extraordinário de como, começando com um erro, um lógico sem remorsos pode terminar em Bedlam [hospício]", escreveu. "Ainda que o Dr. Hayek tenha tido uma visão e, apesar de ao acordar, ter feito de sua história uma tolice por ter dado os nomes errados aos objetos que ocorrem nela, seu Khubla Khan não é sem inspiração e deve deixar o leitor pensando com os germes de uma ideia em sua mente."[10]

De fato, as ideias que Keynes adiantou em *A Treatise* não estavam muito distantes das noções que Hayek expressara em *Prices and Production*. O que seria uma importante similaridade, mas não por muito tempo, foi que ambos pressupunham que, em uma economia fechada, o produto total era fixo e um equilíbrio seria alcançado quando todos estivessem empregados. A principal diferença estava em que, ao estabelecer as razões para — e os resultados de — poupança e investimento serem desiguais, Hayek, à diferença de Keynes, recorria à teoria do capital da Escola Austríaca e concluía que durante essas épocas o nível de crédito de uma economia estava desalinhado com a demanda real.

Cabeças mais frias que Hayek e Keynes poderiam ter localizado as muitas similaridades entre seus argumentos e se concentrado nas interessantes diferenças. Em vez disso, em suas mordazes permutas de ideias no *Economica* e em sua subsequente correspondência particular, Keynes e Hayek ficaram profundamente envolvidos em esforços para determinar o significado dos termos que usavam, em uma tentativa de decifrar o que o outro estava dizendo. Até mesmo para um economista treinado com o benefício de décadas de visão retrospectiva, as diferenças entre os dois homens são, frequentemente, eruditas ao ponto de se tornarem impenetráveis.[11] Em certo momento, Keynes até apela à mediação de Robbin. Pois Hayek e Keynes, tão despreparados quanto incapazes de ver o ponto de vista um do outro, eram como dois navios que se cruzavam na noite.

A irritação de Keynes com a inabilidade de Hayek para encontrar um denominador comum no uso de termos é evidente desde o início do artigo no *Economica*. "O Dr. Hayek me convidou a esclarecer algumas ambiguidades de terminologia que ele descobre em meu *A Treatise on Money* e também outras questões. Como diz francamente, achou difícil explicar sua diferença comigo. Ele está certo de que minhas conclusões são erradas (embora não afirme claramente quais conclusões), mas acha 'extremamente difícil demonstrar o ponto exato de desacordo e afirmar suas objeções'. Sente que minha análise deixa de fora coisas essenciais, mas declara que 'não é fácil de forma alguma detectar a falha no argumento.' O que ele fez, portanto, foi examinar meticulosamente as palavras precisas que usei com a intenção de descobrir algumas contradições verbais ou ambiguidade insidiosa."[12] Keynes ficou satisfeito em elucidar o significado dos termos que usava, mas diminuiu a importância que dava às diferenças, relegando seu esclarecimento a um apêndice no fim do artigo. Apesar da tentativa de Hayek de voltar a focar a discussão nos termos técnicos e explorar a diferença entre a economia anglo-saxônica marshalliana e a economia austríaca fundamental, Keynes não estava preparado para abandonar o cenário mais amplo que acusava Hayek de deixar escapar.

Keynes não estava disposto a aceitar que a relutância de Hayek em encarar o caráter inovador de suas ideias era meramente uma questão de obtusidade. "O Dr. Hayek mostrou incompreensão séria sobre o caráter de minhas conclusões", escreveu. "Ele pensa que minha opinião é algo diferente do que realmente é." Acusou Hayek não apenas de adulterar seus pontos de vista, como de colocar palavras em sua boca. "Não é de estranhar que ache muitas conclusões minhas inconsistentes", escreveu. Acusou Hayek de se esconder atrás de uma discussão sobre terminologia, quando, na verdade, estava simplesmente "procurando confusão" e, com esse fim, havia apresentado "montículos no caminho como montanhas".

Keynes se culpava por algumas incompreensões sobre as ideias em *A Treatise*, uma vez que outros, também, tinham se confundido com seu significado exato. Admitiu que, durante os anos que levara para escrever *A Treatise*, mudara de ideia sobre vários elementos importantes e que, talvez, não tivesse eliminado totalmente do trabalho acabado seu raciocínio anterior. "Traços de velhas sequências de ideias não são facilmente obliterados e certas passagens que escrevi algum tempo atrás podem ter sido inconscientemente lançadas em um molde menos obviamente inconsistente com minhas próprias visões anteriores do que seriam se eu estivesse escrevendo agora."[13] Mas isso era tudo que Keynes estava preparado para admitir. No caso de Hayek, sugeriu, a devoção ao modo de pensar da Escola Austríaca era suficiente para assegurar que os pensamentos originais e sofisticados expressos em *A Treatise* eram um salto grande demais para estudiosos ultraconservadores como Hayek compreenderem. "Aqueles que estão suficientemente imersos no velho ponto de vista simplesmente não podem convencer-se a acreditar que lhes estou pedindo para vestir calças novas e vão insistir em olhá-las como nada além de uma versão enfeitada das velhas calças que usam há anos."[14]

Keynes duvidava de que um "economista competente" pudesse entender mal e relatar erradamente seu ponto de vista, mas sugeriu que Hayek era incapaz de ver além das ideias que aprendera em Viena. "Qualquer negação de sua própria doutrina lhe parece tão impensável, que até milhares de palavras minhas dirigidas a refutá-la não o afetam no mais mínimo e, apesar de notar que defendo conclusões inconsistentes com ela, ainda parece inconsciente de que a contestei desde o início."[15]

Keynes explicou onde acreditava ter diferenças com Hayek. E este afirmava que, quando poupança e investimento não eram iguais, isso era o resultado de os bancos oferecerem níveis de crédito não apropriados ou "não naturais", o que resultava, ao longo do tempo, em uma mudança no preço dos bens. Keynes, no entanto, estava preocupado com os tempos em que a taxa de juros "natural" e as taxas de mercado não coincidiam. Hayek e ele, portanto, ocupavam "terrenos diferentes". Keynes ofereceu a Hayek uma proposta de paz. A solução, sugeriu, era que novos trabalhos fossem feitos nas teorias do capital e juros, acrescentando aos trabalhos de Böhm-Bawerk e Wicksell, que, ele concordava, tinham sido ignorados por demasiado tempo pelos economistas britânicos. Era um trabalho, disse, que estava até certo ponto preparado para fazer ele mesmo, os resultados do qual estavam por vir no livro que redigia então. E após expor sua definição de vários termos e observar que uma "espessa... barragem de neblina ainda separa a mente dele da minha", Keynes encerrou abruptamente seu contragolpe.

O tom brusco da resposta de Keynes levantou sobrancelhas em toda a comunidade acadêmica. Era bem sabido que Keynes não tolerava tolos e se deliciava em despachar seus críticos com vigor que merece ser citado. De acordo com um que o conheceu, "ele deve ter sido responsável por mais complexos de inferioridade entre aqueles com quem entrou em contato que qualquer outro em sua geração".[16] Mas o vaivém entre Keynes e Hayek era anormalmente pessoal e venenoso, até mesmo para o língua de víbora Keynes. Ao abandonar as cortesias usuais, Keynes, como o mais velho dos dois homens, ficou à mercê da acusação de que estava injustamente expondo ao ridículo um estudioso menos aperfeiçoado que vivia no país havia pouco tempo.

Enquanto os murmúrios sobre o comportamento de Keynes ficaram em sua maior parte confinados aos aposentos dos mais graduados, o desconforto com o espírito da discussão sentido por muitos acadêmicos veio à tona quando o sucessor de Marshall como professor de economia política de Cambridge, Arthur Pigou[17], lamentou o declínio em padrões de civilidade que a réplica de Keynes representava. "Estamos, no recôndito de nossos corações, completamente satisfeitos com a maneira, ou maneiras, em que algumas de nossas controvérsias são levadas adiante?", perguntou Pigou durante palestra na LSE em 1935. "Um ano ou dois atrás, depois da publicação de um livro importante, apareceu uma crítica elaborada e cuidadosa de várias passagens específicas nele. A resposta do autor não foi refutar a crítica, mas atacar com violência outro livro, que o próprio crítico escrevera vários anos antes! Críquete intimidador!¹⁸ O método do duelo! Esse tipo de coisa é certamente um erro."[19] Ele repudiou a briga entre Keynes e Hayek como uma briguinha "conduzida à maneira dos gatos de Kilkenny".[20]

Se o tom do duelo Keynes-Hayek ofendia muitos, Robbins ao menos estava deliciado com a controvérsia e ansioso para mantê-la acesa, no mínimo pela atenção que chamava para o *Economica* e a LSE. Pediu a Hayek que respondesse imediatamente à réplica de Keynes na mesma edição. Tanto Robbins quanto Hayek eram gratos a Keynes por morder a isca e felizes pelo fato de o grande homem estar preparado para se engajar numa discussão detalhada que iria contrapor as novas ideias keynesianas às da Escola Austríaca. Nesse estágio da discussão pouco os separava. Ambos haviam assimilado ideias da "escola clássica", que baseava seu raciocínio no custo de um produto, assim como em sua escassez, e o custo da terra e dos salários, bem como da "escola neoclássica", que levava em conta o valor de um produto dependendo de sua utilidade, e a ideia de "utilidade marginal", que sugeria que, quanto mais houvesse de um bem, menos ele valeria aos olhos de um comprador. Keynes, no entanto, já explorava como demanda, oferta e preços podiam ser manipulados, enquanto o pensamento da Escola Austríaca levava Hayek a acreditar que interferir com o mercado livre levaria a consequências inesperadas.

Hayek interrompeu a redação da segunda parte de sua crítica ao *Treatise* para apressadamente compilar uma resposta à réplica de Keynes. "Infelizmente", Hayek escreveu em seu codicilo à réplica de Keynes, "a resposta do Sr. Keynes não me parece esclarecedora de muitas dificuldades que indiquei, nem realmente melhora a base para mais discussão."[21] Se Keynes tinha ficado ofendido com o ataque inicial de Hayek, Hayek ficou similarmente espantado com a fúria implícita na réplica de Keynes. Em particular, ficou ofendido pela rejeição de Keynes de seu *Prices and Production*. "Sou forçado a dizer", escreveu Hayek, "que, embora esteja muito pronto e, de fato, ansioso, seriamente, para considerar qualquer crítica definida que o Sr. Keynes possa se incomodar em fazer, não posso ver que possível fim é atendido por uma condenação não provada de minhas opiniões em geral. Não posso acreditar que o Sr. Keynes deseje dar a impressão de que está tentando distrair a atenção do leitor das objeções que tenho levantado contra a sua análise destratando o oponente e posso apenas esperar que, depois que meu artigo crítico aparecer em sua totalidade, ele não apenas tentará refutar minhas objeções de forma algo mais específica, como também substanciar sua contracrítica."[22]

Novamente, Hayek listou as diferenças de terminologia que acreditava estarem no centro do desacordo. "Ele fracassou em elucidar seu conceito de investimento. Estou tão confuso quanto antes em relação ao que significa exatamente... A mesma coisa é verdade de seu conceito de lucros."[23] Hayek expressa a mágoa de um aluno ansioso que é condenado simplesmente por pedir uma explicação. "Eu deveria esperar que um autor que mostrou que quase todos os seus conceitos são ambíguos, e que alguns são até mesmo definidos de vários modos categoricamente contraditórios, estivesse mais ansioso para esclarecer em que sentido exatamente ele quer ser entendido. Não é o mínimo que podemos pedir dele que, de qualquer maneira, no atual estágio, deveria comprometer-se com uma definição precisa e inequívoca de suas concepções?"[24]

Hayek disse que, na ausência de definições claras, era obrigado a especular sobre o que Keynes queria dizer. Novamente deslizou para o tom de indignação magoada que salpicou a primeira parte de sua crítica. "Tenho sido obrigado a [assumir que isso é o que Keynes quer dizer] porque tenho sido incapaz e, de fato, ainda sou incapaz, de detectar em seu *A Treatise* ou em subsequentes elucidações, qualquer outra explicação convincente desse fenômeno, e porque me recusei a acreditar, como agora temo dever acreditar, que o Sr. Keynes pudesse, de alguma forma, considerar sua análise da relação entre lucros e investimentos uma explanação independente e suficiente de como sua discrepância surge."[25]

Depois de oferecer sua explicação para as falhas no argumento de Keynes, Hayek voltou à acusação de que, por ignorar a teoria europeia do capital, Keynes havia revelado sua ignorância da economia. Quanto à sugestão de Keynes de que a teoria do capital deveria ser olhada novamente, Hayek escreveu: "Mesmo que não tenhamos uma teoria bastante satisfatória, nós, no mínimo, possuímos uma muito melhor que aquela em que [Keynes] se compraz em basear, especificamente na de Böhm-Bawerk e Wicksell. Que ele negligencie essa teoria, não porque pense que está errada, mas simplesmente porque nunca se incomodou em se familiarizar com ela, está amplamente provado pelo fato de considerar ininteligível minha tentativa de desenvolver certos corolários desta teoria."[26]

Embora tivesse tido a esperança de pôr um fim rápido à escaramuça, ao ler no *Economica* a repreensiva réplica de Hayek à sua resposta, Keynes escreveu ao seu crítico uma nota pessoal curta sobre o debate que levaria a uma série de diálogos quase impenetráveis que Keynes partilharia com membros do Circus, em particular Piero Sraffa. Ao verdadeiro estilo de debate de Cambridge, as perguntas de Keynes eram, na aparência, um inocente gesto acadêmico para alcançar um entendimento melhor das objeções de seu oponente, embora fique claro que intentava uma rasteira em Hayek, induzindo uma resposta descuidada ou falha. Dirigindo-se a Hayek simplesmente como "Hayek", como era hábito na escola pública inglesa, Keynes escreveu: "Se você elucidar um pouco mais para mim a definição de poupança... Ficaria mais claro para mim se você pudesse me dar uma fórmula que mostre como a poupança é *medida*. Também, qual é a diferença entre "poupança voluntária" e "poupança forçada" na *sua* terminologia?"[27] Assinou formalmente "J. M. Keynes".

Hayek replicou em uma semana, em uma carta que começava com "Caro Keynes", com uma complexa definição algébrica de "poupança" que acreditava dar conta da afirmação de Keynes de que parte da "poupança" era feita com o reabastecimento de fábricas desativadas. Hayek acreditava que agora tinha Keynes na outra ponta da linha e estava ansioso para não o deixar escapar. Hayek focou naquilo que pensava ser a mais importante diferença terminológica entre eles. "Concordo inteiramente com você em que seria melhor não usar a palavra poupança em conexão com o que chamei de "poupança forçada", mas apenas para falar de investimento em excesso de poupança", escreveu. "Enquanto, a meu ver, é essencial para um equilíbrio que poupança e investimento sejam equivalentes, me parece que não existiriam, em sua visão, quaisquer razões para que poupança e investimento se correspondessem."[28]

No dia em que a resposta de Hayek chegou, Keynes respondeu por escrito. "Agradeço muito sua carta, que torna as coisas um bocado mais claras para mim", escreveu. "Há, no entanto, duas expressões para as quais eu gostaria de mais explicação."[29] Ele estava intrigado pelo uso de "velocidade" de Hayek, "uma vez que calculo que existam agora nove sentidos nos quais economistas contemporâneos usam esse termo, alguns deles diferindo apenas levemente um do outro", e acrescentou uma nova pergunta sobre o uso do termo "capital existente"[30] por Hayek.

Três dias depois, Hayek respondeu, explicando que, por "velocidade", queria dizer "circulação efetiva total", embora "eu não trabalhe normalmente com esse conceito, de qualquer modo". Ele orientou Keynes para o livro *Economics of Welfare*, de Pigou, "que, no geral, concorda com meus pontos de vista".[31] Após quatro dias, Keynes mandou a bola de volta. "Desculpe-me por ser cansativo", escreveu Keynes, "mas ao que eu realmente queria chegar era o significado exato que você atribui a 'circulação efetiva.'"[32]

Nem mesmo a chegada do Natal tornou mais lento o vaivém. Na manhã de Natal, Hayek escreveu para Keynes, "desculpe-me ter entendido mal sua pergunta". A "circulação efetiva total" era "simplesmente o total de todos os pagamentos monetários efetuados (em espécie, depósitos bancários ou qualquer outra forma) durante qualquer período arbitrário de tempo".[33] Naquela tarde — naqueles dias o Correio Real entregava correspondência duas vezes por dia, até mesmo no Natal — Keynes replicou, "isso era o que eu pensava que você queria dizer" e acrescentou rapidamente, "e esta é exatamente a minha dificuldade". Hayek pode ter sentido que, a despeito das reservas de Keynes sobre termos, ele se aproximava do rival para refutar melhor suas ideias: após três cartas assinadas "J. M. Keynes", Keynes, desta vez, assinou sua carta de Natal com um marginalmente menos formal "J. M. K.".

Após um pequeno hiato, porque Hayek passou alguns dias depois do Natal fora de Londres, a correspondência continuou. Novamente o tom de Hayek era de irritação mal disfarçada. "Se eu achasse que você tinha quaisquer dificuldades sobre [a substituição de capital por poupança], eu teria tentado esclarecer há muito tempo",[34] protestou. Mas não era fácil para Hayek ser claro. Sua resposta aparentemente simples para a pergunta de Keynes envolvia uma única sentença com orações subordinadas e elipses que chegavam a dificilmente digeríveis duzentas palavras. Até Hayek, a essa altura, estava consciente de estar longe de ser fácil explicar seus pensamentos com simplicidade, acrescentando entre parênteses, "peço desculpas por essa terrível sentença 'alemã'". Novamente, em uma tentativa de abordar a questão de substituir fábricas desativadas, ele orientou Keynes para a noção austríaca de estágios de produção "indiretos" que tanto haviam confundido a Marshall Society.

Keynes respondeu na mesma semana. Se Hayek imaginava que estava chegando próximo de responder a Keynes, ele se enganava. "O ponto que você examinou não era realmente o que me incomodava", escreveu. "Eu sigo bastante o ponto quanto à proporção de renda requerida para fazer boa depreciação [substituindo a fábrica desativada]. Mas continuou a pressionar Hayek em sua definição de poupança e o provocou a usar a palavra pelo que realmente é, não como mera construção conceitual. "O que aconteceria em uma sociedade progressista, ou em uma sociedade onde, por exemplo, novas invenções estão disponíveis para causar obsolescência nas fábricas existentes (distinto de depreciação) e onde não existe relação estável entre o giro de dinheiro [a quantidade de dinheiro que troca de mãos] e a renda nacional [o total de riqueza gerada] (por exemplo, 1931, a relação entre os dois, aqui ou nos Estados Unidos, era completamente diferente da que era em 1929).[35]

Em 23 de janeiro de 1932, após um hiato de quase duas semanas, durante o qual sofreu "leve ataque de gripe", Hayek respondeu longamente. Novamente se agarrou aos estágios de produção enquanto tentava responder às objeções de Keynes. Permaneceu no domínio econômico conceitual da Escola Austríaca e resistiu a ser arrastado para especulações da vida real, admitindo que "é, naturalmente, uma das tarefas mais difíceis da teoria monetarista determinar quais mudanças monetárias se tornam necessárias para contrabalançar mudanças na organização dos negócios". Ele tentou tratar a principal investida de Keynes sobre levantamento de capital para recolocar em uso fábricas desatualizadas e prometeu voltar à questão. "Estou tratando desse aspecto do problema na segunda parte de minhas 'Reflexões' de que acabei de ler as provas."[36]

Keynes estava ficando cansado da correspondência. Mostrando a Sraffa a última salva de Hayek, escreveu: "Qual será a próxima jogada? Sinto que o abismo boceja — e eu também. Embora não possa evitar a sensação de que há alguma coisa interessante nisso."[37]

Passaram-se três semanas antes que Keynes respondesse à carta de Hayek de 23 de janeiro. Keynes levantou uma bandeira branca, se não de rendição, então de trégua. Como dissera a Sraffa, estava cansado de cavucar um campo que não era sua preocupação corrente, que era a aplicação prática de suas teorias do desenvolvimento rápido, e sua paciência estava esgotando-se. "Sua carta me ajudou muito a chegar ao que está em sua mente", escreveu. "Acho que você me disse agora tudo o que tenho o direito de perguntar por correspondência. A questão não poderia ser levada adiante, exceto pela extensão do seu argumento a um caso mais atual do que o simplificado que temos discutido. E isso é, obviamente, uma questão mais para um livro do que para correspondência." Explicou a Hayek que havia esperado discernir em sua troca de cartas uma linha clara de raciocínio que seria de utilidade para ele em suas explorações correntes de como tratar melhor as condições econômicas crônicas que os rodeavam, mas que havia feito progresso insuficiente para justificar mais gasto de tempo e energia.

"Voltando ao ponto em que nossa correspondência começou, estou onde comecei", escreveu Keynes, "principalmente em dúvida em relação ao que você quer dizer com poupança voluntária e poupança forçada quando aplicada ao mundo atual em que vivemos; embora eu ache que entenda agora o que você queria dizer com elas em certos casos, e isso, naturalmente, me dá alguma espécie de ideia geral do tipo de coisa que você tem em mente. Muito obrigado por me responder de forma tão completa."[38]

Keynes estava ansioso para encerrar rapidamente o desacordo com Hayek porque tinha muitas outras coisas a fazer, a menor das quais não era escrever o que se tornaria *The General Theory*. Concluiu que havia pouca chance de persuadir Hayek dos erros em seu pensamento. Como colocou, "em economia, não se pode condenar o oponente por erro; só se pode convencê-lo do erro. E, mesmo que se esteja certo, não se poderá convencê-lo se houver um efeito nos seus poderes de persuasão e exposição, ou se a cabeça dele já estiver tão cheia de noções contrárias que não consegue pegar as pistas para o pensamento que você está tentando jogar para ele."[39] Keynes ficaria feliz, no entanto, se o duelo prosseguisse por outros meios. Keynes e Hayek podem ter embainhado seus sabres por algum tempo, mas o debate sobre suas discordâncias continuava a grassar entre seus discípulos.

Ben Higgins, estudante da LSE entre 1933 e 1935, lembrou a intensidade da rivalidade. "Nós, em Londres, olhávamos as coisas estranhas que aconteciam em Cambridge como um absurdo, e um absurdo muito perigoso", recordou. "Além disso, podíamos ver que um homem com tal espírito e inteligência e encanto [referindo-se a Keynes] acrescidos ao seu brilho poderia, possivelmente, ser bem-sucedido em persuadir algumas pessoas de que estava certo. Essa era uma perspectiva realmente assustadora. Não é que houvesse um debate entre Londres e Cambridge, porque dificilmente haveria qualquer ponto de contato. Estávamos muito sob a influência de Hayek. Ele era nosso deus."[40]

Robert Bryce, economista nascido no Canadá cuja devoção às ideias keynesianas eram similares a uma experiência religiosa, penetrou nos seminários de Hayek na LSE e sentiu-se de forma muito semelhante a Higgins, só que do outro lado da barricada. "Fui, na primavera de 1935, à Londres Economic School um ou dois dias por semana, como um missionário", recordou. "Então, assisti a um seminário de Hayek... Essa foi a maior concentração de bárbaros disponível de Cambridge e fui estimulado a ir e lhes falar sobre [as ideais de Keynes]... Hayek muito cortesmente me cedeu várias sessões de seu seminário para expor essa coisa aos estudantes dele. Devo dizer que foi uma experiência animadora e encontrei muita gente bastante preparada para prestar atenção séria ao estudo."[41]

Abba Lerner, uma graduada hayekiana da LSE que passava um tempo em Cambridge, abordou Richard Kahn e outros membros do Circus "para sugerir que a geração jovem de cada lado deveria se reunir e travar o debate entre elas".[42] O contingente de Cambridge concordou e ambos os lados decidiram que um relato dos debates deveria ser publicado em um novo periódico, *Review of Economics Studies*. Houve também reuniões cara a cara entre os dois lados em uma cervejaria em Newport, Essex. O lugar foi significativo. Newport era uma terra de ninguém intelectual, a meio caminho entre Cambridge e Londres. No primeiro encontro, em agosto de 1933, no lado de Cambridge encontravam-se Kahn, Joan e Austin Robinson e James

Meade; na equipe da LSE estavam Lerner, Sol Adler, Ralph Arakie e Aaron Emanuel.[43] Típica do tom da discussão foi a observação de Kahn, "se Hayek acredita que o gasto de moeda recém-cunhada em emprego e consumo vai piorar nossa atual e terrível recessão, então Hayek é um louco".[44]

Seminários conjuntos também se realizavam em um domingo de cada mês em Cambridge, Oxford ou Londres, com a participação de jovens economistas como Hugh Gaitskell,[45] da University College London, participando. A postura mais agressiva do grupo de Cambridge lhe dava supremacia. Ludwig Lachman, que estudou com Hayek na LSE, confessou que se sentia como um oficial jovem em uma guerra que se estava perdendo rapidamente. Às vezes, Hayek, Keynes, Robbins e Dennis Robertson assistiam aos debates, para grande animação e temor dos jovens membros. Paul Rosenstein-Rodan, que, em 1931, era professor de economia na University College, lembrou um encontro em que Robertson deu uma palestra sobre o papel da moeda e acusou Hayek e Keynes, que estavam presentes, de falhar ao não levar em consideração a passagem do tempo. Colocado, para variar, diante de um inimigo comum, Hayek respondeu com uma "longa diatribe", seguido de Keynes, que "se levantou para dizer que concordava inteiramente [com Hayek]".[46]

Junto com as travessuras do Circus, Keynes tinha outro modo mais maldoso de atacar Hayek por procuração. Em resposta às reprimendas de seus oponentes e seus colegas por comentários ferinos acerca do *Prices and Production*, de Hayek, em sua defesa de *A Treatise*, Keynes decidiu corrigir as coisas. Despreparado para voltar à cena do crime, decidiu botar em campo um substituto para revisar *Prices and Production* longamente na próxima edição do *Economic Journal*. Sua escolha foi Sraffa, que, à exceção de Joan Robinson, era o mais agressivo e articulado de seus discípulos. Isso resultaria em, talvez, o ataque mais brutal a Hayek desde a chegada deste à Grã-Bretanha.

8.

A empreitada italiana

Keynes pede a Piero Sraffa que continue o debate, 1932

Foi em ansiosa antecipação da resposta de Keynes que Hayek e Robbins publicaram a segunda parte de "Reflections on the Pure Theory of Money of Mr. J. M. Keynes", na edição de fevereiro de 1932 do *Economica*. A argumentação de Hayek foi novamente exposta em tom de indignada incompreensão. Sentenças, como "o ponto em questão diz respeito a uma afirmação tão extraordinária que, se não estivesse claramente nesse livro, em preto e branco, não se acreditaria que o Sr. Keynes fosse capaz de fazê-la", eram típicas da postura de falsa incredulidade de Hayek. O teor da segunda parte da crítica era um pouco diferente da linguagem descompromissada da primeira, que havia instigado réplica ainda mais destemperada de Keynes.

Hayek novamente censura Keynes pelo uso impreciso de termos econômicos, mas o principal golpe de sua argumentação era ir ao centro do desacordo com Keynes. Hayek confrontou o tema central dos repetidos pronunciamentos públicos de Keynes: a forma pela qual um governo poderia, com justificativa intelectual, interferir no mercado para se contrapor ao alto desemprego no ponto mais baixo do ciclo de negócios.

"Como tantos outros que defendem uma teoria puramente monetária do ciclo de negócios", escreveu Hayek, "[Keynes] parece acreditar que, se a organização monetária existente não o tornou impossível, o *boom* poderia ser perpetuado por inflação indefinidamente... Daí porque foi muito consistente quando, descrente de uma restauração do investimento causada pelo crédito barato, defendeu, em seu bem conhecido pronunciamento no programa de rádio, o estímulo direto do gasto dos consumidores... porque, nessa teoria, os efeitos do crédito barato e do aumento das compras pelos consumidores são equivalentes."

O programa de rádio ao qual Hayek se referia era aquele em que Keynes incitava as "donas de casa patrióticas" a "sair amanhã cedo para as ruas e ir para as maravilhosas liquidações".[1] O programa de rádio ecoou o refrão familiar, de que "nos países mais industrializados do mundo, Grã-Bretanha, Alemanha e Estados Unidos, estimo que provavelmente 12 milhões de trabalhadores industriais estão ociosos... Muitos milhões de libras em bens poderiam ser produzidos diariamente por trabalhadores e fábricas que estão ociosos".[2] Na segunda parte de suas "Reflections", Hayek pegou Keynes pela palavra e tentou pôr um preço no que Keynes não havia quantificado quando propôs cortar o desemprego "a todo custo". Hayek concluiu que o preço era a inflação galopante e, tendo testemunhado a hiperinflação destruir a ordem civil em Viena e solapar a poupança de sua família, acreditava que era um preço alto demais a pagar.

Hayek resumiu a explicação de Keynes do ciclo de negócios. "Uma vez que, para a teoria [de Keynes], é o excesso de demanda de bens de consumo acima dos custos da oferta disponível que constitui o *boom*, esse *boom* só irá durar enquanto a demanda se mantiver à frente da oferta e terminará ou quando a demanda parar de crescer ou quando a oferta, estimulada por lucros anormais, satisfizer a demanda. Então, os preços dos bens de consumo regressarão aos custos e o *boom* terá fim, embora não precise ser necessariamente seguido de depressão; mas, na prática, tendências deflacionárias [preços em queda] são normalmente geradas, o que reverterá o processo."[3] Hayek negou que houvesse algo muito novo nessa explicação do *boom*. "Em essência [a explicação de Keynes] não apenas é relativamente simples, como também muito menos diferente das explicações correntes do que seu autor parece pensar."[4]

Hayek tratou de explicitar por que acreditava que a ideia de Keynes de aumentar o investimento reduzindo as taxas de juros, portanto impulsionando a produção, era limitada e, após um tempo, ineficaz. "Ele considera que o que tenho chamado de mudanças na estrutura de produção [isto é, o aumento ou encurtamento do período médio de produção] seja um fenômeno de longo prazo que pode, portanto, ser negligenciado na análise de um fenômeno de curta duração, como o ciclo de negócios", escreveu Hayek. "Temo que essa alegação meramente prove que o Sr. Keynes ainda não percebeu completamente que qualquer mudança no volume de capital por cabeça da população trabalhadora é equivalente a uma mudança na extensão média do processo indireto de produção e que, portanto, todas as suas demonstrações da mudança no volume de capital durante o ciclo provam meu ponto de vista."

Além disso, "se o aumento do investimento não é consequência de uma decisão voluntária de reduzir o nível possível de consumo para esse propósito, não existe razão pela qual deveria ser permanente, e o próprio aumento da demanda por bens de consumo que o Sr. Keynes descreveu porá fim a ele assim que o sistema bancário cessar de fornecer crédito barato adicional para investimento".[5] Concluiu: "Não é difícil entender, à luz dessas considerações, por que não teve efeito a política do afrouxamento monetário que foi adotada imediatamente após a crise de 1929."[6]

Hayek tratou especificamente das implicações da repetida assertiva de Keynes de que, na ausência de investimento privado, onde poupança e investimento estivessem em desacordo, a demanda poderia ser mantida a uma alta taxa e os empregos restaurados por obras públicas financiadas com dinheiro do governo. Hayek estava tão certo de que havia refutado o que acreditava ser uma das afirmações centrais de Keynes que enfatizou a importância da passagem, destacando-a em itálico. "Qualquer tentativa de ocasionar um aumento no investimento para corresponder a essa 'poupança', que já é requerida para manter o velho capital, teria exatamente o mesmo efeito que qualquer outra tentativa de elevar investimento acima da poupança líquida; inflação, poupança forçada, desorientação da produção e, finalmente, uma crise."[7]

Foi uma vigorosa réplica às ideias de Keynes. Mas Hayek estava muito atrasado; Keynes já levantara acampamento. Depois da rajada de contra-argumentação em sua resposta à primeira parte da crítica de Hayek, Keynes decidira ignorar a contínua crítica de Hayek. Ele estava agora totalmente ocupado em desenvolver uma explicação intelectualmente impermeável, que havia muito se esquivava dele, de por que fazer investimento público no lugar de investimento privado ausente em um período de recessão colocaria os desempregados de volta a trabalhar sem desencadear a crise que Hayek acreditava ser inevitável. O resultado seria o seu monumental *Theory of Employment, Interest and Money*.

A decisão de Keynes de não responder foi uma derrota significativa para Hayek. Ao dividir a crítica de Hayek em duas partes, Robbins e Hayek fracassaram em obter toda a atenção de Keynes. Depois de explodir com o tom da primeira parte e acusar Hayek de, deliberadamente, interpretar mal sua argumentação, Keynes não tinha intenção de voltar ao debate. Assim, a primeira e talvez melhor chance de pegar Keynes se perdeu logo de início. Se tivesse publicado primeiro a segunda parte de suas "Reflections", que tratava do ponto essencial dos pensamentos intervencionistas de Keynes, ou publicado toda a sua crítica de uma vez só, Hayek poderia ter captado a atenção divagadora de Keynes por tempo suficiente para bloqueá-lo. Em vez disso, talvez porque nem Robbins nem Hayek esperassem que Keynes respondesse com tanta rapidez à primeira parte, a linha mais substancial e persuasiva da argumentação de Hayek foi deixada sem resposta de Keynes.

Em vez disso, Keynes mandou um cão de caça para cima de Hayek sob a forma de Piero Sraffa, jovem membro do Circus. A decisão de dar a Sraffa a tarefa foi um ato direto de hostilidade. De todos os discípulos de Keynes, Sraffa, figura formidável de cabelo curto preto, testa alta e um pequeno bigode preto, que escrevera uma análise minuciosa da inflação na Itália durante a Primeira Guerra Mundial, era a pessoa perfeita para tomar conta de Hayek. Era briguento, meticuloso ao desmantelar uma argumentação e cáustico quando articulava críticas. Até a formidável Joan Robinson, uma ávida guerreira nas refregas Cambridge–London School of Economics, considerava Sraffa — ostensivamente um ser tímido e de boas maneiras —, a única pessoa que ela genuinamente temia.

Amigo íntimo de Sraffa, o filósofo Ludwig Wittgenstein sentia tanta admiração pela habilidade argumentativa do italiano que, após um encontro com Sraffa, sentiu-se como o tronco nu de uma árvore da qual tivessem sido arrancados os galhos.[8] "A árvore, livre da velha madeira, poderia florescer poderosamente do novo",[9] escreveu. Outro estudioso do *modus operandi* de Sraffa relatou que "seria um ataque frontal aos pontos estratégicos da estrutura teórica cuidadosamente escolhidos. Nenhum tempo seria desperdiçado na oferta de todas as críticas possíveis, subsidiárias e periféricas".[10] Era a técnica ideal para usar contra a mente meticulosa e quase mecânica de Hayek. O resultado, de acordo com um devotado da Escola Austríaca, foi um "massacre conduzido com ferocidade incomum".[11]

Sraffa tinha com seu mentor Keynes uma dívida particular. Nascido em Turim, filho de um professor de direito, estudou de 1921 a 1922 na LSE e, enquanto estava em Londres, foi apresentado a Keynes por Mary Berenson,[12] mulher de Bernard Berenson,[13] o crítico e comerciante de arte americano baseado em Florença. Voltando à Itália para se tornar professor de economia política em Perugia, Sraffa descobriu que era um homem marcado. Era amigo do líder comunista italiano Antonio Gramsci e de sua contraparte socialista Filippo Turati, o que foi bastante para tornar Sraffa inimigo do Estado de acordo com o partido fascista de Mussolini, que subiu ao poder em 1922. Esquerdistas estavam sendo removidos dos empregos no Estado e substituídos por fascistas, e a violência de gangues fascistas se tornava cada vez mais um lugar-comum.

Foi a reputação de Sraffa como economista com mentalidade original que levou Keynes a encarregá-lo de escrever um artigo para a série "Reconstrução na Europa", uma peça agudamente crítica aos maiores bancos italianos. A peça foi tão desaprovadora das práticas dos bancos italianos que chamou a atenção do próprio Mussolini, que estava, coincidentemente, no meio de uma tentativa de resolver uma crise bancária usando recursos do Estado para resgatar o aflito Banco di Roma. A peça de Sraffa foi perfeitamente oportuna para causar o máximo de dano, e Keynes ficou deliciado. Mussolini, no entanto, não ficou. Censurou, publicamente, Sraffa como "caluniador da Itália",[14] o ato impatriótico de um agente radical pago por estrangeiros. Em ameaçadores telegramas a Angelo, pai de Sraffa, Mussolini exigiu que uma retratação e um pedido de desculpas fossem publicados. Sraffa disse ao pai que seu artigo era inteiramente baseado em fatos verificáveis e que sustentava o que dissera.

Enquanto Sraffa permanecia na Itália à medida que os bancos se preparavam para entrar com processo por calúnia, Keynes foi rápido. Ofereceu segurança a Sraffa sob a forma de um emprego como professor de economia de Cambridge. Sraffa, que fora obrigado a sair de um emprego público em Milão por causa da fúria dos bancos, partiu para a Inglaterra, mas foi barrado por funcionários da Alfândega em Dover depois de o British Home Office receber um aviso das autoridades italianas de que Sraffa era um perigoso revolucionário. Sraffa foi mandado de volta para Calais, no norte da França, e, quando a crise se acalmou,[15] assumiu o posto que Keynes criara para ele.

Embora Sraffa se juntasse ao Circus, sua idade — estava com 30 anos, portanto um pouco mais velho que os outros — e sua reputação de expor os erros nos trabalhos de teóricos clássicos o destacaram dos outros. Uma das primeiras tarefas que Keynes lhe deu foi traduzir seu *Tract on Monetary Reform* para o italiano. Depois, Keynes pediu a Sraffa que fizesse uma crítica de *Prices and Production* de Hayek no *Economic Journal* de março de 1932. Não poderia ter escolhido um defensor mais formidável.

Assim como as palestras da LSE em que se baseou, *Prices and Production* não é trabalho fácil de compreender. Como escreveu John Hicks, palestrante simpático à Escola Austríaca que mais tarde ficaria famoso por traduzir as ideias de Keynes em um modelo matemático simplificado,[16] "*Prices and Production* era em inglês, mas não era economia inglesa. Precisava de mais tradução antes de poder ser apropriadamente avaliado."[17] Nem são fáceis de seguir os argumentos que Sraffa empregou contra Hayek. Até o economista da Escola de Chicago Frank Knight,[18] mergulhado no pensamento da Escola Austríaca, achou toda a matéria demasiado obtusa. Como escreveu para Oskar Morgenstern, "queria que [Hayek] ou que alguém mais tentasse me dizer, em simples sentença gramatical, sobre o que é a controvérsia entre Sraffa e Hayek. Não fui capaz de encontrar deste lado alguém que tivesse a menor ideia dela".[19]

O que não se pôde perder, no entanto, foi o tom pessoal, sarcástico e implacável do ataque de Sraffa, que abriu sua crítica descrevendo as palestras de Hayek na LSE como um "feito de resistência tanto por parte da audiência, como do palestrante... Existe um aspecto em que essas palestras... confirmam completamente a tradição que os escritores modernos sobre dinheiro estão rapidamente estabelecendo", escreve Sraffa, "a da ininteligibilidade." Embora cumprimentasse Hayek por concentrar-se no modo como a quantidade de moeda no sistema afetava os preços dos produtos, em vez de olhar os preços em geral, "em todos os outros aspectos a inescapável conclusão é que [os pensamentos de Hayek] apenas se somam à confusão de pensamento prevalecente sobre o assunto".[20]

Em *Prices and Production*, Hayek havia procurado provar que, se dinheiro é emprestado a uma taxa em desacordo com a soma das poupanças, ele é investido em produção que não pode sustentar-se. Quando os recursos adicionais secam, os donos da fábrica descobrem que não atraem clientes e algumas linhas de produção são levadas a um final abrupto. Em outras palavras, quando o preço do crédito está fora de ordem, ele corrompe os estágios ordenados da produção de bens até que, após um período de crise, a economia encontre um novo equilíbrio. Hayek sugeriu que havia uma taxa ideal em que o dinheiro poderia ser emprestado, uma taxa que sustentava a produção em todos os estágios sem desperdício e fornecia bens a preços que os consumidores podiam pagar. Essa era a "taxa natural de juros" que, efetivamente, deixava a moeda com um papel "neutro", porque não tinha influência nenhuma na operação "natural" do sistema produtivo.

A abordagem de Sraffa era clara. Ele tinha sido encarregado de avaliar *Prices and Production* e dirigir a atenção para os erros de Hayek. Não estava preocupado em defender as teorias de Keynes. Sraffa, primeiro, repreende Hayek por considerar que a moeda jamais pudesse ser neutra, "isto é, um tipo de moeda que deixa a produção e os preços relativos de bens, incluindo a taxa de juros, 'inalterados', exatamente como ficariam se não houvesse moeda alguma". Sraffa acusa Hayek de erro rudimentar, lembrando-o de que a noção de moeda neutra dele é condenada no "início de todo livro-texto sobre a moeda. Isto é, que a moeda não apenas é meio de troca, como também reserva de valor". Sraffa descreve as teorias de Hayek como "um labirinto de contradições [que] deixam o leitor tão completamente tonto que, quando chega à discussão sobre dinheiro, pode, por desespero, estar pronto para acreditar em qualquer coisa". Quanto à elaborada teoria dos estágios de produção que Hayek gostava de explicar com diagramas triangulares, Sraffa a descarta como "um tremendo martelo a vapor para quebrar uma noz — e, então, ele não a quebra. Uma vez que estamos, principalmente, preocupados nesta resenha com a noz que não é quebrada, não precisamos perder tempo criticando o martelo".

Quanto à afirmação central de Hayek, de que "não há dúvida" de que, se os produtores empregarem crédito maior do que o volume de poupança, a inflação e o colapso se seguirão, Sraffa usa as palavras de Hayek contra ele. "Como um momento de reflexão vai mostrar, 'não pode haver dúvida' de que nada desse tipo acontecerá. Uma classe, por um tempo, roubou outra classe de parte de suas rendas; e poupou o saque. Quando o roubo chega ao fim, fica claro que a vítima não pode, de forma alguma, consumir o capital que agora está bem fora de seu alcance." Enquanto Hayek afirmava que o crédito fácil era cortado, os fabricantes ficavam com maquinaria redundante, Sraffa sugere que os donos de fábrica tratavam de manter a fábrica, que poderia ser colocada em funcionamento quando o mercado se recuperasse. Tudo isso era pago por seus clientes. Hayek predisse o desastre para os donos de fábricas se os bancos emprestassem a uma taxa demasiado baixa. Sraffa contra-argumentou que, durante o período em que capital adicional não sustentado por poupança estivesse disponível, os fabricantes ganhariam bastante para pôr dinheiro de lado para pagar o juro sobre o capital adicional quando sua reserva chegasse ao fim. Nesse meio-tempo, os produtores terão obtido meios de fazer um número maior de bens a um preço mais baixo. Assim, longe de ser inflacionária, a redução das taxas de juros para apoiar a produção tenderia, no longo prazo, a reduzir preços.

Depois de concluir com o intransigente julgamento de que "a discussão do Dr. Hayek é profundamente irrelevante para a moeda e a inflação", Sraffa acusa Hayek de "fugir de seu problema da moeda neutra" e inadvertidamente aterrissar "direto no meio da teoria do Sr. Keynes". De acordo com Sraffa, Hayek não era oponente de Keynes e sim um apoiador e admirador inconsciente. "E aqui esta crítica deve parar", declara Sraffa, acrescentando a frase de zombaria, "o espaço não permite uma crítica adequada da posição nova e bastante inesperada assumida pelo Dr. Hayek."[21]

Hayek não perdeu tempo em escrever uma resposta à crítica de Sraffa na edição seguinte do *Economic Journal*. Em seu estilo sarcástico habitual, fingiu compaixão pela situação de Sraffa, "por gastar tanto tempo em um trabalho pelo qual obviamente não teve lucro e que lhe parece meramente aumentar a confusão predominante do pensamento sobre o assunto". Confrontou a crítica de Sraffa ao que Hayek afirmava ser sua nova contribuição à economia, de que "capital acumulado por meio de 'poupança forçada' [seria], ao menos parcialmente, dissipado assim que a causa da 'poupança forçada' desaparecesse". Hayek concordou com Sraffa, que "é sobre a verdade desse ponto que minha teoria se impõe ou cai".

Ao repetir sua explicação para o que acontece quando capital novo sem suporte de poupanças é injetado na economia, Hayek deu ênfase ao fato de que os empregados finalmente receberiam mais, enquanto dinheiro adicional jorrado para dentro do sistema desencadearia a inflação dos salários. O gasto incremental com salários em lugar de capital, sugeriu, iria com o tempo reduzir o crescimento em bens de produção e um novo equilíbrio seria alcançado, onde as taxas de juros seriam "as mesmas que antes que a poupança forçada acontecesse e [produtores] e capital se exaurissem para algo próximo ao seu estágio anterior". O fato de os produtores poderem ser deixados com equipamento ocioso não significou que o valor de sua fábrica não diminuiu, porque isso aconteceu. Maquinaria não usada era menos valiosa do que a fábrica produtiva e, nesse meio-tempo, produtores tinham que pagar juros sobre seu empréstimo.

Desafiando Sraffa a justificar sua "objeção surpreendentemente superficial a essa análise", Hayek fez uma mudança inesperada, perguntando: "Ele pertence à seita que acredita em [empregar fábrica ociosa] para estimular o consumo", como Keynes acreditava? Quanto a Sraffa ironizar Hayek dizendo que ele parecia concordar com Keynes em numerosos assuntos, Hayek não consentiu em nada. "Aventuro-me a acreditar que o Sr. Keynes concordaria inteiramente comigo em refutar a sugestão do Sr. Sraffa", escreveu. "Que o Sr. Sraffa tenha feito tal sugestão, realmente, me parece indicar apenas o novo e bastante inesperado fato de que ele entendeu a teoria do Sr. Keynes menos ainda do que entendeu a minha." Ao que Keynes acrescentou uma maliciosa nota de rodapé ao artigo de Hayek: "Com a permissão do Sr. Hayek, gostaria de dizer que, pelo que sei, o Sr. Sraffa compreendeu minha teoria acuradamente."[22]

Sraffa instantaneamente escreveu "Uma Réplica" que apareceu na mesma edição do *Economic Journal* que a resposta de Hayek. Primeiro veio a tentativa de sedução ritual de seu sujeito. "Este exemplar de argumentação do Dr. Hayek é por si próprio uma ilustração tão eloquente de minha crítica que reluto em estragá-lo com comentários", escreveu. O que Hayek chamava de "poupança forçada", que levaria à catástrofe, Sraffa preferia chamar "pilhagens", em que "aqueles que ganharam com a inflação escolhiam guardar os saques" e "aqueles sobre os quais a poupança forçada tinha sido infligida não teriam poder para tomar decisão". Sraffa afirmava que, longe de terminar em catástrofe, como Hayek sugeria, "poupança forçada" — que talvez seja mais bem descrita como "empréstimo inapropriado" — terminava felizmente. A partir do momento que a inflação termina enquanto "os processos de produção recém-iniciados começam a render bens de consumo... os empresários serão capazes de pagar as despesas da produção corrente e a manutenção do capital aumentado inteiramente fora de suas receitas com as vendas, sem necessidade de nenhum dinheiro inflacionário adicional". Isso só poderia acontecer, Sraffa concordava com Hayek, se os salários não subissem para corresponder aos novos custos. "Afirmo que isso não acontecerá", declara Sraffa, pela razão que Hayek dá numa nota de rodapé: "Exceto para os volumes que podem ser absorvidos por reservas em caixa em quaisquer estágios adicionais de produção." "Exatamente", afirma Sraffa. "Se o Dr. Hayek tivesse tido tanto trabalho para escrever esse livro quanto seu comentador teve para lê-lo, ele se lembraria sob suas suposições de que tais reservas em caixa vão absorver não meramente certos volumes excepcionais, mas todo o dinheiro adicional emitido durante a inflação; de que, consequentemente, as rendas não podem crescer de maneira alguma e, então, não haverá ocasião para qualquer dissipação de capital."

Em seu artigo, Hayek desafiou Sraffa a revelar em que realmente acreditava, uma vez que a base intelectual de seu pensamento não tinha sido declarada. Agora Sraffa respondeu com o mais profundo ridículo. "Depois [da exposição de Sraffa da falha na lógica de Hayek], o Dr. Hayek me permitirá não levar a sério suas perguntas em relação àquilo em que eu 'realmente acredito'. Ninguém poderia acreditar que qualquer coisa que, logicamente, se siga de tais suposições fantásticas seja verdadeira em realidade. Mas admito a possibilidade abstrata de que as conclusões deduzidas de seu falso raciocínio possam, por acidente feliz, provar ser bastante plausíveis." Sraffa tencionava que essa sentença fosse um nocaute.

Para Sraffa, havia uma última peça para pôr em ordem. Em seus argumentos sobre a taxa natural de juros, que, em um tempo de equilíbrio, deixava a moeda efetivamente neutra, o que Hayek chamava, a "taxa monetária", Hayek havia concordado, por sugestão de Sraffa, que não existia uma única taxa natural de ponta a ponta, mas uma sucessão de taxas naturais diferentes que eram apropriadas para produtos diferentes. Depois de pensar mais longamente no assunto, Sraffa estava pronto para o ataque. O economista Knut Wicksell, da Escola Austríaca, que desenvolvera a noção da taxa natural e da taxa de juros monetária, reconhecera que não havia uma única taxa natural, mas várias taxas naturais diferentes para cada produto. Havia, por exemplo, uma taxa natural para maçãs e uma taxa natural diferente para lã. A solução de Sraffa era imaginariamente pesar cada uma das taxas naturais de forma que emergisse uma taxa natural composta que equalizasse a taxa monetária agregada para o conjunto da economia em tempo de equilíbrio. "Esse caminho de fuga não está aberto para o Dr. Hayek", exultou Sraffa, "por que ele tem repudiado enfaticamente o uso de médias."[23] E, com esse tom azedo, o vaivém entre Sraffa e Hayek chegou a um fim abrupto.

Esse duelo paralelo ao grande debate Keynes-Hayek foi técnico, obtuso, difícil de seguir e mal-humorado. Muito dele resulta em pouco, exceto por um exercício de pugilato logístico entre dois pensadores pesos-pesados. Hayek estava convencido de que a economia como um todo era um assunto elusivo que só podia ser entendido e ainda assim apenas parcialmente, considerando-se a ação de indivíduos no mercado. Keynes, no entanto, estava em processo de fazer uma descoberta no pensamento que só apareceria com a publicação de *The General Theory*. Ele acreditava que a economia podia ser mais bem entendida compreendendo-se o quadro geral, olhando-se de cima para baixo os agregados de elementos da economia, tais como oferta, demanda e taxas de juros. Hayek estava preso ao que se tornou conhecido como pensamento "microeconômico", olhando elementos diferentes como custos e valor que constituíam uma economia, enquanto Keynes dava o salto para um novo modo de pensar o funcionamento da economia: macroeconomia, que avalia a economia como um todo. Não admira que nas discussões entre Keynes e Hayek antes de *The General Theory* houvesse tão pouca concordância, porque eles tentavam explorar por meios totalmente microeconômicos a diferença profunda que emergia entre a abordagem microeconômica de Hayek e as nascentes noções macroeconômicas de Keynes.

Não houve confluência de mentes. Como Frank Knight suspirou, "eu gostaria de ver algum progresso, que não vejo, na direção de estabelecer termos e conceitos que os economistas pudessem usar quando falassem um com outro, pois, em vez de discutir questões, acabam discutindo mais o sentido das afirmações um do outro". Em relação ao espetáculo secundário, escreveu, "não conheci ninguém que pudesse dizer sobre o que Sraffa e Hayek estavam debatendo".[24]

Na época do debate entre Hayek e Sraffa, ainda estava longe de ficar claro que o debate seria de alguma importância para a história da economia. Alguns sugeriram que não serviu para coisa alguma, exceto para liberar adrenalina, "a disputa quase juvenil de dois jovens turcos".[25] Entretanto, Ludwig M. Lachmann, o assistente graduado de Hayek ao tempo da polêmica com Sraffa, recordou que "os mais perceptivos sentiam que testemunhavam um choque entre duas visões irreconciliáveis do mundo econômico. Os menos perceptivos ficaram apenas intrigados pelo que os dois debatedores vieram a ser depois. Mas ninguém gostava do que via... Que esses eram os tiros de abertura de uma batalha entre duas escolas rivais de pensamento econômico não era algo que ocorresse prontamente ao economista médio anglo-saxônico dos anos 1930".[26]

9.

Rumo à *Teoria Geral*

A cura grátis para o desemprego, 1932-33

Os poucos anos seguintes viram um movimento diferente de Keynes em sua estratégia. Ele era um polemista popular brilhante, mas, apesar de todo o discurso e a eloquência com que pressionava os governos a estimular obras públicas para curar o desemprego, sentia que avançava pouco. Na esteira de *A Treatise on Money*, Keynes sofreu de uma distinta falta de influência nas classes altas. A administração "nacional" de Ramsay MacDonald era um governo conservador sob todos os pontos de vista. Os Conservadores achavam que Keynes era contra os empresários, e ele foi declarado *persona non grata* em Whitehall. O Partido Trabalhista, desbaratado, se inclinara para a esquerda, e seus membros tinham pouco tempo para as prescrições de Keynes para o que estavam certos de ser um sistema capitalista condenado. Por sua vez, os Liberais, o partido que Keynes sentia como lar espiritual, estava batido, totalmente liquidado.

Keynes agora mal era tolerado nos corredores do poder. É verdade que ainda podia ser encontrado almoçando de tempos em tempos com MacDonald no bar do *establishment*, o Athenaeum Club em Pall Mall, mas isso era apenas a sombra tardia da influência que uma vez desfrutara entre os que manipulavam as alavancas do poder. Ele mantinha sua posição no Comitê de Informação Econômica, um subsistema do Conselho Econômico Consultivo do primeiro-ministro, mas, quando um novo comitê de economistas conhecidos se estabeleceu, em fevereiro de 1932, para aconselhar sobre política econômica, Keynes foi deixado de fora, enquanto seu rival ortodoxo Lionel Robbins ganhou um lugar no comitê.

Keynes resolveu que o novo livro em elaboração não se destinaria ao público em geral, nem aos políticos, ou aos funcionários públicos no Tesouro, nem aos mestres das finanças nos bancos e sim aos seus colegas economistas. Tendo falhado em instigar a mudança por um caminho mais direto, ele agora embarcava em uma longa marcha para afinar suas teorias de forma que os economistas pudessem fazer campanha em seu favor. Para esse fim, decidiu que os argumentos em *The General Theory*, como o nome imodestamente sugeria,[1] seriam sobriamente apresentados, abrangentes em seu alcance e logicamente sem brechas. Começou a peneirar os pensamentos, compartilhando o fardo ao aceitar críticas de membros do Circus e consultando colegas próximos cujos intelectos aguçados, ele acreditava, ajudariam *The General Theory* a ser totalmente convincente para aqueles preparados à persuasão. O trabalho levaria mais de cinco anos.

Os encontros combativos de Keynes com Hayek se haviam mostrado tão irritantes e sem resultados que Keynes considerou inútil debater mais com economistas clássicos. Tentava alcançar além dos limites da economia ortodoxa de mercado e acreditava que Hayek estava tão preso ao velho pensamento que era incapaz de captar os novos e corajosos pensamentos que ele agora configurava. Rabiscou em um exemplar do ensaio de Hayek "Capital Consumption", publicado em inglês, em 1932: "Ainda a miscelânea mais desarrumada do absurdo."[2]

Eles se cruzavam de vez em quando e tinham conversas rápidas sobre suas diferenças, mas Keynes não sentia pressa em persuadir Hayek dos erros em seu pensamento. "Hayek esteve aqui para o fim de semana", Keynes escreveu para Lydia de King's College, no início de 1933. "Fiquei com ele no salão, na noite passada, e almocei com ele hoje na casa de Piero Sraffa. Conversamos bem sobre a vida particular. Mas que bobagem é a teoria dele — senti hoje que até ele começa a desacreditar em si mesmo."[3] Keynes era um progressista ávido, pronto para ajudar a fazer o mundo avançar rumo a um futuro mais humano; embora afirmasse durante toda a vida não ser conservador, Hayek era profundamente descrente do novo. Estava ciente de que sua contribuição ao debate com Keynes era pouco mais que repetir a lógica pessimista inerente ao pensamento da Escola Austríaca. Como confessaria mais tarde, "o que fiz com frequência me pareceu mais apontar barreiras no caminho escolhido por outros do que dar ideias novas que abrissem o caminho para um desenvolvimento ulterior".[4]

Uma pessoa com quem Keynes manteve contato regular durante esse importante período de livre debate foi Roy Harrod, economista de Oxford que estudara economia com Keynes, no outono de 1922, e cuja biografia oficial de Keynes, publicada seis anos após sua morte, "deve receber crédito como um grande elemento na rápida disseminação das ideias de Keynes nos anos 1950".[5] Harrod recebia periodicamente conjuntos de provas tipográficas de *The General Theory* para observações e críticas. Ele lembrou que seus comentários em cada rascunho sucessivo "eram escritos com fervor, em um arroubo de admiração ardente e com sentimento da poderosa conquista dele, mas também com zelo persistente e implacável em mudar sua opinião em certos pontos".[6]

À medida que as características de *The General Theory* começaram lentamente a emergir, tornou-se claro que Keynes, em seu habitual estilo controverso, sentiu que precisava refutar completamente os pensamentos de Hayek e seu grupo, se quisesse superar a irrefletida adesão à economia clássica que se espalhava nos corredores do Tesouro. Enquanto os membros do Circus estavam nas trincheiras da batalha contra a ortodoxia e ansiosos para encorajá-lo, Harrod permaneceu como uma rara voz de moderação. "Meu maior esforço era mitigar seu ataque à 'escola clássica'", relembrou. "Eu concordava com ele em que existia um lastimável hiato na teoria tradicional do desemprego e que a raiz da questão era uma teoria dos juros incorreta; onde eu discordava era em sua alegação de que a teoria tradicional dos juros não fazia sentido. Parecia a mim que isso era levar a crítica longe demais, que levantaria muita poeira e levaria a controvérsias irrelevantes."[7] Keynes não estava preocupado com fazer poeira e declinou de remover um mal disfarçado ataque pessoal a Hayek no último rascunho de *The General Theory*. Se o velho modo de pensar estava obstruindo uma apreciação mais ampla de sua abordagem radicalmente nova do entendimento da economia, e, portanto, aumentava a miséria desnecessária no mundo, Keynes sentia que as ideias de Hayek deviam ser tratadas, dissecadas e convincentemente liquidadas.

A influência mais importante no pensamento de Keynes no início dos anos 1930, entretanto, continuou a ser o Circus. E ninguém foi mais significativo que Richard Kahn para permitir que Keynes tentasse fazer o impossível e mostrar que o aumento do investimento faria crescer a demanda sem causar um catastrófico aumento nos preços. O Circus propriamente dito se reuniu a sério durante o ano acadêmico de 1930/31, encerrando suas reuniões formais antes dos exames de Cambridge em maio de 1931, muitos meses antes que Keynes começasse a juntar seus pensamentos para escrever *The General Theory*. Richard Kahn, Joan e Austin Robinson, Piero Sraffa, James Meade e outros, no entanto, continuaram a testar e dissecar cada mudança e giro do pensamento de Keynes e fizeram uma contribuição substancial ao seu debate interno. Keynes escreveu no prefácio de *The*

General Theory: "O escritor de um livro como este, trilhando caminhos desconhecidos, é extremamente dependente de críticas e conversas se deseja evitar uma proporção indevida de erros. É espantoso as coisas tolas em que se pode acreditar temporariamente se se pensa sozinho durante muito tempo."[8]

Alguma dúvida foi lançada sobre a contribuição que o Circus fez para *The General Theory*,[9] mas os membros do próprio Circus estavam certos de que suas frequentes críticas mordazes, canalizadas para Keynes através de Kahn, fizeram diferença considerável no pensamento de Keynes e no trabalho final. "Para qualquer um que não conhecesse Keynes, é surpreendente que ele estivesse propenso, semana após semana, a discutir comigo, que agia como porta-voz do grupo, os problemas surgidos e suas implicações",[10] recordou Kahn. Era um sentimento endossado por Austin Robinson, que ofereceu importante visão do motivo pelo qual Keynes sentia que precisava subjugar ideias de economistas ortodoxos como Hayek. "Em nenhum momento de sua vida, acho, a grandeza do caráter de Keynes apareceu com mais força que nessa época", recordou. "Keynes nunca pareceu sequer hesitar. Estava em campo, junto conosco, na perseguição da verdade, com prazer tão entusiástico como se estivesse demolindo o trabalho de seu pior inimigo."[11] O que, quando se tratava do trabalho de Hayek e Robbins, ele estava.

O Circus certamente deixou sua marca. Seus membros colaboraram para persuadir Keynes de que ele estava errado em *A Treatise*, quando invocou "a jarra da viúva", analogia keynesiana tipicamente pitoresca que sugeria que, quando os empresários gastavam parte de seu lucro adquirindo bens, elevavam os preços a um patamar semelhante, restaurando, portanto, seus lucros ao seu nível anterior e deixando-os tão ricos quanto antes, muito como o cântaro de óleo na história bíblica da "jarra da viúva" (1 Reis 17:8-16), que permanecia cheio por mais que a viúva o derramasse. De maneira semelhante, eles o tiraram do erro de estimar a noção inversa à da jarra da viúva, que denominou a "jarra das Danaides", segundo o mito grego de que as filhas de Danaus no submundo estavam condenadas a perpetuamente tornar a encher uma jarra que vazava. A teoria da jarra danaida de Keynes sugeria que, quando os empresários procuravam reduzir as perdas cortando seu consumo e aumentando a poupança, a lei dos rendimentos decrescentes significava que eles nunca poderiam recuperar a riqueza anterior.[12] Tanto Kahn quanto Joan Robinson chamaram a atenção de Keynes para o erro de pensar que, ao descrever a economia fechada necessária para estabelecer suas conclusões, a produção de bens fosse fixa e finita. Kahn expôs a falácia assim: "Se os empresários respondessem aos lucros anormais aumentando a produção de bens de consumo, o nível de preço dos bens de consumo cairia progressivamente, e os lucros anormais cairiam, até que ou os empresários não ganhassem mais que remuneração normal, ou alguma barreira fosse encontrada — plena utilização da capacidade ou pleno emprego do trabalho."[13]

Em sua defesa, em carta angustiada a Joan Robinson, Keynes indicou que em partes de *A Treatise*, "tenho longas discussões [sobre] os efeitos de mudanças no produto; foi apenas em um ponto específico na argumentação teórica preliminar que admiti um produto constante".[14] Mas a objeção de membros do Circus a ambas as falácias sugeriu a Keynes o que se tornaria um elemento central de *The General Theory*, que o produto total não era fixo e poderia ser elevado mediante aumentos de investimentos a um ponto em que todos em uma economia estivessem empregados.[15] Foi esse primeiro fio delgado de pensamento que levou Keynes a contradizer integralmente a alegação de economistas clássicos como Hayek de que uma economia, deixada a seus próprios artifícios, a longo prazo inevitavelmente chegaria ao repouso em um estado de equilíbrio que seria de pleno emprego. Keynes argumentaria em *The General Theory* que, a curto e médio prazo, uma economia poderia chegar ao equilíbrio com considerável desemprego e que o equilíbrio de pleno emprego, previsto pelos economistas clássicos com demasiada frequência, provava ser elusivo. Keynes acreditava que o desemprego crônico suportado na Grã-Bretanha e nos Estados Unidos nos anos 1920 e 1930 era prova de que o equilíbrio de pleno emprego era uma falácia.

Durante a redação de *The General Theory*, Kahn demonstrou ser muito mais que o aluno favorito e mais devotado de Keynes; ele adquiriu algo do *status* de um filho ausente. Ele sozinho era convidado a participar das intensas e longas horas de conversação de que Keynes necessitava para definir e refinar os pensamentos. Desde cedo Kahn foi admitido na solitária torre de marfim de Keynes e recebeu permissão para atuar como parceiro paciente, lucidamente criativo. Kahn explicava como era usado como caixa de ressonância para monitorar as ruminações dispersas de Keynes. "Foi no curso do ano de 1930 que comecei a passar parte de muitas de minhas férias com Keynes e Lydia em [a casa de campo de Keynes em Sussex] Tilton",[16] recordou Kahn. "Eu aliviava a solidão e fornecia, por estar no local, um método mais rápido de discussão que a correspondência por correio."[17] "Essa anotação tomava a forma ou de uma nova redação, ou de uma indicação de que Keynes e eu deveríamos discutir a passagem indicada, ou da correção de um erro tipográfico."[18]

Foi Kahn também que forneceu, talvez, o mais importante elemento novo e isolado para o pensamento de Keynes ao oferecer uma irrefutável explicação de por que o investimento público, mesmo com dinheiro emprestado, poderia logo recuperar seu custo enquanto reduzia drasticamente o desemprego: o que Kahn a princípio denominou "a razão" e Keynes, de forma memorável, renomeou "o multiplicador". Keynes concluíra intuitivamente que o investimento público logo se pagaria enquanto punha os desempregados para trabalhar em seu panfleto para o Partido Liberal nas eleições gerais, "Pode Lloyd George

Fazer Isso?", com a coautoria de Hubert Henderson. Os Liberais prometeram investir 100 milhões de libras por ano em obras públicas por três anos para criar empregos, política que o Tesouro descartou como desperdício de dinheiro.

Keynes argumentou que, ao contrário, os novos empregos custariam pouco, que eles, no mínimo, reforçariam a confiança do empresariado porque os empresários iriam investir para tirar vantagem da nova demanda dos recém-empregados e os empregos diretamente criados pelo governo seriam acompanhados de novos empregos criados no setor privado para aqueles que forneceriam bens e serviços para os novos empregados. "O fato de muitos trabalhadores agora empregados estarem recebendo salário em vez do pagamento do seguro-desemprego significaria um aumento efetivo no poder de compra, o que seria um estímulo geral para o comércio", argumentaram Keynes e Henderson. "Além disso, a maior atividade comercial iria gerar mais atividade comercial, porque as forças da prosperidade, como aquelas da depressão comercial, trabalham por efeito cumulativo."[19] Isso era lugar-comum, Keynes argumentava, enquanto admitia que "não é possível medir efeitos desse tipo com alguma precisão".[20] No artigo "A Relação do Investimento Doméstico com o Desemprego", publicado na edição de junho de 1931 do *Economic Journal*, Richard Kahn se impôs a tarefa de provar estatisticamente que a conjectura de Keynes sobre o multiplicador era verdadeira.

Kahn lembrou como esse trabalho de solucionar o enigma do multiplicador aconteceu. "Comecei a trabalhar no meu assim chamado 'artigo do multiplicador' no Tirol austríaco em agosto de 1930", escreveu. "Estava parcialmente inspirado pelo 'Pode Lloyd George fazer isso?", porque isso marcava um momento importante no desenvolvimento do pensamento, como também por certos problemas lógicos e aritméticos que levantava."[21] Quanto mais Kahn explorava o problema de como calcular quantos seriam indiretamente empregados como resultado de o governo empregar trabalhadores, mais se espantava pelo quanto as conjecturas de Keynes e Henderson tinham sido acuradas. Kahn pôs de lado o problema de tentar quantificar os empregos adicionais derivados de investimento adicional oriundo do crescimento da confiança empresarial que uma injeção de soma substancial de recursos públicos no mercado provocaria porque "o estado de confiança sobre o futuro próximo... é assunto difícil de avaliar, mais ainda de calcular".[22] Ele estava certo de que haveria emprego adicional em consequência da maior confiança do empresariado, mas deixou para mais tarde tais complicados cálculos sobre exatamente quantos novos empregos seriam criados.

Concentrou-se, em vez disso, na questão central da afirmação de Keynes e Henderson, de que, para cada milhão de libras gasto na construção de novas estradas, 5 mil novos empregos seriam criados, cerca da metade de empregos diretos e metade indiretos. Keynes e Henderson tinham avaliado que "aproximadamente metade do custo de capital seria recuperada na época", com cerca de ¼ poupado por não se ter que pagar seguro-desemprego. Kahn também concluiu que a poupança do governo por não ter que pagar seguro-desemprego mais a despesa poupada com o auxílio aos pobres correspondiam à metade do custo. Também concordou com a estimativa dos dois de que os novos empregos gerariam recolhimento de impostos que correspondia a mais ⅛ do custo. Kahn estava perplexo pelo fato de as estimativas de Keynes e Henderson serem tão similares aos resultados de sua própria e exigente análise matemática. Ele escreveu: "É notável como as inspiradas conjecturas de Keynes e Henderson se revelaram tão acuradas, embora, até onde se saiba, eles não fizeram estimativa do 'multiplicador' — a razão do emprego adicional total (primário e secundário) para o emprego primário."[23] Kahn concluiu que o multiplicador poderia variar de país para país, dependendo de quanto o benefício do investimento vazava para o exterior, como acontecia com grandes nações comerciais, como a Grã-Bretanha. Ele estimou que, na Grã-Bretanha, o porcentual fica entre 0,56% e 0,94%, "e eu sugeri que a adoção de ¾ corresponderia 'a um erro médio'".[24]

"Minha maior preocupação — desde o começo", recordou Kahn, "era provar que as várias compensações — o aumento do volume de arrecadação, das poupanças de vários tipos para o Tesouro Público... o aumento do excesso de importações sobre as exportações" — já que os recém empregados provavelmente gastariam com bens importados, mas não contribuiriam para as exportações — "o aumento da poupança privada (principalmente proveniente dos lucros) e a mudança na taxa de poupança devido ao aumento dos preços — se somavam ao custo do investimento".[25] Kahn antecipou duas objeções a obras públicas financiadas pelo governo que logo seriam levantadas pela escola clássica: tais medidas aumentariam a inflação; e, de Dennis Robertson,[26] que elas realizariam pouco mais que aumentar quantidade de moeda em circulação. Kahn descartou o previsto aumento do custo de vida como "fatuidade extraordinária" porque "o aumento dos preços, se em alguma hipótese isso ocorrer, é um concomitante natural da produção aumentada, a um grau indicado pela inclinação da curva de oferta".[27] Isto é, sempre que a demanda é aumentada, seja por que meios forem, ela tende a elevar preços. Não havia nada especial em relação à inflação causada por demanda artificialmente aumentada. Ele concluiu que a objeção contra o aumento da produção, ou oferta, pelo fato de ser instigada pelo uso de fundos públicos, ou empréstimos, mais que pelo financiamento privado do emprego, era, portanto, pista enganosa. Quanto à objeção de o governo imprimir dinheiro em vez de levantar de emprestadores, Kahn argumentou que "não havia razão pela qual os gastos adicionais em obras públicas precisassem ser financiados pela criação de dinheiro adicional em oposição a tomá-lo emprestado do público (embora, se um programa pesado fosse iniciado subitamente, alguma ajuda temporária do sistema bancário seria útil para os propósitos do empreendimento)."[28]

Enquanto o pensamento de Keynes em relação a *The General Theory* não era conhecido fora do pequeno bando de íntimos, aqueles que se opunham às suas ideias em desenvolvimento, como Hayek e Robbins na LSE, dificilmente conseguiriam evitar ouvir que Keynes fazia considerável progresso em sua obra-prima. Então, no verão de 1932, tudo começou a se esclarecer. Keynes passou a expor seus pensamentos pós-*Treatise* em uma série de palestras, na segunda-feira de manhã, para seus alunos em Cambridge, intitulada "The Pure Theory of Money", que eram amplamente assistidas por membros da faculdade, estudantes de outras disciplinas e até por convidados interessados. Durante o outono, após um longo verão de pesada ruminação em Tilton, Keynes retomou a série de palestras com significativo anúncio aos seus alunos reunidos de que o título de sua série subsequente de palestras seria "The Monetary Theory of Production". "Com essas palavras, em outubro de 1932", recordou Lorie Tarshis, um estudante visitante pós-graduado da Universidade de Toronto que assistiu a todas as quatro séries de palestras, "Keynes... de fato anunciou o início da Revolução Keynesiana".[29]

Palestra após palestra, lendo sucessivas provas tipográficas corrigidas por ele próprio, Keynes apresentou as últimas iterações de seu pensamento. Ficou claro para os que assistiam que estavam testemunhando algo fora do comum. Como recordou Tarshis, "à medida que as semanas se passavam, apenas uma pedra não reagiria ao entusiasmo crescente que [as palestras] geravam".[30] Michael Straight, um estudante americano, lembrou: "Era como se estivéssemos ouvindo Charles Darwin ou Isaac Newton. A audiência silenciava enquanto Keynes falava."[31] No final da série, após lidar a seu jeito com suas ideias, Keynes estava satisfeito e pronto para entregar ao editor, Macmillan, o conjunto final de provas corrigidas de um trabalho que muitos veriam como o mais influente corpo teórico econômico escrito no século XX.

Embora na maior parte do tempo Keynes ficasse confinado à vida acadêmica durante a gestação de *The General Theory*, ele se permitiu uma significativa investida no domínio público. Quando foi anunciado que uma reunião de cúpula internacional, a Conferência Econômica Mundial, seria realizada em Londres, em junho de 1933, Keynes não resistiu a uma chance de participar. Queria certificar-se de que seu mais recente pensamento estivesse disponível para os formuladores de políticas. Propôs ao editor do *The Times*, Geoffrey Dawson, uma série de artigos sugerindo um modo de resolver a crise econômica mundial por meio da cooperação internacional. Os artigos ofereceram uma previsão rápida de uma teoria revolucionária que logo mudaria o mundo.

Depois de aparecer no *Times*, os artigos foram reunidos como um folheto, *The Means to Prosperity*, um documento que demonstrou ser o acampamento principal para o pico de *The General Theory*. Por uma vez, Keynes, agora com 50 anos, abandonou as tiradas fáceis e o sarcasmo pitoresco que se tornara sua característica típica e, em lugar disso, expressou com clareza e sem emoção um argumento que, ele sentia, atrairia a atenção dos economistas e ministros de finanças que se dirigiam a Londres. Ele os desafiou a concordar com a prescrição dele para criar milhões de novos empregos a um custo mínimo para o contribuinte, ou indicar onde ele errava. Foi o relato mais persuasivo, irrefutável e disciplinado de suas ideias criativas já expressado e continha todos os elementos do que se tornaria conhecido como "keynesianismo". Muito mais que *The General Theory*, cuja intenção era influenciar economistas acadêmicos, *The Means to Prosperity* foi feito deliberadamente para ser acessível àqueles, como muitos dos ministros de finanças do mundo, que tinham pouco conhecimento de economia. Para os hayekianos, *The Means to Prosperity* era o sinal mais claro ainda da escala do pendente desafio keynesiano à sua filosofia. Keynes lhes deu clara amostra do que viria em *The General Theory* e lhes sugeriu que era tempo de preparar contra-argumentos.

Em *The Means to Prosperity*, Keynes foi franco com aqueles que sugeriam que a economia se recuperaria se remédios tradicionais fossem empregados. "Ainda há pessoas que acreditam que a saída só pode ser encontrada no trabalho duro, na persistência, frugalidade, em métodos melhorados de negócios, negócios bancários mais cautelosos e, acima de tudo, em evitar artifícios",[32] escreveu. Armado com o estudo de Kahn, Keynes, pela primeira vez, integrou publicamente o multiplicador em sua proposta de que os governos deveriam gastar para elevar a demanda global na economia. E confrontou diretamente a assertiva dos hayekianos de que os gastos do governo só iriam estimular a inflação.

"Se o novo gasto é adicional e não meramente uma substituição para outro gasto, o aumento do emprego não para aqui", escreveu. "Os salários adicionais e outras rendas pagas são gastos em compras adicionais, que, em troca, levam a mais emprego. Se os recursos do país já estivessem completamente empregados, essas compras adicionais se refletiriam principalmente em preços mais altos e importações aumentadas. Mas, nas presentes circunstâncias, isso seria verdade apenas em relação a uma pequena proporção do consumo adicional, uma vez que a maior parte dele poderia ser fornecida sem muita mudança de preço por recursos domésticos que, no presente, se encontram ociosos."[33]

Para aqueles que lidavam pela primeira vez com a forma de o multiplicador funcionar, Keynes explicou nos mínimos detalhes. "Os novamente empregados, que suprem as compras maiores dos empregados nas atividades do novo capital, irão, por sua vez, gastar mais, contribuindo assim para o emprego de outros; e assim por diante." Sugeriu que o número do multiplicador na Grã-Bretanha era 2, mas não queria prometer demais para que seus argumentos não parecessem fantásticos, então sugeriu que cada libra que o governo gastasse criando novos empregos valeria uma libra e meia para a economia total. "Gastos com empréstimos adicionais de 200 libras em materiais, transporte e emprego direto põem, não um homem para trabalhar durante um ano, mas — levando-se em conta toda a série de repercussões — um homem e meio",[34] escreveu. Insistiu em que o emprego não era o único benefício do multiplicador. "Metade do que [o ministro das finanças] envia irá de fato retornar a ele por meio da poupança do auxílio aos desempregados e um rendimento mais alto de um nível dado de tributação."[35] Isso se tornaria elemento--chave de *The General Theory*, que economistas e ministros de finanças deveriam examinar minuciosamente, não se as entradas e saídas dos gastos nacionais estavam equilibradas, mas a escala da renda total da nação, o que Keynes chamaria de "demanda agregada" de uma nação.

Em um argumento familiar àquele que iria reemergir depois da crise bancária de 2008, quando planos para um estímulo mediante empréstimo do governo foram imediatamente contrariados pela ansiedade com respeito ao déficit orçamentário, Keynes afirmou que "é um erro completo acreditar que existe um dilema entre esquemas para aumentar o emprego e esquemas para equilibrar o orçamento — que devemos ir devagar e cautelosamente com o anterior por medo de ferir o último. Muito pelo contrário. Não existe possibilidade de equilibrar o orçamento exceto pelo aumento da renda nacional, que é muito a mesma coisa que aumentar o emprego".[36] Novamente, um elemento essencial de *The General Theory* estava em exibição pública: que a renda nacional era igual à soma das rendas dos que estavam empregados. Keynes estimava que custaria 100 milhões de libras por ano pôr 1 milhão de pessoas para trabalhar, dos quais 50 milhões de libras poderiam vir de uma redução na tributação. Essa foi a primeira sugestão de que isenções nos impostos poderiam ser usadas para estimular a economia, política que se tornou uma marca, primeiro, dos keynesianos e dos ministros das finanças keynesianos, mas, depois, um talismã para seus oponentes Conservadores. Ele advertiu que, para tal redução nas taxas ter o efeito desejado no mercado de trabalho, "não se aplica um alívio na tributação compensado por igual redução dos gastos do governo (reduzindo o salário dos professores, por exemplo); porque isso representa uma redistribuição, não um aumento líquido, da capacidade nacional de gastos".[37] Como Harrod observou, "começamos aqui a ter uma primeira insinuação de uma ideia, mais radical que qualquer uma recomendada até então, que o ministro das finanças deveria elevar o poder de compra adicional, não apenas financiando obras públicas mediante empréstimos, como também perdoando impostos sem reduzir os gastos correntes. Isso é quase 'financiamento do déficit' em seu completo sentido".[38]

Ainda por cima, Keynes fez um apelo mais amplo para uma ação concertada a fim de aumentar a demanda em todo o mundo e, em face da deflação [queda de preços] disseminada que detinha a atividade empresarial, elevar deliberadamente os preços como incentivo aos empresários e à indústria privada. "Não existe meio efetivo de elevar os preços mundiais exceto pelo aumento dos gastos do governo financiados por empréstimos em todo o mundo", afirmou. "Foi, efetivamente, o colapso dos gastos financiados por empréstimos feitos pelos Estados Unidos, para serem usados tanto interna quanto externamente, o principal agente do início da depressão."[39]

Keynes, então, se aventurou no território que guiaria o pensamento dos vitoriosos Aliados tentando restaurar a economia mundial depois da devastação infligida pela Segunda Guerra Mundial. Ele sempre expressara seu desprezo pelo ouro como medida arbitrária de riqueza. O que agora propunha era que os ministros de finanças do mundo imprimissem dinheiro juntos, como se estivesse garantido por ouro. Para Keynes, o "ouro imaginário" era tão completamente útil quanto os lingotes reais. Nações individualmente já haviam abandonado fazia tempos a vinculação de seu volume de cédulas de dinheiro ao montante verdadeiro de ouro estocado em seus tesouros; por que não aplicar a mesma lógica financeira a um sistema de crédito internacional, em que a cada nação seriam fornecidas "cédulas de ouro" que teriam todos os benefícios de uma provisão de ouro, mas sem que essa provisão realmente existisse. Esse era, Keynes pressionava, um meio de restaurar a confiança em um mercado mundial que congelara ante a falência econômica. Mas, se era um instrumento para restaurar a confiança, era mais que mero truque de confiança. Como Roy Harrod explicaria, "ninguém pensaria que era um truque de confiança se todas essas nações descobrissem um volume de ouro equivalente em minas locais e fossem encorajadas a ir adiante pelas reservas assim adquiridas. Por que certificados de ouro não desempenhariam papel similar?"[40]

Keynes, então, pôs em jogo uma ideia que se tornaria totalmente efetiva quando os Aliados contemplaram como assegurar que o mundo de pós-guerra evitasse repetir os erros do Tratado de Versalhes: o estabelecimento de um corpo bancário mundial, uma ideia que se tornou manifesta no Banco Mundial. Ele propôs US$ 5 bilhões em "notas de ouro" distribuídas para cada país de acordo com "alguma fórmula, tal como o volume de ouro que tinha em reserva em alguma data recente normal, por exemplo, no fim de 1928".[41] Para assegurar a estabilidade da moeda, Keynes, que há muito descartara o ouro como padrão útil para fixar o valor das moedas, foi, talvez relutantemente, convencido de que um padrão-ouro imaginário deveria continuar a determinar o novo regime financeiro mundial. "As notas seriam notas de ouro", escreveu, "e os participantes deveriam concordar em aceitá-las como equivalentes ao ouro. Isso implica que as moedas nacionais de cada participante deveriam ficar em alguma relação definida com o ouro."[42]

Havia uma nota profundamente agourenta em uma das observações de despedida de Keynes. Em *The Economic Consequences of the Peace*, ele previra que as reparações impostas às nações derrotadas iriam nutrir as condições ideais para o florescimento de movimentos políticos extremistas, da direita ou da esquerda. Embora não aludisse em *The Means to Prosperity* a eventos que aconteceram na Alemanha apenas dois meses antes que seus artigos aparecessem — a saber, o surgimento dos nazistas liderados por Adolf Hitler, nomeado chanceler em janeiro de 1933 —, ele se referiu a outro conjunto de circunstâncias que também exibiriam sua compreensão presciente de como o mundo girava.

"Alguns cínicos, que seguiram esse argumento até aqui, concluem que nada, exceto uma guerra, pode levar ao fim uma grande depressão", escreveu. "Até agora, a guerra tem sido o único objeto dos gastos públicos financiados por empréstimos em larga escala que os governos consideram respeitável. Em todas as questões de paz eles são tímidos, cautelosos demais, indiferentes, sem perseverança ou determinação, pensando no empréstimo como uma perda e não como um elo para a transformação dos recursos excedentes da comunidade, que, de outra forma, seriam desperdiçados, em ativos de capital úteis. Espero que o nosso governo mostre que este país pode ser enérgico até em tarefas de paz."[43]

10.

Hayek pisca

A *Teoria Geral* convida a uma resposta, 1932-36

Ao longo do início dos anos 1930, Friedrich Hayek também observava os eventos que se desenrolavam na Alemanha com sensação crescente de agouro. A ascensão dos nazistas logo levaria à longa absorção da Áustria pelo Terceiro Reich, no Anschluss Österreichs de 1938. O programa de obras públicas de Hitler, de construção de estradas e fabricação de material de guerra, apoiado pelo completo terror do estado nazista, era uma paródia cruel do que Keynes estava propondo. Mas a direção de Hitler para a economia alemã levaria Hayek a pensar além da economia para considerar a importância do livre mercado em assegurar uma sociedade livre. Exatamente como a experiência da inflação galopante sustentara sua crença na teoria do capital da Escola Austríaca, assim também sua simpatia pelos que estavam sob a tirania nazista, incluindo sua família próxima, conduziria a um entendimento filosófico mais amplo de como a negação do livre mercado podia levar ao totalitarismo. Mas, enquanto os anos 1930 começavam lentamente a se desdobrar, a mente de

Hayek ainda estava fixada em convencer os insulares britânicos dos méritos das ideias econômicas continentais.

Sua troca de ideias com Keynes chegara a um beco sem saída, com Keynes cortesmente insinuando que se entediara. "Tenho dúvidas se voltarei à minha incumbência no *Economica*", Keynes escreveu para Hayek em março de 1932. "Estou tentando remodelar e melhorar minha posição central e esse é, provavelmente, um modo melhor de gastar o tempo que em controvérsia."[1] A nova direção em que Keynes se movia estava clara para todos verem, em suas palestras abertas em Cambridge e em seus artigos para *The Times*. A principal preocupação de Hayek, no entanto, era atualizar os economistas britânicos com seus próprios escritos, porque, como sua disputa com Keynes revelara, poucos, à exceção de Robbins, haviam olhado para fora da teoria publicada em inglês.

Keynes admitiu em *A Treatise on Money* que, "na Alemanha, só posso entender claramente o que já sei — de forma que as novas ideias tendem a se ocultar de mim pelas dificuldades da língua".[2] Hayek, consequentemente, encarregou Nicholas Kaldor e H. M. Croome de traduzir seu trabalho de 1929, *Monetary Theory and the Trade Cycle*, a ser publicado por Harcourt, Brace em 1933. As palestras na London School of Economics que lhe asseguraram uma cadeira de professor foram revisadas e publicadas por Routledge como *Prices and Production* em 1931, e ele se deu ao trabalho de revisar suas ideias em uma segunda edição, em 1935. Começou a reunir uma série de estudos, publicada como *Profits, Interest and Investment*, em 1939. E, em resposta à intenção de Keynes de tratar da insuficiência das teorias do capital existentes, Hayek começou a escrever para Routledge seus próprios pensamentos sobre o tema, em *The Pure Theory of Capital*, que, esperava, se tornaria a contraparte de *General Theory*, de Keynes.

Hayek, enquanto isso, se havia instalado, com a mulher, Helen, a filha Christine Maria Felicitas, nascida em 1929, três anos após o casamento, e o filho Laurence Joseph Heinrich, nascido em 1934, em uma confortável casa provinciana de tijolos vermelhos em Hampstead Garden Suburb, "cidade-jardim", idealmente planejada de casas eduardianas e amenidades comunitárias que se transformara em reduto da *intelligentsia* esquerdista na área norte de Londres. Entre seus vizinhos acadêmicos encontrava-se Robbins, que se tornara amigo íntimo. Hayek seguiu o exemplo de Karl Marx de frequentar a sala de leitura circular da Biblioteca Britânica. Entrou para o Reform Club em Pall Mall, fundado para marcar a Lei da Reforma de 1832 que estendeu o privilégio do voto às populações das cidades recentemente desenvolvidas com a Revolução Industrial. Como o principal clube masculino de Londres não frequentado por Conservadores, a esplêndida sede do Reform Club, baseada no Palácio Farnese de Roma pelo arquiteto do Palácio de Wetsminster, Charles Barry, era decorada com retratos dos personagens mais radicais da história britânica. Hayek se sentiu em casa não apenas entre os memoriais àqueles, como Lord Grey, que aprovaram a Lei da Reforma ante a oposição dos Conservadores, como também ao regicida Oliver Cromwell.

Um dos deveres de Hayek na LSE era ensinar aos estudantes graduados. P. M. Toms, que assistiu aos seminários de Hayek em 1934 e 1935, deixou uma vívida descrição da incongruente figura que Hayek mostrava aos seus alunos britânicos. Ele "me parecia ter, no mínimo, 50 anos, embora muito mais tarde eu tenha descoberto [que ele estava entre 30 e 40]. Isso pode ter sido, parcialmente, devido ao seu modo de se vestir antiquado, em um terno de tweed espesso com colete e casaco de colarinho alto. Eu o apelidei de 'Sr. Fluctooations',* porque ele, com frequência, empregava essa palavra e a pronunciava dessa forma".[3] John Hicks, economista de Oxford que se tornou professor da LSE, também assistia. "Parecíamos, no início, ter um

---

*Fluctuations (flutuações), pronunciado com sotaque. [*N. da T.*]

ponto de vista comum, ou, talvez, uma fé comum. A fé em questão era a crença no livre mercado, ou "mecanismo de preços" — que um sistema competitivo, livre de todas as "interferências", do governo ou de combinações monopolísticas, do capital ou do trabalho, iria facilmente encontrar um 'equilíbrio'. Quando se juntou a nós, Hayek introduziu nessa doutrina um importante qualificativo — que a moeda (de alguma forma) deveria ser mantida "neutra", para que o mecanismo funcionasse suavemente."[4]

Ensinar agradava a Hayek, embora sua dificuldade com o inglês dificultasse a habilidade para transmitir a mensagem. "Todos nós ficamos entusiasmados quando soubemos que Hayek havia chegado", recordou Theodore Draimin, estudante da LSE em 1932. "Quando chegamos para a primeira aula, ele começou a falar em inglês. Depois de alguns minutos, tornou-se aparente que nenhum de nós conseguia entender uma palavra do que ele dizia. Alguns sugeriram que falasse em alemão. Assim ele fez, e alguns de nós, incapazes de entender, tivemos de deixar o curso."[5] Essa foi uma experiência comum. "Li um novo livro ontem", escreveu o estudante Ralph Arakie para um amigo. "É do velho Hayek, ou *von* Hayek, como é chamado aqui. Este ano ele está dando 20 palestras em mau inglês (que Deus nos ajude) e nos recomendou que lêssemos [um] livro em holandês!; além de outros 30 grossos volumes. Mas ele é um cara muito inteligente."[6] Aubrey Jones,[7] estudante da LSE, recordou que Hayek "tinha um perpétuo sorriso benevolente nos lábios, uma característica que não desmentia sua natureza. Mas seu sotaque era pesado e os pensamentos pareciam confusos. Era preciso sentar na frente para seguir o que ele dizia".[8] É tentador imaginar como o debate com Keynes teria terminado se Hayek fosse tão fluente em inglês quanto seu eloquente rival.

Mas, se achava que falar em inglês era um sofrimento, Hayek ficava mais à vontade quando, sem pressa, podia coligir os pensamentos em inglês escrito, especialmente quando ajudado por Robbins, Kaldor e

Croome, entre outros. A republicação em inglês de sua dissertação sobre a teoria monetária na Universidade de Viena e o ciclo de negócios em 1932 lhe deu a oportunidade de apresentar sua explicação para o crash do mercado de ações de 1929 e a Depressão.[9] Ele considerava o livro "não apenas uma justificação da abordagem monetária, como uma refutação de algumas explicações monetárias demasiado simplificadas que são amplamente aceitas". Enquanto Keynes era impelido pelo desejo de confrontar dilemas da vida real, os trabalhos de Hayek eram, usualmente, pura teoria. Mas, em seu prefácio à edição inglesa de *Monetary Theory and Trade Cycle*, Hayek tratou de alguns acontecimentos catastróficos recentes.

As razões de Hayek para a Depressão, postuladas claramente em inglês pela primeira vez, representaram, de passagem, uma reprovação a Keynes, que acreditava que o caos financeiro tinha sido exacerbado pela deflação de preços em consequência da elevação da taxa de juros pelo FED. Hayek admitiu que a crítica de Keynes tinha algum fundamento, mas achava que o remédio para reanimar a economia americana estava errado. "Existe, naturalmente, pouca dúvida de que, atualmente, um processo deflacionário [queda de preços] está em curso e que a continuação por tempo indefinido dessa deflação causaria dano inestimável", escreveu Hayek. "Mas isso, de maneira alguma, necessariamente significa que a deflação seja a causa original de nossas dificuldades ou que poderíamos superar essas dificuldades compensando as tendências deflacionárias... forçando a entrada de dinheiro em circulação." Sua solução preferida, no entanto, se baseava em uma premissa falsa. "Não há razão para acreditar que a crise foi iniciada por ação deliberadamente deflacionária por parte das autoridades monetárias,[10] ou que a deflação em si não seja outra coisa senão um processo secundário, um processo induzido pelos desajustes da indústria deixados pelo *boom*", escreveu. "Se, no entanto, a deflação não for causa, mas efeito, da falta de lucratividade da indústria, então é certamente inútil esperar que, pela reversão do processo inflacionário, possamos recuperar uma prosperidade duradoura."[11]

Concluiu que o ciclo de negócios tinha sido desarranjado por remendos e que os "estágios de produção" necessitariam ser restaurados para a economia retornar ao *status quo* anterior. Sugeriu que o remédio de Keynes já estava sendo aplicado nos Estados Unidos e apenas piorara muito as dificuldades. "Longe de seguir uma política deflacionária, os bancos centrais, particularmente nos Estados Unidos, têm feito esforços há mais tempo e de alcance jamais efetuados antes para combater a depressão através de uma política de expansão do crédito — com o resultado de que a depressão tem durado mais tempo e se tornou mais severa que a precedente", escreveu Hayek.

Hayek continuou a insistir em sua visão, que a intervenção do governo apenas agravava o problema. "Combater a depressão com uma expansão forçada do crédito é tentar curar o mal com os mesmos meios que o trouxeram." Em conclusão, ele temia que não houvesse solução fácil para a economia ser restaurada à saúde, mas tinha certeza de que a intervenção do governo somente prolongaria a crise. "Pelos últimos seis ou oito anos, a política monetária em todo o mundo tem seguido o conselho dos estabilizadores. Já está na hora de que sua influência, que tem causado dano bastante, seja derrubada", escreveu. "Os opositores do programa de estabilização [como ele] ainda trabalham... sob a desvantagem de que não têm regra igualmente simples e bem definida para propor; talvez regra alguma que satisfaça à ansiedade dos que esperam curar todos os males pela ação autoritária. Mas... a coisa de que devemos estar dolorosamente cientes... é o quão pouco realmente sabemos das forças que tentamos influenciar pela administração direta; tão pouco, de fato, que deve permanecer questão em aberto se deveríamos tentar, se soubéssemos mais."[12]

No final de 1932, Keynes e outros, incluindo Arthur Pigou, iniciaram uma troca de cartas no *The Times* sobre a necessidade de gastar e não poupar. A carta deles ao editor, que parece ter sido rascunhada por Keynes, argumenta que, quando há falta de confiança do empresariado e uma severa redução dos gastos, poupanças individuais não se traduzem automaticamente em investimentos produtivos. "Em vez de capacitar a força de trabalho para um uso diferente e mais importante", argumentavam Keynes e seus colegas, "a [poupança] os atira na ociosidade". Concluíam que "o interesse público nas atuais condições não aponta para a economia privada; gastar menos dinheiro do que gostaríamos não é patriótico". E, em palavras que, inequivocamente, sugerem a mão de Keynes, os economistas diziam que "se os cidadãos de uma cidade desejarem construir uma piscina, ou uma biblioteca, ou um museu, eles não irão, abstendo-se de fazer isso, promover o interesse nacional mais amplo. Serão 'mártires por engano' e, em seu martírio, estarão ferindo outros da mesma forma que se ferem. Por meio do bem mal direcionado, a maré montante do desemprego ficará mais alta ainda".[13]

Dois dias depois, *The Times* publicou uma resposta de Hayek, Robbins e outros colegas da LSE. Eles concordavam em que "armazenar dinheiro, seja em espécie ou ausência de investimento, é deflacionário" e que "ninguém pensa que a deflação em si mesma seja desejável", mas não concordavam em que não importava se o dinheiro era gasto ou investido. "Veríamos como muito próximo de uma tragédia se o público inferisse, do que tem sido dito, que a compra de valores mobiliários existentes e os depósitos em sociedades de crédito imobiliário etc. fossem, na atualidade, contrários ao interesse público, ou que a venda de títulos ou a retirada de tais depósitos auxiliariam a vinda da recuperação", escreveram. "Somos da opinião de que muitos problemas do mundo na atualidade se devem ao empréstimo e ao gasto imprudentes por parte das autoridades públicas", escreveram. "[Tais práticas] hipotecam os Orçamentos do futuro e tendem a elevar a taxa de juros... A Depressão mostrou de sobejo que a existência de déficit público em grande escala impõe fricções e obstáculos ao reajuste muito maiores que as fricções e obstáculos impostos pela existência de déficit privado." Seu conselho ao governo era "não reverter aos velhos hábitos de gastos excessivos, mas abolir as restrições ao comércio e ao livre movimento de capitais (incluindo as restrições a novas emissões) que, no presente, retardam até mesmo o início da recuperação".[14]

Em 1933, Hayek afastou-se da teoria econômica quando descobriu que "as pessoas acreditavam seriamente que o Nacional Socialismo era uma reação capitalista contra o socialismo... O maior expoente com quem cruzei foi Lord Beveridge. Ele estava verdadeiramente convencido de que esses nacional-socialistas e capitalistas estavam reagindo contra o socialismo. Então, escrevi um memorando[15] para Beveridge sobre esse assunto".[16] Socialismo e nazismo não eram opostos diametrais, argumentou, eram quase idênticos na remoção do mercado livre, restringindo, portanto, as liberdades essenciais para uma sociedade livre.

Para promover essa linha de pensamento, Hayek se movimentou para assegurar que ficassem disponíveis em inglês trabalhos-chave publicados em alemão e outras línguas que explicavam a importância dos preços para determinar uma sociedade livre. Era sua crença que os preços refletiam os inumeráveis julgamentos econômicos feitos por indivíduos. Como ele explicaria, "estou convencido de que se [o mecanismo de preços] fosse o resultado de um desígnio humano deliberado e se as pessoas guiadas pelas mudanças de preços entendessem que suas decisões têm significado muito além de seu objetivo imediato, esse mecanismo teria sido aclamado como um dos maiores triunfos da mente humana".[17] Em 1935, ele reuniu textos-chave, *Collectivist Economic Planning: Critical Studies on the Possibilities of Socialism*, que se caracterizavam como a peça central da cáustica crítica de Mises às deficiências do planejamento socialista, *Economic Calculation in the Socialist Commonwealth*, originalmente publicado na Áustria em

1920. O ensaio concludente de Hayek repreendia os "socialistas de mercado" que acreditavam poder combinar preços a que os indivíduos chegavam livremente com preços fixados segundo as demandas traçadas por planejadores socialistas.

Enquanto os anos 1930 avançavam, Hayek considerava as notícias provenientes da Áustria e da Alemanha crescentemente alarmantes. Suas viagens a Viena e os relatos vívidos da brutalidade nazista sobre o que restava da imprensa alemã livre confirmaram sua crença de que o nazismo tinha de ser derrotado. O pacto informal de Hitler com os líderes empresariais anticomunistas, que queriam evitar uma repetição do golpe espartaquista* em Berlim, em 1919, levou ao estabelecimento de um Estado corporativo em que todas as decisões do empresariado dependiam da tutela nazista.

Enquanto as notícias da Áustria e da Alemanha se tornavam mais sombrias, Hayek começou a ocultar suas raízes austríacas. Em seus primeiros anos em Londres, os Hayeks falavam inglês em público e alemão em casa. À medida que a década progredia e uma segunda guerra mundial começava a parecer provável, ele decidiu falar inglês em todas as situações e discretamente abandonou quaisquer pensamentos de voltar a viver na Áustria. "Em certo sentido, tornei-me britânico, porque aquela era a atitude natural para mim", recordou. "Era como entrar em um banho quente em que a atmosfera está na mesma temperatura que o seu corpo."[18]

Enquanto isso, Keynes se tornava cada vez mais confiante em que *The General Theory* mudaria profundamente a tradicional divisão política entre capitalismo e socialismo. Teóricos socialistas, como os marxistas, admitiam a crise inevitável do capitalismo. Socialistas fabianos, como George Bernard Shaw, acreditavam que a variante de socialismo de economia mista poderia salvar o conturbado sistema

---

*Membro da Liga Spartacus, grupo alemão socialista revolucionário fundado em 1916. [*N. da T.*]

capitalista de se transformar completamente em socialismo ou comunismo. Keynes acreditava que, ao fornecer uma justificativa intelectual para intervir na economia a fim de solucionar o desemprego em massa, poderia melhorar as condições de forma tão efetiva que o prognosticado colapso do capitalismo seria adiado indefinidamente. Foi, portanto, com típico sentido de travessura que, no dia do ano-novo de 1935, Keynes escreveu para Bernard Shaw, anunciando que, graças ao seu próximo livro, o futuro fabiano não aconteceria.

"Eu acredito que estou escrevendo um livro sobre teoria econômica que vai revolucionar grandemente — suponho que não de uma só vez, mas no curso dos próximos dez anos — a forma de o mundo pensar sobre problemas econômicos", escreveu para Bernard Shaw. "Não posso esperar que você, ou qualquer outra pessoa, acredite nisso na presente etapa. Mas, por mim mesmo, não espero meramente o que digo — em minha própria mente, estou bastante certo."[19] Keynes passou o resto de 1935 revisando e refinando *General Theory* e corrigindo sucessivas ondas de provas enviadas pelo editor.

The General Theory of Employment, Interest and Money foi publicado em 4 de fevereiro de 1936. Keynes havia feito um trabalho tão bom em provocar interesse, que o público saltou em cima do livro, particularmente jovens economistas ansiosos para se vangloriar de uma familiaridade antecipada com as novas ideias nas quatrocentas páginas. Para maximizar as vendas e o impacto do livro, Keynes fixou um preço baixo de capa, apenas cinco xelins. *The General Theory* estava longe de ser leitura fácil. Para prevenir a crítica de Hayek a *A Treatise*, Keynes tentou misturar seus termos econômicos frequentemente idiossincráticos com os usados pelos economistas clássicos. Acomodou argumentos contrários colocados por amigos e colaboradores e tentou antecipar objeções dos economistas clássicos. Por mais simples que quisesse tornar sua argumentação, no entanto, muito de seu raciocínio permaneceu além do alcance do leitor leigo. Como ele explicou: "Não posso alcançar meu objetivo de persuadir economistas a reexaminar criticamente certas suposições básicas deles exceto por argumentos altamente abstratos."[20]

Paul Samuelson,[21] o economista do Instituto de Tecnologia de Massachusetts que se tornaria o maior evangelizador de Keynes, resumiu a façanha da obra: "É um livro mal escrito, mal organizado", escreveu. "É arrogante, mal-humorado, polêmico e não ostensivamente generoso nos agradecimentos. O livro abunda em descobertas ilusórias e confusões... Lampejos de percepção e intuição se entremeiam com álgebra tediosa. Uma definição complicada subitamente dá passagem a uma inesquecível cadência. Quando é finalmente dominado, achamos sua análise óbvia e, ao mesmo tempo, nova. Em síntese, é o trabalho de um gênio."[22] John Kenneth Galbraith,[23] que se autodesignaria sumo sacerdote de Keynes, concordou. "À diferença de quase todos os outros escritos de Keynes, esse volume é profundamente obscuro", escreveu. "Talvez, se tivesse sido de outra forma, e os economistas não tivessem sido convidados a debater seu significado e intenções, esse livro não teria sido tão influente. Os economistas respondem bem à obscuridade e à perplexidade concomitante."[24]

Keynes usou um tom combativo desde o primeiro parágrafo, ao declarar que o alvo de sua teoria geral era a economia clássica. Ele tinha em vista todos os que tinham vindo antes, não apenas Arthur Pigou, seu colega próximo de Cambridge, mas até seu generoso mentor, o fundador da economia de Cambridge, Alfred Marshall. Mas, acima de tudo, Keynes saboreava a preparação de um ataque implacável aos seus arquirrivais da Escola Austríaca, Mises, Robbins e Hayek. De fato, em sua primeira leitura do texto final, Roy Harrod, que repetidamente pressionara Keynes a tornar o ataque menos pessoal, foi surpreendido pela severidade do ataque a Hayek e seus colegas.

"Ele se deu ao trabalho de enfatizar diferenças e encontrar fraquezas na teoria econômica tradicional", recordou Harrod. "Não teria sido mais sábio enfatizar a própria contribuição e deixar os outros decidirem quais refugos da doutrina estabelecida seriam abolidos? Para alguns, ele parecia ter um prazer malicioso — e talvez tivesse — em criticar nomes reverenciados. Na verdade, isso era feito deliberadamente. Era sua reação determinada às frustrações que havia sentido e que ainda sentia como resultado da tendência a ignorar o que era novo em sua contribuição. Ele sentia que não chegaria a lugar algum se não sacudisse a poeira."[25]

Keynes parecia se deleitar em apontar os erros da Escola Austríaca e ampliava o tratamento áspero não apenas escolhendo aqueles como Hayek e Robbins que fracassaram em compreender a miopia e falta de visão em sua aprovação da "escola clássica", como também repudiando a obstinação deles não no texto principal, mas em uma nota de rodapé, como se não estivesse vencendo dragões e sim matando moscas. Economistas ortodoxos como Hayek estavam simplesmente fora de contato com a realidade, afirmava Keynes. "Bem pode ser que a teoria clássica represente o modo pelo qual gostaríamos que nossa economia funcionasse", escreveu. "Mas admitir que ela, na verdade, faz isso é criar mais dificuldades."[26]

"Acontece que as características do caso especial presumido pela teoria clássica não são aquelas da sociedade econômica em que realmente vivemos", escreveu, "com o resultado de que o ensino dessa teoria é enganoso e desastroso se tentamos aplicar isso aos fatos da experiência."[27] Keynes afirmava que os economistas clássicos tacitamente censuravam os desempregados por sua situação. "Um economista clássico pode solidarizar-se com o trabalhador na recusa a aceitar um corte de salário e poderá admitir que [tal corte] pode não ser o melhor a fazer para satisfazer condições temporárias; mas a integridade científica o força a declarar que a recusa, não obstante, está na raiz do problema."[28] Keynes demonstrou por que acreditava que, enquanto as demandas por aumentos salariais podem ser um fator de desemprego, elas não eram de forma alguma a principal razão do desemprego, como economistas clássicos insistiam havia muito.

Keynes rejeitou uma das leis mais comumente aceitas que governavam a economia, a Lei de Say, que diz que a oferta cria sua própria demanda.[29] A noção "ainda forma a base de toda a teoria clássica, que desabaria sem ela... O pensamento contemporâneo ainda está profundamente baseado na noção de que, se as pessoas não gastam seu dinheiro de um jeito, irão gastar de outro",[30] o que leva, sugeriu Keynes, a outra concepção errônea da escola clássica, que "um ato de poupança individual inevitavelmente leva a um ato paralelo de investimento".[31]

Negar a Lei de Say era central para o pensamento novo em *The General Theory of Employment, Interest and Money*, levando à noção de "preferência pela liquidez", a explicação de Keynes de por que a poupança não se traduz automaticamente em investimento. Keynes concluíra que o modo como os economistas da escola clássica calcularam o que contribuía para o custo do dinheiro, ou taxa de juros, era inadequado. Embora antes adotasse pontos de vista similares, isso era, como ele disse, "uma teoria absurda".[32] Para economistas clássicos, as taxas de juros dependiam da relação entre poupança e investimento: se pessoas demais poupavam, a taxa de juros caía, estimulando-as a investir em negócios para maximizar o rendimento; se muito poucos poupavam, as taxas de juros subiam para atrair mais poupadores.

Keynes explorou a motivação dos poupadores e chegou a uma conclusão muito diferente. Ele acreditava que, mais que depositar dinheiro em um banco ou investir em ações e participações acionárias, os poupadores, com frequência, preferiam manter a poupança "líquida" (isto é, dinheiro em espécie), para poder tirar vantagem de circunstâncias em rápida mudança. A noção de preferência pela liquidez perturbava o entendimento tradicional da relação entre poupança e investimento, porque, se um poupador acreditasse que faria melhor negócio se esperasse, manteria sua poupança em dinheiro em espécie, ou joias, ou ouro. A implicação era clara para Keynes. Por causa da preferência pela liquidez, as taxas de juros eram mantidas mais altas que o necessário porque os bancos tinham que oferecer aos poupadores um prêmio para que abrissem mão do dinheiro.

Keynes acreditava que a preferência pela liquidez negava noções de "senso comum" sobre a virtude de poupar em lugar de gastar que sustentava a economia clássica. "A ideia absurda, embora quase universal, de que um ato de poupança individual é tão bom para a demanda efetiva quando um ato de consumo individual" é uma falácia, escreveu. "Essa falácia é mais difícil de tirar das mentes dos homens. Ela vem da crença de que o dono da riqueza deseja um ativo imobilizado, quando o que ele realmente deseja é seu rendimento potencial."[33]

Keynes introduziu outros conceitos novos, entre eles o multiplicador. Cada libra gasta valia mais que uma única libra, pois o dinheiro era gasto muitas vezes à medida que circulava pelo sistema. Para persuadir os neoeconomistas que pensavam que obras públicas financiadas por empréstimos eram esbanjamento e desperdício, Keynes partiu de uma abordagem normalmente sóbria para imaginar um projeto convenientemente absurdo e demonstrar que até esquemas aparentemente "desperdiçadores" podiam curar o desemprego crônico e pagar-se por si mesmos.

"Se o Tesouro encher garrafas velhas com notas bancárias, enterrá--las em profundidades adequadas em velhas minas de carvão, depois preenchidas até a boca com lixo urbano, e deixar a iniciativa privada, a partir de princípios bem conhecidos de *laissez-faire*, escavar as notas novamente", escreveu, "não seria mais preciso existir desemprego e, com a ajuda das repercussões, a renda real da comunidade, e também sua riqueza em capital, provavelmente se tornaria um bocado maior do que atualmente é. Seria, realmente, mais fácil construir casas e coisas assim; mas se existem dificuldades políticas e práticas impedindo isso, o descrito anteriormente seria melhor que nada."[34] Para enfatizar como uma compreensão de senso comum da economia era diferente de como a economia funcionava na vida real, repetiu a agourenta conclusão de que "exatamente como as guerras têm sido a única forma que homens de Estado imaginam ser justificável o endividamento público em grande escala, assim também cavar minas de ouro é o único pretexto para abrir buracos no solo que parece aos banqueiros gestão financeira saudável".[35]

De importância à luz dos escritos subsequentes de Hayek sobre a ameaça à liberdade representada pela intervenção do estado na economia, Keynes levantou uma questão decisiva sobre os problemas colocados pelas liberdades individuais quando os governos assumiam um papel expansivo para conquistar o pleno emprego. "Os controles centrais necessários para assegurar o pleno emprego irão, naturalmente, envolver uma grande extensão das funções tradicionais de governo", escreveu. "Além disso, a própria teoria clássica moderna chamou a atenção para as várias condições em que o livre jogo das forças econômicas precisa ser restringido ou orientado."[36] Ele mais tarde admitiu que "a teoria do produto como um todo, que é o que [*The General Theory*] pretende fornecer, é muito mais facilmente adaptada à condição de um estado totalitário do que a teoria da produção e distribuição de um dado produto total realizado sob as condições de livre concorrência e de uma grande medida de *laissez-faire*".[37] Mas Keynes era otimista a respeito da natureza humana e não acreditava que o autoritarismo fosse um corolário necessário à teoria dele, nem que suas reformas levassem a uma tirania arrepiante, o que Hayek chamaria de "servidão".

Keynes acreditava que uma sociedade próspera em que todos estivessem empregados era o modo mais seguro de manter a independência de pensamento e ação que considerava o fiador da verdadeira democracia. "Ainda restará um imenso campo para o exercício da iniciativa privada e da responsabilidade", escreveu. "Dentro desse campo, as vantagens tradicionais do individualismo ainda se confirmarão."[38] Além do mais, ele achava que o "individualismo, se puder ser purgado de seus defeitos e abusos, é a melhor salvaguarda da liberdade pessoal no sentido de que, em comparação com qualquer outro sistema, ele amplia grandemente o campo para o exercício da escolha pessoal".[39] Keynes não tinha intenção de marcar o início de um futuro sombrio e cinzento em que as liberdades individuais fossem perdidas sob um emaranhado de regulações estatais. Sua prescrição era mão leve no leme e uma tripulação próspera e satisfeita. Como seu biógrafo Robert Skidelsky colocou, "ele deu às pessoas a esperança de que o desemprego poderia ser solucionado sem campos de concentração".[40]

Keynes ainda foi além da avaliação pessimista de Hayek sobre os efeitos de afastar-se do livre mercado quando ofereceu uma proposta de paz à escola clássica, sugerindo que a teoria clássica ainda tinha um importante papel a desempenhar. "Nossa crítica à aceita teoria clássica da economia consistiu não tanto em encontrar falhas lógicas em suas análises, como em apontar que suas suposições tácitas são raras vezes ou nunca satisfeitas, com o resultado de que não podem resolver os problemas econômicos do mundo atual", escreveu. Os meios de produzir o pleno emprego não implicavam uma sociedade socialista, ou semissocialista, ou uma social-democracia. "Se [os investimentos governamentais em obras públicas forem bem-sucedidos] em estabelecer um volume agregado de produto correspondente ao pleno emprego tão próximo quanto seja praticável, a teoria clássica atinge a plenitude novamente desse ponto em diante", escreveu. "Independentemente da necessidade de controles centrais para causar um ajuste entre a propensão a consumir e a indução a investir, não existe mais razão para vida econômica socialista do que havia antes."[41] Keynes argumentava que, quando o pleno emprego fosse alcançado, muitas das certezas da escola clássica atingiriam a plenitude.

The General Theory era um convite implícito para Hayek e seus colegas responderem. Na verdade, Keynes especificamente ridicularizou Hayek diversas vezes. "Quando o professor Hayek infere que os conceitos de poupança e investimento sofrem de uma vacuidade correspondente", escreveu, "ele só está certo se com isso quer dizer *poupança líquida* e *investimento líquido*."[42] Keynes pôs de lado a explicação de Hayek da doutrina de "poupança forçada", considerando-a como "interessante"[43] — termo condenatório quando usado por um inglês. Mas, na maior parte do tempo, para evitar uma repetição da discussão minuciosa de detalhes sem importância em torno de definições que havia ocupado Hayek quando este criticava *A Treatise*, Keynes devotou capítulos inteiros de *General Theory* à definição de conceitos econômicos, como "poupança", "poupança forçada" e "investimento", de forma que aqueles que desejassem discordar de seu argumento central — aumentar a demanda agregada era a chave para o pleno emprego — não fossem atrapalhados pela semântica.

Similarmente, Keynes tratou de argumentos que Hayek levantara com relação à substituição de fábricas redundantes que havia integrado a parte central da sinuosa correspondência deles após a resenha de *A Treatise* por Hayek. Ele também questionou especificamente a utilidade de elementos das celebradas palestras de Hayek na LSE sobre os "estágios de produção" e métodos "indiretos" de produção. Foi com os olhos claramente voltados para Hayek, que Keynes escreveu: "É verdade que alguns processos longos ou indiretos são fisicamente eficientes. Mas da mesma forma o são os processos curtos. Os processos longos não são eficientes fisicamente porque são longos. Alguns, provavelmente a maioria dos processos longos, seriam fisicamente muito ineficientes, porque existem coisas como deterioração e desperdício com o tempo. Com uma dada força de trabalho existe um limite definido para a quantidade de trabalho incorporado em processos indiretos que podem ser usados com vantagem."[44]

O principal objetivo de Keynes ao escrever *The General Theory* era mudar o modo como os economistas pensavam sobre a operação da economia e, por meio deles, persuadir os que tomavam as decisões a adotar medidas para aumentar a demanda agregada. Um importante propósito secundário, no entanto, era desafiar Hayek e outros a se opor às ideias em sua obra-prima. As ideias de Keynes só poderiam firmar raízes se mostrassem que os economistas clássicos estavam errados. Então, Keynes, sempre confiante de que tivesse antecipado todas as objeções, estava ansioso para ouvir a réplica dos economistas clássicos. Hayek, que havia colocado para si mesmo a formidável tarefa de contradizer o fluxo contínuo de argumentos que emanava da pena prodigiosa de Keynes, agora parecia obrigado pela honra a responder.

Por que elevar a demanda agregada era um meio inapropriado de aumentar o emprego? De que modo o multiplicador não funcionava como Keynes e Kahn sugeriam? Por que a noção de preferência pela liquidez não solapava a explicação clássica de como as taxas de juros eram estabelecidas? Se *The General Theory* era rasgada de cima a baixo por equívocos, suposições enganosas, falsa lógica e saltos de imaginação inapropriados e ilusórios, esta era certamente a hora de Hayek desmantelar os argumentos de Keynes antes que alçassem voo.

Mas não veio resposta de lugar algum. Hayek permaneceu em silêncio. Diante do confronto completo com Keynes, Hayek piscou. Semanas se passaram, mas seu esperado contragolpe não veio. O propósito de vida de Hayek, a própria razão pela qual Robbins o convocara de Viena para a LSE, a razão-chave para Beveridge saltar sobre a oportunidade de indicá-lo para a equipe de LSE, pareceu não dar em nada. O grande trabalho de Keynes foi recebido sem estrondo ou lamúria. A resposta de Hayek, tão ardentemente aguardada pelos economistas clássicos em toda a Grã-Bretanha e no continente, foi um silêncio enfadonho.

11.

Keynes arrebata os Estados Unidos

Roosevelt e os jovens economistas do *New Deal*, 1936

Com a publicação de *The General Theory* em fevereiro de 1936, Keynes disparou o tiro de largada do que se tornaria conhecido como Revolução Keynesiana. Na sentença de abertura, ele declarou: "Este livro é destinado principalmente aos meus colegas economistas", admissão de que uma década gasta tentando persuadir políticos e funcionários públicos a prestar atenção ao seu apelo para reduzir o desemprego através de obras financiadas com recursos públicos fizera pouco progresso. Nos Estados Unidos, entretanto, a administração de Herbert Hoover, primeiro, e a de Franklin Roosevelt, depois, vinham discretamente e pouco a pouco implantando programas de obras públicas de pequena escala para aliviar o fardo de desemprego maciço da Depressão.

Os dois presidentes chegaram a conclusão semelhante: que algo deveria ser feito, que os eleitores esperavam que alguma coisa fosse feita e que era melhor ser visto fazendo alguma coisa que ser acusado de não fazer nada. "[Roosevelt] buscou criar empregos em grande escala porque os homens estavam desempregados, e se empenhou em pagar o máximo possível desse custo com os impostos", explicou Harrod. "Se houvesse um déficit, seria uma pena; isso poderia ser remediado depois."[1] Keynes direcionou sua *General Theory* para argumentos que fornecessem justificativa intelectual para tal ação. Sua audiência-alvo, portanto, era a geração de jovens economistas movidos pelo idealismo das universidades da Grã-Bretanha e dos Estados Unidos que estavam ansiosos para ajudar as vítimas da Depressão.

Desde os anos 1920, Keynes era conhecido nos Estados Unidos como um economista que, em lugar de enterrar-se em teorias abstrusas, canalizava as energias para soluções práticas. Assim como na Grã-Bretanha, ele irrompeu no cenário norte-norte-americano no fim da Primeira Guerra Mundial com *The Economic Consequences of the Peace*, cuja publicação coincidiu com a campanha desesperada do presidente Woodrow Wilson para convencer o Senado a aprovar o Tratado de Versalhes. O tratado era contencioso porque, pela primeira vez, vincularia os Estados Unidos a um governo mundial, a Liga das Nações, fruto da imaginação de Wilson. Embora fosse simpático aos objetivos pacíficos de Wilson em Paris, Keynes não resistiu a criticar o presidente por sua conduta majestática e seu endosso às severas reparações impostas às nações derrotadas. A pitoresca descrição de Keynes do piedoso Wilson em *The Economic Consequences* foi avidamente descoberta pela imprensa americana, que saboreou o pretexto para infamar seu sitiado presidente com as palavras afiadamente cinzeladas de um tarimbado mestre do insulto.

Keynes colocou Wilson em um imponente pedestal para, adiante, derrubá-lo. "Quando o presidente Wilson deixou Washington, ele desfrutava prestígio e influência moral em todo o mundo", reportou. "Como as multidões das capitais europeias se espremeram em torno da carruagem do Presidente! Com que curiosidade, ansiedade e esperança buscávamos um relance das feições e da conduta do homem destinado à grandeza que, vindo do Ocidente, traria a cura para as feridas do velho pai de sua civilização."² No entanto, o pacificador Wilson, inflexível, clerical e congelado na retidão moral, sucumbiu ao clamor Aliado por vingança. "A desilusão foi tão completa", escreveu Keynes, "que alguns dos que haviam confiado mais ousaram falar disso... O que aconteceu com o Presidente? Que fraqueza ou infortúnio o levaram a uma traição tão extraordinária, tão inesperada?"³ Keynes explicou o que muitos norte-americanos haviam descoberto por si mesmos, que o presidente era "solitário e indiferente" e "enérgico e obstinado". Acima de tudo, "não era um herói, ou um profeta; não era nem mesmo um filósofo; mas um homem generosamente intencionado, com muitas das fraquezas de outros seres humanos".⁴

Keynes ampliou o efeito de sua meticulosa demolição de Wilson descrevendo a impressão do presidente que ele próprio havia formado mediante contato próximo. "Sua cabeça e suas feições eram bonitas e exatamente como as fotos, e os músculos do pescoço e o porte da cabeça muito distintos", escreveu Keynes. Mas logo ficou evidente que "ele não era insensível apenas ao ambiente que o cercava no sentido externo, ele não era sensível de forma alguma ao que o cercava". Presenciar Wilson rodeado de homens de Estado astutos como o primeiro-ministro britânico Lloyd George e o premiê francês Clemenceau era como observar o presidente "brincando de cabra-cega". "Nunca as instruções de execução de um programa poderiam ter sido seguidas por uma vítima mais perfeita e predestinada", escreveu Keynes, cujo entendimento do que havia acontecido em Paris ecoou nos sentimentos norte-americanos como a natureza traiçoeira da "Velha Europa", confirmando que os Estados Unidos haviam feito bem em ficar fora da guerra por tanto tempo e guardar uma distância segura da nascente Liga. Wilson, "esse Dom Quixote cego e surdo", escreveu Keynes, "entrava em uma caverna onde a lâmina rápida e brilhante estava nas mãos do adversário".⁵

Longe de ser alguém que vem socorrer, Keynes julgava que Wilson, ao falhar em deter as reparações paralisantes impostas sobre as nações vencidas, ameaçou a nobre proposta de dar um fim justo "à guerra para acabar com todas as guerras" e tornou mais provável outra guerra catastrófica antes de muito tempo. A profecia logo se cumpriu. Quando *The General Theory* foi publicado, Hitler estava instalado na chancelaria em Berlim e seu colega fascista Benito Mussolini se pavoneava em Roma, ambos extremistas, beneficiários das miseráveis condições econômicas que o punitivo arranjo de Versalhes produzira. Para muitos norte-americanos, Keynes era um vidente lúcido cuja pena cortante havia esboçado uma visão de pesadelo sobre como o mundo realmente girava.

Embora os pontos de vista sobre Wilson tenham sido o que primeiro atraiu a atenção dos norte-americanos para Keynes, eles logo descobriram que seu pensamento econômico não ortodoxo era similarmente determinado. A calorosa acolhida que Keynes recebeu de líderes políticos e acadêmicos durante sua curta visita aos Estados Unidos em 1931 mostrou que as notícias de seus remédios econômicos radicais tinham alcançado muito além da Grã-Bretanha. Ao vender nos Estados Unidos artigos escritos para os jornais britânicos, ele se tornara um economista célebre, escrevendo para órgãos de imprensa improváveis como *Vanity Fair*,[6] com uma interessante linha de argumentação que provocava vivo debate.

O crash do mercado de ações de 1929 e a subsequente Depressão ofereceram solo fértil para as ideias keynesianas. Do momento em que chegou à Casa Branca, Roosevelt estimulou sua equipe a buscar caminhos diferentes para aliviar as misérias da Depressão em um programa a que deu o nome de *New Deal*.[7] O colapso do investimento, em queda de 90% desde o crash, deixava 13 milhões de norte-americanos desempregados, ou um quarto da população adulta. A situação era ainda mais terrível do que os números sugeriam, porque métodos de medição deficientes subestimavam seriamente a extensão da catástrofe.

Se os trabalhadores agrícolas fossem excluídos, pensava-se, então, que o desemprego atingiria mais de 37%. Em Toledo, Ohio, quatro em cinco pessoas estavam desempregadas.[8] A nova administração estava completamente dominada pela tarefa que confrontava. Como Arthur Schlesinger Jr.[9] descreveu, "o mecanismo para abrigar e alimentar os desempregados sucumbia em todos os lugares devido ao peso crescente do fardo... Era uma questão de protelar a violência, até (ao menos alguns pensavam isso) a revolução".[10]

Foi no meio desse caos que Keynes proferiu seu conselho para o novo presidente, primeiro mandando para Roosevelt, no início de 1933, um exemplar de *The Means to Prosperity*, que esboçava as ideias que mais tarde exporia inteiramente em *The General Theory*, depois endereçando a ele uma carta aberta, publicada no *New York Times* em 31 de dezembro de 1933. Keynes escreveu por sugestão de Felix Frankfurter,[11] professor de direito administrativo na Universidade de Harvard e, como líder do "grupo de especialistas" do presidente, um dos mais próximos amigos políticos de Roosevelt. Keynes conheceu Frankfurter nas conversações de paz de Paris, onde o norte-americano promovia o movimento sionista. Frankfurter, bolsista visitante de All Souls College, Oxford, no outono e inverno de 1933-34, sugeriu a Keynes que, se fosse estimular Roosevelt a gastar mais dinheiro público para aliviar o desemprego, empurraria uma porta aberta. "Você poderia gostar de saber que... tenho recebido notícias dos Estados Unidos indicando que haverá considerável clima no Senado em favor de grandes aumentos de obras públicas", escreveu Frankfurter. "Acredito que o presidente é receptivo. Escrevo porque acho que uma carta sua, com seus argumentos independentes e indicações, aceleraria grandemente o impulso de forças que operam no momento."[12] Para garantir que a contribuição de Keynes ao jornal não parecesse impertinente por aparecer do nada, Frankfurter mandou uma prova de impressão antes para o presidente.[13]

Keynes começa lisonjeando Roosevelt. "O Sr. se tornou o Depositário daqueles em todos os países que buscam consertar os males de nossa condição mediante um experimento arrazoado", escreveu. "Se falhar, a mudança racional será gravemente prejudicada em todo o mundo, deixando a ortodoxia e a revolução decidirem pelas armas. Se for bem-sucedido, métodos novos e mais corajosos serão experimentados em toda parte." Tendo rendido as homenagens, Keynes descreveu o marco presidencial — o National Industrial Recovery Act (NIRA), que se tornou lei em junho de 1933 e, entre outras coisas, permitiu aos monopólios privados fixarem preços e decidiu a implantação da Public Works Administration [Administração de Obras Públicas] para implementar um programa de obras públicas — como um benefício misto. O NIRA, "que é, essencialmente, Reforma e, provavelmente, impede a Recuperação", escreveu Keynes, "foi aprovado rápido demais, sob o falso pretexto de ser parte da técnica de recuperação".

Ao mesmo tempo que elogiou a política do presidente de elevar deliberadamente os preços para encher de dinheiro os bolsos dos fazendeiros e de outros produtores, advertiu que "existe muito menos a ser dito em favor de aumentar os preços se isso for feito à custa do aumento do produto". Keynes escreveu que "estimular o produto por meio do aumento do poder de compra agregado é o caminho certo para elevar os preços; e não o contrário". Reiterou sua crença de que emprestar para pagar obras públicas era uma boa política. "Ponho esmagadora ênfase no aumento do poder de compra nacional resultante do gasto público financiado por empréstimos e não pela tributação de rendas atuais", escreveu. "Em um *boom*, a inflação pode ser causada por se permitir que crédito ilimitado dê suporte ao excitado entusiasmo de empresários especuladores. Mas em uma depressão, o gasto público mediante empréstimos é o único meio de assegurar rapidamente uma produção maior a preços mais altos." Em uma observação que demonstrou ser horrivelmente agourenta, escreveu: "É por isso que a guerra sempre causou intensa atividade industrial. No passado, as finanças ortodoxas sempre viram a guerra como a única licença legítima para criar emprego por meio do gasto público."

Ao instigar mais gastos em obras públicas, Keynes se solidarizou com os apuros do presidente. Como os britânicos descobriram, nem sempre era fácil encontrar projetos aptos para realização imediata nos quais o dinheiro público pudesse ser investido proveitosamente. Os gastos em represas hidrelétricas, novas rodovias e parques nacionais que Roosevelt preferia eram negócios lentos, que carreavam dinheiro muitos meses, até anos depois, para a economia. "Não estou surpreso de que tão pouco foi gasto até o momento", escreveu Keynes. "Nossa própria experiência mostrou como é difícil improvisar a curto prazo gastos públicos úteis financiados por empréstimos. Há muitos obstáculos que precisam ser pacientemente superados para evitar desperdício, ineficiência e corrupção." Mas ele incentivou o presidente a realizar gastos públicos em grande escala como meio garantido de aumentar a demanda e trazer o país de volta à prosperidade. Criticou os que pressionavam pelo aumento da oferta de moeda em lugar do aumento da demanda como "uma tentativa de engordar comprando um cinto maior. Nos Estados Unidos de hoje, o cinto é grande o suficiente para a barriga".

Depois de aprovar Roosevelt por desvincular o dólar do padrão-ouro, o que levou a uma desvalorização gradativa da moeda, Keynes retornou à lisonja para não soar muito áspero. "O senhor continua a ser para mim o governante de quem a perspectiva geral e a atitude em relação às tarefas de governo são as mais solidárias do mundo", escreveu. Keynes concluiu com um conselho direto, prático. Defendeu "crédito barato e abundante e, em particular, a redução das taxas de juros de longo prazo". E, novamente, pressionou por mais gasto público, com mais rapidez. "A preferência deveria ser dada aos [projetos de obras públicas] que podem ser feitos para amadurecer rapidamente em grande escala... Os Estados Unidos estão prontos para se movimentar rumo à prosperidade, se um bom empurrão puder ser dado nos próximos meses."[14]

Roosevelt não respondeu diretamente à contribuição de Keynes para o debate econômico, mas escreveu para Frankfurter: "Você pode dizer ao professor[15] [Keynes] que, a respeito das obras públicas, gastaremos no ano fiscal [ano financeiro] quase vinte vezes o que estamos gastando neste ano fiscal, mas existe um limite prático ao que o governo pode pedir emprestado — especialmente porque os bancos estão oferecendo resistência passiva na maioria dos grandes centros."[16] No ano seguinte, por sugestão de Frankfurter, o presidente concordou em encontrar-se com Keynes. "Ele realmente aprecia os seus esforços e é, talvez, o maior apoiador individual do *New Deal* na Inglaterra", Frankfurter escreveu para o presidente. "Ele não apenas empunha uma vigorosa pena econômica. Como diretor de uma importante empresa de seguro,[17] exerce considerável influência na City [o distrito financeiro de Londres]... Portanto, acredito que seja duplamente importante que ouça em primeira mão acerca dos esforços e propósitos da Administração porque durante sua estada em Nova York todo esforço será feito para enchê-lo de veneno."[18] Roosevelt ficou feliz pelo encontro com Keynes e escreveu para sua secretária particular. "Quero vê-lo e ter algum tempo para tomar chá com ele sozinho aqui." Mas a economia não era a única coisa na mente de Roosevelt. E acrescentou: "Quando falar com ele, diga-lhe para trazer a esposa."[19]

Em maio de 1934, Keynes viajou para Nova York, sem Lydia, para receber um título honorífico da Columbia University e aproveitou as cartas de apresentação de Frankfurter para conhecer uma variedade de seguidores do *New Deal*, líderes empresariais e membros do grupo de assessores de Roosevelt. Keynes estava ansioso para saber dos que estavam por dentro o que acontecia na economia americana, mas, sempre o polemista, não resistiu a argumentar contra as atitudes primitivas e ignorantes dos banqueiros e homens de negócios que encontrava. Isso, entretanto, o deixava nervoso. Ele disse a Lydia que achava "horrivelmente difícil trabalhar tentando manter o controle, sobrepor-se aos patifes o dia inteiro".[20]

Na segunda-feira, 28 de maio, Keynes saiu do Mayflower Hotel em Washington rumo à Casa Branca e, às 17h15, entrou no Salão Oval e apertou a mão do presidente sentado. Conversaram durante mais ou menos uma hora. Da mesma forma que quando avaliou o caráter de Woodrow Wilson, Keynes acreditava que podia dizer muita coisa olhando as mãos do presidente. "Naturalmente, concentrei a atenção em suas mãos", recordou. "Firmes e razoavelmente fortes, mas não hábeis ou finas, unhas curtas e redondas, como as das pontas dos dedos de um homem de negócios. Não consigo explicá-las bem, pois, embora não sejam distintas (para o meu olho), não são de um tipo comum. Apesar disso, eram estranhamente familiares. Onde as tinha visto antes? Passei dez minutos, no mínimo, buscando em minha memória um nome esquecido, mal sabendo o que dizia sobre prata e orçamentos equilibrados e obras públicas. Finalmente, me veio à mente. [Ex-ministro de Relações Exteriores britânico] Sir Edward Grey."[21]

Keynes creditou a Roosevelt um conhecimento mais sofisticado da economia que o pequeno domínio de economia política que o presidente havia adquirido de um diploma de história em Harvard. Roosevelt anunciara em sua eleição que era a favor da "moeda saudável", mas, quando pressionado a explicar o que queria dizer, respondeu: "Não pretendo escrever um livro sobre isso."[22] Keynes, no encontro com o presidente, lançou-se em uma explicação técnica sobre como o multiplicador de Kahn assegurava que o empréstimo para pagar as obras públicas fosse considerado investimento, e não gasto, e que as obras públicas logo se pagariam por si mesmas com a receita dos impostos pagos pelos recentemente reempregados. Mas a maior parte do que Keynes dizia a Roosevelt passava por alto.

Ao deixar a Casa Branca, Keynes encontrou-se por acaso com Frances Perkins, a ministra do Trabalho de Franklin Delano Roosevelt. "Keynes tornou a falar de sua admiração pelas medidas que Roosevelt havia tomado", ela recordou, "mas disse, cautelosamente, que 'havia suposto que o presidente era mais instruído, economicamente falando'."[23] De acordo com Perkins, Keynes "falara em alta teoria econômica" com Roosevelt, enquanto, ao explicar para ela o multiplicador, abandonara a alta teoria em favor de exemplos mais do dia a dia, expondo que "um dólar gasto pelo governo em ajuda era um dólar dado ao merceeiro; pelo merceeiro ao atacadista, e pelo atacadista ao fazendeiro, em pagamento pelos fornecimentos. Com um dólar pago por ajuda, ou obras públicas, ou qualquer outra coisa, criavam-se quatro dólares de renda nacional".[24] Para Perkins, que constantemente instigava o presidente a ser mais ousado, o encontro pareceu uma oportunidade perdida. "Queria que ele tivesse sido tão concreto quando falou com Roosevelt, em vez de tratá-lo como se o presidente pertencesse aos altos escalões do conhecimento econômico",[25] ela escreveu. Não muito tempo depois, Roosevelt confirmou para Perkins que permanecia alheio a muito do que Keynes lhe dissera. "Vi seu amigo Keynes", ele disse. "Ele fez uma lenga-lenga completa sobre números. Ele deve ser mais matemático que economista político."[26] Ainda assim, Keynes confessou que achara seu encontro com o presidente "fascinante e esclarecedor",[27] enquanto Roosevelt informou a Frankfurter: "Tive uma grande conversa com Keynes e gostei imensamente dele."[28]

Roosevelt pode não ter apreendido totalmente as observações de Keynes, mas o próprio fato de ter recepcionado o mais sonoro opositor mundial das ideias do *laissez-faire* e do livre mercado no centro do *New Deal* não passou despercebido para legiões de jovens economistas que acorriam a Washington para endireitar o mundo. Nem foi ignorado pelo grande número de oponentes conservadores de Roosevelt o significado de Keynes ter sido levado à presença do presidente. Eles disseram que o presidente estava sob o domínio de um perigoso estrangeiro cuja abordagem do livre mercado era, por definição, antiamericana.

Não é de modo algum uma certeza que o breve encontro de Keynes e Roosevelt tenha dado frutos. Mesmo assim, as recomendações de Keynes para Roosevelt logo foram interpretadas como a promoção de mais intervenção do governo na economia. "Não sei se você percebe o grande efeito que aquela carta [no *New York Times*] teve", o colunista Walter Lippmann escreveu para Keynes, "mas me disseram que foi a principal responsável pela política que o Tesouro segue agora, discreta, porém eficientemente, de comprar títulos governamentais de longo prazo, tendo em vista a formação de um forte mercado de títulos, e reduzir a taxa de juros de longo prazo."[29] Lippmann, um convertido recente ao pensamento keynesiano, disse a uma audiência de acadêmicos de Harvard em 1934 que "o *laissez-faire* está morto e o Estado moderno se tornou responsável pela economia moderna como um todo".[30]

Embora o keynesianismo não fosse política oficial do primeiro mandato de Roosevelt, grandes volumes de dinheiro dos contribuintes estavam sendo gastos em planos para pôr os desempregados de volta ao trabalho. Típico do estilo administrativo ambíguo do presidente, Roosevelt encarregou dois auxiliares próximos da mesma tarefa. Harold Ickes, ministro do Interior, presidia uma variedade de programas de obras públicas, incluindo a Public Works Administration e o Civilian Conservation Corps, que ocupava mais de 250 mil pessoas em "trabalho socialmente produtivo". Enquanto isso, Harry Hopkins, amigo íntimo de Roosevelt que criticava o ritmo de execução dos programas de Ickes, foi posto a cargo da Civil Works Administration, um programa de ajuda emergencial que supervisionava a criação de quatro milhões de novos empregos. "Deixe-me ver", disse Roosevelt para Hopkins. "Quatro milhões de pessoas — isso significa aproximadamente quatrocentos milhões de dólares."[31] Em parte como resultado de tais medidas, o déficit orçamentário do setor público aumentou muito, chegando a US$ 6 bilhões a um ano da eleição de Roosevelt. O número alarmou tanto o diretor de administração orçamentária, Lewis Douglas, que ele preferiu renunciar a presidir um conjunto aparentemente tão desastroso de contas. Até Roosevelt se assustou com a extensão do déficit e, em 1934, instruiu Hopkins a encerrar abruptamente os empreendimentos mais ambiciosos da Civil Works Administration, construção de pontes e edifícios públicos.

Keynes era cético em relação a muitas coisas que estavam sendo feitas no *New Deal* e ansioso para pôr seus ardentes admiradores a par do que pensava exatamente. Para os que estavam preparados para ouvir, Keynes, enquanto ainda se encontrava nos Estados Unidos, reiterava sua crença de que a ajuda com recursos governamentais para aliviar o desemprego só era apropriada no ponto baixo de um ciclo, ou durante a recessão, e que não era apropriado continuar a injetar dinheiro no sistema depois que a economia se recuperasse. "Apenas no caso de uma transição para o socialismo se esperaria que os gastos do governo desempenhassem papel predominante ano após ano",[32] disse a Victor von Szeliski, estatístico importante da National Recovery Administration, a vanguarda do ativismo do *New Deal*. Em sua volta a Nova York, Keynes estava aflito para indicar as consequências que assomariam se o estado continuasse a financiar a demanda depois que a economia atingisse um estado de pleno emprego. "Quando se chega a um ponto em que o conjunto do trabalho e dos bens de capital de uma comunidade estão empregados, novos aumentos da demanda efetiva não terão qualquer efeito exceto o de elevar os preços sem limite."[33]

Ficou claro para Keynes em sua curta visita aos Estados Unidos que a velha guarda econômica na capital da nação estava sendo rapidamente substituída por economistas jovens, ambiciosos, comprometidos com uma mudança radical. Como disse Keynes a Frankfurter, "aqui e não em Moscou está o laboratório econômico do mundo. Os jovens que o estão administrando são esplêndidos. Estou abismado com sua competência, inteligência e sabedoria. Encontra-se aqui e ali um economista clássico que deveria ser jogado [para fora] da janela — mas a maioria já foi".[34] A inspiração que Keynes oferecia aos jovens economistas norte-americanos foi resumida por John Kenneth Galbraith, talvez o mais jovem economista keynesiano conhecido: "Embora jovens e desimportantes, ao seguir o mestre podíamos sentir-nos superiores aos grandes homens do Morgan's Chase, do National City e do Federal Reserve Bank de Nova York",[35] declarou. Galbraith ficou tão enamorado de Keynes que, em sua lua de mel, em 1937, levou sua jovem noiva, Kitty, de Cambridge, Massachusetts, a Cambridge, Inglaterra, para tentar uma audiência com o grande homem.[36] Havia um aspecto quase religioso na jornada de Galbraith que refletia a deificação de Keynes entre os jovens. "Eu resolvi ir ao templo",[37] recordou Galbraith.

Nem todos os arquitetos do *New Deal* de Roosevelt eram jovens. E muitos tinham chegado a uma conclusão semelhante à de Keynes a partir de sua própria experiência nos negócios. Ninguém ousaria sugerir que Marriner Eccles,[38] banqueiro mórmon multimilionário de Utah, fosse otário ou idealista ingênuo. Antigo republicano durão, dono da First Security Corporation, que operava 26 bancos, além de uma das maiores produtoras de açúcar de beterraba dos Estados Unidos e de uma vasta rede de laticínios e madeireiras, entre outros negócios, Eccles chegou à conclusão, em seu próprio entendimento dos negócios, de que um reforço da demanda era o que o país necessitava. "Não existe causa ou razão para o desemprego, com sua resultante em pobreza e sofrimento, de um terço de toda a nossa população", disse em uma audiência de um comitê do Senado em 1933. A volta ao pleno emprego seria possível, disse, apenas "dando poder de compra suficientemente adequado para capacitar as pessoas a obter os bens de consumo que nós, como nação, somos capazes de produzir".[39]

E continuou: "A economia do século XIX não serve mais ao nosso propósito — uma era econômica de 150 anos chegou ao fim. O sistema capitalista ortodoxo, de individualismo descontrolado com sua livre concorrência, não servirá mais ao nosso propósito."[40] Eccles defendia obras públicas financiadas com empréstimos tomados pelo governo federal. "Há tempos para tomar emprestado e tempos para pagar", declarou. "Temos que cuidar dos desempregados ou teremos uma revolução neste país."[41] Se alguns senadores reprovaram a postura radical de Eccles, o significado de suas observações não passou despercebido na Casa Branca. Em 1935, Roosevelt indicou Eccles para primeiro presidente do conselho do FED, posição que manteria nos catorze anos seguintes.

O homem que Eccles escolheu para ser seu assistente no FED foi Lauchlin Currie, um economista educado na LSE e Harvard que acreditava que a única saída da Grande Depressão era estimular a demanda, se necessário através de obras públicas financiadas por empréstimos. Eccles e Currie foram providenciais no recrutamento de uma grande quantidade de jovens economistas com ideias afins para o FED e outras agências governamentais, particularmente após a quase derrota da aprovação da Lei dos Bancos de 1935, que apertava a regulação dos bancos. (Tal era a fama de Keynes nessa época que os opositores da lei a apelidaram de "Curried Keynes".*) De acordo com Richard Parker, biógrafo de Galbraith, "Currie percebeu como era aflitiva a carência de pessoal do campo keynesiano na administração em comparação com os campos de ação antitruste e de planejamento

---

*Trocadilho com os nomes Currie, de Lauchlin, e *curried*, do tempero indiano *curry*, e que significa "Keynes apimentado". [*N. da T.*]

nacional. Um recrutamento efetivo e cuidadosa colocação de aliados solidários em escritórios importantes de Washington tornaram-se imperativos".[42] Inspirados por um credo comum, os jovens keynesianos se buscavam uns aos outros nos corredores do poder e começaram a se reunir na National Planning Association, fundada em 1934.

Ideias keynesianas também fincaram raízes nos Estados Unidos graças ao trabalho de econometristas e estatísticos como Simon Kuznets, professor de economia e estatística da Universidade da Pensilvânia, e seus seguidores no National Bureau of Economic Research e no Departamento de Comércio dos Estados Unidos, cujo trabalho de registrar as atividades econômicas garantiu a Kuznets uma menção honrosa em *The General Theory*. Embora Kuznets nunca se tenha tornado um keynesiano, seu trabalho pioneiro de compilar estatísticas sobre a renda nacional e o produto nacional bruto foi posto em evidência para alimentar o argumento de Keynes de que o estímulo ao aumento da demanda agregada iria impulsionar o crescimento econômico.

Kuznets e seus seguidores forneciam os meios de medir a atividade econômica que comprovaram, de modo geral, que os remédios keynesianos de fato funcionavam como Keynes previra. Como Galbraith explicou, armado com as teorias keynesianas e os meios de mensurar de Kuznets, o pequeno exército de jovens economistas no governo federal "sabia não apenas o que precisava ser feito, mas o quanto. E muitos que nunca tinham sido persuadidos pelas abstrações de Keynes foram compelidos a acreditar pelos números concretos de Kuznets e de seus inventivos colegas".[43]

Havia alguns poucos mais ansiosos para adotar a causa keynesiana do que os jovens economistas em Harvard. A velha guarda em Cambridge, Massachusetts, não era de forma alguma convencida pelas ondas de ideias perturbadoras que espirravam da outra Cambridge, do outro lado do mar. Como recordou James Tobin, um entusiástico jovem keynesiano e futuro laureado com o Prêmio Nobel de Economia, "os membros mais antigos da faculdade eram predominantemente hostis. Um grupo deles havia publicado, não muito tempo antes, um livro bastante crítico do programa de recuperação de Roosevelt".[44] Mas para os jovens era diferente. Como Tobin, eles eram devotados ao idealismo expressado por Roosevelt no *New Deal*. "A revolta de Keynes contra o erro incrustado era uma atraente cruzada para a juventude", lembrou Tobin. "A verdade nos faria livres, e plenamente empregados também."[45] Tal era o sentimento de excitação e expectativa no inverno de 1935, quando *The General Theory* estava para ser publicado na Grã-Bretanha, que estudantes de Harvard conseguiram que carregamentos especiais da edição fossem despachados pelo Atlântico no momento em que estivessem disponíveis. Assim que as caixas com os livros chegaram, eles pularam sobre elas para estar entre os primeiros a ler as ideias revolucionárias reveladas no texto. Como recordou Tobin, "Harvard se tornava uma cabeça de ponte para a invasão keynesiana do Novo Mundo".[46]

Paul Samuelson, descrito por Galbraith como "quase desde o início... o líder reconhecido da comunidade keynesiana mais jovem",[47] registrou o espírito de alegria febril que cercou a chegada da obra-prima de Keynes a Harvard em fevereiro de 1936. "*The General Theory* pegou muitos economistas de menos de 35 anos com a inesperada virulência de uma doença que ataca pela primeira vez e dizima uma tribo isolada de ilhéus dos Mares do Sul", recordou. "Economistas com mais de 50 mostraram-se bastante imunes à enfermidade."[48] Galbraith também recordou a divisão entre gerações que o trabalho de Keynes revelou. "A velha economia ainda era ensinada de dia", escreveu. "Mas à noite, e quase todas as noites a partir de 1936, quase todos discutiam Keynes."[49] Segundo Samuelson, *The General Theory* adquiriu uma importância quase mística, e ele o comparou ao choque do novo que o poeta romântico John Keats expressou em seu poema

"On First Looking into Chapman's Homer".* Jocosamente, Galbraith observou: "Alguns se perguntarão se os economistas são capazes de emoção tão refinada."[50]

Robert Bryce,[51] jovem canadense estudante de Harvard formado em economia, desfrutou a fascinação adicional de ter acabado de chegar de Cambridge, Inglaterra, onde havia sido ensinado pelo próprio Keynes e assistira ao seminário de Hayek na LSE com a atitude de um pastor cristão testemunhando uma cerimônia de canibalismo. Bryce tirou plena vantagem de seus laços com o mestre, a tal ponto que Joseph Schumpeter foi levado a observar que "Keynes era Alá, e Bryce seu profeta".[52]

Assim como nem todos em Washington que caíram sob a força mágica de Keynes eram jovens, alguns professores mais velhos de economia em Harvard também sofreram uma improvável epifania. Alvin H. Hansen, que em pouco tempo passou a ser conhecido como o "Keynes norte-americano", era um economista clássico de 50 anos quando foi recrutado por Harvard na Universidade de Minnesota em 1937. Hansen criticara severamente *A Treatise* de Keynes quando de sua publicação e, a princípio, ficou cético em relação às ideias expressadas em *The General Theory*. Depois mudou de posição. Em breve, tornou-se o mais vociferante, articulado, prodigioso e persuasivo propagandista em benefício de Keynes. Hansen liderou o ataque aos economistas que acreditavam que o déficit público levaria à ruína nacional. Como recordou Galbraith, "sem nunca ter buscado isso ou estar muito consciente do fato, [Hansen] se tornou o líder de uma cruzada".[53] Samuelson e Tobin, os primeiros entre os jovens protegidos de Hansen, se viram tendo que se acotovelar com planejadores da política econômica de Washington para achar um lugar na série de palestras superlotadas de Hansen na

---

*Soneto do poeta inglês romântico John Keats sobre seu assombro ao entrar em contato pela primeira vez com o trabalho do poeta grego Homero em tradução livre do teatrólogo elisabetano George Chapman. [*N. da T.*]

nova Graduate School of Public Administration. "Com frequência sobravam estudantes no corredor", Galbraith lembrou. "Sentia-se que era a coisa mais importante que acontecia no país naquele momento... Os funcionários levavam as ideias de Hansen e talvez até mais, seu senso de convicção, para Washington."[54]

Com John Hicks, que em 1930 foi um dos primeiros a serem influenciados por Hayek na LSE, Hansen descreveu em gráficos a complexa inter-relação que Keynes sugeria entre taxas de juros, liquidez-oferta de moeda, investimento-poupança e a renda nacional que ficaram famosos entre os economistas como o modelo IS-LM, iniciais em inglês de Investimento Poupança / Liquidez (preferência pela) Moeda (oferta de). Ao colocar a essência das ideias de Keynes em forma algébrica simplificada, eles espalharam o novo credo. O livro de 1941 de Hansen, *Fiscal Policy and Business Cycles*, no qual a política fiscal era o montante que os governos tributavam e arrecadavam, foi o primeiro trabalho norte-americano a apoiar a análise de Keynes das causas da Grande Depressão. O tomo de 1953 de Hansen, *A Guide to Keynes*, tornou-se o primeiro compêndio da Revolução Keynesiana e inspirou gerações de jovens economistas.

Um dos colegas próximos de Hansen, Seymour E. Harris, outro converso tardio para as ideias de Keynes, rivalizou com Hansen em sua prodigiosa produção de livros, como autor e editor, disseminando o credo keynesiano. Ele costumava abrir suas palestras dizendo "sou Seymour Harris, professor de economia na Universidade de Harvard e autor de 33 livros", todos os quais sobre Keynes. Mas, com toda operosidade de Hansen e Harris em favor da causa keynesiana, eles não superaram o manual best-seller de Paul Samuelson sobre Keynes, *Economics: An Introductory Analysis*, publicado em 1949, que instantaneamente se tornou o mais influente compêndio econômico desde *Principles of Economics*, a exposição definitiva de Alfred Marshall da teoria econômica clássica.

Assim, no decurso de poucos anos, Keynes capturou os corações e as mentes de muitos jovens economistas norte-americanos. A ascensão espetacular de sua influência no pensamento de economistas acadêmicos norte-americanos pode ser vista claramente pelo número de menções que recebeu em periódicos acadêmicos. Em 1934, suas teorias inspiraram apenas 20 artigos; entre 1936 e 1940, o número havia subido para 269.[55]

Foi estonteante a rapidez com que a Revolução Keynesiana estabeleceu-se em muitos departamentos de economia norte-americanos e depois escalou as posições elevadas do governo federal em Washington, D.C. Uma ideia pareceu ter encontrado seu tempo certo e logo se espalhou pela nação. Alguns discordantes expressaram dúvidas sobre os motivos daqueles que responderam às ideias de Keynes como se tivessem escritas nas Tábuas da Lei, e alguns ficaram felizes quando, entre os milhares de keynesianos, alguns, incluindo Currie, revelaram-se agentes soviéticos. Mas a Revolução Keynesiana foi menos uma conspiração perniciosa que um movimento espontâneo de indivíduos que chegaram a Keynes por seus próprios caminhos. "Aqueles que nutriam pensamentos de conspiração e conluios clandestinos ficarão entristecidos ao saber que essa foi uma revolução sem organização", recordou Galbraith, que, escrevendo mais de mil artigos para jornais e revistas, tornou-se o maior popularizador das ideias keynesianas. "Todos que participaram sentiam um profundo senso de responsabilidade pessoal pelas ideias; havia uma variada, mas profunda, ansiedade em persuadir. Mas ninguém jamais respondeu a planos, ordens, instruções ou qualquer força fora de suas próprias convicções. Essa talvez tenha sido a mais interessante característica singular da Revolução Keynesiana."[56]

Roosevelt pode não ter compreendido Keynes, ou aplicado conscientemente seus remédios, mas a maioria dos jovens de sua administração com certeza sim. Eles acreditavam que, mesmo sendo o montante de dinheiro fornecido para eles menor que o necessário, a implementação do keynesianismo era compensadora, ainda que a um ritmo lento. O desemprego não foi curado rapidamente, mas, ano após ano, começou a cair. Em 1933, chegou ao pico, com 25%; no ano seguinte, caiu para 17%, e, em 1935, chegou a ainda intoleráveis, mas estimulantes, 14,3%. Em 1936, a produção nacional recobrara os níveis de 1929.

Mas ver os números movimentando-se na direção certa apenas estimulava o resto dos economistas clássicos que ainda se agarravam a muitas alavancas do poder em Washington. O que transpirou em seguida provou que, por mais bem-sucedida que a Revolução Keynesiana pudesse ter sido em levar ideias intervencionistas para a administração Roosevelt, era fácil demais sabotar a frágil recuperação da economia americana.

12.

Irremediavelmente empacado no capítulo 6

Hayek escreve sua própria "Teoria Geral", 1936-41

Por que Friedrich Hayek não confrontou instantaneamente o que acreditava serem passos em falso de lógica na *General Theory* de Keynes? Tivesse ele apresentado seus contra-argumentos na época da publicação, poderia ter matado no nascedouro a Revolução Keynesiana. Pelo resto da vida, Hayek foi evasivo sobre a oportunidade perdida. Como confessou quase quarenta anos mais tarde, "até o dia de hoje não superei um sentimento de que, na época, me esquivei do que era um dever claro".[1]

Keynes se deu ao trabalho de fazer um convite às críticas de Hayek. Mandou provas de impressão para que sua nêmese pudesse compilar a crítica a tempo do dia da publicação. Entre seus talentos, Keynes era um mestre da publicidade e conhecia o valor de provocar a controvérsia. Um debate inflamado com Hayek teria aumentado as vendas.

Não foi apenas um agudo senso comercial que dirigiu Keynes. Ele há muito visava a Hayek e seus colegas da escola clássica e queria genuinamente debater com eles. Sua ambição não era meramente vencê-los na discussão e sim tomar o lugar deles. E isso só poderia ser alcançado se eles desejassem envolver-se em debate. Keynes estava com os músculos aquecidos, pronto para a luta. Na verdade, deve ter ficado desapontado por Hayek declinar de entrar no ringue. Afogar os economistas clássicos na maré agitada do entusiasmo que acompanhou a estreia de *The General Theory* não era suficiente. O livro desafiou repetidamente Hayek e seus colegas a defender suas posições. Hayek, no entanto, faltou ao encontro. Achava que Keynes estava levando a economia a uma direção perigosa, mas permaneceu um combatente relutante.

Lionel Robbins pode ter sido responsável em parte pelo silêncio atípico de Hayek. Sempre consciente do potencial para controvérsia, Robbins estava ansioso para usar a chegada de *General Theory* para o fortalecimento da reputação da London School of Economics e seu próprio lugar no debate econômico nacional. Em sua primeira leitura do livro, Robbins considerou o ataque intencional de Keynes a seu colega de Cambridge Arthur Pigou a linha que mais merecia ser explorada. Era provável que uma resposta de Pigou no *Economica* atraísse mais atenção do que uma contribuição da parte de Hayek. E também evitaria a repetição do beco sem saída detalhista e mal-humorado com Keynes que emergiu após a resenha de Hayek de *A Treatise on Money*.

Robbins estava ciente da rusga pessoal que existia entre Keynes e Pigou. Uma vez, quando ele e Keynes caminhavam em Cambridge, entrou no campo de visão deles, nas palavras de Robbins, "um Pigou não muito animado, retornando em passos largos aprumados de uma rotina diária de caminhada conscientemente autoimposta". O sempre sarcástico Keynes sussurrou para Robbins: "Aí vem um homem que arruinou a saúde com esporte viril."[2] Pigou repreendera Keynes severamente por usar linguagem pessoal inapropriada em sua resposta à crítica de Hayek de *A Treatise*, descrevendo-a como "o método de um duelo!"³ Então, foi dada a Pigou e não a Hayek a primeira oportunidade de golpear Keynes na edição de maio de 1936 do *Economica*.

Pigou tirou a máxima vantagem do convite para defender-se, entregando uma queixa cuidadosamente escrita e, com frequência, pessoalmente magoada ante o tom de repúdio de Keynes a seus pontos de vista ortodoxos. Afiou os dardos para equiparar-se à destreza verbal do ataque de Keynes. Pigou ridicularizou a presunção arrogante de Keynes, de que "o que Einstein, de fato, fez pela física... o Sr. Keynes acredita ter feito pela economia", e destacou que Einstein "não insinuou, ao anunciar sua descoberta, mediante sentenças cuidadosamente farpadas, que Newton e aqueles que até agora seguiram sua pista eram uma gangue de incompetentes desmazelados". A reprimenda professoral de Pigou continuou: "O rebaixamento geral e a condescendência estendida a seu velho mestre Marshall são particularmente lamentáveis."

A vaidade de Pigou fora espicaçada por seu trabalho ter sido embrulhado junto com o de outros economistas clássicos, notadamente porque a crítica se generalizou em vez de particularizar-se e se tornou, portanto, mais difícil de rebater. "Quando um homem vai em expedição de emboscada a uma grande cidade, ninguém tem a paciência de traçar o rumo de todos os projéteis", queixou-se Pigou. Quando se tratou de avaliar a substância de *The General Theory*, Pigou simulou desespero. "Seu argumento em certas partes é tão obscuro que o leitor não tem a certeza precisa do que ele tenciona transmitir", escreveu. "Como pode um autor cujos poderes de exposição... para não dizer brilho das frases, o tornou um valioso colaborador do *Daily Mail*... mal seja inteligível a... seus próprios colegas profissionais?" Assim como Hayek, Pigou culpou a incoerência de Keynes pelo "uso inconsistente de termos".⁴ Pigou prosseguiu para desmantelar meticulosamente os muitos conceitos originais, como "preferência pela liquidez", que Keynes havia forjado. O artigo foi uma grande proeza. Pigou claramente sentiu prazer em derrubar Keynes de seu pedestal.

Mas a dura resenha de Pigou dificilmente seria suficiente para deter o estouro na direção do pensamento keynesiano que *The General Theory* desencadeara. Logo se tornou claro para Robbins que a escala da realização de Keynes ao deflagrar uma tempestade de entusiasmo entre jovens economistas poderia merecer um prolongado debate nas páginas do *Economica*. Mas, depois da réplica de Pigou, que mal provocou uma ondulação entre os economistas, Robbins inexplicavelmente pôs fim ao debate, sem sequer encomendar uma salva de artilharia da pena de Hayek.

Mas o *Economica* de Robbins não era o único fórum acadêmico em que Hayek poderia oferecer-se para contradizer a última repetição das ideias de Keynes. Por que não se expressou em outro lugar? Quando recebeu uma prova de impressão de *The General Theory*, Hayek escreveu para Keynes que havia examinado o trabalho com interesse e identificado diversos argumentos dos quais discordava. Disse que estava "intrigado" particularmente com dois itens, a explicação de Keynes da relação entre poupança e investimento e a noção de preferência pela liquidez. Hayek informou Keynes de que, assim que tivesse dado a atenção adequada ao texto, imploraria por espaço no *Economic Journal* de Keynes para responder. "Se minhas dúvidas atuais persistirem, provavelmente pedirei a sua hospitalidade para algumas notas sobre pontos em particular no E. J.",[5] escreveu. Essas "notas" nunca apareceram.

Mais tarde em sua vida, Hayek foi repetidamente pressionado a explicar por que não confrontou Keynes decididamente depois da publicação de *The General Theory*. Ele nunca deu uma resposta convincente. É difícil dar crédito à sugestão de Hayek de que "uma das razões pelas quais não voltei ao ataque" foi que "eu temia que, antes de completar minha análise, ele mudasse de ideia de novo"[6], como Keynes fizera até depois de publicar *A Treatise*. Por que não enumerar as diversas falhas do que estava sendo amplamente aclamado como a obra-prima de Keynes? A rejeição de Hayek a *The General Theory* com a observação, trinta anos depois, de que "era muito obviamente outro tratado para a época, condicionado pelo que ele pensava serem as necessidades momentâneas da política",[7] não "cola".

A hesitação de Hayek dificilmente se explica também por sua declaração de que foi a própria natureza do raciocínio de Keynes que o fez evitar o desafio. Ele admitiu um sentimento, "o único vagamente sentido"[8], de que o novo trabalho de Keynes era difícil de confrontar porque era um relato mais macro do que microeconômico do funcionamento da economia. Era convicção de Hayek de que a operação de uma economia somente podia ser explicada por meio das inumeráveis escolhas individuais que, juntas, contribuíam para toda a economia. Sugeriu que era difícil demais expressar de forma adequada objeções à abordagem da economia de cima para baixo quando seus contra-argumentos supunham que a chave para o entendimento da economia era de baixo para cima. Embora possa ter havido profunda inibição em contradizer as suposições de *General Theory*, quando Keynes falava de maçãs, e Hayek, de laranjas, isso dificilmente estaria além da capacidade de Hayek e também pareceu uma desculpa esfarrapada por falhar em dar um chute em gol.

Hayek tentou, muitos anos depois, responder àqueles que consideraram seu fracasso em confrontar Keynes não meramente um pecado de omissão, mas um ato culpável, pelo fato de, com a intervenção certa, ele poder ter atrasado, se não sustado completamente, uma teoria que os economistas clássicos acreditavam ter desencadeado um monte de políticas econômicas destrutivas. "Tenho a obrigação moral de explicar por que fracassei em revidar o ataque depois de devotar tanto tempo a uma análise cuidadosa de seus escritos — um fracasso pelo qual me censurei desde então"[9], escreveu em um artigo para marcar o centenário do nascimento de Keynes. "Não foi meramente... o desapontamento inevitável de um jovem ao ouvir de um autor famoso que suas objeções não importavam, uma vez que Keynes não acreditava mais em seus próprios argumentos. Nem foi realmente porque me conscientizei de que uma refutação efetiva às conclusões de Keynes teria de lidar com toda a abordagem macroeconômica. Foi mais porque a desatenção dele em relação ao que para mim pareciam problemas cruciais me fez reconhecer que uma crítica apropriada teria de tratar mais o que Keynes estava estudando do que o que havia discutido e que, em consequência, uma elaboração do ainda inadequado desenvolvimento da teoria do capital seria um pré-requisito a uma completa disposição do argumento de Keynes."[10]

Então, foi depois de quase cinquenta anos de confusão que Hayek ofereceu uma explicação plausível para seu sonoro silêncio. O que Hayek não explicou em seu *mea culpa* tardio foi que, quando *The General Theory* explodiu no mundo, ele pensava estar à beira de publicar sua própria e alentada obra, que daria uma nova guinada na teoria austríaca do capital e, ele esperava, ofereceria uma contestação abrangente ao keynesianismo. Em 1936, estava bem adiantado na redação dessa tese. Três anos antes, ele se candidatara no Rockefeller Research Fund Committee da LSE a receber dinheiro para contratar um assistente.[11] "Durante os próximos dezoito meses (ou dois anos no máximo) espero terminar o que, receio, será um volume bastante alentado sobre a teoria do capital", escreveu. "Mais adiante, no decorrer da preparação desse volume, que tem cerca de um quarto já pronto, precisarei muito da assistência contínua de um matemático realmente bom, que não apenas seja capaz de trabalhar com grande exatidão o aparato diagramático bastante elaborado da exposição analítica que desenvolvi, como também me auxiliar na exposição analítica que, embora eu espere confinar a apêndices, infelizmente é indispensável."[12] Um matemático adequado, que falava inglês, alemão e francês, foi encontrado e contratado para ajudar Hayek em 1934 e 1935.

O trabalho no projeto partiu de um começo confuso. Hayek já pusera o livro de lado por um período em 1935, mas, em 1936, apenas duas semanas depois de Keynes ter enviado para ele *The General Theory*, Hayek disse a seu amigo Gottfried Haberler,[13] colega austríaco e adepto da Escola Austríaca, que o trabalho em sua obra-prima estava sobrepujando todas as outras coisas, inclusive sua habilidade para compreender a última contribuição de Keynes: "Tento me concentrar exclusivamente no trabalho do meu livro e devo deixar tudo o mais de lado", escreveu. "Mesmo que seja exagero falar de um rápido aparecimento [do livro], ainda espero completar o primeiro rascunho até o feriado da Páscoa." Quanto a *The General Theory*, escreveu, "gostaria de não dizer nada temporariamente sobre o livro, porque estou irremediavelmente empacado no capítulo 6".[14]

Na altura de março, Hayek informou a Haberler que o livro estava quase pronto, à exceção de um par de capítulos baseados nas palestras que dera. Haberler, nessa época, já lera *The General Theory* e enviara a Hayek um artigo para sair no *Economica*, apontando falhas percebidas na teoria do multiplicador de Richard Kahn. Hayek devolveu o artigo, citando "dificuldades" no periódico que não explicou. Em nota na capa do artigo, Hayek escreveu: "No número de maio aparece o artigo de Pigou sobre Keynes, que veio primeiro e é imensamente cáustico, ou será (eu mesmo ainda não o vi). Você compreenderá que, nessas circunstâncias, queremos evitar qualquer coisa que possa criar a impressão de que conduzimos uma campanha planejada contra Keynes. Eu mesmo, por esse motivo, resolvi submeter uma nota... ao *Economic Journal*, onde Keynes não poderia recusar... Acho que você deveria tentar a mesma coisa. Se ele recusar, pode-se pensar em outras possibilidades."[15]

Apesar de Robbins e Hayek poderem estar ansiosos para não parecer que estavam promovendo uma campanha contra *The General Theory*, fica claro pela carta de Hayek que havia, realmente, uma trama em progresso envolvendo Hayek, Robbins, Pigou, John Hicks e outros para esvaziar o ascendente Keynes. "Existe a chance, justo agora, de isolar Keynes e concluir uma frente comum de outros economistas de Cambridge e Londres", confidenciou Hayek a Haberler. "Não comprometeríamos essas possibilidades ao colocar o *Economica* na vanguarda do ataque. O artigo de Pigou causará sensação suficiente."[16]

Em maio, Hayek ofereceu a Haberler seu veredicto sobre *The General Theory*. Disse que, "naturalmente, estava terrivelmente aborrecido" pelo trabalho, particularmente porque "através de sua formulação [Keynes] desacredita muitas ideias importantes, que agora estão no ar, entre muitas pessoas, e será difícil persuadi-las sem enfrentar todos os outros absurdos."[17] Esse breve aparte, no entanto, foi toda a avaliação crítica contemporânea de Hayek sobre *The General Theory*. Em lugar de se estender sobre o "aborrecimento" e confrontar o "absurdo" de Keynes, Hayek concentrou esforços em completar a primeira parte de *The Pure Theory of Capital*, um trabalho em dois volumes que, esperava, fosse competir diretamente com *The General Theory*.

Embora Hayek estivesse confiante em concluir sua grande proeza e sugerisse que estar "irremediavelmente empacado no capítulo 6" fosse um revés temporário, ele logo se viu atolado no *The Pure Theory*, incapaz de avançar. Sua ambição para o trabalho era expandir-se nas noções de "estágios de produção". Pelos quatro anos seguintes, lutou para explicar de forma a satisfazer a si próprio o papel decisivo que o capital e o dinheiro desempenhavam em uma economia. Quanto mais trabalhava nisso, mais a escala de sua tarefa parecia crescer. Sua mente corria muito adiante de sua habilidade para capturar os pensamentos e expressá-los no papel.[18]

Antes que muito tempo se passasse, *The Pure Theory* tornou-se uma obrigação opressiva. Pôs o trabalho de lado pela segunda vez em 1937. Em 1938, estava em tal confusão que descobriu que perdera parte do manuscrito e teve que pedir ao amigo economista vienense, Fritz

Machlup,[19] que vinha lendo o trabalho feito e sugerindo mudanças, as cópias que tinha das páginas faltantes. Hayek foi desviado para assuntos mais amplos da economia que o levariam para longe do denso território da teoria do capital em direção a visões originais dos impulsos por trás do comportamento econômico dos indivíduos. Enquanto economistas britânicos, particularmente da LSE e de Cambridge, esperavam avidamente que Hayek desafiasse *The General Theory*, a mente deste vagueava por outros lugares.

O primeiro resultado da nova direção do pensamento de Hayek tornou-se evidente em "Economics and Knowledge", seu discurso como presidente do Clube Econômico de Londres, em 10 de novembro de 1936. A palestra foi uma surpreendente reavaliação da noção de equilíbrio econômico que demonstrara ser um pomo de discórdia tão grande em suas discussões com Keynes. Ainda mais importante, Hayek, pela primeira vez, quando discutindo a importância dos preços, descobriu uma nova abordagem que não apenas o distanciou ainda mais de Keynes, como também o situou como pensador original em lugar de mero seguidor da Escola Austríaca.

A noção de uma economia chegar a um estado de equilíbrio é lugar comum na teoria econômica, sendo o melhor exemplo no debate entre Keynes e Hayek a suposição, defendida por economistas clássicos, de que, com o tempo, quando poupança e investimento se alinhassem perfeitamente, uma economia poderia estabilizar-se em um estado de pleno emprego. Keynes rejeitou a existência de tal equilíbrio porque os fatos da economia real na Grã-Bretanha e nos Estados Unidos durante os anos 1920 e 1930 estavam demonstravelmente em desacordo com a noção. Quando a economia, tanto nos Estados Unidos quanto na Grã-Bretanha, se estabilizou, foi em estado de desemprego em massa e não de pleno emprego. Os gritos dos economistas clássicos de que o equilíbrio ainda não havia sido alcançado não soaram convincentes quando a economia estava atolada em uma prolongada depressão.

Hayek examinou novamente a noção de equilíbrio e, contrariamente à sua convicção anterior, convenceu-se de que raramente existe, se é que jamais acontece, um tempo em que uma economia entra em repouso. Para facilitar a compreensão de seu argumento em "Economics and Knowledge", Hayek apresentou o exemplo de um grupo que trabalha em um projeto de construção. "Oleiros, encanadores e outros estarão todos produzindo materiais que, em cada caso, vão corresponder a certa quantidade de casas para a qual apenas essa quantidade do material em particular será requerida", disse à sua audiência. "Similarmente, podemos conceber compradores potenciais acumulando poupanças que os capacitarão em certas datas a comprar certo número de casas... Podemos dizer que existe equilíbrio entre eles."[20]

Mas Hayek indicou rapidamente que não é necessário ser assim, "porque outras circunstâncias que não fazem parte de seu plano de ação podem suceder de forma diferente da que eles esperavam. Parte dos materiais pode ser destruída por um acidente, condições climáticas podem tornar a construção impossível, ou uma invenção pode alterar as proporções em que os diferentes fatores são requeridos. Isto é o que chamamos uma mudança nos dados externos, que perturba o equilíbrio que existia. Mas, se os planos diferentes eram desde o início incompatíveis, é inevitável, aconteça o que acontecer, que os planos de alguém serão perturbados e terão de ser alterados e que, em consequência, todo o complexo de ações no período não mostrará aquelas características que se aplicam se todas as ações de cada indivíduo puderem ser entendidas como parte de um único plano individual".[21]

Se o equilíbrio era invariavelmente elusivo no mundo real, Hayek argumentava, então as suposições *a priori* que economistas teóricos fazem sobre a operação de uma economia, ou de um mercado, tendendo para um equilíbrio, sempre seriam insuficientes. Um equilíbrio pode ser previsto apenas se as intenções de cada um dos participantes forem conhecidas, e isso é impossível, tanto na teoria quanto na prática. Isso pode ser um ponto de pouca importância, como ele realmente admitiu, mas, ao negar a existência de um equilíbrio previsível e ao negar a validade de suposições *a priori* sobre as muitas escolhas humanas corretas e não corretas que constituem até as decisões mais simples em um mercado, Hayek descobriu novas possibilidades. No processo, distanciou-se de Mises e seus colegas vienenses, bem como de outros deuses do universo da Escola Austríaca, para quem o equilíbrio era uma suposição central.

Embora Hayek, naquela época, não tivesse dado o salto final de lógica pelo qual se tornaria famoso, em "Economics and Knowledge" atingiu o limiar de uma importante descoberta. Suposições *a priori* sobre comportamento econômico de massa dependem de um conjunto ideal de condições em que cada indivíduo possui conhecimento perfeito tanto das condições existentes quanto das futuras, necessárias para tomar uma decisão em um mercado perfeito. Mas, Hayek relembrou à sua audiência que o mercado perfeito não existe. Decisões econômicas na vida real são tomadas por indivíduos baseados em um conhecimento parcial das condições correntes, combinadas com seu melhor palpite sobre o que pode acontecer. Cada indivíduo chega a um conhecimento diferente (e, com frequência, contrário) sobre quais seriam aquelas condições. Alguns tomam as decisões corretas; outros, as erradas. Mas, juntas, as decisões se combinam para formar um quadro que se move continuamente no mercado em operação.

Desta linha de raciocínio Hayek chegou a duas conclusões importantes, nenhuma das quais explicitou na palestra, mas ambas as quais prepariam o caminho para uma nova direção em seu pensamento: que é por meio dos preços que se reflete a sabedoria comum do que acontece em um mercado, e que, quando forças externas, como os governos, interferem na fixação de preços, isso é equivalente a tentar regular a velocidade de um carro segurando o ponteiro do velocímetro; e que nenhuma pessoa isolada, nem mesmo um "ditador onisciente", como ele coloca, pode conhecer as mentes, desejos e esperanças de todos os indivíduos que compõem uma economia. Se um governante totalitário ou até "planejadores" apolíticos aparentemente benignos interferissem na economia, na suposição de saber mais ou pensar que conheciam as mentes dos outros, eles, inevitavelmente, frustrariam os desejos, limitariam a felicidade e restringiriam as liberdades dos indivíduos em cujo interesse alegavam agir. Foi o momento "eureka" de Hayek. Ele descreveria essa noção fundamental como "a ideia esclarecedora que me fez ver todo o caráter da teoria econômica sob uma luz inteiramente nova para mim".[22]

Hayek introduziu uma noção nova, a divisão do conhecimento, que acreditava ser tão importante quanto a noção econômica da divisão do trabalho, o estágio do desenvolvimento industrial em que, em vez de os indivíduos fazerem um produto inteiro, os trabalhadores se especializam em tarefas simples que, juntas, fazem um produto inteiro. Ele sustentava que era impossível entender ou medir todo o peso das incontáveis decisões econômicas individuais feitas pelo vasto número de indivíduos que compõem uma economia, mas que suas intenções se refletiam nos preços sempre flutuantes. O preço de um objeto era um ponto em que, ao menos, dois indivíduos concordam. Porque, como os preços são essencialmente orgânicos, assim como as pessoas cuja vontade combinada contribui para a sua determinação, qualquer tentativa de alterar ou interferir com os preços seria basicamente fútil, porque o comportamento humano sempre irá contornar as suposições sobre as quais os preços são fixados. Justamente por isso, a inflação dos preços, se deliberada ou involuntariamente alimentada pela ação do governo, era um meio pelo qual aqueles que comandam a economia podiam desconsiderar as vontades daqueles obrigados a pagar o preço, rejeitando, dessa forma, a vontade de seus cidadãos.

Tal era o rebuliço em torno de *General Theory*, de Keynes, que a palestra de Hayek foi pouco notada. Como atestou Alan Ebenstein, biógrafo de Hayek, "depois que Keynes publicou *The General Theory*... Hayek foi virtualmente esquecido como economista técnico... No fim da década, havia pouco interesse nele".[23] Ser ignorado foi um destino terrível, mas não a pior coisa que aconteceu a Hayek nesse tempo. Houve uma mudança também na atitude dos que assistiam aos seus seminários na LSE. Onde antes os assistentes se maravilhavam com a reputação de Hayek e seus pronunciamentos magistrais, o tempo e a familiaridade haviam gerado uma forma de desdém, exacerbada pela rápida ascensão de seu glamoroso rival Keynes. Economistas keynesianos se alinhavam na plateia dos seminários de Hayek na LSE para rir do homem a quem consideravam um fóssil e ultrapassado. Em 1937, um dos participantes que zombavam dele, John Kenneth Galbraith, testemunhou em primeira mão o declínio rápido da autoridade de Hayek. "O ímpeto de participar (e corrigir) Hayek era cruelmente competitivo",[24] recordou. "Tão competitivo era o esforço para ser ouvido que o professor Hayek, um homem gentil de pontos de vista amplamente arcaicos... raramente era capaz de falar... Em uma noite memorável, ele chegou, tomou seu lugar, fez uma reverência para a plateia e, em seu sotaque polido, disse: 'Agora, cavalheiros, como propus aos senhores em nosso último encontro, nós, nesta noite, discutiremos a taxa de juros.' Nicholas Kaldor viu a chance e disse: 'Professor Hayek, eu realmente devo implorar para discordar.'"[25]

Kaldor, o copista húngaro de *Prices and Production* e conselheiro de Hayek para o idioma inglês em grande parte da correspondência com Keynes, era um dos mais proeminentes acólitos de Hayek a tratá-lo com desrespeito. Kaldor recordou que, com o tempo, Hayek "se tornou terrivelmente aborrecido comigo. A princípio era extremamente favorável a mim, mas, então, descobri que ele era tão tolo que meio que o provocava, fazia-o parecer ridículo, contradizia-o nos seminários. Lembro-me de uma ocasião em que tive uma discussão com Hayek. Eu disse: 'Professor Hayek, isso é economia de nível intermediário.'

E Hayek começou a ficar cada vez mais vermelho e, depois, na sala de chá, Hayek entrou [e disse], 'Você sabe o que Kaldor disse? O que Nicky disse? Ele disse, 'professor Hayek, isso é economia de nível intermediário e o senhor tinha que saber isso.'" Eu disse: 'Eu protesto. Eu nunca disse que o senhor tinha que saber disso.' Todo mundo riu".[26]

Kaldor, que mais tarde foi coautor do chamado à ação keynesiana de William Beveridge em 1944, *Full Employment in a Free Society*, estabeleceu uma tendência entre os discípulos de Hayek que regularmente começaram a abandoná-lo em favor de Keynes. De fato, Kaldor mais tarde deixou a faculdade de LSE por um posto em Cambridge para pregar o keynesianismo não adulterado. Dois outros dos mais brilhantes discípulos de Hayek, John Hicks e Abba Lerner, que estavam na linha de frente da equipe da LSE que se opunha ao Circus em seus animados seminários conjuntos, saíram em seguida, abjurando publicamente sua fidelidade a Hayek e proclamando lealdade a Keynes. Depois de passar o ano acadêmico 1935-35 em Cambridge, consumindo o keynesianismo em sua fonte, Lerner voltou à LSE para ensinar o evangelho keynesiano. Não muito depois, até Pigou, ao reler *The General Theory*, retirou suas objeções e entrou na longa fila de economistas distintos que acabaram aplaudindo o trabalho.

O efeito cumulativo da rápida deserção para Keynes de tantos colegas próximos e amigos íntimos dificilmente contribuiu para conferir a Hayek a confiança para concentrar-se em completar *The Pure Theory of Capital*. E, quando foi finalmente completado, em junho de 1940, e publicado no ano seguinte, o livro aterrissou com uma batida surda, as sentenças germânicas e prosa cinzenta somando impenetrabilidade à sua aparente irrelevância. Samuelson relembrou que "*The Pure Theory of Capital*, de Hayek, não foi natimorto, mas sim um seixo atirado na poça da ciência econômica que, aparentemente, não causou nenhuma ondulação".[27] As convoluções lotadas de diagramas de *Prices and Production* pareciam, em comparação, uma leitura de praia. Como colocou Milton Friedman,[28] discípulo do pensamento hayekiano, "sou um enorme admirador de Hayek, mas não por sua economia. Acho que *Prices and Production* foi um livro muito falho. Acho que seu livro da teoria do capital é ilegível".[29]

Hayek admite, no início de *The Pure Theory of Capital*, que abordou seu assunto com angústia. Escreve sobre a "grande relutância" em embarcar na tarefa e expressa simpatia por aqueles, como Keynes, que se haviam cansado de abstrações e se voltado para tratar do funcionamento da economia no mundo real. A própria escala do assunto o atemorizava e deprimia. "Minha hesitação em assumir este trabalho teria sido até mesmo maior se, desde o início, estivesse ciente da magnitude da tarefa",[30] escreveu. Todo o tom do livro é de justificativa e desespero. "Este livro com todas as suas deficiências é a consequência do trabalho durante um período tão prolongado, que duvido se mais esforço de minha parte seria compensado pelos resultados."[31] Mais tarde, Hayek confessaria: "Gradativamente, se tornou claro para mim"[32] que "as coisas se tornaram tão terrivelmente complicadas que é quase impossível segui-las."[33]

Não obstante a impermeabilidade do texto, os hayekianos remanescentes que esperavam seu herói, finalmente, confrontar ali o crescente culto do keynesianismo, ficariam desapontados. Era, entretanto, o mais próximo a que Hayek chegaria de especificar seu desacordo com *The General Theory*, embora isso se efetuasse com um mínimo de energia. "Em geral, acho desaconselhável interromper o argumento principal com referências explícitas a pontos de vista específicos",[34] escreveu. No entanto, ele, de fato, tratou de alguns aspectos da análise de Keynes, mas, com frequência, meramente para dar continuidade à velha discussão sobre termos econômicos que o desviaram de tentar refutar os apelos de Keynes para aumentar o emprego por meio de obras públicas. Ele escreve que sua principal objeção à sugestão de Keynes, de que durante uma recessão há recursos não utilizados que poderiam ser colocados produtivamente em uso para criar empregos, é que "certamente não é um ponto de vista sobre o qual uma teoria que reclama aplicabilidade geral possa basear-se".[35]

Hayek reduz o ponto principal de *The General Theory* a uma opinião casuística que nega a duradoura preocupação dos economistas, confrontar o problema da escassez. "O que [Keynes] nos deu é realmente aquela economia da abundância pela qual clamam há tanto tempo", escreveu. Ao negar a operação do livre mercado, Keynes redefiniu a escassez como um estado de coisas "artificial", "criado pela determinação das pessoas de não vender seus serviços e produtos abaixo de certos preços arbitrariamente fixados". Keynes ignorou os preços de mercado e sugeriu que eles entram em jogo apenas "em raros intervalos, quando o 'pleno emprego' é atingido e os diferentes bens começam sucessivamente a tornar-se escassos e a subir de preço".[36]

Hayek descarta a ideia de Keynes do que os preços representam como um profundo equívoco sobre como os preços são verdadeiramente determinados. A crença de Hayek de que os preços são a chave para compreender o processo de produção — realmente a base para a compreensão do funcionamento de uma economia como um todo — e que os preços estão baseados na escassez dos bens, mais do que na relação entre o que Keynes descrevia como desequilíbrio entre poupança e investimento e o "custo real" de produção, o leva a desconsiderar sem explicação todo o conjunto de contra-argumentação de Keynes.

Em reveladora nota de pé de página, Hayek condena *The General Theory* não por ser uma inovação imprópria, mas, surpreendentemente talvez, como o produto de um pensamento obsoleto. Hayek zombeteiramente descreve como "um dos maiores avanços da moderna economia" a rejeição de Keynes da noção de escassez de recursos, e se admira de que, Keynes, apesar disso, reconhecesse a existência de "gargalos" para explicar por que os bens se tornam escassos ao fim de um rápido desenvolvimento. Hayek achava "gargalos" uma designação incorreta; o termo aceito era que o mercado fracassava em equilibrar a oferta com a demanda. "Gargalos" era, portanto, "um conceito que a mim parece pertencer, essencialmente, a um estágio inicial ingênuo do pensamento econômico, e sua introdução dificilmente pode ser vista, em teoria econômica, como um progresso".[37]

Observando que "esta excursão crítica [do fio de pensamento central de seu livro] infelizmente se tornou necessária pela confusão que reina sobre o assunto desde o aparecimento de *General Theory* do Sr. Keynes",[38] Hayek retoma sua investigação, seca como o Saara, do capital e das taxas de juros. Há uma rápida referência a "liquidez", ideia que está no núcleo de *General Theory*, de Keynes, apenas para permitir a Hayek observar que seu próprio trabalho não era o lugar para indagar com mais profundidade sobre o assunto, como gostaria, e que "pouco se poderia ganhar arranhando a superfície desse problema".[39] Novamente, com Keynes claramente em seu campo de visão, Hayek não conseguiu puxar o gatilho.

Na conclusão de seu *Pure Theory*, Hayek repreende Keynes por concentrar-se nos efeitos de curto prazo dos problemas e soluções econômicas "não apenas como um erro intelectual sério e perigoso, mas como uma traição do principal dever do economista e uma grave ameaça à nossa civilização". "Costumava... ser visto como dever e privilégio dos economistas estudar e enfatizar os efeitos prolongados, propensos a se ocultar do olho destreinado, e deixar a preocupação sobre os efeitos mais imediatos para o homem prático", escreveu. "É alarmante ver que, depois de ultrapassarmos o processo de desenvolver uma explicação sistemática das forças que, no longo prazo, determinam preços e produção, somos convocados agora a apagar isso a fim de substituí-lo pela filosofia limitada do homem de negócios elevada à dignidade de ciência."[40]

Hayek encerra com uma observação agourenta ao apropriar-se de uma das mais famosas citações de Keynes. "Não nos dizem que, 'uma vez que no longo prazo estaremos todos mortos', as políticas deveriam ser guiadas inteiramente por considerações de curto prazo?", pergunta. "Temo que esses adeptos do *après nous le déluge* [depois de nós, o dilúvio] podem conseguir o que pechincharam mais cedo do que desejam."[41]

Como Hayek devia estar muito consciente, tais golpes ofensivos, astutos, em Keynes, dificilmente seriam suficientes para tornar mais lento, que dirá deter, o batismo em massa de jovens economistas sob o domínio keynesiano. Havia, entretanto, em passagens de *The Pure Theory*, argumentos que, planejados primariamente como advertência aos keynesianos, dariam uma pista muito tempo depois — e também ofereceriam advertência — àqueles, como Milton Friedman, que seguiriam Hayek no campo antikeynesiano.

"Há pouca base para acreditar que um sistema com a estrutura moderna e complexa de crédito vai trabalhar tranquilamente, sem algum controle deliberado do mecanismo monetário", escreveu Hayek, "uma vez que o dinheiro, por sua própria natureza, constitui uma espécie de junta frouxa do aparato autoequilibrante do mecanismo de preços que é capaz de impedir seu funcionamento. O objetivo de qualquer política monetária bem-sucedida deve ser o de reduzir tanto quanto possível essa folga nas forças autocorretivas do mecanismo de preços e tornar a adaptação mais rápida de forma a reduzir a necessidade de uma reação posterior mais violenta."[42] Mas, em uma advertência aos que, como Friedman, iriam recorrer à teoria monetária quantitativa como panaceia, Hayek sugeriu que havia limites estritos a essa forma de administrar a economia. "Somos certamente autorizados a concluir... que a extensão em que podemos esperar modelar os eventos à nossa vontade controlando o dinheiro é muito mais limitada, que o escopo da política monetária é muito mais restrito do que se acredita amplamente hoje", escreveu. "Não podemos, como alguns escritores parecem pensar, fazer mais ou menos o que nos agrada com o sistema econômico jogando com o instrumento monetário."[43]

Hayek tinha a intenção de que *The Pure Theory of Capital* fosse sucedido por trabalho complementar, *The Pure Theory of Money*, mas nunca completou a segunda metade de seu esquema. Ironicamente, talvez, um paralelo pode ser traçado entre o fracasso para completar ambas as partes de sua grande composição e as consequências de um colapso nos estágios de produção de bens de capital durante uma depressão alimentada pelo crédito, que foram sua inspiração original. Ele foi apanhado em sua própria armadilha.

Em *The General Theory*, Keynes concluiu que a demanda por produtos era equivalente à demanda por trabalho e, portanto, pressionara pelo aumento da demanda agregada como forma de prover pleno emprego. Hayek discordou profundamente da análise de Keynes, acreditando que ela não tinha fundamento na evidência empírica. Havia, talvez, outros modos de ler os números. Como Hayek colocou mais tarde, "a correlação entre demanda agregada e pleno emprego... só pode ser aproximada, mas, como é a única sobre a qual temos dados quantitativos, é aceita como a única conexão causal que conta."[44] A sentença final de *The Pure Theory* sugeriu que Keynes se enamorara de uma falsa hipótese. "Mais do que nunca me parece ser verdade que a completa apreensão da doutrina de que 'demanda por produtos não é demanda de trabalho' — e de suas limitações — 'é o melhor teste de um economista.'"[45]

E, com essa observação enfática, Hayek ofereceu as palavras finais sobre teoria econômica e desfechou a última salva puramente econômica contra Keynes. Hayek se voltou para temas político-filosóficos que levantara, inicialmente, em "Economics and Knowledge" e, ao fazer isso, abriu uma segunda e, talvez, mais persuasiva frente contra Keynes e os keynesianos.

13.

A estrada para lugar nenhum

Hayek vincula as soluções de Keynes à tirania, 1937-46

O sucesso da Revolução Keynesiana nos Estados Unidos parecia assegurado depois da publicação de *The General Theory*, embora a aplicação das ideias keynesianas pela administração Roosevelt tenha sido irregular. Franklin Roosevelt podia ter recebido Keynes amavelmente na Casa Branca, mas ficava nervoso com o financiamento de obras públicas na escala em que a nova doutrina exigia. E, quando, na primavera de 1937, produção, lucros e salários retornaram aos níveis de 1929, sugerindo que a recuperação chegaria logo, o presidente sinalizou a mudança de direção. O desemprego estava em 14,3%, em queda dos 16,9% do ano anterior, persuadindo alguns conselheiros de Roosevelt, incluindo o presidente do FED, Marriner Eccles,[1] de que os planos do *New Deal* tinham funcionado bem.

Em junho de 1937, Roosevelt voltou a abraçar a ortodoxia, com cortes nos gastos, aperto no crédito e aumento de impostos.[2] O trabalho de criação de empregos pelas agências federais foi reduzido. Logo depois, os Estados Unidos voltavam à recessão. A "recessão de

Roosevelt" durou durante todo o ano de 1938 e levou a produção industrial a despencar em um terço, os preços a caírem em cerca de 3,5% e o desemprego a subir para 19%.[3] Roosevelt tentou evitar as críticas atacando as grandes empresas. Em janeiro de 1938, com a eleição de outono à vista, o presidente mudou de curso, enviando ao Congresso um projeto de lei de US$ 3,75 bilhões em gastos e um novo projeto, de mais US$ 1,75 bilhão, em abril, para financiar as novas iniciativas de criação de empregos.

Em uma "conversa ao pé do fogo", em 14 de abril, Roosevelt adotou a lógica keynesiana. "Sofremos basicamente de uma deficiência de demanda do consumidor", disse. "Depende de nós criar uma recuperação econômica." Anunciou US$ 300 milhões para a remoção de cortiços, R$ 100 milhões para rodovias e milhões mais para "melhorias públicas". Roosevelt justificou a mudança de direção, alegando que, ao colocar os desempregados de volta ao trabalho, protegeria os Estados Unidos do extremismo violento que grassava na Alemanha e na Itália. "A própria saúde de nossas instituições democráticas depende da determinação de nosso governo de dar emprego a homens ociosos", declarou.[4]

Em fevereiro, Keynes escreveu para Roosevelt, descartando a Recessão de Roosevelt como "erro resultante do otimismo" e pressionou o presidente a seguir em frente, recomendando que focasse no programa de construção de casas, "de longe a melhor ajuda para a recuperação". E incentivou Roosevelt a limitar a retórica contra os empresários, que estavam "perplexos, confusos, realmente aterrorizados", escreveu. "Se o Sr. induzi-los a um estado de espírito rabugento, obstinado, aterrorizado... os bens do país não serão levados ao mercado."[5]

Os eventos que se sucediam rapidamente na Alemanha obrigaram Roosevelt a gastar em grande escala, como Keynes prescrevera. Hitler assumiu o poder em janeiro de 1933 e lançou um programa maciço de rearmamento, em desafio direto ao Tratado de Versalhes. Em um ano, a Alemanha, perseguida por desemprego maciço desde a Primeira Guerra Mundial, desfrutava pleno emprego.[6] O rearmamento das ansiosas democracias europeias deu um empurrão nas indústrias de guerra dos Estados Unidos. O desemprego na Grã-Bretanha começou a cair, embora tivesse permanecido em recorde de alta até ser declarada a guerra contra a Alemanha, em 3 de setembro de 1939,[7] no dia em que os preços das ações em Wall Street retornaram ao seu preço de antes do crash de 1929.[8] A Europa não era a única que temia as potências do Eixo. Apesar das garantias de Roosevelt durante a campanha presidencial de 1940 — "eu disse isso antes, mas direi isso muitas vezes: rapazes, vocês não serão mandados para a linha de frente de guerras estrangeiras" —,[9] ele ordenou um programa de rearmamento colossal: em 1940, os gastos anuais da defesa eram de US$ 2,2 bilhões; no ano seguinte, atingiram superaquecidos US$ 13,7 bilhões.

"Se gastos com armamentos realmente curam desemprego, um grande experimento teve início", Keynes declarou em 1939. "Podemos aprender um ou dois truques que serão de utilidade para quando o dia da paz chegar."[10] O efeito multiplicador de tanto dinheiro público ser injetado na economia americana levou o produto interno bruto (PIB) a saltar em cerca de US$ 25 bilhões, com armas e outros gastos com a defesa respondendo por 46% do aumento.[11] Mesmo assim, o desemprego não foi restaurado ao nível de antes da Recessão de Roosevelt até 1941, ano em que os Estados Unidos foram atacados pelo Japão em Pearl Harbor. "Vimos a guerra como uma justificação da teoria keynesiana, da doutrina keynesiana e como recomendação keynesiana"[12], recordou John Kenneth Galbraith.[13]

A ocupação alemã da Áustria, em março de 1938, coincidiu com Hayek se tornar cidadão britânico, e ele fez uma última viagem ao velho país antes de estourar a guerra. Impedido de servir nas forças armadas britânicas por causa de sua nacionalidade anterior, em setembro de 1939 escreveu para o Ministério da Informação, sugerindo que "excepcional experiência e posição um tanto original me capacitam a ser de considerável ajuda em relação à organização da propaganda na Alemanha".[14] A oferta de Hayek foi ignorada.

Hayek poderia ter tido um tratamento muito pior. Piero Sraffa foi internado na Ilha de Man meramente por ser italiano, destino cruel diante do fato de ele ter fugido da Itália depois que Mussolini o ameaçou. Foi solto após Keynes peticionar em favor dele ao secretário do Interior. Hayek era consciente de sua boa sorte. "Eu ainda era o ex-estrangeiro, inimigo estrangeiro. Eu tinha uma posição muito privilegiada", recordou. "Não fui usado para coisa alguma na guerra, mas não me incomodavam. Eu não poderia imaginar posição melhor."[15]

Keynes estava com 56 anos, velho demais para o serviço ativo, longe de ser saudável e muito impopular com o governo de Chamberlain para ser bem recebido no Tesouro. Como explicou seu biógrafo Skidelsky, "era eminente demais para ser transformado em funcionário público comum, e estimulante demais para ser deixado solto em Whitehall".[16] Mas ficar ocioso não era da índole de Keynes. Sem ser solicitado, voltou seus pensamentos para como pagar a guerra. Rejeitou a abordagem inflacionária usada na Primeira Guerra Mundial e não foi a favor do racionamento. "A abolição da escolha dos consumidores em favor do racionamento universal é um produto típico desse ataque furioso algumas vezes chamado de bolchevismo",[17] escreveu, em abril de 1940.

O chanceler de Chamberlain, Sir John Simon,[18] vinha, inadvertidamente, comportando-se como um keynesiano modelo, financiando o rearmamento com dinheiro público em vez de aumentar os impostos. Aumentou os gastos da defesa em 600 milhões de libras, enquanto impunha impostos de apenas 107 milhões de libras. O Tesouro concluiu que havia pouco risco de inflação enquanto o desemprego continuasse em 9%.[19] Keynes, no entanto, acreditava que grandes gastos em armas combinados com recrutamento de forças armadas empregariam toda a força de trabalho, atiçando um aumento maciço da demanda. Isso não apenas privaria o governo de suprimentos essenciais para lutar na guerra, como a inflação se seguiria, pois dinheiro demais perseguiria bens de menos. A escolha era entre impostos altos, ou inflação, ou racionamento, ou uma combinação de todos os três.

Em "War Potential and War Finance", uma palestra na Marshall Society, em 20 de outubro de 1940, Keynes revelou seu plano. Em vez de aumento direto de imposto, os rendimentos seriam submetidos a um tributo que combinaria tributação progressiva com poupança compulsória, "pagamento diferido" creditado em contas que renderiam juros, a serem sacadas quando a guerra fosse ganha. Keynes acreditava que o dinheiro acumulado, gasto depois da guerra, contrabalançaria o que seria uma depressão quando os gastos com a guerra chegassem ao fim. Hayek descreveu a abordagem de Keynes como "engenhosa". Hayek também elogiou a oposição de Keynes ao racionamento, acreditando que a remoção dos preços resultaria em injustiças. Como não gostava da ideia de compensar uma depressão de pós-guerra com o aumento repentino planejado dos gastos, Hayek sugeriu, em lugar disso, que o pagamento diferido fosse investido em ações. Ele também, surpreendentemente, vendeu a ideia de pagar a dívida de guerra com um "imposto sobre a riqueza herdada"[20] para ser depositado 'em um tipo de sociedade *holding* gigante', [que], em troca, emitiria ações para os detentores dos saldos bloqueados".[21]

Ao analisar o plano de Keynes, Hayek descreveu Keynes como tendo "a mente mais fértil entre os economistas vivos"[22] e concluiu que "a proposta do Sr. Keynes... parece ser a única solução real".[23] Enquanto observava que era "duvidoso que um aumento do gasto em grande proporção é realmente uma cura saudável para as depressões", deu as boas-vindas à volta de Keynes ao rebanho. "A diferença que por tanto tempo o separou dos economistas mais 'ortodoxos' desapareceu."[24] "Durante a guerra, lutei ao lado de Keynes contra seus críticos, porque Keynes estava extremamente contra a inflação", disse Hayek mais tarde, contando apenas parte da história quando sugeriu que foi "para aumentar a influência de Keynes contra os inflacionistas" que não completou o segundo volume de *The Pure Theory of Money*.[25]

Depois de Londres evacuada em 1940 por causa da *Blitz*, a London School of Economics mudou-se para Peterhouse College, Cambridge, onde os críticos mais severos de Keynes, Hayek e Pigou, compartilhavam deveres de magistério. A mudança completou a assimilação de Hayek na vida inglesa. "A vida em Cambridge durante aqueles anos de guerra foi para mim particularmente agradável", recordou. "De alguma maneira, logo de imediato, todo o clima e a atmosfera intelectual do país demonstraram ser extraordinariamente atraentes para mim, e as condições de uma guerra em que todas as minhas simpatias estavam com os ingleses aceleraram grandemente o processo de me sentir completamente em casa."[26]

Hayek devia mudar-se para Peterhouse quando Keynes, em gesto tipicamente humanitário, insistiu em que seu velho rival buscasse salas perto das suas em King's College. Os dois se encontravam de vez em quando em King's e participavam de tarefas da faculdade. E foi então que a cena surrealista aconteceu, quando Keynes e Hayek, armados de pás e vassouras, viram-se patrulhando o telhado gótico da capela de King's, vasculhando os céus noturnos à procura de bombardeiros alemães. Foi um pacto de conveniência: ninguém cedera terreno, mas, diante de um cruel inimigo comum, cada um concordou em se tornar um conhecido afável. "Compartilhávamos muitos outros interesses, históricos e fora da economia", recordou Hayek. "Em geral, quando nos encontrávamos, parávamos de falar em economia... Então, nos tornamos pessoalmente grandes amigos, incluindo Lydia Lopokova."[27]

Em agosto de 1940, Keynes recebeu emprego não pago no Tesouro que lhe permitiu vaguear em todas as áreas da política econômica. Especificamente, pediram-lhe que negociasse empréstimos de guerra dos Estados Unidos. Desenvolveu planos para uma economia de pós-guerra substituir a competição desenfreada entre as nações que havia fomentado a guerra e inventou um sistema mais ordenado de câmbio fixado em torno de um revivido padrão-ouro, que se tornou o acordo de Bretton Woods. Também colaborou na concepção de duas outras organizações essenciais, o Fundo Monetário Internacional e o Banco Mundial.

Enquanto isso, Hayek começou a escrever sua obra-prima pessimista, *The Road to Serfdom*.[28] Como seu biógrafo Alan Ebenstein observou, "'The Road to Serfdom' revolucionou a vida de Hayek. Antes de sua publicação, ele era um professor de economia desconhecido. Um ano depois de sua publicação, era famoso em todo o mundo".[29] Nada mau para um livro que Hayek, com rara modéstia, acreditava que teria apenas umas poucas centenas de leitores.[30]

Hayek escrevera para Walter Lippmann em 1937: "Eu gostaria de que meus amigos progressistas daqui entendessem que a democracia só é possível sob o capitalismo e que as experiências coletivistas levam inevitavelmente ao fascismo."[31] Originalmente intitulado "The Nemesis of the Planned Society", o livro recorria a ideias que Hayek havia explorado em dois ensaios em 1938 e 1939, que aqueles que defendem a economia planejada em lugar do livre mercado estão, por mais bem-intencionados que sejam, trilhando um caminho que poderia levar à tirania. "Quando o livre funcionamento do mercado é impedido além de certo grau", declarou, "o planejador será forçado a estender seus controles até que estes englobem tudo".[32]

The Road to Serfdom foi publicado na Grã-Bretanha em 10 de março de 1944, com edição de dois mil exemplares. Em alguns dias, entretanto, a Routledge ordenou mais 2.500 e, daí em diante, lutou para acompanhar a demanda. Nos Estados Unidos, a University of Chicago Press publicou o livro em 18 de setembro de 1944, depois que várias grandes editoras declinaram.

Os principais alvos de *The Road to Serfdom* são o que Hayek considerava os males gêmeos do socialismo e do fascismo, embora, pelo fato de, na ocasião em que escrevia o livro, a União Soviética de Stálin estar aliada à Grã-Bretanha e aos Estados Unidos, ele se sentisse na obrigação de suavizar suas críticas ao comunismo e aludir mais aos perigos do nazismo e do fascismo. Hayek afirmava que a percepção comum de os extremos da esquerda e da direita serem opostos polares era uma incompreensão, porque ambos, ao substituir as forças do mercado por amplo planejamento estatal, assaltavam as liberdades individuais. Ele reiterou a crença de que, como os planejadores econômicos não podem conhecer as vontades dos outros, terminam agindo como déspotas.

Hayek temia que, quando a Segunda Guerra Mundial fosse vencida, os vitoriosos Aliados pudessem concluir que a administração da economia em tempo de guerra iria acelerar a chegada de uma sociedade de pós-guerra mais justa e mais próspera. Tais políticas, advertiu, atraíam as precondições para o totalitarismo e podiam levar a história a se repetir. "Temos abandonado progressivamente aquela liberdade nos assuntos econômicos sem a qual a liberdade pessoal e política nunca existiu no passado",[33] escreveu. "É o destino da Alemanha que estamos em perigo de repetir."[34]

Pouco dos argumentos de Hayek em *The Road to Serfdom* são dirigidos a Keynes, que é mencionado pelo nome apenas duas vezes,[35] embora pareça que são Keynes e outros colegas recém-descobertos em Cambridge que Hayek tinha em mente quando escreveu que "é certo que o livro ofenda muita gente com quem desejo viver em termos amigáveis".[36] Entremeando as linhas de sua tese central, pode ser encontrada uma resposta atrasada, embora escassa, a *The General Theory*. Mas o tom penetrante se fora. O tempo em Cambridge e a proximidade de Keynes parecem ter suavizado seu zelo em provar que o velho adversário estava errado.

Dificilmente *The Road to Serfdom* é uma resposta a *The General Theory*. Hayek reconhece a razão por trás do grande plano de Keynes: os perigos do desemprego disseminado e prolongado e que "combater as flutuações gerais da atividade econômica e as recorrentes ondas de desemprego em grande escala que as acompanham" apresentavam "um problema supremamente importante" e "um dos mais graves e mais urgentes problemas do nosso tempo".[37] Sua solução, no entanto, rejeita a intervenção do governo. "Embora [a] solução [para o desemprego crônico] vá requerer muito planejamento no bom sentido", escreveu, "não requer — ou ao menos não precisa — aquele tipo de planejamento especial que, de acordo com seus defensores, irá substituir o mercado."[38]

Hayek imagina um mundo keynesiano onde a atividade econômica é dirigida pelo Estado. "Isso poderia levar a restrições muito mais sérias na esfera concorrencial", escreveu, "e, ao experimentar essa direção, teremos que tomar cuidado se quisermos evitar tornar toda a atividade econômica progressivamente mais dependente da direção e do volume do gasto do governo." "Teremos que caminhar com todo cuidado" dificilmente é a demolição vigorosa de *The General Theory*, de Keynes, que Hayek prometia havia muito tempo.

As duas sentenças seguintes de Hayek são ambíguas. "[O remédio de obras públicas em grande escala para curar o desemprego] não é nem o único, nem, em minha opinião, o modo mais promissor de fazer frente à mais grave ameaça à segurança econômica", escreve. "De qualquer maneira, os esforços muito necessários para assegurar proteção contra essas flutuações não levam ao tipo de planejamento que constitui tal ameaça à nossa liberdade." Será que ele quis sugerir que suas agourentas advertências sobre os perigos à liberdade da intervenção do Estado não incluíam os programas de obras públicas "em escala muito grande" propostos por Keynes? É bastante improvável que ele as excluísse, mas está longe de ficar claro que fez isso. Uma vez mais, com Keynes claramente na mira, Hayek fracassou em descarregar uma fuzilaria. Mas, se estava aceitando que o planejamento keynesiano não levaria necessariamente a uma redução da liberdade, Hayek foi claro em sua opinião de que o programa de Keynes vinha a um custo demasiado alto: inflação progressiva. "Se estamos determinados a não permitir, a todo custo, o desemprego e não desejamos usar coação [compelir pessoas a trabalhar], seremos conduzidos a todo tipo de experimentos desesperados, nenhum dos quais pode trazer qualquer alívio e todos os quais vão interferir com o uso mais produtivo de nossos esforços",[39] escreveu.

Em termos de sua adiada resposta a Keynes, existe uma segunda omissão significativa em *The Road to Serfdom*. Em *The General Theory*, Keynes não apenas forneceu uma justificativa intelectual para a intervenção do governo, como inadvertidamente inventou todo um novo ramo da economia, a macroeconomia, que oferecia uma perspectiva de cima para baixo da atividade econômica para permitir aos planejadores compreender melhor e, então, administrar a economia nacional. Até então, a economia tinha sido compreendida apenas em termos "microeconômicos", isto é, olhando-se para cada elemento da atividade econômica por vez. Keynes estava tão à frente de seu tempo que os termos "macroeconômico" e "microeconômico" só foram cunhados após sua morte. A "econometria" também foi uma invenção não intencional e muito denegrida de Keynes, a medida da atividade econômica que se tornou plenamente reconhecida assim que os planejadores chegaram a calcular as dimensões de uma economia e fixar metas. Hayek e os austríacos achavam tais métodos desapropriados. Mas Hayek omite quaisquer referências às novas disciplinas, assim como ao desvio da abordagem filosófica para a abordagem social-científica que a obra-prima de Keynes anunciava.

Hayek, mais tarde, admitiu que os keynesianos não queriam causar dano. "Tem sido frequentemente afirmado que sustentei que qualquer movimento na direção do socialismo está sujeito a levar ao totalitarismo", escreveu em 1976. "Embora esse perigo exista, não é isso que [*The Road to Serfdom*] diz. O que ele contém é um aviso de que, a menos que melhoremos os princípios de nossa política, algumas consequências muito desagradáveis se seguirão, não desejadas pela maioria dos que defendem tais políticas."[40] Hayek sugeriu que os pensadores moderados, de "meio termo", como Keynes, que defendiam medidas de melhoramento, embora eles próprios não fossem socialistas, haviam avançado um pouco na direção de adotar ideias socialistas, imaginando-as como um passo na direção do progresso esclarecedor. "A suprema tragédia ainda não vista é que, na Alemanha, foram pessoas em sua grande maioria de boa vontade... que prepararam o caminho, se é que, na verdade, não as criaram, para as forças que agora defendem tudo que elas detestam", escreveu Hayek. "Se tomarmos as pessoas cujos pontos de vista influenciam desenvolvimentos, elas estão agora em democracias que, em certa extensão, são todas socialistas."[41]

Embora não seja uma crítica à democracia representativa em si mesma, que Hayek apoiava, *The Road to Serfdom* é, mesmo assim, uma acusação a todos aqueles que aspiram a fazer o bem através das repartições do Estado, assim como aos políticos de todas as cores que lutam — e, em sua visão, inevitavelmente fracassam — para compreender a verdadeira vontade do povo. Ele reconheceu que a existência de um governo democraticamente eleito assegurava que o tamanho do Estado continuasse a crescer. "O erro não está nos indivíduos representantes, nem nas instituições parlamentares como tais, mas nas contradições inerentes às tarefas das quais são encarregados",[42] escreveu.

Economistas clássicos e conservadores não se saem muito melhor que os socialistas e comunistas, na rigorosa análise de Hayek. Ele condena os "desastrados" defensores das soluções de livre mercado, enquanto rejeita o conservadorismo, uma devoção às instituições existentes. "Embora seja um elemento necessário em qualquer sociedade estável, o [conservadorismo] não é um programa social", escreveu. "Em suas tendências paternalistas, nacionalistas e adoradoras do poder, ele está, com frequência, mais próximo do socialismo do que o verdadeiro liberalismo; e com suas propensões tradicionalistas, anti-intelectuais e frequentemente místicas nunca... será uma atração para os jovens e todos aqueles outros que acreditam que algumas mudanças são desejáveis para que o mundo se torne um lugar melhor."[43]

Na conclusão, Hayek se volta para as noções idealísticas de uma nova ordem mundial que preocuparam Keynes no último ano da guerra. Conquanto admitisse que "a necessidade é por uma autoridade política internacional que, sem poder para dizer aos diferentes povos o que devem fazer, seja capaz de refreá-los de ações que podem causar dano aos outros", Hayek lança dúvida sobre a perspectiva de alcançar um sistema internacional de administração econômica que não acarretasse o impulso na direção do autoritarismo. "Os problemas levantados por uma direção conscienciosa dos assuntos econômicos em uma escala nacional inevitavelmente assumem dimensões ainda maiores quando a mesma coisa é tentada internacionalmente", escreveu.

Por coincidência, Keynes leu *The Road to Serfdom* enquanto cruzava o Atlântico de navio, rumo ao Hotel Bretton Woods, em New Hampshire, para presidir as negociações para o mecanismo internacional de moedas que tomou o nome do hotel, o tipo de órgão supranacional que fazia Hayek ficar nervoso. Hayek enviara *The Road to Serfdom* em abril para Keynes, que respondera que o livro "parece fascinante. Parece ser, para mim, o tipo de remédio do qual discordarei, mas que pode concordar comigo no sentido de me fazer bem... Algo para ser mantido no fundo da cabeça em lugar de na frente".[44] Claramente relaxado após a viagem marítima, Keynes escreveu uma carta breve para seu velho rival, no Claridge Hotel em Atlantic City, Nova Jersey. "A viagem me deu a chance de ler apropriadamente o seu livro", escreveu. "Em minha opinião, é um grande livro. Todos temos a maior razão para ser gratos a você por dizer tão bem o que precisa ser dito. Você não espera que eu aceite exatamente todos os comentários econômicos que estão nele. Mas, moral e filosoficamente, concordo com todo ele virtualmente; e não apenas estou de acordo com ele, mas em acordo profundamente comovido."

Se o ânimo de Hayek se aqueceu com elogio tão caloroso, ele também levaria um choque. Keynes logo entraria no contra-ataque. "Devo dizer que o que queremos não é nenhum planejamento, ou até menos planejamento; de fato, eu deveria dizer que, quase certamente, queremos mais", continuou Keynes. "Mas o planejamento deveria ter lugar em uma comunidade em que o maior número possível de pessoas, tanto líderes quanto seguidores, compartilhasse inteiramente a sua própria posição moral... Planejamento moderado será seguro se aqueles que o levarem adiante estiverem corretamente orientados na questão moral em suas próprias mentes e nos corações. Isso, de fato, já é verdade a respeito de alguns deles. Mas a maldição é que existe um importante setor do qual quase se pode dizer que não quer o planejamento para desfrutar seus benefícios, mas porque moralmente sustenta ideias que são exatamente o oposto das suas, e querem servir não a Deus, mas ao diabo." Keynes concluiu que alguns socialistas britânicos eram totalitários secretos.

Ele continuou: "O que necessitamos, portanto, em minha opinião, não é uma mudança em nossos programas econômicos, que apenas levaria na prática à desilusão com os resultados da sua filosofia; mas, talvez, até o contrário; especificamente, um aumento deles." Keynes lembrou a Hayek que a ascensão de Hitler fora facilitada não pelo *big government*, mas pelo fracasso do capitalismo e o desemprego em massa. "O seu maior perigo à frente é o provável fracasso prático da aplicação da sua filosofia nos Estados Unidos de uma forma bastante extrema", continuou Keynes, sugerindo que, se, em tempos de paz, os

Estados Unidos retornassem às taxas de desemprego dos anos 1930, isso poderia provocar o extremismo político que havia arrastado o mundo para a guerra.

"Não", continuou Keynes, "o que precisamos é da restauração do pensamento moral certo — um retorno aos valores morais característicos da nossa filosofia social. Se ao menos pudesse voltar a sua cruzada nessa direção, você não se pareceria ou se sentiria tanto um Dom Quixote. Eu o acuso de, talvez, confundir um pouco as questões moral e material. Atos perigosos podem ser praticados com segurança em uma comunidade que pensa e sente corretamente, o que seria o caminho para o inferno se fossem executados por aqueles que pensam e sentem erradamente."[45] Esta foi uma observação aguçada: que a análise de Hayek repousava em um entendimento da economia ou sociologia mais que das pessoas. Enquanto Hayek desconfiava da relação entre intervenção do governo e tirania, Keynes acreditava que a tendência ao totalitarismo originava-se nas escolhas morais individuais.

Hayek admitiu em *The Road to Serfdom* que, no caso de enfrentar um desemprego crônico, o planejamento poderia cumprir um papel e que a forma adequada de planejamento poderia não levar à opressão. Como expressou mais tarde, "até onde o governo planeje a concorrência ou etapas em que a concorrência não possa, talvez, cumprir sua parte, não há objeção".[46] Ele também acreditava que o Estado pode ter um dever moral de intervir e que isso seria admissível enquanto o espírito da livre empresa não fosse comprometido. "Não pode haver dúvida de que um mínimo de comida, abrigo e roupas, suficientes para preservar a saúde e a capacidade de trabalho, podem ser assegurados para todo mundo", escreveu. "Onde, como no caso de doença e acidente, nem o desejo de evitar tais calamidades, nem os esforços para superar suas consequências são, em geral, debilitados pelo fornecimento de assistência — onde, em resumo, lidamos com riscos genuinamente seguráveis — a circunstância para o Estado ajudar a organizar um sistema abrangente de seguro social é muito forte."[47]

Keynes saltou em cima desse raro vislumbre de moderação. Pode haver uma encosta escorregadia do planejamento para o totalitarismo, mas Hayek estava em uma encosta escorregadia também. "Chego ao que é realmente minha única crítica séria", escreveu Keynes. "Você admite aqui e ali que é uma questão de onde estabelecer limites. Concorda em que esse limite tem de ser traçado em algum lugar; e que a lógica extrema não é possível. Mas você não nos dá orientação alguma de onde traçá-lo. É provável que você e eu o traçássemos em lugares diferentes. Eu deveria ter imaginado, segundo minhas ideias, que você subestima grandemente a viabilidade do meio-termo. Mas, assim que você admite que o extremo não é possível e que um limite tem de ser traçado, você está, em sua própria argumentação, liquidado, uma vez que tenta nos persuadir de que assim que alguém se movimenta uma polegada na direção planejada está, necessariamente, em um caminho escorregadio que nos levará no devido tempo ao precipício."[48]

Hayek não tentou responder aos pontos levantados na carta de Keynes, grato, talvez, pela benevolência geral da avaliação de seu rival. Mas ele, depois de algum tempo, respondeu à sugestão de Keynes de que o planejamento não provocaria a tirania em um país, como a Grã-Bretanha, que amava muito a liberdade. "Temo que muitos amigos ingleses ainda acreditem, como Keynes acreditava, que as convicções morais existentes nos ingleses os protegeriam de tal destino. Isso é absurdo", escreveu. "Não se pode confiar em uma inerente 'firmeza moral britânica' salvando o povo inglês de seu destino."[49]

A falta de resposta de Hayek a Keynes foi consequência, talvez, de ele ter imaginado que, em *The Road to Serfdom*, já havia tratado em alguma extensão da objeção específica de Keynes — que era uma questão de estabelecer o limite entre a intervenção do Estado e o livre mercado. A chave para o papel do Estado era se o império da lei vigorava em todos os casos. A lei deveria ser imparcial, o que significava assegurar que ela não se inclinasse em favor de um setor em particular da comunidade. "O Estado controlando pesos e medidas (ou prevenindo fraude e enganos em qualquer outro modo) é certamente atuante, enquanto o Estado que permite o uso da violência, por exemplo, por piquetes grevistas, é inativo", Hayek escreveu. "Embora seja no primeiro caso que o Estado observe princípios liberais, e, no segundo, não."[50]

As políticas do governo, como subsídios para certas indústrias ou indivíduos, a concessão de monopólios comerciais, ou políticas discriminatórias, mesmo para corrigir uma injustiça, confundiam o império da lei. Mas as provisões do Estado do bem-estar social, como o alívio da pobreza e da doença, eram atividades legítimas do Estado, enquanto todos os cidadãos fossem tratados igualmente. "Não existe razão pela qual, em uma sociedade que alcançou o nível geral de riqueza que a nossa alcançou, esse tipo de segurança não seja garantido a todos sem colocar em perigo a liberdade geral", escreveu Hayek, embora "se aqueles que contam com o apoio da comunidade gozassem indefinidamente de todas as mesmas liberdades que o resto... bem poderia causar problemas políticos sérios e talvez até perigosos".[51]

Quando a University of Chicago Press pediu a Frank Knight, de quem, aparentemente, se esperava a aprovação das advertências do livro, que opinasse se a editora deveria ou não publicar o livro, ele disse que Hayek exagerara em sua argumentação. "O trabalho é essencialmente negativo", escreveu Knight. "Mal considera os problemas de alternativas, e reconhece, inadequadamente, a necessidade, assim como a inevitabilidade política, de uma ampla variedade de atividade governamental em relação à vida econômica no futuro. Trata apenas das falácias mais simples, de exigências não razoáveis e preconceitos românticos que sublinham o clamor popular pelo controle governamental em lugar da livre empresa." E concluiu: "Duvido de que o livro tenha um mercado muito amplo neste país, ou mude a posição de muitos leitores."[52]

Nisso, Knight estava claramente errado. Com o tempo, *The Road to Serfdom* tornou-se um trabalho-chave para contestar a legitimidade e utilidade do planejamento econômico. Começando com uma edição de 2 mil exemplares nos Estados Unidos, o livro teve uma importante resenha no *New York Times*, que o descreveu como "um dos livros mais importantes de nossa geração".[53] Uma segunda tiragem de 5 mil exemplares foi rapidamente seguida de uma terceira, de 10 mil. Então, Max Eastman,[54] um ex-esquerdista que se voltara contra o socialismo, arranjou para que uma versão resumida fosse publicada na edição da *Reader's Digest* que coincidiu com a morte de Franklin Roosevelt, em 12 de abril de 1945, quando o *New Deal* e a política econômica futura se tornaram tema controvertido. Logo, um milhão de exemplares do livro foram impressos. A revista *Look* publicou até uma versão em cartum.

Na Grã-Bretanha, os argumentos de Hayek eram tratados na maioria das vezes com justiça. Exemplo disso, foi uma resenha do autor de *1984*, George Orwell,[55] muito eficiente quando se tratava de identificar autoritarismo sorrateiro. "Na parte negativa da tese do professor Hayek há muita verdade", escreveu. "O coletivismo não é inerentemente democrático, senão o contrário, dá a uma minoria tirânica poderes tais que os inquisidores espanhóis jamais sonharam." Mas acrescentou: "o professor Hayek... não vê, ou não admite, que uma volta à 'livre' concorrência significa para a grande massa do povo uma tirania provavelmente pior, porque mais irresponsável do que a do Estado. O problema com as competições é que alguém as vence. O professor Hayek nega que o livre capitalismo leve necessariamente ao monopólio, mas, na prática, foi a isso que levou, e, uma vez que a grande maioria do povo preferiria sujeitar-se ao controle do governo a ter cortiços e desemprego, o impulso em direção ao coletivismo deve continuar, se a opinião popular tiver alguma importância na questão."[56]

Outros da esquerda, como a formidável intelectual pública Barbara Wootton,[57] acharam que a análise de Hayek estava no caminho certo, mas rechaçaram o tom propagandístico. "Eu queria apontar alguns desses problemas", ela escreveu para Hayek, "mas, agora que você exagerou tanto, devo ficar contra você."[58] Entretanto, considerou os pontos de vista de Hayek sérios o bastante para publicar uma réplica instantânea, *Freedom under Planning*.[59]

The Road to Serfdom recebeu um inesperado estímulo na Grã-Bretanha em junho de 1945, quando Winston Churchill simplificou seu tema em um programa de rádio na abertura da campanha conservadora da eleição de 1945.[60] A advertência de Hayek de que o planejamento socialista poderia levar à tirania se harmonizava com a crença de Churchill de que o Partido Trabalhista sob Clement Attlee,[61] seu representante na coalizão de tempo de guerra, punha em risco a liberdade recém-conquistada. "[O Partido Trabalhista] teria de retroceder para alguma forma de Gestapo", declarou. "Ele entregaria todo o poder para o Partido Supremo e os líderes do Partido, elevando-se como pináculos grandiosos acima de sua vasta burocracia de servidores civis, não mais servidores e não mais civis."[62] A sensibilidade bíblica para os presságios do primeiro-ministro, tão útil em tempo de guerra, subitamente pareceu extremada, alarmista, até antidemocrática. O programa foi, de acordo com o biógrafo de Churchill, Roy Jenkins,[63] "o mais precipitado de todos os seus famosos pronunciamentos pelo rádio".[64]

A adoção por Churchill da crítica de Hayek fez pouco para realçar a reputação de Hayek. Destacando que o primeiro-ministro fora inspirado por uma "versão de segunda mão de pontos de vista acadêmicos de um professor austríaco", o educado Attlee declarou: "Quando ouvi o discurso do primeiro-ministro na noite passada... percebi de imediato qual era seu objetivo. Ele queria que os eleitores compreendessem como era grande a diferença entre Winston Churchill, o grande líder na guerra de uma nação unida, e o Sr. Churchill, líder do Partido dos Conservadores. Ele temia que aqueles que haviam aceitado sua liderança na guerra pudessem ser tentados por gratidão a continuar a segui-lo. Agradeço a ele por havê-los desiludido tão completamente."[65] Surpreendentemente para Churchill — e Attlee — o Partido Trabalhista foi recompensado com uma maioria esmagadora de votos, particularmente porque os eleitores temiam uma volta ao alto desemprego de pré-guerra, presidido pelos Conservadores. Como recordou o político trabalhista Tony Benn, "todos aqueles soldados disseram: 'Nunca mais. Nunca mais voltaremos ao desemprego, à Grande Depressão.'"[66]

Nos Estados Unidos, recordou Hayek, "[O livro] foi tratado em grande medida pela comunidade acadêmica como um esforço malicioso de um reacionário para destruir altos ideais."[67] O keynesiano mais destacado de Harvard, Alvin Hansen, em seu artigo, "The New Crusade Against Planning",[68] uniu-se a Keynes na observação de que Hayek fizera uma distinção entre intervenção boa e má, e perguntou, como Keynes, onde exatamente Hayek colocaria o limite.

O professor T. V. Smith,[69] da Universidade de Chicago, aumentou a temperatura do debate, dizendo que a argumentação de Hayek era "histérica", "alarmista" e "estridente demais". "Nenhum país de proposições democráticas já escorregou intencional ou... não intencionalmente para a servidão",[70] escreveu. A questão, escreveu Smith, era "distinguir entre planejamento daninho e planejamento útil em vez de maldizer todo planejamento... O autor não se opõe ao planejamento. Assim como o resto de nós, ele se opõe apenas ao planejamento que subverte a liberdade".[71] "A preparação para uma eletrocussão e para um eletrocardiograma é a mesma, até um certo ponto",[72] sugeriu Smith. A dificuldade era distinguir uma do outro.

Smith discerniu mais uma falha no raciocínio de Hayek: de que dificilmente seria antidemocrático planejar, se governos democraticamente eleitos seguissem os desejos do eleitorado de que houvesse planejamento. "O maior sucesso da Constituição... é que, em um século e meio, ela venceu uma antiga desconfiança do povo no governo para uma aceitação dele como seu amigo", escreveu Smith. "Um governo democrático são as próprias pessoas unidas."[73]

Outro professor da Universidade de Chicago, Herman Finer,[74] respondeu com o livro *The Road to Reaction*, no qual rejeitou a "selva de falácias" de Hayek. E continuou: "O aparato de aprendizado de Hayek é deficiente, sua leitura incompleta... seu entendimento do processo econômico é intolerante, seu relato da história, falso... seu senso político é quase inexistente, sua terminologia enganosa, sua compreensão da conduta política britânica e americana é gravemente defeituosa mentalmente e... sua atitude em relação aos homens e mulheres médios é de truculento autoritarismo."[75] Ele descreveu o livro como "a mais sinistra ofensiva contra a democracia a emergir em um país democrático em muitas décadas".[76]

Logo ficou claro que, embora imensamente popular, *The Road to Serfdom* era um trabalho definidor que não apenas separava a esquerda da direita, como também a direita da ultradireita. A polêmica libertária Ayn Rand,[77] que raramente encontrava Hayek em pessoa e quando o fazia o rejeitava como "transigente",[78] se enfureceu com o livro. Nas margens de seu exemplar, rabiscou comentários ofensivos, chamando Hayek de "maldito idiota", "idiota abissal", "imbecil" e "bastardo total, completo e cruel".[79]

Hayek se espantou por ter sido pego em uma cáustica batalha ideológica nos Estados Unidos. Lá, recordou, "o grande entusiasmo pelo *New Deal* ainda estava nas alturas. E aqui existiam dois grupos: pessoas entusiasmadas com o livro, mas que nunca o leram — apenas ouviram falar em um livro que apoiava o capitalismo — e a *intelligentsia* americana, recém-picada pelo inseto do coletivismo e que sentia que isso era uma traição aos mais altos ideais que os intelectuais tinham que defender. Então, fiquei exposto a um tratamento incrivelmente áspero, algo que nunca experimentei na Grã-Bretanha na época. Aquilo foi longe, a ponto de me desacreditar profissionalmente".[80]

Em janeiro de 1946, Hayek e Keynes se encontraram em Cambridge. Hayek desviou a conversa sobre livros elisabetanos para o modo, lhe parecia, como os seguidores de Keynes — pensa-se que Joan Robinson e Richard Kahn foram mencionados — pareciam estar adaptando as ideias de Keynes a seus próprios fins. Isso não preocupava Keynes? O que ele poderia fazer sobre isso? "Depois de um comentário não muito lisonjeiro sobre as pessoas em questão", recordou Hayek, "ele prosseguiu e me tranquilizou ao explicar que aquelas ideias eram muito necessárias na época em que ele as lançara. Continuou, indicando que eu não precisava ficar alarmado; se, em algum momento, se tornassem perigosos, eu poderia confiar nele de novo para rapidamente mudar a opinião pública — e ele indicou com um ligeiro movimento da mão o quão rapidamente isso poderia ser feito."[81] "Keynes tinha um conceito supremo de seu poder para jogar com a opinião pública", recordou Hayek. "Ele acreditava que podia jogar com a opinião pública como se ela fosse um instrumento. E, por essa razão, não ficou de todo alarmado pelo fato de suas ideias serem mal interpretadas. 'Oh, posso corrigir isso a qualquer momento.' Esse era o sentimento dele sobre isso."[82] Três meses depois, Keynes estava morto.

No domingo de Páscoa de manhã, 30 de abril de 1946, a tensão de viver várias vidas agitadas em paralelo cobrou seu preço do frágil corpo de John Maynard Keynes. Ele morreu na cama, em sua casa de campo em Tilton, East Sussex, da cardiopatia[83] que atormentara sua meia-idade. Lydia e a mãe dele estavam a seu lado. Ele tinha apenas 62 anos. Seu antigo oponente Lionel Robbins, que o acompanhara aos Estados Unidos para negociar a dívida de guerra da Grã-Bretanha, escreveu para Lydia que Keynes "deu a vida por seu país tão certamente como se tivesse caído no campo de batalha".[84] Hayek, também, escreveu para Lydia, descrevendo Keynes como "o único homem realmente grande que jamais conheci, e por quem eu tinha ilimitada admiração. O mundo ficará um lugar muito mais pobre sem ele".[85]

Hayek disse à sua mulher, Helen, que, com Keynes morto, ele era agora "provavelmente o economista vivo mais conhecido", uma observação que "lamentaria amargamente" mais tarde. "Dez dias depois, isso provavelmente não era mais verdade", lembrou. "Naquele mesmo momento, Keynes se tornou uma grande figura e eu fui gradativamente esquecido como economista."[86] Como ele disse cerca de quarenta anos depois, "em meados dos anos 1940 — suponho que pareço muito convencido — penso que eu era conhecido como um dos dois principais economistas em controvérsia: havia Keynes e havia eu. Agora, Keynes morreu e se tornou um santo; e eu me desacreditei por publicar *The Road to Serfdom*, que mudou completamente a situação".[87]

14.

Os anos no deserto

Mont Pèlerin e a mudança de Hayek para Chicago, 1944-69

Hayek contribuiu pouco para aumentar o sucesso popular de *The Road to Serfdom* nos Estados Unidos. Ele era uma figura pública relutante e achava que a aclamação que recebia pelo livro perturbava sua compostura. "Fui solicitado a vir para dar cinco séries de palestras em cinco universidades", recordou. "Eu imaginava palestras acadêmicas muito calmas, que escrevera cuidadosamente... Enquanto estava em alto-mar, a condensação da *Reader's Digest* apareceu. Então, quando cheguei, me disseram... eu deveria cumprir um roteiro de palestras públicas em todo o país. Eu disse, 'meu Deus, nunca fiz isso. Não posso fazer isso de jeito nenhum. Não tenho experiência de falar em público.' [Eles disseram]: 'Oh, não há nada a fazer agora.'"[1]

Hayek achava as grandes audiências alarmantes. "Eu imaginava um pequeno grupo de senhoras, como as mulheres de Hokinson[2] no *New Yorker*", relembrou. "Perguntei: 'qual é a audiência que vocês esperam?' Eles disseram 'o salão dá para 3 mil, mas irá muito mais gente'. Meu Deus, eu não tinha ideia do que ia dizer." Nas cinco semanas seguintes, ele cruzou os Estados Unidos, falando para audiências atentas... e se tornou imediatamente um herói. Com o tempo, passou a gostar do papel de vidente e sábio, mas a vida de ator não veio naturalmente. "O que fiz nos Estados Unidos foi uma experiência muito corruptora", relembrou. "Você se torna um ator, e não sabia que tinha isso em mim. Mas, dada a oportunidade de representar para uma audiência, comecei a gostar."[3]

Vale a pena especular como a batalha com as ideias keynesianas teria terminado se Hayek tivesse mais de apresentador. Keynes sabia como vender suas ideias. Era um mestre dos artigos de opinião e gostava de ser o centro da atenção. Se Hayek tivesse a autoconfiança de Keynes, sua inteligência comercial e seu amor à performance, poderia ter sido capaz de persuadir mais pessoas de que administrar a economia não era desejável. Ele tinha autoconfiança, mas, talvez, seu sotaque pesado e sua natureza introvertida trabalhassem não apenas contra ele, mas contra suas ideias. Um colega descreveu Hayek, na época, como "muito correto e bastante sério, digno, afável, lento, orador tedioso, pensando, às vezes, em qual seria sua frase seguinte".[4] Dificilmente as qualidades de uma estrela da mídia. Quaisquer que fossem os méritos das discussões entre Keynes e Hayek, Keynes levava vantagem, até mesmo após sua morte.

Hayek era admirado, mas não amplamente estimado, exceto talvez por aqueles que o conheciam bem. Era conhecido como oposicionista, que atraía para ele os dissidentes, mas isso não o tornava benquisto entre aqueles que gostavam de fazer parte de um grupo. Keynes oferecia uma visão do futuro esperançosa, com todo mundo empregado, com base em uma visão otimista da natureza humana. Hayek era cético e pessimista: aqueles que se esforçavam para tornar o mundo melhor provavelmente terminariam provocando consequências indesejadas. O livre mercado funcionava melhor de acordo com decisões racionais baseadas no interesse próprio, e seu funcionamento fracassava quando temperado pelo idealismo. Assim, otimistas e idealistas tendiam a seguir Keynes; os pessimistas encontravam em Hayek um guia sóbrio para os desapontamentos do mundo real.

Depois do circuito de apresentação do livro, Hayek voltou à Inglaterra sem alarde. "Keynes foi disputado enquanto viveu — extremamente. Depois de sua morte foi elevado à santidade. Em parte porque o próprio Keynes era muito inclinado a mudar de opinião, seus alunos desenvolveram uma ortodoxia: você tinha permissão de pertencer à ortodoxia ou não. Por volta dessa mesma época, eu me desacreditei com a maioria dos meus colegas economistas por escrever *The Road to Serfdom*, que é tão antipatizado. Não apenas minha influência teórica declinou, a maioria dos departamentos [na London School of Economics] veio a antipatizar comigo."[5]

Em uma palestra no início de 1944, Hayek expôs a prolongada aflição que suportara por argumentar contra ideias progressistas. "Tenho todas as razões para desejar que eu fosse capaz de acreditar que uma sociedade socialista planejada pode conquistar o que seus advogados prometem", disse. "Se pudesse me convencer de que estão certos, isso removeria subitamente todas as nuvens que, para mim, tingem de preto todas as perspectivas do futuro." "Se eu me inclinasse com o vento socialista", ele disse, "poderia ascender e me tornar um líder confiável, em lugar de um odiado obstrucionista." "O que quer que se possa pensar dos economistas clássicos, deve-se admitir que eles nunca temeram ser impopulares", disse.

Hayek ficara perplexo com a hostilidade a *The Road to Serfdom*. Mas essa antipatia vigorosamente expressada não se abateria logo. Como relembrou o jornalista Ralph Harris[6], "Hayek atravessou um período nos anos 1950 e 1960 em que era odiado, execrado. Os acadêmicos de esquerda, que, de maneira alguma, eram pessoas desagradáveis, não queriam conhecê-lo pessoalmente. Houve uma ocasião em que um professor de filosofia em Oxford não quis conhecer 'Esse Homem'... era um ódio profundo."[7]

Com o tempo, a aversão às ideias de Hayek foi transferida para todos aqueles que ofereciam uma alternativa de livre mercado ao keynesianismo. "Havia algo de guerra religiosa nisso, que criticar esse nobre ideal do socialismo, de justiça, de igualdade, era profanar algo que era bom", explicou Harris. "Era um brilho nos olhos de muita gente bastante comum que pensava que o socialismo com certeza não viria meramente, mas seria a realização insuperável de uma sociedade civilizada."[8] Em troca, as ideias do livre mercado adquiriram uma dimensão quase religiosa que levaria alguns simpatizantes a parecer mais discípulos de uma seita secreta do que investigadores em busca da verdade.

Marginalizado em seu país de adoção, Hayek contemplou mudar-se para os Estados Unidos, mas, tendo migrado para uma nova terra uma vez, relutava em suportar uma segunda mudança cultural. A experiência de seu mentor Ludwig von Mises, que havia fugido do nazismo para Nova York e lutara para encontrar trabalho no círculo acadêmico norte-americano, não sugeria que Hayek fosse bem-vindo. Além disso, Hayek gostava de viver entre os ingleses. Quando visitou os Estados Unidos, nos anos 1920, relembrou: "Eu ainda tinha muito de europeu e não me senti nem um pouco integrado. Mas, assim que cheguei à Inglaterra, me senti bem-vindo."[9] Dois rompimentos profundos em sua vida o fariam mudar de ideia.

Mas, primeiro, teria de tratar de um fenômeno que havia encontrado em sua turnê pelos Estados Unidos: o sentimento de total isolamento entre aqueles, como ele, que continuavam a acreditar em economia ortodoxa a despeito da ampla conversão ao keynesianismo. "Em todos os lugares aonde eu ia encontrava alguém que dizia que concordava totalmente comigo, mas, ao mesmo tempo, se sentia totalmente isolado em seus pontos de vista e não tinha ninguém com quem pudesse conversar sobre eles", disse. "Isso me deu a ideia de reunir essas pessoas, cada uma das quais vivia em grande solidão, em um só lugar."[10]

Hayek queria liderar a oposição ao keynesianismo, com ele próprio à testa. Todos os seus colaboradores seriam "liberais econômicos", mas, de maneira alguma, adeptos, todos eles, da Escola Austríaca. "Economistas liberais" acreditavam que a economia e os mercados deveriam ser livres de interferências. Não deveriam ser confundidos com os "liberais" americanos que advogavam liberdade para os indivíduos se comportarem como quisessem em suas vidas privadas, sem inibições de costumes sociais constritivos e que, frequentemente, eram tudo menos liberais em suas economias. O uso conflitante da palavra "liberal" se tornaria fonte constante de confusão.

Hayek deu o primeiro passo na trilha contrarrevolucionária em abril de 1930. O destacado jornalista e comentarista americano Walter Lippmann se tornou o assunto de um colóquio em Paris para incentivar seu livro, *The Good Society*, que ressaltava a ameaça à liberdade inerente às sociedades planificadas, como a Rússia soviética e a Alemanha nazista. Hayek, Mises e Robbins foram convidados, junto com o sociólogo francês antimarxista Raymond Aron[11], o economista da Universidade de Manchester Michael Polanyi[12], o pensador do livre mercado de Freiburg Wilhelm Röpke[13] e vinte e tantos outros para discutir "a crise do liberalismo". As discussões fizeram pouco mais que estabelecer a base para mais debate, mas um programa ambicioso de ação para depois da guerra começou a se formar na mente de Hayek. Assim que a guerra foi vencida, Hayek contatou os participantes do "Colóquio Walter Lippmann" e pensadores com ideias afins.

Hayek propôs uma cúpula no sentido mais literal, uma conferência de dez dias em abril de 1947 no vertiginoso Hôtel Du Parc[14], que ficava no topo do Mont Pèlerin, à beira do lago Genève, perto de Vevey, na Suíça. Um alto administrador do Schweizerische Kreditanstalt subscreveu 93% dos 18 mil francos suíços gastos na montagem do simpósio. Albert Hunold,[15] um homem de negócios de Zurich que chefiava os fabricantes de relógios suíços, desviou para o simpósio dinheiro destinado à criação de um jornal liberal. Houve bolsas da Fundação para a Educação Econômica favorável ao livre mercado em Irvington-on-Hudson, Nova York, e do libertário William Volcker Charities Fund de Kansas City, Missouri, que financiou a viagem dos americanos.[16]

Hayek convidou cerca de sessenta, prometendo que todas as despesas seriam pagas, e trinta e sete de dez países aceitaram, cerca de metade dos Estados Unidos. Para as gerações subsequentes de libertários, aqueles que foram ao primeiro encontro de Mont Pèlerin vieram a ser tratados com a reverência que os nativos bem-nascidos da Nova Inglaterra reservam para os que velejaram no *Mayflower*. Não deixou de ser notado que a palavra francesa *Pèlerin* significa peregrino. Os peregrinos que subiram de funicular ao Hôtel Du Parc, um refúgio mais usado por caminhantes que por intelectuais, era um grupo desigual reunido por um senso de isolamento honrado e nobre perseguição. Como disse o historiador George H. Nash,[17] "os participantes, no alto dos Alpes suíços, estavam demasiado conscientes de que eram superados em número e sem influência aparente pelos estrategistas da política econômica do Ocidente".[18]

Entre os presentes estavam Mises, Robbins, Frank Knight, George Stigler,[19] economista da Escola de Chicago; Fritz Machlup, o economista da Escola Austríaca que fugiu para a América em 1933; John Jewkes,[20] o economista britânico antiplanejamento; Karl Popper,[21] o filósofo da ciência da LSE; Henry Hazlitt, cuja resenha laudatória de *The Road to Serfdom* no *New York Times* ajudou a assegurar o sucesso do livro nos Estados Unidos; William Rappard, chefe da École des Hautes Études em Genebra; Wilhelm Röpke, de Genebra, que iria reformar a moeda alemã; e Veronica Wedgwood,[22] a historiadora inglesa da guerra civil, educada em Oxford, que escrevia artigos para *Time and Tide*. Stigler brincou — mas apenas em parte — que a lista era pouco mais que "Os amigos de F. A. Hayek".

De todos os que participaram do primeiro encontro, talvez o mais importante para o avanço prático das ideias de Hayek tenha sido Milton Friedman, economista de Chicago de 35 anos que fazia sua primeira viagem para fora dos Estados Unidos. Friedman, que se encontrara brevemente com Hayek em Chicago durante a turnê publicitária de *The Road to Serfdom*, foi convidado por sugestão do irmão de sua mulher, Aaron Director,[23] membro da Faculdade de Direito da Universidade de Chicago. Director se encontrara com Hayek na LSE e foi muito útil para que a University of Chicago Press publicasse *The Road to Serfdom*. O trio de Chicago — Director, Stigler e Friedman — jocosamente se referia à viagem como "uma excursão à Suíça... para salvar o liberalismo"[24] e não esperava muito mais que jogar baralho. Stigler pediu a Friedman que "treinasse Aaron no *bridge*, e vamos encontrar um quarto liberal e ensiná-lo".[25] Como relembrou Friedman, "ali estava eu, um jovem, ingênuo provinciano americano, encontrando pessoas de todo o mundo, todos dedicados aos mesmos princípios liberais que eu; todos sitiados em seus próprios países, embora, no meio deles, existissem estudiosos, alguns já internacionalmente famosos, outros destinados a ser; fazendo amizades que enriqueceram nossas vidas, e participando da fundação de uma sociedade que teve um papel em preservar e fortalecer as ideias liberais".[26]

O discurso de abertura de Hayek refletiu a longa estrada em que viajara e a jornada ainda mais longa que se estendia adiante antes que convidasse seus protegidos para discutir "a relação entre 'livre empresa' e uma ordem realmente competitiva", o problema "da economia de alta pressão inflacionária que... [é] a principal ferramenta mediante a qual um desenvolvimento coletivista é forçado na maioria dos países", o ensino da história, a relação entre o pensamento econômico liberal e o Cristianismo, o futuro da Alemanha, a perspectiva para uma federação europeia e o império da lei.

"O lugar é incrivelmente maravilhoso", escreveu Friedman efusivamente em um cartão-postal para sua mulher, Rose. "Estamos nos reunindo três vezes por dia... É bastante cansativo, mas também muito estimulante."[27] As discussões eram muito intensas e frequentemente intensas demais para trazer alívio. "Nossas sessões eram marcadas por vigorosa controvérsia",[28] relembrou Friedman. Houve, inevitavelmente, altercações inflamadas e desacordos. Durante uma controvérsia entre Mises, Robbins, Friedman, Stigler e Knight sobre redistribuição de renda, Mises deixou intempestivamente a sala gritando: "Vocês são um bando de socialistas!" Em outra ocasião, Mises acusou Habeler de ser comunista.[29] Como Friedman explicou, "Mises era uma pessoa de opiniões muito fortes e bastante intolerante em relação a quaisquer diferenças de opinião".[30] Para literalmente esfriar os ânimos, foram organizados passeios para explorar as montanhas vizinhas. A atmosfera combativa do primeiro encontro deu o tom para os encontros subsequentes, levando a repetidos desentendimentos e desistências de participar à medida que pessoas com opiniões contrárias discutiam sobre diferenças imperceptíveis para um estranho. Como Samuelson secamente observou, "o número de desistências em Mont Pèlerin nunca atingiu realmente o número de seus novos membros".[31]

Após mais de uma semana de debates, Robbins redigiu uma declaração de missão. Declarando que "os valores centrais da civilização estão em perigo", Robbins afirmou que a ameaça à liberdade tinha sido "nutrida pelo crescimento de uma visão da história que nega todos os padrões absolutos de moral e pelo crescimento de teorias que questionam a desejabilidade do império da lei. Ademais, eles foram fomentados por um declínio da crença na propriedade privada e no mercado concorrencial". E concluiu: "O grupo não aspira a fazer propaganda. Não busca estabelecer ortodoxia pedante e enganosa. Não se alinha com partido algum em particular. Seu objeto é somente... contribuir para a preservação e melhoria da sociedade livre."[32]

Hayek confiava em que a conferência marcaria "o renascimento de um movimento liberal na Europa".[33] Friedman considerou-a "uma tentativa de contrabalançar *The Road to Serfdom*, começar um movimento, uma estrada para a liberdade, por assim dizer".[34] Demorou mais de um ano para que se arranjasse o segundo encontro, em 1949, em Seelisberg, na Suíça, mas a sociedade se encontrou todos os anos dali em diante.

Quando os keynesianos comentavam o encontro, era para diminuir aqueles que gostavam de ridicularizar como fósseis. Típico foi o repúdio de John Kenneth Galbraith: "O pequeno bando remanescente de economistas do livre mercado encontrou-se em um pico alpino para formar uma sociedade que, no entanto, logo foi a pique com uma divisão em suas fileiras sobre a questão [de] se a marinha britânica deveria ser propriedade do governo ou arrendada do setor privado."[35]

Energizado por sua nova busca, Hayek voltou a Londres para uma tarefa mais dolorosa. Ele se casara com Helen Berta Maria von Fritsch, conhecida como "Hella" em Viena, em 1926. Pelos vinte anos seguintes, para amigos como Robbins, o casamento parecia feliz, abençoado com duas crianças. Mas Hayek se casara com Hella após uma desilusão com o fim de um romance. Quando jovem, em Viena, ele se apaixonara primeiro por sua prima, Helene, mas, quando viajou para Nova York em 1923, a distância foi demasiada, e, "devido a algum mal-entendido quanto a intenções",[36] Helene se cansou de esperar e casou-se com outro.

Hayek se casou com Hella logo depois, porque, explicou, ela se parecia um pouco com Helene. Hella se tornou "uma esposa muito boa para mim",[37] relembrou. Depois da guerra, em 1946, quando visitava Viena, sozinho, para descobrir o que acontecera com seus familiares sob o domínio nazista, Hayek encontrou Helene, que lhe disse que estava livre para se casar com ele. Apesar dos anos de devoção de Hella e da existência de uma filha, Christine, com 17 anos, e um filho, Laurence, de 12, e contrariamente à sua negligenciada fé católica, Hayek decidiu divorciar-se de Hella e casar-se com Helene. Ferida e zangada, Hella recusou-se a conceder a separação a Hayek e as negociações do divórcio se tornaram ressentidas.

Hayek celebrou o Natal de 1949 com Hella e as crianças em seu confortável lar em Hampstead. Dois dias depois ele os deixou para sempre, viajando para Nova York para participar da convenção da Associação de Economia Americana. As finanças de Hayek ocupavam mais a sua cabeça do que a economia. Para evitar as despesas de um divórcio litigioso, pôs um bilhete sob a porta do quarto no hotel de Harold Dulan, presidente do Departamento de Economia e Negócios da Universidade de Arkansas, Fayetteville, pedindo um posto de professor. O plano de Hayek era fixar residência em Arkansas, um estado cujas leis permissivas de casamento permitiriam que arrancasse um divórcio barato de Hella. Dulan atendeu devidamente ao pedido, assim como a divisão do tribunal especial de Justiça da Corte Suprema de Arkansas. O divórcio de Hayek tornou-se absoluto em julho de 1950. "Finalmente, eu o consegui à força", relembrou Hayek. "Estou certo de que estava errado e, mesmo assim, eu o fiz", disse. "Era apenas uma necessidade interior de fazê-lo."[38]

O divórcio escandalizou os colegas de Hayek na LSE, mas não tanto quanto a Robbins, que ficou atônito quanto Hayek renunciou a seu posto na LSE em fevereiro de 1950. Robbins escreveu que sentiu que Hayek "se comportara de um modo... Acho impossível comparar com a concepção de seu caráter e de seus padrões que compartilhei por vinte anos de amizade. No que me diz respeito, o homem que conheci está morto". Nos dez anos seguintes, o desgosto de Robbins foi tão grande que ele renunciou à Sociedade Mont Pèlerin em protesto contra o tratamento dado a Hella e não fez contato com Hayek. Os dois homens só se reconciliaram após a morte de Hella, quando Robbins foi ao casamento, em 1961, do filho de Hayek, Laurence, afilhado dele.

Hayek tinha que se afastar. À luz de seus dramas pessoais, a mudança para os Estados Unidos pode ser vista como uma decisão impelida por necessidade financeira, mais do que uma tentativa de explorar sua fama recente de exemplo de liberdade. Ele precisava de um salário maior do que o que recebia na LSE para poder sustentar Hella e as crianças e manter a si mesmo e a Helene. Finalmente conseguiu um posto na Universidade de Chicago, que se mostrou longe de ser fácil.

Chicago tinha sido para ele um lar longe de casa durante a turnê publicitária de *The Road to Serfdom*. A University of Chicago Press era sua editora americana, e ele gostava de se alojar no agradável Quadrangle Club. (Ao contrário, a Columbia University o hospedara em um enorme dormitório vazio, o que tomou como desconsideração política.)

Nada teria agradado mais a Hayek do que unir-se à Faculdade de Economia da Universidade de Chicago. Mas, depois de fazer uma palestra no Clube Econômico de Detroit, Hayek foi abordado por Harold W. Luhnow, presidente do libertário William Volcker Charities Fund, que o convidou a escrever uma edição de *The Road to Serfdom* dirigida aos americanos. Luhnow estava preparado para pagar o preço pedido por Hayek, de US$ 10 mil por ano durante três anos. "Não o levei muito a sério",[39] recordou Hayek, que desconfiava de ser pago por um *think tank* conservador em lugar de se tornar acadêmico independente em uma universidade respeitada.

Hayek tentou obter um posto de professor no Instituto para Estudos Avançados na Universidade de Princeton, que não ficou feliz com um salário a ser estipulado por uma instituição privada. Hayek, então, abordou a Universidade de Chicago, esperando por uma posição na Faculdade de Economia, onde sentia que seria bem recebido por estudiosos como Frank Knight e Jacob Viner.[40] O pedido de Hayek foi recebido com entusiasmo pelo reitor da universidade, Robert Maynard Hutchins, um reformador educacional que, em seu esforço para tornar Chicago uma instituição mais séria, aboliria as fraternidades e o programa de futebol, reformas que o tornaram impopular, em particular com professores de mentalidade conservadora da Faculdade de Economia. A sugestão de Hutchins de Hayek entrar para a faculdade estava, portanto, comprometida desde o início, embora a antipatia por Hutchins não tenha sido a única razão para Hayek ter sido rejeitado.

"Hayek não era uma pessoa que eles teriam escolhido para somar", explicou Friedman. "Não concordavam com a economia dele... Se tivessem procurado em todo o mundo por um economista para acrescentar à equipe, sua recomendação não teria sido o autor de *Prices and Production*."[41] A economia da Escola Austríaca era considerada obscura e antiquada. A diferença entre o pensamento de Hayek e as noções da Escola de Chicago é significativa. A defesa de Friedman da abordagem libertária de Hayek da economia e da política ignorava as noções austríacas de "estágios de produção" em favor da regulação governamental da oferta de moeda, um processo que os austríacos julgavam um anátema. E, enquanto Hayek acreditava que o livre mercado tinha o monopólio da virtude, estudiosos de Chicago, como Frank Knight, acreditavam que ele poderia ser tão ineficiente quanto a intervenção do governo. No entanto, o fato de tanto a Escola Austríaca quanto a de Chicago acreditarem que os preços eram a chave para compreender a economia e que o livre mercado é preferível à intervenção levou a que essas duas tradições, na verdade competitivas, sejam comumente avaliadas como sinônimos.

A importante descoberta de Friedman na economia, ao determinar a ligação entre contrações desnecessárias na oferta de moeda e as recessões que se seguem, mostrou o quão profundamente os economistas de Chicago podiam diferir da Escola Austríaca. À diferença de Hayek e Mises, que pensavam ser a atividade econômica demasiado complexa para ser quantificada e que as médias eram indicadores enganosos de como os indivíduos fixavam preços, a pesquisa de Friedman tomou como um dado a noção keynesiana de observar a economia como um todo e usar as médias para determinar a causa e o efeito das mudanças econômicas. Ao mesmo tempo que cuidava para nunca criticar as noções da Escola Austríaca de Hayek com muita severidade, Friedman não estava convencido de seus méritos.

A aventura de Hayek em prognosticar o dia do juízo final em *The Road to Serfdom* também era citada como prova de que lhe faltava o rigor intelectual que se esperava na Escola de Chicago. De acordo com John Nef, diretor do Comitê de Pensamento Social de Chicago, alguns economistas de Chicago acreditavam que *The Road to Serfdom* era "popular demais para um estudioso respeitado perpetrar. Não havia problema em tê-lo em Chicago, desde que não fosse associado aos economistas".[42] No outono de 1950, por sugestão de Nef, Hayek se tornou professor de ciência moral e social no Comitê de Pensamento Social, uma cadeira parcialmente financiada pelo fundo Volcker. Apesar do mau acolhimento, Hayek aceitou o posto.

Hayek queria dar o chute inicial em sua contrarrevolução escrevendo um trabalho que fosse tão popularmente aceito quanto *The Road to Serfdom*. Como explicou seu biógrafo Alan Ebenstein, "ele esperava que *The Constitution of Liberty* fosse A riqueza das nações [de Adam Smith] do século XX".[43] Nos nove anos seguintes, ele trabalhou, de vez em quando, em uma obra que explicaria por que o império da lei é o melhor modo de salvaguardar as liberdades individuais ante os governos. Começou com uma breve história da noção de liberdade e uma elaboração do conceito do império da lei, expressa duzentos anos antes pelo filósofo John Locke, cujo trabalho inspirou tanto a Revolução Francesa quanto os Pais Fundadores dos Estados Unidos. Locke declarou que todas as pessoas eram iguais e negou a lógica do monarca que dominava por direito divino. Ele definiu o "contrato social" entre homens que viviam pacificamente em sociedade e sugeriu que o consentimento era um pré-requisito para obedecer às leis e ao governo. O aspecto do pensamento de Locke que particularmente interessou Hayek foi sua afirmativa de que somente se todos forem considerados iguais perante a lei uma sociedade poderá ser considerada realmente livre.

Hayek tomou a ideia de Locke de império da lei e foi adiante com ela, afirmando que apenas a existência do império da lei pode assegurar que o livre mercado funcione com justiça para todos e que, ao contrário, quando o império da lei está ausente, reina a tirania. Algo subjugado pela acusação de que o sensacionalismo permeava *The Road to Serfdom*, em *The Constitution of Liberty* sua abordagem foi deliberadamente suavizada. "Tenho o objetivo de conduzir a discussão com espírito tão sóbrio quanto for possível",[44] escreveu.

A primeira conclusão de *The Constitution of Liberty* é que, para os indivíduos serem livres da coação de outros, o Estado deve coagir alguns a não coagirem outros. A segunda é que tanto a democracia quanto o capitalismo, com suas ideias de propriedade privada e contratos obrigatórios operando em um livre mercado, demandam o império da lei. "Não existe, provavelmente, nenhum fator isolado que tenha contribuído mais para a prosperidade do Ocidente do que a relativa certeza da lei",[45] declara Hayek. O império da lei permite a todos os cidadãos a certeza necessária para tomar decisões acerca do futuro, o que é um pré-requisito para fazer investimentos, e fornece as condições ordenadas em que as sociedades podem tornar-se ricas. Hayek pressupõe limites à intrusão das leis na vida privada do indivíduo, permitindo que os indivíduos desfrutem o que chamou "alguma esfera privada garantida".[46] Era Locke para a idade moderna.

Hayek, então, aventurou-se no território mais traiçoeiro relativo aos elementos importantes do sonho americano: que todos os homens são criados iguais e que, para assegurar o tratamento justo de todos os seus cidadãos, uma administração deve seguir políticas que tornem seus cidadãos iguais em estima. Hayek disseca a palavra "igual" e, de passagem, descarta a afirmação de Locke de que a mente adquire sabedoria mediante experiência e não por herança. "Tem sido moda nos tempos modernos minimizar a importância das diferenças congênitas", escreveu. "Não devemos negligenciar o fato de os indivíduos serem muito diferentes desde o início. Como declaração de fato, simplesmente não é verdade que 'todos os homens nascem iguais'."[47] Não surpreende, talvez, que Hayek tenha avisado no prefácio: "Não posso afirmar que escrevo como um americano."[48]

Embora acreditasse que todos devessem ser considerados de igual valor e tratados igualmente perante a lei, Hayek achava ridículo que governos tentassem tornar todos iguais, ou até tratar a todos igualmente, fornecendo-lhes idênticos recursos. Eram as próprias diferenças entre as pessoas que ele achava essenciais para a manutenção do progresso e da prosperidade. "O rápido avanço econômico que nos acostumamos a esperar parece em ampla medida o resultado da desigualdade e seria impossível sem ela", escreveu.[49]

Ele argumentou que era inevitável para o progresso da civilização que algumas nações avancem à frente de outras. "Se hoje algumas nações podem, em poucas décadas, adquirir um nível de conforto material que custou ao Ocidente dezenas de milhares de anos para conquistar, não é evidente que seu caminho se tornou mais fácil pelo fato de o Ocidente não ter sido forçado a compartilhar suas conquistas materiais com o resto?",[50] argumentou.

Opiniões controvertidas continuavam a chegar. Os conservadores que leram *The Road to Serfdom* podem ser desculpados por concluir que Hayek era um deles; o livro era um tal desafio tanto a socialistas quanto a comunistas e um endosso ao livre mercado que os conservadores em grande medida o consideravam um manifesto. Em *The Constitution of Liberty*, entretanto, Hayek os desiludiu com um postscriptum intitulado "Por que não sou um conservador".[51] Hayek declarou que era um "liberal". "Um dos traços fundamentais da atitude conservadora é o medo da mudança, uma tímida desconfiança do novo", escreveu, "enquanto a posição liberal é baseada na coragem e na confiança, uma preparação para deixar a mudança seguir seu curso, mesmo que não possamos prever aonde levará."[52] Ele prosseguiu: "A posição conservadora se apoia na crença de que em qualquer sociedade existem pessoas reconhecidamente superiores, cujos padrões, valores e posição herdados têm que ser protegidos, e essas pessoas deveriam ter mais influência nos assuntos públicos que outras. O liberal não nega, naturalmente, que existam algumas pessoas superiores — ele não é um igualitarista —, mas nega que alguém tenha autoridade para decidir quem são as pessoas superiores."[53]

Hayek declarou que os conservadores eram como os socialistas, e que ambos tinham opiniões detestáveis, não democráticas. "O conservador não objeta à coerção ou ao poder arbitrário enquanto usados para o que vê como propósitos certos. Ele acredita que, se o governo está nas mãos de homens decentes, não deveria ser muito restringido por regras rígidas... como o socialista, ele se vê com o direito de impor seus valores a outras pessoas",[54] escreveu. "Não é a democracia, mas o governo sem limites o que é questionável, e eu não vejo por que as pessoas não devam aprender a limitar o alcance da regra da maioria assim como de qualquer outra forma de governo."[55]

Ele argumentava que os conservadores eram amaldiçoados pelo nacionalismo. "É esse preconceito nacionalista que frequentemente fornece a ponte do conservadorismo para o coletivismo: pensar em termos de 'nossa' indústria ou recurso fica apenas a uma pequena distância de exigir que esses ativos nacionais sejam dirigidos pelo interesse nacional",[56] declarou. "Nacionalismo dessa espécie é muito diferente de patriotismo e... a aversão ao nacionalismo é completamente compatível com um profundo apego às tradições nacionais."[57] Escrevendo à sombra dos julgamentos midiáticos anticomunistas conduzidos pelo Comitê Legislativo de Atividades Antiamericanas e o senador Joseph McCarthy, Hayek deixou escapar que não tinha paciência para tais acontecimentos sinistros: "Não é um argumento real dizer que uma ideia é antiamericana, ou antigermânica, nem um ideal equivocado ou maldoso é melhor por ter sido concebido por um de nossos compatriotas."[58]

Hayek terminou de escrever *The Constitution of Liberty* em 8 de maio de 1959, em seu sexagésimo aniversário, e o livro foi publicado em fevereiro de 1960. Ele mandou exemplares autografados para Richard Nixon, Herbert Hoover, Walter Lippmann, John Davenport, Henry Hazlitt, para o editor da revista *Time*, Henry Luce, e para o editor-chefe da *Reader's Digest*, esperando que a revista pudesse publicar uma edição resumida, como fizera com *The Road to Serfdom*. Não apenas seu projeto de ressuscitar o liberalismo estava em jogo, como Hayek precisava de dinheiro. Com duas mulheres e dois filhos para sustentar, e a aposentadoria se aproximando sem pensão, ele esperava encarecidamente que o livro se tornasse um *best-seller*.

Foi um fracasso. Recebeu as palavras de estímulo dos suspeitos de costume, mas falhou em levantar voo na mente do público. Comparado a *The Road to Serfdom*, era prolixo e cansativo. Como disse Robbins, "não se pode dizer que seja leitura fácil; os argumentos, embora claros e bem ordenados, exigem pausas frequentes para reflexão".[59] Para um trabalho cuja intenção era instigar intelectuais a reconsiderar ideias básicas sobre liberdade, o livro recebeu pouca atenção até dos periódicos acadêmicos, e os poucos que fizeram resenha o criticaram, até mesmo aqueles que se esperava concordassem com suas conclusões.

Reação típica foi a de Jacob Viner, de Princeton, que, com Frank Knight, havia, dos anos 1930 em diante, orientado a Faculdade de Economia da Universidade de Chicago na direção pró-mercado. Viner queixou-se da simplicidade excessiva de Hayek, das autocontradições e do deficiente método acadêmico, da "ausência conspícua na argumentação de Hayek de *se* e *mas*, e de uma dolorosa luta com a tarefa de pesar os prós e contras".[60] Reiterou a crítica de George Orwell a *The Road to Serfdom*, de que Hayek concentrara suas objeções unicamente na coerção do setor público, quando argumentos idênticos podiam ser levantados sobre corporações privadas. Viner zombou de Hayek por desculpar os cartéis privados enquanto criticava os sindicatos que monopolizavam a oferta de trabalho.[61] Ridicularizou o pedido de Hayek por um imposto uniforme, pago por todos os cidadãos: "Nem mesmo em suas mais extremas manifestações, a tributação progressiva [taxar os ricos proporcionalmente mais que aos pobres] nunca foi levada tão longe que a 'sobrevivência' se tornou mais difícil para os ricos antes de serem tributados do que para os pobres."[62]

Viner rejeitou o "darwinismo social" de Hayek, a crença de que, com o tempo, os mais bem ajustados às demandas da sociedade se tornavam mais ricos, dizendo que isso conflitava com a rejeição de Hayek ao "historicismo",[63] que a história é determinada por leis imutáveis mais do que pelos esforços dos indivíduos, e disse que a defesa de Hayek de um limitado Estado do bem-estar, com seguro-saúde universal e fornecimento de moradias pelo Estado, ia de encontro à sua noção central de "coerção" estatal. Essas contradições iriam "destruir quaisquer pretensões que Hayek possa ter para o rótulo de *laissez-faire*" e seriam "o suficiente para aborrecer muitos 'libertários' aos quais ele é comumente associado".[64] Acima de tudo, Viner censurou Hayek por louvar o crescimento econômico e a maximização da renda acima de todos os outros valores, como religião ou democracia.[65]

Na resenha de Robbins no *Economica*, o estranhamento entre os dois homens se tornou evidente. Robbins criticou a definição de Hayek de liberdade baseada primariamente na falta de coerção. Certamente, afirmou Robbins, havia importantes atos positivos, como a democracia e o direito a votar, "especialmente no que concerne a mulheres ou pessoas de cor", que eram também sinais de verdadeira liberdade.

"Que [a democracia] carrega consigo liberdade para destruir outra liberdade é inegável, e podemos concordar com... o professor Hayek, que, por esta razão, o governo popular carrega consigo perigos muito graves. Mas este é apenas um desses paradoxos da vida."[66]

Quando chegou às objeções de Hayek à intervenção do Estado, Robbins achou que a abordagem de seu antigo amigo era irracionalmente extremada. "Todo ceticismo absoluto em relação à estabilidade de todas as economias mistas me parece ter pouca base na lógica ou na história",[67] asseverou. Robbins argumentou, como Keynes, que a intervenção do Estado para o bem público é apenas tão má quanto a sociedade em que acontece. Nas mãos de uma população benigna, a ajuda do Estado poderia valer a pena. "Quando olho para as condições sociais na Grã-Bretanha contemporânea, com os cidadãos e seus filhos bem alimentados, saudáveis e essencialmente humanos e decentes e vejo o contraste com o que, como jovem, conheci quarenta anos atrás, de fato percebo uma melhora muito sólida e substancial",[68] escreveu Robbins. "Hayek é um tanto precipitado... ao concluir que os desvios de sua norma poderiam levar cumulativamente ao desastre... Por que deve argumentar que esses desvios possam de alguma maneira nos levar à desintegração social e ao campo de concentração?"

As resenhas, e vendas, desapontadoras de *The Constitution of Liberty* coincidiram com uma crise na Sociedade Mont Pèlerin, que, após anos de definhamento do número de membros e participação nos encontros, foi rachada por partidarismos, desavenças pessoais e lutas internas cujos detalhes eram tão mesquinhos que não foram tornados públicos. Os problemas internos de uma instituição que Hayek considerava muito sua se mostraram tão perturbadores para ele que, no encontro de 1960, abdicou da presidência e declinou participar do encontro de 1961.

Houve outro acontecimento perturbador. Em 1960, Hayek sofreu seu primeiro surto de depressão clínica. No ano seguinte, experimentou um ataque cardíaco moderado que não foi diagnosticado apropriadamente e ele caiu mais ainda na melancolia. Em 1962, ainda ansioso em relação ao fracasso em fazer os arranjos adequados para a sua velhice e preocupado em deixar Helene na penúria, aceitou um posto com uma pensão na Universidade de Freiburg, na Alemanha, a cerca de 160 quilômetros da fronteira austríaca. De certo modo, a mudança representou uma volta para casa; de outro, marcou um recuo, uma forma de exílio. Após mais de vinte anos de vida sem o honorífico prefixo "von", em Freiburg começou a se chamar "von Hayek" novamente. Embora, em 1964, Hayek tenha sido feito presidente honorário da Sociedade Mont Pèlerin, o tumulto dentro da organização aumentava sua sensação de fracasso. Ele se sentia isolado e, pior, ignorado. Como lembrou em 1978, "a maioria dos departamentos [da universidade] não me apreciavam mais, tanto que posso sentir isso até o dia de hoje. Os economistas, em grande medida, tendiam a me tratar como intruso".[69]

O que pareceu o golpe final na confiança de Hayek veio quando o outrora amigo íntimo de sua família e seu mais feroz defensor, Lionel Robbins, moderou a crença nas ideias do livre mercado e abraçou aspectos do keynesianismo. Para Robbins, o ponto de ruptura ocorreu quando Hayek e Mises atribuíram a Grande Depressão nos Estados Unidos aos homens de negócios que tomavam emprestado dinheiro demais a taxas de juros baixas demais e investiam em negócios deficitários. Robbins, em seu jeito inglês de falar pela metade, descreveu a explicação como "enganosa" e o remédio de Hayek para a Depressão — deixar o mercado encontrar seu próprio nível, depreciando investimentos equivocados e elevando as taxas de juros para estimular ainda mais a poupança e segurar os gastos do consumidor — "tão inapropriado quanto negar cobertores e estimulantes a um bêbado que caiu em um tanque gelado, com base em que seu problema original era superaquecimento".[70]

Robbins a princípio engolira todo o diagnóstico de Hayek e escrevera um livro, *The Great Depression*, trabalhando muito próximo ao argumento de Hayek de que uma política dura para a economia quebrada e suas vítimas era o único modo de purgar o desequilíbrio de capital e restaurar a economia à saúde. Mas ele veio a descrever o volume como "algo que eu, de boa vontade, gostaria de ver esquecido" e "o maior erro de minha carreira profissional". Robbins estava cheio de remorso, não apenas por sua adesão às crenças de Hayek, como também por seu atraso em abraçar as ideias de Keynes. Como disse, "esse será sempre um assunto de profundo pesar para mim e, embora estivesse agindo de boa-fé e com um forte senso de obrigação social, não deveria ter me oposto tanto a essas políticas que poderiam ter mitigado a aflição econômica daqueles dias".[71]

Em 1969, Hayek se mudou de volta para a Áustria por razões financeiras. A Universidade de Salzburg, uma instituição de pouca importância com um minúsculo departamento de economia, comprou sua biblioteca por uma soma decente e, ao se mudar para lá, Hayek pôde consultar seus livros e continuar a escrever. Nesse mesmo ano, sofreu um segundo ataque do coração que, novamente, não foi diagnosticado corretamente. Pelos cinco anos seguintes sofreu longos períodos de doença, dor e depressão severa, que o impediram totalmente de trabalhar. A condição debilitante durou pelo resto da década e ele recorreu a remédios antidepressivos.

De acordo com Ralph Harris, "quando voltou para sua Áustria natal, Hayek estava deprimido. O sucesso das economias mistas fazia suas teorias de livre mercado, e o próprio Hayek, parecerem mais irrelevantes que nunca".[72] "O mundo era muito um mundo socialista", lembrou seu filho, Laurence. "Suas ideias não estavam na moda. Ninguém parecia ouvi-lo. Ninguém parecia concordar com ele. Ele estava sozinho."[73] Hayek estava em sua maré mais baixa. "Minha impressão era 'estou acabado'",[74] recordou.

15.

A era de Keynes

Três décadas de prosperidade americana inigualada, 1946-80

Em sua morte em 1946, Keynes foi celebrado com serviços fúnebres apropriados a um herói. Suas cinzas foram espalhadas em Sussex Downs, próximo à sua fazenda.[1] Em um serviço memorial na Abadia de Westminster, o primeiro-ministro Clement Attlee conduziu os pranteadores, que incluíam Lydia, os pais idosos de Keynes, a maioria do gabinete, o embaixador americano John Winant, assim como um punhado do Círculo de Bloombury, Duncan Grant, Vanessa Bell, Clive Bell e Leonard Woolf. Os Estados Unidos lhe deram uma régia despedida na Catedral Nacional, em Washington, D.C.

A morte de Keynes pouco retardou a marcha progressiva da revolução que tomou seu nome. Sua motivação inicial para estudar o ciclo de negócios foi reduzir o desemprego em massa da Grande Depressão, e *The General Theory* oferecia aos governos um meio de evitar o desemprego. A ausência de Keynes, no entanto, colocou a revolução nas mãos dos keynesianos. Eles não seriam mais moderados pela sabedoria dele. A defasagem entre o que Keynes pretendia e o que os keynesianos fizeram em seu nome tornou-se maior. Para alguns, como Hayek, Keynes havia desatrelado uma geração de economistas negligentes. Como disse Alan Peacock, jovem economista da London School of Economics, Keynes foi o "Kerensky[2] da Revolução Keynesiana",[3] um líder moderado posto de lado por revolucionários mais agressivos.

Na Grã-Bretanha, as reformas keynesianas receberam um empurrão de Attlee, que, como primeiro-ministro substituto durante a guerra, recebeu mais ou menos carta branca para administrar as políticas domésticas enquanto Winston Churchill conduzia a guerra. De acordo com Martin Gilbert, biógrafo de Churchill, "o discurso do orçamento da coalizão de guerra de 1942 era inteiramente keynesiano... o uso da renda nacional e as estimativas de gastos em relação à formulação do orçamento foram um grande evento na história da aplicação da economia à formulação de políticas".[4] As medidas-chave eram um Estado do bem-estar financiado pelos contribuintes, e o emprego pleno era uma meta nacional. Ambos eram trabalho de William Beveridge, o outro empregador de Hayek na LSE que acreditava que "a derradeira responsabilidade... criar demanda para todo trabalhador à procura de emprego, deve ser tomada pelo Estado".[5]

Que o keynesianismo foi defendido por um de seus primeiros benfeitores não passou despercebido a Hayek, que sempre teve baixa opinião de Beveridge. "Nunca encontrei um homem conhecido como economista que entendesse tão pouco de economia", recordou Hayek.[6] O problema com Beveridge era que ele carecia de quaisquer princípios duradouros. "Era o tipo de advogado de tribunal que prepararia e daria uma declaração, falaria esplendidamente e cinco minutos depois esqueceria tudo",[7] disse Hayek.

Mais penoso para Hayek, talvez, tenha sido que o secretário de Beveridge para o *Beveridge Report* — pressagiando o seguro social nacionalizado, o Serviço Nacional de Saúde e o pleno emprego como política nacional — tenha sido o aluno-estrela de Hayek, Nicholas

Kaldor. Hayek admitiu, com irritação, que "Kaldor, por meio do *Beveridge Report*, fez mais para propagar o pensamento keynesiano que quase qualquer outra pessoa".[8]

A noção de pleno emprego como responsabilidade primária do governo não estava restrita à Grã-Bretanha. O premiê trabalhista da Austrália John Curtin, que foi ao memorial de Keynes em Londres, introduziu, em 1945, o "Pleno Emprego na Austrália", que instruía o governo a encontrar emprego para todo e qualquer indivíduo capaz de trabalhar. No mesmo ano, os que esboçavam o texto da Carta das Nações Unidas incluíram o compromisso de que todos os governos deveriam esforçar-se por "padrões mais altos de vida, pleno emprego e condições de progresso social e econômico".[9] As Nações Unidas deram um passo adiante, em 1948, quando declararam que "todo e cada indivíduo tem o direito de trabalhar, direito à livre escolha do emprego, a condições de trabalho justas e favoráveis e à proteção contra o desemprego".[10]

A Europa dilacerada pela guerra tornou-se um laboratório do keynesianismo. Com os russos na soleira da porta da Europa Ocidental, os Estados Unidos consideraram que as lições de Keynes em *The Economic Consequences of the Peace* deviam ser tomadas sem limitações: as precondições para o extremismo não deveriam ter permissão para se desenvolver. Em vez de punir os derrotados com a pobreza, os contribuintes americanos os ajudaram a se tornar prósperos por meio do Plano Marshall. Que Alemanha, Japão e Itália deviam, simplesmente, ser ajudados a retornar ao livre mercado não foi cogitado. Em 1946, o sumo sacerdote do keynesianismo, John Kenneth Galbraith, se tornou conselheiro do Departamento de Estado sobre política econômica nos países ocupados.

Nos Estados Unidos, o keynesianismo também estava em marcha. Em 1943, a Diretoria de Planejamento de Recursos Nacionais, da era do *New Deal*, divulgou uma "Nova Carta de Direitos" para "promover e manter um alto nível de produção e consumo nacional por meio de todas as medidas apropriadas".[11] No discurso sobre o Estado da União de 1944, Roosevelt lançou "uma segunda Carta de Direitos", que garantia "o direito à proteção adequada contra os medos econômicos da velhice, doença, do acidente e desemprego".[12] Em janeiro de 1945, o senador James Murray,[13] democrata de Montana, apresentou um projeto de lei de Pleno Emprego, esboçado com a ajuda de Alvin Hansen, o "Keynes americano", e baseado nas ideias do economista do *New Deal* Leon H. Keyserling[14] em seu ensaio de 1944 "The American Economic Goal".[15]

O projeto de lei era quase como um curso de introdução a Keynes. Declarava que "a empresa privada, deixada aos seus próprios recursos, não pode prover pleno emprego e não pode eliminar o periódico desemprego em massa e as depressões econômicas",[16] que "todos os americanos aptos a trabalhar e desejando trabalhar têm direito a uma oportunidade de emprego útil, remunerado, regular e de tempo integral" e que o governo federal devia "fornecer o volume de investimento e gastos federais que possam ser necessários... para assegurar a continuidade do pleno emprego".[17] Não havia confiança em que o senador de Missouri Harry Truman — baixo, amigável, confiante, tocador de piano,[18] que sucedeu Roosevelt como presidente em 12 de abril de 1945 — obedeceria a uma instrução do Congresso, então o ramo executivo foi direcionado a submeter um orçamento anual com a previsão do produto necessário para gerar pleno emprego, assim como estimar o produto da economia se não houvesse estímulo federal. O presidente, então, teria que propor uma legislação de "finanças compensatórias", que iria tanto estimular a economia por meio de gasto deficitário ou, no caso de escassez de mão de obra, reduzir o gasto para deter o excesso de demanda. A administração da economia americana devia ser supervisionada pelo recém-criado Conselho de Consultores Econômicos, ligado ao Comitê Econômico Conjunto do

Congresso. Como as Nações Unidas, o projeto de lei considerava o pleno emprego um direito humano básico.[19]

Os keynesianos estavam deliciados. "A memória infeliz de uma década de cerca de 10 milhões de desempregados ainda não foi apagada", escreveu o economista do MIT Seymour E. Harris, "e os efeitos da redução, já iniciada, dos US$ 75 bilhões anuais de gastos do governo federal com a guerra dizem respeito a todos nós". Ele predisse uma perda na década seguinte de até 62 milhões de empregos. "Uma economia desgovernada é capaz de suportar, no mínimo, 50% mais consumo e, talvez, cinco vezes mais investimento do que existia nos anos 1930, a despeito da pesada carga de impostos?",[20] perguntou.

Os keynesianos não deixavam de ter críticos. O amigo de Hayek em Harvard, Gottfried Haberler, apontou uma falha capital no projeto de lei. "O perigo é... que as políticas em termos de gasto agregado exagerem", escreveu. "Se os desempregados estiverem concentrados em certas áreas e setores em 'depressão', enquanto existe pleno emprego em outro lugar, um aumento geral do gasto só serviria para empurrar os preços para cima na área de pleno emprego, sem ter muito efeito nos setores deprimidos. Então, o paradoxo de depressão e desemprego em meio à inflação seria experimentado."[21] Trinta anos se passariam antes que se comprovasse que Haberler estava certo.

Oponentes do projeto de lei foram desafiados a barrar um projeto popular e empregaram argumentos que seguiram de perto as perenes objeções aos remédios de Keynes. Os ciclos econômicos e as depressões que continham eram fenômenos naturais a refletir a atividade legítima dos negócios e não deveriam, portanto, sofrer legislação contrária. O pleno emprego era uma fantasia porque algum desemprego era essencial enquanto os trabalhadores mudavam de um empregador para outro. Mexer com o mercado de emprego terminaria em deslocamentos corruptores. Opositores argumentaram adicionalmente que não existiam medidas econômicas acuradas para calcular corretamente níveis futuros de emprego e estimular a economia apropriadamente. Também objetaram a tornar o emprego um direito humano: isso levaria à desilusão, na medida em que os americanos viessem a esperar algo que nenhuma administração poderia proporcionar.

Conservadores no Congresso asseguraram considerável abrandamento do projeto até Truman transformá-lo em lei, em fevereiro de 1946. O título foi mudado de "Lei do Pleno Emprego" para simplesmente "Lei do Emprego". O "direito" e a "prerrogativa" do emprego tornaram-se "responsabilidade do governo federal... promover o máximo de emprego". A demanda de que "o presidente deve encaminhar ao Congresso... um programa geral... para assegurar a continuação do pleno emprego" tornou-se uma vaga intenção de manter o pleno emprego. E o orçamento anual para criação de empregos foi rebaixado para o menos impositivo "Relatório Econômico do Presidente".[22]

Apesar das concessões e derrotas, os keynesianos acreditavam que a nova lei serviria ao seu objetivo. Ela fazia o ramo executivo do governo assumir responsabilidade pela economia. Pela primeira vez, o governo assumia o direito de administrar a economia, ampliando poderes executivos muito além dos deveres constitucionais existentes para controlar a moeda e o comércio. Nos trinta anos seguintes, administrações de ambos os tipos levaram seus novos poderes ao limite, manipulando a economia por meio dos impostos e de medidas similares em uma tentativa de maximizar a prosperidade e conseguir a reeleição. A macroeconomia, o novo ramo da "ciência sombria" inadvertidamente fundado por Keynes, tornou-se um instrumento oficial do governo dos Estados Unidos. Foi nessa época que os termos "microeconomia" e "macroeconomia" foram usados pela primeira vez: a microeconomia era o estudo dos elementos individuais de uma economia; a macroeconomia estudava a economia como um todo.

Truman tinha pouco interesse em economia e pouco tempo para economistas. Ele brincava que gostaria de conhecer um economista com um braço só porque assim não ouviria "de um lado, isso; de outro, aquilo". Era alheio à bifurcação na estrada que as teorias concorrentes de Keynes e Hayek representavam. Não compreendia a importância da Lei do Emprego, nem os novos organismos que ela criava. Quando apontou o primeiro presidente do Conselho de Consultores Econômicos, ignorou a óbvia pretensão do keynesiano Alvin Hansen em favor de Edwin Nourse,[23] um economista do Instituto Brookings. "Truman era um apoiador formal do projeto de Lei do Pleno Emprego, proposto por Murray, e do Conselho e escreveu uma carta de genuíno endosso quando o projeto foi aprovado, mas não sabia do que se tratava", lembrou Nourse. "Isso estava além de seu alcance intelectual."[24] Mesmo assim, o presidente ficou feliz por receber o crédito pelo fato de todo americano ter um emprego. Em 1947, na mensagem sobre o Estado da União ele se gabou do "praticamente pleno emprego".[25]

O reinado de Nourse não durou muito. Seu sucessor em 1949 foi Leon Keyserling, arquiteto da Lei do Emprego e um dos elementos mais importantes do *New Deal* que acreditava ferventemente em planejar para manter alto crescimento e pleno emprego. Truman ficou com a corrente keynesiana, embora fosse a favor do orçamento equilibrado, e pôs em marcha uma série de profundos cortes na defesa para financiar os programas domésticos. Ele disse a Keyserling: "Leon, você é o maior convencedor que já conheci, mas ninguém jamais me convencerá de que o governo possa gastar um só dólar que não tenha recebido. Sou apenas um caipira."[26] A guerra coreana deu um bom pretexto para os keynesianos retomarem os gastos públicos por meio do Departamento de Defesa — uma tendência que continuaria por décadas.

O pensamento keynesiano recebeu um empurrão em 1948 com a publicação por Paul Samuelson, um estudante de Hansen em Harvard e professor no MIT, de *Economics: An Introductory Analysis*, que se tornaria a bíblia keynesiana. Nas primeiras edições, Samuelson ignorou a economia ortodoxa; descreveu apenas duas opções: "socialismo" e keynesianismo. Nem Mises, nem Hayek, nem a Escola Austríaca justificaram uma menção. Nos sessenta anos seguintes, 40 milhões de exemplares foram vendidos em mais de 40 idiomas, assegurando que o keynesianismo se tornasse a nova ortodoxia do mundo não comunista. Onde Keynes lia Alfred Marshall, os keynesianos liam, e depois ensinavam, Samuelson. "Não me incomodo com quem escreve as leis de um país", disse Samuelson, "se puder escrever seus compêndios econômicos."[27]

O sucessor republicano de Truman, o líder das forças Aliadas que derrotaram Hitler, Dwight D. "Ike" Eisenhower,[28] era um conservador que duvidava da sabedoria de muitas receitas keynesianas. Como Hayek, temia mais a inflação do que o desemprego. Mas não havia volta aos velhos dias de deixar a economia autoadministrar-se. De acordo com John W. Sloan, professor de ciência política de Houston, o ex-general de cinco estrelas Ike "era quem determinava a política econômica de sua administração" e estava "constantemente atento e era frequentemente afirmativo nessa área da política".[29] Eisenhower dependia de Arthur Burns,[30] especialista em ciclos econômicos nascido na Áustria e presidente de seu Conselho de Consultores Econômicos, que revisou substancialmente a posição conservadora em administração macroeconômica keynesiana. "Apenas uma geração atrás era visão típica de economistas e outros cidadãos que se devia permitir que as tempestades de depressão nos negócios acabassem por si mesmas, com pequena ou nenhuma interferência por parte do governo", disse. "Hoje, existe um substancial acordo entre os americanos de que o governo federal não pode permanecer indiferente ao que acontece na economia privada, que o governo deve esforçar-se para fomentar o crescimento da economia e que o governo tem responsabilidade definida de fazer tudo o que pode para prevenir depressões."[31] Fiel à sua palavra, na primeira recessão de Eisenhower em 1954, quando a

Guerra da Coreia terminou, permitiu que cortes nos impostos de US$ 7 bilhões fossem feitos, apesar das lamúrias frequentes dos conservadores, levando o orçamento federal ao déficit. Richard Parker, biógrafo de Galbraith, sugere que "Ike pode ter sido o primeiro presidente da República keynesiano".[32]

Com a administração Eisenhower chegando ao fim, a revista *Life* descreveu a política econômica como "praticamente, um modelo de livro-texto de como favorecer e estimular o sistema de livre mercado".[33] O keynesianismo era construído dentro do governo em uma abordagem apelidada de "keynesianismo empresarial", garantindo que as três breves recessões, de 1953-54, 1957-58 e 1958-59, foram minimizadas pelo uso de "estabilizadores fiscais automáticos", instrumentos como pagamento de seguro-desemprego e assistência social que reforçavam o gasto governamental quando a economia fraquejava; e, como resultado da queda na arrecadação do imposto de renda individual e empresarial quando a economia encolhia, o aumento do gasto e a redução da receita para manter o tamanho da economia. Mesmo que não inteiramente feliz com o insinuante keynesianismo, Ike estava pronto para afundar em gastos deficitários durante as recessões.

Eisenhower gastou o dinheiro dos contribuintes como nenhum presidente em tempos de paz antes dele, embora vencesse as objeções conservadoras fazendo aprovar os gastos como essenciais à segurança nacional. A vasta rede de rodovias interestaduais que começou a ser construída em 1956 — um exemplo perfeito de projeto de infraestrutura keynesiano — foi chamado de programa "Rodovia de Defesa Nacional" e vendido aos conservadores como forma de transportar suprimentos no caso de emergência militar. A escalada da Guerra Fria foi também um incentivo ao gasto com a defesa,[34] não menos que quando a Rússia mandou um satélite, *Sputnik*, ao espaço, em outubro de 1957. A corrida espacial que se seguiu nos cinquenta anos seguintes elevaria o orçamento anual da NASA a verdadeiramente astronômicos US$ 18,7 bilhões, com mais US$ 20 bilhões[35] gastos com os satélites e foguetes do Pentágono. "Estamos vivendo uma curiosa espécie de militarismo keynesiano, no qual Marte correu para preencher o vácuo da economia de mercado",[36] escreveu o historiador Richard Hofstadter em 1950. No final de sua presidência, Ike havia gastado mais com a defesa do que Roosevelt para vencer a Segunda Guerra Mundial.

Com tudo isso, havia um traço de pensamento hayekiano no discurso de adeus de Eisenhower, que advertia contra corporações, ou companhias privadas, em conluio com o governo. O remorso de Eisenhower era que os enormes gastos com armas haviam levado ao "complexo industrial-militar".[37] "Não devemos nunca deixar o peso dessa combinação colocar em perigo nossas liberdades ou processos democráticos",[38] avisou.

O que foi mais bem lembrado dos anos 1950, entretanto, foi a prosperidade interminável que se espalhou pelos Estados Unidos. Foi uma recompensa perfeita para "a maior geração" por vencer a guerra contra o fascismo. O consumismo era exuberante, com eletrodomésticos, refrigeradores e máquinas de lavar preenchendo casas novas idealmente construídas, com um carro em cada garagem. Ainda se olha para essa era com afeto, como um tempo de paz e fartura. Na Grã-Bretanha, Harold Macmillan, um keynesiano, venceu a eleição de 1959 com a frase, "vocês nunca viveram tão bem".

Eisenhower foi o primeiro presidente a compreender completamente que manipular a economia com medidas keynesianas dava ao candidato uma vantagem eleitoral, embora fosse ocorrer uma reviravolta nessa história quando chegasse a eleição presidencial de 1960. Contra um déficit de US$ 13 bilhões no ano financeiro 1958/59, resultado de uma minirrecessão que desencadeou gastos de assistência social e cortes na arrecadação de impostos, Ike passou as eleições de meio de mandato em 1958 pressionando os eleitores, com uma ironia que não passou em branco para keynesianos e conservadores, a não mandar "pessoas que eu classificaria entre os gastadores"[39] para Washington.

O eleitorado ignorou o aviso de Ike e fez retornar a maioria democrática para ambas as Casas Legislativas. Em seu último ano de mandato, ansioso para não deixar um enorme déficit como herança, Eisenhower tentou cortar o gasto público. "Quero reduzir [o gasto] ao último centavo", disse. Mas os democratas, atentos, talvez, ao fato de que os cortes refreariam a economia no aquecimento para a eleição presidencial que opunha a cria de Eisenhower, o queixudo Richard Nixon,[40] ao jovem campeão democrata John F. Kennedy,[41] cortaram ainda mais os gastos, levando a um surpreendente superávit de US$ 269 milhões. Ao mesmo tempo, o FED tornou os empréstimos mais caros ao aumentar fortemente a taxa de juros.

Uma nova recessão começou convenientemente em abril de 1960, e os eleitores culparam os republicanos. Eles tinham os meios para levar as pessoas de volta ao trabalho, cortar taxas de juros, reduzir impostos, manter a economia efervescente, e tinham escolhido não agir. O fato de a inflação ter sido mantida em 1,4% entre 1952 e 1960 contou pouco. Kennedy fez a campanha com o *slogan* "Vamos pôr o país em movimento novamente", e venceu — por um fio. Um décimo de 1% dividiu as contagens dos dois candidatos concorrentes. Se Eisenhower tivesse cedido uma fração, Nixon poderia ter vencido. Nixon se queixaria muito nos anos seguintes de que Eisenhower impedira suas chances de conquistar a Casa Branca na primeira eleição. Foi uma lição dura que todos os presidentes subsequentes aprenderam: o sucesso na urna vinha de administrar a economia para ajustar o ciclo de negócios ao ciclo de eleições de quatro anos. Aqueles que ousassem "fazer a coisa certa" pelo déficit orçamentário estariam condenados.

Em John F. Kennedy, o descendente glamorosamente bonito do clã Kennedy, de Boston, os Estados Unidos elegeram um presidente que, pela primeira vez, admitiu abertamente que empregaria contramedidas keynesianas não meramente na base do ciclo de negócios, mas como uma ferramenta política geral para reforçar a produtividade da nação. Ele sabia pouco sobre economia, apesar de ter sido ensinado em Harvard por Galbraith. Kennedy uma vez confessou não ser capaz de lembrar a diferença entre política monetária e política fiscal — isto é, entre tributação e gastos estabelecidos pela administração e a regulação dos meios de pagamento e as taxas de juros determinadas pelo FED — e que podia lembrar-se de que o FED estava a cargo da política monetária apenas porque o sobrenome do seu presidente começava, como "money", com um "M".[42] Kennedy cercou-se de keynesianos, o principal deles Galbraith, que escreveu o discurso da plataforma econômica de JFK. Quando Kennedy assumiu a presidência, Galbraith foi instalado no Edifício de Escritórios do Executivo com um bilhete de JFK: "Não me diga o que eu deveria fazer e sim o que devo dizer aos outros para fazer".[43]

Kennedy nomeou secretário do Tesouro um republicano, C. Douglas Dillon, banqueiro de Wall Street, e, para presidente do FED, o cauteloso William McChesney Martin Jr.,[44] cujo papel definiu como o de "levar embora o jarro de ponche justamente quando a festa estiver começando" — isto é, frear a inflação que acompanhava o alto gasto público por meio do aumento das taxas de juros.[45] Fora isso, Kennedy cercou-se de keynesianos. A princípio aproximou-se de Samuelson para convidá-lo a presidir o Conselho de Consultores Econômicos, depois sondou Galbraith, que optou por ser embaixador na Índia, antes de escolher Walter Heller,[46] que apelidou a abordagem keynesiana da administração de "Nova Economia". Heller, que se juntou no Conselho a Kermit Gordon[47] e James Tobin, foi convencido de que poderiam cumprir a promessa de pleno emprego — que definiram como uma taxa de desemprego de 4% — sem inflação.

O objetivo econômico de Galbraith era resolver o "hiato de crescimento", a diferença entre o que a economia americana produzia quando deixada à iniciativa privada e a economia completamente produtiva que acreditava ser possível se a administração interviesse. Era pouco mais que a teoria do "desenvolvimento perdido" da Lei do Pleno Emprego com nova roupagem. Em seu primeiro discurso ao Congresso, Kennedy lamentou o fato de que "mais de um milhão e meio de desempregados — mais de um terço de todos os desempregados — poderiam ter tido trabalho. Mais vinte bilhões de dólares em renda pessoal poderiam ter sido ganhos em 1960. Os lucros das empresas poderiam ter sido US$ 5 bilhões mais altos. Tudo isso poderia ser sido cumprido com mão de obra prontamente disponível, materiais e máquinas — sem forçar a capacidade produtiva e sem provocar inflação". Ele soou como Keynes durante a Depressão.

Kennedy continuou, "uma economia desequilibrada não produz um orçamento equilibrado. Receitas mais baixas ganhas pelas famílias e corporações estão refletidas nas receitas mais baixas de impostos federais. A assistência aos trabalhadores desempregados e os custos de outras medidas para aliviar a crise econômica com certeza devem aumentar à medida que os negócios declinam." Com a economia trabalhando à plena carga, as maiores receitas de impostos pagariam o déficit público. "O recuo da dívida com alto índice de emprego contribui para o crescimento econômico ao liberar as poupanças para investimento produtivo pela empresa privada",[48] declarou. Chamando Heller naquela noite, Kennedy confidenciou: "Eu lhes dei Heller e Keynes francamente e eles adoraram."[49] Não admira que Arthur M. Schlesinger Jr., o Boswell* de JFK, descrevesse Kennedy como "o primeiro presidente inquestionavelmente keynesiano".[50]

Apesar da retórica keynesiana, a estreita vitória sobre Nixon tornou Kennedy cauteloso. Ele temia a ala conservadora dos democratas,

---

*James Boswell, escritor escocês e biógrafo de Samuel Johnson, que ficou famoso por sua devoção a Johnson. [N. da T.]

liderada pelo senador Harry F. Byrd Sr., da Virgínia, presidente do Comitê de Finanças do Senado, que permaneceu convictamente contrário aos déficits. Por dois anos, Kennedy fez pouco para estimular a economia além das enormes somas gastas com a defesa e a pesquisa espacial, ambas as quais, assim como Eisenhower, afirmava serem essenciais à segurança nacional, argumento que ganhou peso após a Crise dos Mísseis em Cuba em outubro de 1962. O gasto militar e espacial respondeu por três quartos do aumento de todos os gastos durante a presidência de Kennedy, e o financiamento espacial subiu ainda mais drasticamente, de US$ 1 bilhão em 1960 para US$ 6,8 bilhões quatro anos mais tarde.[51] Mas, apesar dessa maciça injeção de dinheiro público, o desemprego continuou a crescer. Em 1961 e 1962, a taxa de desemprego permaneceu em mais de 5%. Quando foi chamado ante o Congresso, Keyserling declarou, para a fúria do presidente: "Eles estão mandando mandar um programa de pigmeu para fazer o trabalho de um gigante."[52]

Quando Kennedy finalmente agiu para criar pleno emprego, ele o fez de forma bastante inesperada. Discursando para figuras de Wall Street em dezembro de 1962, anunciou seu plano inesperado. Era keynesianismo, com uma mudança. "Não há necessidade de ficarmos satisfeitos com uma taxa de crescimento que mantém homens bons fora do trabalho e boa capacidade fora de uso... Para aumentar a demanda e erguer a economia, o papel mais útil do governo federal não é correr para um programa de aumentos excessivos nos gastos públicos, mas expandir os incentivos e oportunidades para gastos privados", disse. "É uma verdade paradoxal que as alíquotas dos impostos estão demasiado altas hoje e as receitas tributárias baixas demais, e o modo mais saudável de aumentar a receita no longo prazo é cortar as alíquotas agora."[53]

Ele pressionou o Congresso a cortar a receita tributária em US$ 10 bilhões, apesar do déficit orçamentário. Quando Heller e Samuelson propuseram os cortes pela primeira vez, Kennedy ficou espantado.

"Acabei de fazer campanha com uma plataforma de responsabilidade fiscal e orçamentos equilibrados e vocês vêm me dizer que a primeira medida que eu deveria tomar seria reduzir impostos?",[54] perguntou. Como Heller e Samuelson sabiam, a iniciativa seguia a proposta de Keynes em *The Means to Prosperity*, de 1933, que a redução de impostos injetaria dinheiro na economia para incentivar a demanda com tanta eficiência quanto o gasto público.

Alguns keynesianos — e quase todos os conservadores — contestaram a sabedoria do plano. Os keynesianos argumentaram que mais gasto federal era o meio mais seguro de dar um empurrão na economia, e os conservadores disseram que cortar impostos quando existia um déficit orçamentário era uma aposta temerária. Galbraith queixou-se de que cortar impostos resultava em uma forma "reacionária" de keynesianismo que não tratava tão objetivamente dos males públicos quanto o gasto direcionado.[55] Além disso, as reduções de impostos eram inflacionárias. Heller, no entanto, não era nenhum apostador. Ele operava de acordo com as mais recentes ideias neokeynesianas que intentavam oferecer um meio mais previsível de administrar a economia. O protegido de Keynes, Roy Harrod, e Evsey Domar, de Harvard,[56] tinham, em seu modelo Harrod-Domar, ampliado a teoria do multiplicador de Kahn para prever como as reduções de impostos poderiam levar ao crescimento econômico. E o próprio Heller, trabalhando com seu colega Robert Solow,[57] tomou conhecimento do trabalho de 1958 de um professor de economia da LSE, o neozelandês William Phillips,[58] que postulou, em um gráfico apelidado de "curva de Phillips", um *trade-off* entre reduzir o desemprego e elevar a inflação. Ao formular políticas segundo a curva de Phillips, Heller acreditava ter encontrado um modo de alcançar o pleno emprego sem provocar a alta dos preços.

A proposta de JFK de redução de impostos definhou no Senado, mas, após seu assassinato, em novembro de 1963, o presidente acidental Lyndon Johnson prometeu solenemente dar continuidade ao legado de seu predecessor em todos os detalhes. Johnson não era economista, embora tivesse aguçado interesse nos conselhos que Heller e outros ofereciam. "Ele era particularmente fascinado, por exemplo, com o estado da economia e notável por sua capacidade de lembrar indicadores importantes e inquirir seus conselheiros econômicos sobre os vários indicadores",[59] recordou seu assistente especial Douglass Cater.[60] Johnson usou todos os truques de barganha que aprendera em décadas no Congresso e sua grande astúcia natural para se opor aos conservadores de ambos os partidos a fim de empurrar em 1964 a "aposta" de Kennedy de cortar impostos, diminuindo em geral as alíquotas do imposto de renda e reduzindo a alíquota mais alta de 91% para 65%. Em quatro anos ficou provado que os críticos da redução dos impostos tanto da esquerda quanto da direita estavam errados. A receita tributária federal subiu US$ 40 bilhões,[61] enquanto o crescimento econômico aumentou de 5,8%, em 1964, para 6,4%, em 1965, e 6,6%, em 1966. A taxa de desemprego caiu de 5,2%, em 1964, para 4,5%, em 1965, e 2,9%, em 1966.[62] A inflação ficou abaixo de 2% em 1964 e 1965, subindo ligeiramente para 3,01% em l966. A aposta de Kennedy mostrou-se espetacularmente certa. Como a penicilina, o keynesianismo era a nova droga maravilhosa.

Em dezembro de 1965, a *Time* deu seu laurel de "Homem do Ano" a John Maynard Keynes. Keynes era o máximo, a Torre de Pisa, o sorriso da Mona Lisa. "Hoje, pouco mais de vinte anos após sua morte, suas teorias exercem influência primordial nas economias do mundo livre", proclamou a *Time*. "Em Washington, os homens que formulam as políticas econômicas do país têm usado os princípios de Keynes não apenas para evitar os violentos ciclos dos dias de pré--guerra, como para produzir um crescimento econômico fenomenal e conquistar preços notavelmente estáveis."

Como é que os economistas de Washington haviam feito isso? "Por sua adesão ao tema central de Keynes: a moderna economia capitalista não trabalha automaticamente com a máxima eficiência, mas pode ser elevada a esse nível pela intervenção e influência do governo." Os odiosos "planejadores" de Hayek estavam sob controle. "Os economistas... sentam-se confiantemente junto a quase todo líder importante no governo, ou dos negócios, onde são crescentemente chamados a prever, planejar e decidir", gorjeou a *Time*. O keynesianismo vencera até homens de negócios realistas e calculistas. "Eles começaram a aceitar como verdadeiro que o governo intervirá para afastar a recessão ou sufocar a inflação [e] não mais pensar que gasto deficitário é imoral... Nem, em talvez a maior mudança de todas, deixam de acreditar que o governo sempre pagará toda a sua dívida, não menos que a General Motors ou a IBM acham aconselhável pagar suas obrigações de longo prazo."[63] Para aqueles com faro para o excesso de confiança, as afirmações extravagantes feitas como teorias de Keynes sugeriam que a ascendência keynesiana atingira sua maré alta.

Sustentado por uma economia em crescimento e florescentes receitas de impostos, Johnson começou a construir seu legado. Em maio de 1964, na Universidade de Michigan em Ann Arbor, declarou, "temos a oportunidade de caminhar não apenas em direção à sociedade rica e à sociedade poderosa, mas para cima, para a Grande Sociedade."[64] Prometeu acabar com a pobreza e a desigualdade racial, proteger a zona rural, educar cada uma das crianças e "reconstruir toda a região urbana dos Estados Unidos". Armado com uma vitória por esmagadora maioria de votos sobre o ultraconservador Barry Goldwater[65] na eleição de 1964, Johnson, um *New Dealer* ávido nos anos 1930, embarcou em uma farra de gasto público. Como o deputado de Arkansas Wilbur Mills[66] lembrou, "Johnson sempre foi um gastador de certa forma diferente de Kennedy. Ele achava que sempre se podia estimular a economia melhor com gasto público do que com gasto privado".[67] O programa de Johnson era mais radical do que qualquer coisa que Franklin Roosevelt tentara. Ele estendeu os direitos civis para os afro-americanos, embarcou em uma "guerra contra a pobreza" por meio da promoção social e instituiu o Medicare para dar atendimento médico a todos acima da idade de 65 anos e o Medicaid para aqueles que não podiam pagar seguro-saúde.

Os anos 1960 foram uma década de riqueza sem paralelo. Considerando que os anos 1950 tinham sido de ampla afluência, os 1960 tornaram o trabalhador médio confortavelmente próspero. Luxos como televisão em cores, viagem de avião e um segundo carro na garagem tornaram-se lugar-comum. O trabalho duro cedeu lugar ao aumento do lazer. Longe de introduzir um autoritarismo gradativo, como Hayek predissera, a nova riqueza que o planejamento keynesiano produziu ofereceu novas liberdades. Mulheres, afro-americanos e adolescentes começaram a usar sua recém-adquirida liberdade. A Revolução Keynesiana foi acompanhada de uma revolução que questionou os hábitos sociais de uma sociedade mais pobre, mais singular.

O milagre keynesiano continuou a trabalhar em prol de Johnson. A produtividade cresceu, o salário líquido real dobrou em comparação com o dos anos Eisenhower e o desemprego baixou de 4,5% em 1965 para uma média de 3,9% nos quatro anos subsequentes. Johnson aumentou a proporção dos gastos do orçamento federal em programas contra a pobreza de 4,7% em 1961 para 7,9% em 1969. Além de sua reformulação doméstica, Johnson intensificou a guerra contra os insurgentes comunistas no Vietnã do Sul. Com, finalmente, meio milhão de americanos postados no Vietnã, os gastos da defesa saltaram de US$ 49,5 bilhões em 1965 para imensos US$ 81,2 bilhões em 1969. O orçamento continuou em superávit, mas o superávit diminuía rápido, e a inflação começou a decolar, atingindo 4,2% em 1968. Uma sobretaxa de imposto sobre a renda em 1968 para deter a alta dos preços fez pouco para manter a economia equilibrada. Mas foi a guerra, não a economia, que derrubou Johnson, e sua partida significou o começo do fim da "Grande Sociedade".

Richard Nixon chegou à Casa Branca em janeiro de 1969, sugerindo que estava pronto para virar a maré keynesiana. "Na década de 1960, o governo federal gastou mais US$ 57 bilhões do que arrecadou em impostos", Nixon disse em seu discurso sobre o Estado da União em 1970. "Milhões de americanos são forçados a se endividar hoje porque o governo federal decidiu se endividar ontem. Precisamos equilibrar nosso déficit federal."[68] Ele concluiu que o pleno emprego alimentado pelo déficit causara escassez de mão de obra que empurrava para cima salários e preços. Para combater a inflação, Nixon orientou sua equipe econômica de inclinação conservadora, entre eles, Paul McCracken,[69] chefe do Conselho de Consultores Econômicos; Herbert Stein,[70] um membro do Conselho que logo sucederia McCracken; e George Shultz,[71] diretor do Escritório de Administração e Orçamento, a equilibrar o orçamento cortando fortemente os gastos.

Os cortes, no entanto, coincidiram com uma pequena recessão, na qual o desemprego subiu de 3,9% em janeiro de 1970 para 6,1% no fim do ano.[72] Alinhado com a crença de que fora o desemprego que o levara a perder a corrida presidencial em 1960,[73] Nixon mudou de rumo, dizendo que queria "um orçamento de pleno emprego, um orçamento projetado para se equilibrar se a economia operasse em seu máximo potencial. Ao gastar como se houvesse pleno emprego, ajudaremos a viabilizar o pleno emprego". Ele propôs um orçamento expansionista para "estimular a economia e, por meio disso, abrir novas oportunidades de emprego para milhões".[74] Era keynesianismo puro, levando Nixon, em janeiro de 1970, a declarar, "agora, sou um keynesiano na economia".[75] Como relembrou Stein, "chamar a si mesmo de keynesiano não atraiu para ele elogio algum dos economistas keynesianos, mas, de fato, levantou protestos entre republicanos indignados".[76]

Uma linha franca no discurso de Nixon sobre o Estado da União em 1970 traiu os cálculos por trás da mudança de opinião. "Reconheço a popularidade política de programas de dispêndio", disse, "e particularmente em um ano eleitoral." O presidente mais abertamente oportunista do pós-guerra, Nixon deixou que sua ambição empurrasse a economia menos no melhor interesse da nação que em seu próprio interesse para garantir a reeleição. Suas táticas keynesianas assegurariam que ele fosse, nas palavras de Stein, "desprezado igualmente por liberais e conservadores".[77] Milton Friedman, o conselheiro econômico de Nixon durante a campanha de 1968, concluiu: "Nixon foi o mais socialista dos presidentes dos Estados Unidos no século XX."[78]

O agente da corrida de Nixon em direção ao keynesianismo foi o ex-governador do Texas, o democrata John Connally,[79] antes um confidente próximo de Johnson, a quem Nixon apontou secretário do Tesouro em dezembro de 1970. Em meio ao clamor de eleitores e legisladores para que a administração "fizesse alguma coisa" em relação à letargia econômica, com o presidente do Federal Reserve Arthur Burns na liderança, Nixon convocou uma cúpula de conselheiros em Camp David em junho de 1971 para discutir o caminho à frente. Ele os encontrou em desacordo. Stein pressionava por "uma política fiscal mais estimulante — um corte nos impostos ou um aumento dos gastos ou ambos",[80] enquanto Shultz pressionava por cortes nos gastos e austeridade. Nixon concordou em não fazer nada, uma política conhecida como "os Quatro Nãos: não ao aumento de gastos; não à redução de impostos; não ao controle de preços e salário; e não à desvalorização do dólar".[81]

Em meses, no entanto, Nixon executou uma perfeita cambalhota para trás. Alinhado com o que chamou de "Nova Política Econômica", aprovou a desvalorização do dólar, seguida da remoção do dólar do padrão-ouro; um estímulo financeiro de impostos mais baixos e aumento dos gastos que mergulhou o orçamento federal em um déficit de US$ 40 bilhões; empréstimos federais baratos para impedir que a companhia fabricante de aviões Lockheed quebrasse; e, em agosto de 1971, a proibição ao aumento de preços e salários. Mais tarde, o livre comércio foi abandonado e uma taxa de importação de 10% foi imposta. Foi uma reviravolta que levou até os keynesianos a ficarem perplexos. Uma parte importante do legado de Keynes, o sistema de Bretton Woods de moedas vinculadas ao dólar, e, através do dólar ao ouro, se foi em um instante. Mas o resto era excessivamente keynesiano. William Safire, o colunista conservador e redator dos discursos de Nixon em 1960 e 1968, invocou o fantasma de Karl Marx: "Partidários do *laissez-faire* de todo o mundo, uni-vos! Não tendes nada a perder exceto o vosso Keynes".[82] Nixon atirou os fones de ouvido nele.

Nixon endossou um punhado de medidas intervencionistas para conjurar a prosperidade que sentia ser essencial para a reeleição. Quando um congressista republicano irado se queixou, "vou ter que queimar um monte de discursos velhos denunciando o gasto deficitário", o presidente replicou, 'estou no mesmo barco'."[83] "Sempre havia a ideia de que, se de algum modo você tivesse [controle de preços e salários] apenas por pouco tempo, isso poria as coisas sob controle e, então, você poderia voltar [a permitir que preços e salários encontrassem seu preço de mercado]", recordou Shultz. "Mas se constatou que é sempre muito mais fácil entrar em uma coisa como essa do que sair dela."[84] Qualquer possibilidade de Nixon ser o senhor de seu destino econômico recebeu um golpe mortal com o aumento quadruplicado dos preços da gasolina imposto pelo cartel árabe do petróleo, a Organização dos Países Exportadores de Petróleo (OPEP), em 1973-74, para castigar os Estados Unidos por rearmar Israel durante a Guerra do Yom Kippur. O resultado foram preços mais altos e crescimento econômico freado. Instrumentos tradicionais como a curva de Phillips não pareciam aplicar-se mais. Crescimento econômico mais baixo ou nenhum era acompanhado de inflação, em uma combinação até então julgada impossível, apelidada de "estagflação".[85] A idade de Keynes estava em seus estertores. A Era da Estagflação chegara.

Face a face com um oponente mais fraco, George McGovern, Nixon caminhou para uma esmagadora vitória nas urnas na eleição de 1972. Foi basicamente a invasão do quartel-general democrata no Hotel Watergate em Washington, D.C., e não seus saltos mortais na economia que detonaram a rápida partida de Nixon do Salão Oval em 1974. Mas a estagflação certamente levou ao fim seu infeliz sucessor, a ex-estrela de futebol americano da Universidade de Michigan Gerald Ford,[86] que presidiu com taxas de inflação e desemprego não experimentadas desde a Grande Depressão. Um dos atos finais de Nixon foi apontar o ultraconservador Alan Greenspan[87] para chefiar o Conselho de Consultores Econômicos.[88] Greenspan havia resistido aos abrandamentos de Nixon durante anos e ficou feliz por não ser implicado na inversão de política que introduziu controles de preços e salários. Mas pouco pôde fazer para salvar Ford. Ele observava de longe enquanto o amável presidente era pressionado por um grupo barulhento de consultores em desacordo que mudavam súbita e completamente de uma suposta panaceia para outra.

Ford conquistou um breve acordo quando um Congresso democrata concordou em limitar gastos e cortar impostos em US$ 9 bilhões; os dados econômicos começaram a se mover na direção certa. A inflação caiu de 9,2% em 1975 para 4,88% no mês da eleição presidencial em 1976.[89] O desemprego caiu também, de um pico de 9% em maio de 1975 para 7,8% em novembro de 1976. Mas a reviravolta chegou tarde demais para salvar Ford. A estagflação havia cobrado seu primeiro escalpo.

Ficou demonstrado que a crença dos keynesianos de que era impossível que desemprego e inflação subissem simultaneamente era falsa e solapou a confiança em grande parte do resto de suas teorias. A certeza que Keynes trouxera para a administração da economia foi despedaçada. "A estagflação foi o fim do keynesianismo ingênuo",[90] observou Milton Friedman. Os economistas, antes oniscientes, buscavam explicações. "Um consenso notável sobre economia política emergiu em Washington — uma convergência de atitudes entre a esquerda liberal e a direita conservadora", recordou Greenspan. "Subitamente, todos buscavam meios de conter a inflação, cortar o gasto deficitário, reduzir as regulações e estimular o investimento."[91]

Mas o velho pensamento era difícil de abandonar. O sempre sorridente fazendeiro de amendoins da Georgia e ex-tripulante de submarino Jimmy Carter chegou à Casa Branca com a promessa keynesiana de retornar aos Estados Unidos de pleno emprego. Em 1978, aprovou a Lei de Pleno Emprego Humphrey-Hawkins,[92] reprise do Projeto de Lei do Pleno Emprego de 1945, determinando que o presidente e o FED conservassem a demanda agregada alta o suficiente para manter o pleno emprego. Em aparente contradição, a lei também orientava o presidente e o Congresso a equilibrar tanto o orçamento quanto a balança comercial. Como Canuto[93] comandando as marés, os legisladores provavam sua impotência. Autoilusão e maiorias no Congresso não eram suficientes para derrotar a estagflação. Nem Carter era a pessoa capaz de levar os Estados Unidos em uma nova e dolorosa direção, como ficou evidente em sua mais extravagante aventura de falar verdades intragáveis, o discurso do "mal-estar", sugerindo que o país estava sofrendo de uma "crise que ataca o próprio coração e alma e o espírito de nossa vontade social".[94]

O fato de a estagflação estar paralisando o resto dos líderes do mundo, como o infeliz premiê britânico James Callaghan, era de pouco consolo para Carter, para quem o tempo se esgotava rapidamente. Em outubro de 1978, ele anunciou medidas anti-inflacionárias, incluindo uma nova era de austeridade, uma fogueira de regulações dos negócios, isenções fiscais para a indústria, um congelamento da contratação federal e uma promessa de cortar pela metade o déficit público.[95] Cada uma dessas medidas levaria tempo para funcionar e, nesse meio-tempo, o ciclo eleitoral se revelava muito mais curto que os espaços entre as recessões.

Carter recebeu um golpe mortal em janeiro de 1979, quando a revolução islâmica do Irã desencadeou um tumulto no Oriente Médio. O presidente foi pego em uma segunda crise do petróleo que rivalizou com o aumento da OPEP em 1973, resultando em severa redução do fornecimento de gasolina. Ele impôs controles de preços sobre a gasolina, levando a grandes filas nos postos de abastecimento. Apontou para presidente do FED um democrata vitalício, Paul Volcker,[96] com a missão de elevar as taxas de juros para deter a demanda que se pensava ser a raiz da inflação. O fracasso de Carter em controlar os preços a tempo da eleição de novembro de 1980 foi um presente para seu rival republicano, Ronald Reagan, vistoso, afável, de olhos cintilantes, que perguntava aos eleitores: "Vocês estão em situação melhor que há quatro anos atrás?" A resposta foi um retumbante não.

Não era apenas Carter que estava em julgamento, como também John Maynard Keynes. Trinta e quatro anos após a morte do grande homem e mais de quarenta após a publicação de seu *General Theory*, o keynesianismo parecia ter percorrido todo o seu caminho. Assim como o uso excessivo de um remédio milagroso, os ministradores desse remédio pareciam ter aplicado demais o elixir e com demasiada frequência. Era tempo de uma reavaliação radical da teoria econômica que Hayek e seus aliados vinham tramando havia muito tempo.

16.

A contrarrevolução de Hayek

Friedman, Goldwater, Thatcher e Reagan, 1963-88

A hora mais negra de Hayek veio logo antes da aurora. Ele avisara à Sociedade Mont Pèlerin que poderia levar décadas antes que as falhas nas teorias de Keynes se tornassem evidentes. O que ele não compreendeu foi que a perspectiva de salvação estava à mão na improvável figura de Milton Friedman, o cunhado de Aaron Director. Hayek e Director se davam bem, talvez porque, com óculos de aros finos, cabelo rareando e bigodes à Groucho Marx, eles se parecessem tanto.

Em 1943, o amigo economista vienense de Hayek, Fritz Machlup, mostrou a Director uma cópia datilografada de *The Road to Serfdom*. Director passou-a para Frank Knight, em Chicago. Apesar da resenha cética de Knight, a University of Chicago Press concordou em publicá-la. A decisão mostrou ser altamente lucrativa para a gráfica, com as vendas do livro ainda altas quase setenta anos depois. Director, um devotado, articulado e persuasivo hayekiano, que argumentava contra subsídios do governo, se opunha a tarifas de importação e era contrário aos sindicatos, revisou o livro e descreveu Hayek como "nosso mais talentoso historiador do desenvolvimento das ideias".[1] Mas foi um laço de família que proporcionou a contribuição ao sucesso da longa marcha de Hayek para dar novo brilho ao liberalismo econômico. Rose, irmã de Director, se juntara a ele em Chicago, onde, em sua aula de economia, sentava-se ao lado e depois se apaixonou por Milton Friedman, que naquela época era um keynesiano. Pouco antes de os dois se casarem, em 1938, Director brincou com Rose: "Diga a ele que não tenho ressentimentos por suas inclinações muito fortes — autoritárias, para usar um termo insultante — pelo *New Deal*". Director levou Friedman para o primeiro encontro de Mont Pèlerin.

Nos anos 1930, Friedman, nascido no Brooklyn, era um socialista, que, depois de ganhar diplomas em Rutgers, Chicago e Columbia, seguiu a migração de jovens economistas ansiosos para participar do *New Deal* de Roosevelt, encontrando emprego no Comitê de Recursos Nacionais, em Washington, D.C. Como recordaria mais tarde, "o *New Deal* foi um salva-vidas pessoal para nós".[2] No fim da guerra, voltou para Chicago e começou a adotar as ideias do livre mercado de Frank Knight e George Stigler. Um membro da Sociedade Mont Pèlerin, Stanley Dennison,[3] economista de Cambridge, incentivou Friedman a candidatar-se a uma bolsa de estudos Fulbright, que Friedman ganhou, para estudar em Cambridge, e foi assim que ele conheceu os keynesianos. Entre eles, fez amizade com Richard Kahn, o inventor do multiplicador, Joan Robinson, a mantenedora da chama de Keynes, e Nicholas Kaldor, antes o mais promissor aluno de Hayek.

Como Keynes e Hayek, Friedman ficou intrigado com o ciclo econômico e começou a analisar as causas da Grande Depressão. Estudou cada pico e vale nos Estados Unidos desde meados do século XIX e descobriu que cada crise era precedida de uma explosão na oferta de moeda.[4] Analisando novamente os dados da Grande Depressão, concluiu que, se o FED entre 1929 e 1933 tivesse aumentado a oferta de moeda por meio da redução das taxas de juros em lugar de contraí-la drasticamente, a depressão teria durado apenas dois anos. A Grande Depressão havia sido, portanto, pela estimativa de Friedman, a "Grande Contração", um desastre artificial que poderia ter sido evitado. Para melhorar o ciclo de negócios, Friedman sugeriu que fosse mantida rédea curta no crescimento monetário, permitindo apenas que a oferta de moeda crescesse lentamente, política que se tornou conhecida como "monetarismo".[5]

Friedman concluiu que Keynes havia interpretado mal a situação. "Keynes... acreditava que a Grande Contração... havia ocorrido a despeito das agressivas políticas expansionistas das autoridades monetárias", escreveu Friedman. "Os fatos são precisamente o oposto... A Grande Contração é um testemunho trágico do poder da política monetária — não, como Keynes... acreditava, prova de sua impotência."[6] A prescrição de Keynes para o desemprego eram obras públicas. Hayek tentara mostrar que políticas como essa orientavam o trabalho para indústrias que fracassavam assim que o estímulo era retirado. Friedman abordou Keynes por outro caminho: uma economia em depressão profunda não necessitava tanto de mais demanda quanto de oferta adequada de meios de pagamento, mas não generosa demais. Estabelecer o nível exato de dinheiro resultaria em um "nível natural de emprego", que poderia ou não ser pleno, enquanto dinheiro demais, ou escasso, no sistema, causaria desemprego e/ou inflação.

Apesar da revelação de Friedman, os Estados Unidos permaneceram, durante os anos 1960, subjugados ao keynesianismo. O keynesianismo era "maravilhosamente simples", escreveu Friedman. "Que prescrição maravilhosa: para consumidores, gastem mais de seus rendimentos e suas rendas aumentarão; para os governos, gastem mais e a demanda agregada aumentará por um múltiplo de seu gasto adicional; tributem menos e os consumidores vão gastar mais com o mesmo resultado."[7] Embora lamentasse que Keynes tivesse dado aos políticos um cheque em branco, Friedman não era tão duro com

Keynes quanto Hayek. "Acredito que a teoria de Keynes é o tipo de teoria certa em sua simplicidade, sua concentração em poucas dimensões importantes, sua fecundidade potencial", escreveu. "Fui levado a rejeitá-la... porque acredito que foi contrariada por evidências."[8]

Friedman acreditava que "a herança de Keynes para os economistas técnicos era fortemente positiva", mas, seu legado político, fortemente negativo. "Contribuiu grandemente para a proliferação do crescimento excessivo de governos cada vez mais preocupados com todas as fases da vida diária de seus cidadãos",[9] escreveu. Friedman unia sua análise econômica, que pouco devia a Hayek, a uma antipatia pela intervenção do Estado. Friedman era a favor de cortar impostos não apenas porque acreditava que os indivíduos sabiam mais do que os políticos como seu dinheiro deveria ser gasto, mas também porque, quando os impostos eram reduzidos, o gasto do governo também tinha de ser reduzido.

Friedman repetiu o pessimismo de Hayek sobre as prováveis consequências da intervenção. "Seja qual for a análise econômica", escreveu, "é provável que a ditadura benevolente leve mais cedo ou mais tarde a uma sociedade totalitária." Mas ele acreditava na carta final de Keynes a Hayek, em que Keynes sugeria que a intervenção podia levar um país à tirania, dependendo de este país estar ou não apoiado em um forte senso de justiça. Para Friedman, isso explicava por que o Estado do bem-estar na Grã-Bretanha e nos países escandinavos não levava ao totalitarismo. De acordo com Friedman, a Grã-Bretanha tinha uma "estrutura aristocrática", moderada por "se não uma completa meritocracia, no mínimo por algum caminho percorrido nessa direção — em que a expressão *noblesse oblige* era mais que palavras sem significado". Além do mais, a Grã-Bretanha desfrutara "uma administração pública amplamente incorruptível" e "cidadãos obedientes à lei". Ele era menos otimista quanto a um Estado do bem-estar benigno criar raízes nos Estados Unidos. "[Os Estados

Unidos] não têm tradição de administração pública incorruptível ou capaz", escreveu. "Os sistemas de favoritismo político conformaram atitudes públicas... Como resultado, a herança de Keynes tem sido menos eficaz nos Estados Unidos."[10]

Friedman podia ser excessivamente generoso em relação às muitas realizações de Hayek. "A influência de Friedrich Hayek tem sido tremenda", escreveu, arrebatado, após um encontro da Sociedade Mont Pèlerin em Hillsdale, Michigan. "Seu trabalho incorporou-se ao conjunto da teoria econômica técnica; teve grande influência na história econômica, na filosofia política e na ciência política; influenciou estudantes de direito, de metodologia científica e até de psicologia... [e, acima de tudo, fortaleceu] o esteio moral e intelectual para uma sociedade livre." Friedman entendia que devia dar crédito a Hayek por inspirar incontáveis "companheiros adeptos de uma sociedade livre", embora estivesse ansioso para indicar que "não posso falar por mim mesmo, uma vez que fui influenciado nessa direção por meus professores na Universidade de Chicago antes de conhecer Hayek ou seu trabalho".[11]

O pensamento econômico de Friedman não se origina na teoria do capital da Escola Austríaca que Hayek sustentava; na realidade, Friedman era um crítico de grande parte do trabalho de Hayek em economia. Em contrapartida, sempre foi espontâneo em seu elogio a Keynes, por sua originalidade de pensamento e invenção da macroeconomia. Mas, fosse qual fosse seu pensamento sobre Hayek como economista, ele aceitou avidamente o desafio que Hayek lançou para trabalhar com o intuito de reduzir o tamanho do governo. Mas a tendência libertária de Friedman, que respeitava as virtudes do individualismo e desconfiava dos poderes do Estado, concordava perfeitamente com a desconfiança inata de Hayek do governo. Ambos os homens acreditavam que a inflação era uma calamidade mais odiosa do que o desemprego.

Hayek tinha prevenido longamente seus seguidores a se afastarem da política por medo de que se comprometessem. Friedman era mais pragmático. "Devemos agir dentro do sistema como ele é", escreveu. "Podemos lamentar que o governo tenha os poderes que tem; podemos fazer o melhor possível como cidadãos para persuadir nossos concidadãos a eliminar muito desses poderes; mas, enquanto eles existirem, com frequência, embora de forma alguma sempre, será melhor que sejam exercidos com eficiência do que ineficientemente."[12]

Friedman uniu-se à campanha presidencial de 1964 do senador conservador libertário do Arizona, Barry Goldwater, que, raro entre os líderes republicanos da época, protestava contra os poderes do governo federal. Do ponto de observação de Goldwater em Phoenix, os mundos sofisticados de Washington, D.C., e da Costa Leste pareciam muito distantes. Sua perspectiva de fronteira do "velho oeste" o levava a acreditar que um Estado centralizado não deveria interferir muito estreitamente nos assuntos dos indivíduos.

Em seu manifesto, *A consciência de um conservador*, Goldwater declarou: "Tenho pouco interesse em modernizar o governo ou em torná-lo mais eficiente porque quero reduzir seu tamanho."[13] Ele estava "muito influenciado por"[14] *The Road to Serfdom* e detestava a influência de Keynes, particularmente nas administrações republicanas. Como Hayek, que se opunha à tributação progressiva porque isso implicava que o estado não tratava todo cidadão de igual modo, Goldwater acreditava que "o governo tem o direito de reclamar uma porcentagem igual da riqueza de cada homem, e não mais".[15]

Friedman foi apresentado a Goldwater em 1961 ou 1962 pelo conselheiro do senador Bill Baroody, do conservador American Enterprise Institute, e os três discutiam com frequência sobre como pôr as noções de Hayek em prática. Friedman contribuiu para os discursos de Goldwater e se viu muito solicitado a explicar a plataforma do senador. "O controle governamental centralizado sobre a economia... nunca foi capaz de conquistar nem liberdade, nem padrão de vida decente para o homem comum", Friedman escreveu em uma apresentação de campanha para o *New York Times*. Embora declarasse que Goldwater "apoia completamente" a Lei do Emprego de 1946 "para promover o pleno emprego e preços estáveis", Friedman advertia que ele "recorreria primeiro à política monetarista" para cumprir aqueles fins.[16]

A contribuição de Friedman trouxe à tona uma ríspida resposta de Paul Samuelson, o principal proselitista do keynesianismo que seguiu o curso das ideias de Friedman até *The Road to Serfdom* e sugeriu que a filosofia da "liberdade" tinha um defeito fatal. "A liberdade do seu cotovelo se encerra onde começa a minha costela", argumentou Samuelson. "A maioria do eleitorado das economias mistas do Ocidente não olharia as leis da estrada que dita a si mesma como poder coercitivo imposto por algum monstro externo", escreveu. "Apenas se você pertence à minoria que pensa que a regra da maioria tem funcionado mal na vida dos Estados Unidos, você pode olhar o governo como algo externo ao povo."[17]

Quem quer que tenha vencido aquela disputa, houve pouca dúvida sobre quem venceu a eleição em novembro de 1964: Johnson derrotou Goldwater por uma grande maioria de votos. A esmagadora derrota pareceu um golpe mortal na esperança de traduzir as ideias de Hayek e Friedman em ação. Embora algum bem tenha vindo do ponto de vista de Friedman. Como a voz pública da política econômica de Goldwater, ele ganhou um espaço no imaginário do público como o homem de pensamento conservador e herdeiro natural de Hayek. E a campanha que nascera em Phoenix deu lugar a uma fênix à parte na forma de Ronald Reagan.[18]

Durante anos, Reagan havia pregado para trabalhadores de fábrica, em nome da General Electric, uma filosofia de autoajuda e governo pequeno. Durante a Depressão, seu pai, Jack, assumira um emprego do *New Deal* em Dixon, Illinois, ajudando vizinhos desempregados a encontrar trabalho. O jovem Ronnie via o desgosto do pai ante as contradições do sistema de pagamento do Estado de bem-estar: quando Jack encontrava um emprego para alguém, aquela pessoa tinha o seguro-desemprego cortado, o que a deixava em situação pior do que quando não estava trabalhando.

Além dessa lição da vida, ao chegar a Hollywood, Ronald Reagan aprendeu outra: que a tributação progressiva era um desincentivo ao trabalho. Como ator que ganhava mais de US$ 5 milhões por ano, foi taxado em aflitivos 79% da renda em 1937, que subiram para 94% em 1943. "Eu sabia o que estava fazendo", explicou. "Recebia ofertas de roteiros para mais filmes e, quando atingia aquele patamar, simplesmente os recusava. Não ia trabalhar por seis centavos de dólar."[19]

Quando a moda de homens fortes em Hollywood mudou, após a Segunda Guerra Mundial, do tipo bem formado, bondoso como Reagan, para heróis duros como William Holden, Reagan descobriu que não era mais procurado, mas devia uma enorme soma em impostos dos tempos em que ganhara muito dinheiro. Diante da ruína financeira, descobriu que o imposto não era tanto uma necessidade desafortunada, mas o próprio mal, e amparava um sistema podre de desperdício e dependência.

No Eureka College em Illinois, Reagan aprendera economia ortodoxa muito antes de Keynes. Embora de forma alguma um intelectual, Reagan era um leitor ávido, hábito criado durante as intermináveis horas de espera nos cenários de filmagem e, porque tinha medo de andar de avião, nas longas viagens de trem. Apesar de seu comportamento brincalhão, seu gosto por livros era tudo menos frívolo. "Eu li os pontos de vista econômicos de Mises e Hayek", explicou.[20]

A primeira vez que Reagan se encontrou com Goldwater foi na casa dos pais de sua esposa, Nancy, que se haviam retirado para Phoenix. Houve pouca concordância entre os dois homens, embora Reagan achasse que a escolha de Goldwater em política combinasse com a sua própria. Concordou em 1964 em se tornar cabo eleitoral no estado da California da campanha de Goldwater e, depois de fazer seu costumeiro ataque aos altos impostos e ao *big government* na boate Coconut Grove em Los Angeles, foi convidado a fazer um discurso em rede nacional de TV para fortalecer a vacilante aposta presidencial de Goldwater.

O discurso de Reagan "Tempo de escolher"[21] veio muito tarde para salvar Goldwater da surra que se seguiu, mas foi um grande sucesso entre os de credo conservador, transformando Reagan do dia para a noite no conservador predileto e lançando-o em uma trajetória que começaria na mansão do governador em Sacramento e terminaria na Casa Branca.

Friedman conheceu o governador Reagan em Los Angeles em 1967. Reagan conhecia Friedman do livro deste, *Capitalism and Freedom*, de 1962, e o recrutou para ajudar a reduzir o tamanho do governo da California. Reagan fazia campanha por uma emenda à Constituição Estadual para limitar o volume que o estado poderia gastar e cobrar anualmente, e recrutou Friedman para ir aos comícios políticos com ele e vender a ideia. Embora o projeto tenha fracassado em 1973 ao não obter a necessária maioria, Reagan e Friedman criaram coragem pelo fato de terem iniciado um movimento que prosperou em outros estados, como Maine, Michigan, Missouri, Montana, Nebraska, Oklahoma e Oregon.

Os extraordinários poderes de Reagan como comunicador deram apoio popular à mensagem de Hayek e Friedman. "Reagan conhecia Hayek pessoalmente. Ele conhecia Milton Friedman pessoalmente", explicou Newt Gingrich.[22] "Acho que jamais se levaria Hayek ao programa *Today*, mas seria possível levar Reagan para explicar a essência de Hayek com exemplos melhores e em uma linguagem mais compreensível."[23]

Reagan teve que esperar sua vez para a presidência. Disputou a indicação em 1968, mas Richard Nixon tinha direitos de primazia à candidatura. Reagan foi embaraçado também pelo que pareceu serem ciúmes de Goldwater pelo título de "Líder do Movimento Conservador dos Estados Unidos". Em junho de 1968, Goldwater escreveu para Reagan, insistindo em que ele juntasse seus delegados aos de Nixon para que os republicanos ficassem unidos. Nancy Reagan sentiu a carta como uma traição tal que assegurou que, nos oito anos da presidência de Reagan, Goldwater não recebesse um único convite para a Casa Branca.

Friedman tornou-se conselheiro informal de Nixon. "[Nixon] era intensamente ambicioso e parecia pronto a abandonar os princípios que professava ao menor sinal de vantagem política",[24] lembrou Friedman. Durante a campanha presidencial de 1968, em Mission Bay, California, Nixon — que se acreditava ser um defensor do livre comércio — disse a Friedman e outros de seu painel de consultores econômicos que tinha a intenção de impor barreiras protecionistas aos têxteis importados pelos Estados Unidos. "Ele acreditava que essa posição em relação à proteção dos têxteis determinaria sua vitória ou derrota em dois estados decisivos do Sul", lembrou Friedman. "Ele sabia que economicamente era a coisa errada a fazer."[25] Quando Nixon foi eleito presidente, Friedman permaneceu como consultor.

Em junho de 1971, apesar das opiniões de Friedman para manter a oferta de moeda em rédea curta, Nixon pediu-lhe que recomendasse ao presidente do FED, Arthur Burns, o aumento da oferta de moeda. "Protestei, dizendo que um crescimento monetário mais rápido não era desejável porque levaria mais tarde à inflação", lembrou Friedman. "Nixon concordou, mas disse que, primeiro, isso promoveria o crescimento econômico e asseguraria que a economia estivesse se expandindo antes da eleição de 1972. Repliquei que poderia não valer a pena vencer a eleição ao custo de uma grande inflação subsequente. Nixon disse algo como, 'nos preocuparemos com isso quando acontecer'."[26]

Em agosto de 1971, Nixon pôs fim ao regime de câmbio fixo de Bretton Woods. Se a Friedman, um inveterado oponente de Bretton

Woods, foi dado motivo para celebração, ela teve vida curta: Nixon também impôs controle de preços e congelamento de salários. "A última vez que vi Nixon no Salão Oval, com George Shultz", recordou Friedman, "o presidente Nixon disse para mim: 'Não culpe George por esse negócio tolo de controle de preços e salários'... Eu disse para ele: 'Oh, não, Sr. Presidente, não culpo George, culpo o Sr."[27] Friedman empalideceu com o relatório de Nixon: ele fracassara em cortar o gasto federal como proporção da renda nacional e introduzira regras de administração do meio ambiente para um punhado de novas agências do governo. Como Herbert Stein, o conselheiro econômico chefe de Nixon relembrou, "provavelmente mais regulamentação nova foi imposta à economia durante a administração Nixon do que em qualquer outra presidência desde o *New Deal*".[28]

Como vimos, 1974 foi um *annus horribilis* para os keynesianos. A reputação de Hayek, no entanto, estava em ascensão. Seu objetivo de restaurar a influência do liberalismo econômico recebeu um grande impulso no ano em que ganhou o Prêmio Nobel de Economia. O prêmio foi uma surpresa, e não menos para os keynesianos. Como Samuelson lembrou: "Nos espaços compartilhados pelos professores e estudantes mais velhos em 1974, em Harvard e no MIT, a maioria dos frequentadores parecia sequer saber o nome desse novo laureado."[29]

O raciocínio por trás da decisão do comitê do Nobel de reconhecer a contribuição de Hayek ao "trabalho pioneiro na teoria da moeda e das flutuações econômicas" não era exatamente o endosso que parecia. Hayek teve de dividir a honra com Gunnar Myrdal,[30] economista sueco keynesiano e político social-democrata. De acordo com Friedman,[31] ao unir Myrdal a Hayek, o comitê Nobel esperava evitar a acusação de simpatizar com a esquerda. Na ocasião, o duplo prêmio provocou substancial controvérsia, com Hayek declarando que prêmios Nobel para economistas eram absurdos e não valiam nem serem dados, nem recebidos, e Myrdal condenando o comitê Nobel por homenagear Hayek.

Mesmo assim, conservadores e liberais deram, amplamente, as boas-vindas ao louvor a Hayek como prova de que suas décadas de trabalho contra a corrente valeram a pena. O prêmio foi um considerável incentivo pessoal a Hayek, cujos anos de depressão clínica pareceram desaparecer ao receber o prêmio. "O prêmio Nobel que Hayek ganhou em 1974 foi o processo em que se refez",[32] recordou seu amigo Ralph Harris. De acordo com George H. Nash, historiador conservador, o Nobel de Hayek teve efeito triplo: "Deu vida nova ao idoso professor, deu aos conservadores americanos uma sensação de vitalidade e de ter "vencido" e um renovado interesse do público no livrinho [*The Road to Serfdom*] que o fizera famoso."[33]

O discurso que fez quando recebeu o Nobel, "A Ambição do Conhecimento",[34] de gravata branca e casaca perante dignitários internacionais, foi o ponto alto da vida de Hayek. Em genuíno estilo Hayek, ignorou a convenção de ficar longe da controvérsia e apresentou uma justificativa franca de por que nunca se deixou seduzir pela Revolução Keynesiana. Enalteceu as virtudes da teoria do capital austríaca e chamou a atenção para as ameaças à liberdade sobre as quais advertira em *The Road to Serfdom*.

Foi com alguma satisfação que Hayek declarou: "Como profissão, fizemos uma confusão das coisas." Ofereceu um curso rápido sobre os perigos do keynesianismo. "A teoria que guiou a política monetária e financeira durante os últimos trinta anos", explicou, "era fundamentalmente falsa" e "charlatanismo". Descreveu a estagflação como ferimento autoinfligido, "trazido por políticas que a maioria dos economistas recomendou e até pressionou os governos a perseguir". Curar a estagflação iria requerer dolorosos reajustes, como desemprego ainda maior e falências bancárias generalizadas, mas exatamente de que maneira "o equilíbrio se restabelecerá por si mesmo" estava além da compreensão de todos os economistas, incluindo ele mesmo. A crença keynesiana de que havia uma solução para todo problema econômico só tinha conspirado para tornar a inflação e o desemprego piores.

Ele convidou a audiência de Estocolmo a pensar no mercado como um jogo de beisebol, para demonstrar que ninguém poderia saber suas intermináveis complicações. Se fatos decisivos sobre os jogadores fossem conhecidos, como "sua atenção, percepções e estado de seus corações, pulmões, músculos etc., em cada momento do jogo, provavelmente poderíamos prever o resultado", sugeriu. "Mas não seremos capazes, naturalmente, de apurar esses fatos e, em consequência, o resultado do jogo estará fora do âmbito do cientificamente previsível." O melhor que um economista poderia fazer seria comportar-se como um jardineiro e "cultivar o crescimento fornecendo o ambiente propício".[35]

Hayek começou a ser aclamado em toda parte. Com o keynesianismo em completa retirada, o mundo parecia virar-se para o modo de pensar dele. Ele declarou, "quando eu era jovem, apenas os homens muito velhos ainda acreditavam no livre mercado. Quando estava em minhas idades médias [sic], eu mesmo e ninguém mais acreditava nele. E agora tenho o prazer de ter vivido o bastante para ver que os jovens acreditam nele novamente."[36]

Dois anos depois de Hayek receber o Prêmio Nobel, Friedman também foi galardoado com o Prêmio Nobel para economia. Em seu discurso ao comitê Nobel, Friedman homenageou Hayek, descrevendo as opiniões de seu mentor austríaco sobre o papel dos preços em determinar escolhas individuais como "brilhantes".[37]

Na Grã-Bretanha nessa época, o clima subitamente parecia consideravelmente melhor para Hayek. Os Conservadores, o partido eleitoralmente mais bem-sucedido no mundo Ocidental, iniciou uma reavaliação fundamental de sua razão de ser. Esse raro recurso à autoavaliação por um partido que tradicionalmente se afastava do pensamento conceitual de qualquer tipo foi provocado por duas derrotas eleitorais dolorosas em fevereiro e outubro de 1974. O duplo golpe que arrancara o premiê Edward Heath de Downing Street desencadeou uma contundente competição em que Heath foi derrotado por Margaret Thatcher, uma hayekiana declarada. Sua surpreendente vitória não foi tanto baseada em uma preferência entre Conservadores pela filosofia de Hayek, como pelo fato de que ela não ser Heath.[38]

A filosofia de Thatcher era baseada em convicções aprendidas no joelho de seu pai, um pequeno lojista, mas ela também buscava uma justificação intelectual para suas opiniões. Em Oxford, onde estudara química, lera *The Road to Serfdom*[39] e, em 1974, ela achou o livro novamente relevante. Logo após assumir a liderança conservadora, quando se reuniu no departamento de pesquisa, de tendência esquerdista, do partido, ela pegou dentro de sua bolsa um exemplar de *Constituição da Liberdade* de Hayek e o jogou sobre a mesa. "É nisso que acreditamos!", gritou.[40]

Thatcher estava determinada a desfazer o consenso político do pós--guerra,[41] no qual, tentando capturar o meio-termo em que eleições são ganhas e perdidas, os Conservadores tinham feito um acordo com o Partido Trabalhista em relação ao Estado de bem-estar e à administração da economia. Isso levara o Estado a ser dono de estradas de ferro e ônibus, minas de carvão, de todos os estaleiros e de todas as siderurgias, da rede telefônica, de eletricidade, de gás e dos serviços de fornecimento de água, da British Airways, da British Petroleum, de portos, aeroportos e muita coisa mais. Thatcher, uma metodista, declarou guerra ao consenso: "Os profetas do Velho Testamento não dizem 'irmãos, quero um consenso'. Eles dizem: 'Esta é a minha fé. Isso é no que acredito fervorosamente. Se vocês acreditam nisso também, então venham comigo'."[42]

Thatcher sabia que Hayek fazia uma visita anual ao Instituto de Assuntos Econômicos em Londres, chefiado por Ralph Harris, membro da Mont Pèlerin. "Os assessores de Thatcher chegaram [em 1976] e disseram que ela apareceria para vê-lo", recordou Harris. "E ela veio, e houve um desacostumado silêncio enquanto Margaret Thatcher esteve sentada ali, ouvindo atentamente as palavras do mestre."[43] Hayek e Friedman tornaram-se visitantes regulares do escritório dela, em Downing Street, 10.

Em junho de 1979, Thatcher se elegeu primeira-ministra. Por coincidência, era o 80° aniversário de Hayek. Ele mandou um telegrama para ela: "Obrigada pelo melhor presente de 80° aniversário que alguém poderia me dar." Thatcher respondeu: "Fico muito orgulhosa de ter aprendido tanto com você nos últimos anos. Estou decidida a obtermos a vitória. Se conseguirmos, sua contribuição à nossa completa vitória terá sido imensa."[44]

Thatcher começou a diminuir o tamanho do setor público, reduzindo a oferta de moeda, cortando impostos, liberando as empresas de regulações, pagando a dívida pública e vendendo os ativos do Estado em um processo conhecido como "privatização". Era puro Hayek com um traço de Friedman. "O espírito empresarial foi relegado durante anos pelo socialismo, por impostos altos demais, por regulação excessiva, por gasto público elevado demais", ela lembrou. "A filosofia era nacionalização, centralização, controle, regulação. Agora isso acabou."[45] Thatcher enfrentou considerável oposição a suas ideias monetaristas, especialmente de membros de seu próprio partido, que citavam o crescente desemprego e a violência nas ruas como provas de que a política estava errada. Nicholas Kaldor, o aluno-estrela de Hayek na London School of Economics, agora professor emérito de economia em Cambridge, zombou das ideias hayekianas por trás da contrarrevolução de Thatcher e publicou um panfleto que invocava o espírito de Keynes, *The Economic Consequences of Mrs. Thatcher*.[46] Sem resultado.

Thatcher tinha tomado o freio nos dentes. Em 1980, depois de pouco mais de um ano de governo, falou na conferência Tory anual:

"Aqueles que nos pressionam para afrouxar o aperto, para gastar ainda mais dinheiro indiscriminadamente, na crença de que isso ajudará os desempregados e os empresários, não estão sendo bondosos, ou compassivos, ou generosos. Eles não são os amigos dos desempregados e dos pequenos empresários. Eles nos pedem que façamos de novo a mesma coisa que originalmente causou os problemas." Ela insistiu em que não havia volta ao keynesianismo: "Voltem se quiserem. A dama é contra voltar."[47]

Sempre a evangelizadora, Thatcher disse à Câmara dos Comuns: "Sou grande admiradora do professor Hayek. Alguns de seus livros... seriam bem lidos por alguns dos honoráveis membros."[48] Para estimular seus opositores no gabinete a entrar na linha, convidou Friedman para jantar com eles. "O encontro gerou uma discussão interessante e animada", recordou Friedman, "especialmente depois que a Sra. Thatcher saiu, pedindo-me que instruísse alguns dos 'molhados'[49] de seu gabinete." Por ser a primeira grande economia a tentar soluções monetaristas para acabar com a estagflação, houve certa experimentação, pistas falsas e erros no experimento Friedman na Grã-Bretanha.[50] Por meio de um *think tank* conservador,[51] ela buscou o conselho do monetarista suíço Jürg Niehans,[52] que lhe disse que ela estava controlando muito a oferta de moeda e impondo taxas de juros elevadas demais, levando a libra esterlina a subir de valor e tornando as exportações britânicas bem caras. Friedman culpou as "oscilações" permitidas na oferta de moeda pelo fracasso inicial do monetarismo na Grã-Bretanha. "Caiu, subiu, caiu, subiu", explicou. O resultado, disse Friedman, foi "uma recessão muito mais severa do que teria sido necessário".[53]

A eleição de Thatcher e suas ideias hayekianas foram um incentivo para Reagan na disputa eleitoral em 1980 para a Casa Branca. Reagan fez campanha com o *slogan* hayekiano, "podemos tirar o governo de nossas costas, de nossos bolsos",[54] e prometeu uma redução de impostos, um governo federal menor e uma defesa forte. Em 4 de novembro de 1980, Reagan surrou Jimmy Carter. Friedman foi convidado a integrar a novo Conselho Consultivo de Política Econômica [em inglês, Economic Policy Advisory Board (EPAB)], com George Shultz à testa. "O que o EPAB fez por [Reagan] mais do que qualquer outra coisa foi tranquilizá-lo de que o curso que seguia estava certo", relembrou Martin Anderson,[55] conselheiro de Reagan. "Foram eles que o pressionaram a resistir a qualquer aumento de imposto, foram eles que o pressionaram fortemente a cortar mais os gastos federais, foram eles que mais exigiram a desregulação."[56]

Friedman se preocupava particularmente com que Reagan fosse fiel a uma política monetária saudável e ficou muito aliviado pelo fato de o presidente do FED, Paul Volcker, visitando a LSE como estudante, ter se enamorado pela teoria do capital austríaca. Volcker considerava a estagflação "um dragão que comia nossos intestinos"[57] e acreditava que Friedman estava certo: regular a oferta de moeda era a chave. "Chegou a ser considerado parte da doutrina keynesiana que um pouco de inflação é uma coisa boa", relembrou Volcker. "O que acontece então, você tem um pouco de inflação, depois você precisa de um pouco mais, porque ela anima a economia. As pessoas se acostumam a ela, e ela perde a eficácia. Como um antibiótico, você precisa de um novo."[58]

Volcker começara impondo uma política monetária restritiva ao elevar as taxas de juros em meados do governo Carter, provocando o fechamento de milhares de vagas de trabalho nas empresas que dependiam de empréstimo. A recessão que se seguiu contribuiu para a impopularidade de Carter e sua derrota em 1981. Com Reagan na Casa Branca, Friedman e Shultz concordaram com Volcker em que o remédio para a inflação era aprofundar a recessão. Mas Reagan era um homem que gostava de que gostassem dele. Quando Thatcher provocou uma recessão similar na Grã-Bretanha, isso a tornou a primeira-ministra mais impopular desde que as pesquisas começaram a ser feitas. Estaria Reagan preparado para resistir à tempestade política? "Obviamente, quem quer recessão?", lembrou Shultz. "Mas posso lembrar o Presidente Reagan usando aquelas famosas palavras: 'Se não agora, quando? Se não nós, quem?'"[59]

A imposição de aperto monetário para refrear a inflação foi apenas um elemento em uma cesta de políticas que, juntas, tornaram-se conhecidas como "Reaganomics", cada uma das quais devia sua inspiração a alguma parte de Hayek ou Friedman. A experiência pessoal de Reagan de impostos elevados sobre a renda o levou a acreditar que impostos menores fariam os americanos trabalhar mais, política defendida pelo membro do EPAB Arthur Laffer.[60] Durante um jantar em dezembro de 1974 com o chefe da equipe do Presidente Ford, Donald Rumsfeld, e seu vice, Dick Cheney, Laffer argumentou que havia uma alíquota ótima de imposto de renda que colheria a receita máxima. Ilustrou seu raciocínio desenhando uma curva de sino em um guardanapo, mostrando onde esse ponto poderia estar.

A "curva de Laffer" tornou-se instantaneamente o recurso rapidamente esboçado por economistas em torno de Reagan para convencer outros de que os cortes de impostos estimulariam as receitas. Grandes cortes nos impostos, argumentavam os "reaganistas", aumentariam os gastos privados, que, por sua vez, aumentariam a demanda por meio de um efeito "trickle-down"* para toda a economia. Um terceiro elemento decisivo da "Reaganomics",** também promovido por Laffer, foi a "economia do lado da oferta", a noção de que o crescimento acelerado de uma economia poderia ser mais bem conquistado estimulando-se a produção de bens em maior quantidade e mais baratos, cortando-se as regulações das indústrias e os impostos das corporações, em vez de

---

*Literalmente, "escoa, pinga devagar", a teoria de que os mais pobres na sociedade gradualmente se beneficiam do aumento da riqueza dos mais ricos. [N. da T.]
**Política econômica adotada por Reagan. [N. da T.]

apoiar-se em um crescimento comandado pela demanda, o aumento da demanda impelido por gasto público keynesiano.

Laffer foi elegante o suficiente para apontar que, a despeito de seu nome ligado a ela, a "curva de Laffer" não era invenção dele, e que outros, notadamente Keynes, a aplicaram reiteradamente. "Nem deveria parecer estranho o argumento de que a tributação pode ser tão alta que liquida seu objetivo", Keynes escrevera em 1933, "e que, dado tempo suficiente para colher os frutos, a redução dos impostos terá uma chance maior que o aumento para equilibrar o orçamento." Keynes comparava os que continuavam a aumentar impostos a um fabricante que, "embrulhando-se em uma retidão de aritmética simples", continuava a aumentar os preços, mesmo que ninguém estivesse comprando porque os preços estavam muito altos.[61]

O efeito "trickle-down" teve uma derivação keynesiana também, esboçada na lógica do multiplicador de Richard Kahn, de que aqueles que compravam bens criavam empregos e mais gastos adiante. No entanto, as reduções de impostos de Reagan tornaram Hayek nitidamente nervoso. "Na escala em que está sendo tentado, estou um pouco apreensivo", disse em 1982. "Sou totalmente favorável à redução dos gastos do governo, mas antecipar isso reduzindo as taxas de impostos antes de reduzir os gastos é uma coisa muito arriscada."[62]

Houve também ceticismo geral sobre o experimento econômico de Reagan entre os keynesianos. John Kenneth Galbraith, com seu jeito brincalhão e pachorrento, caricaturou o argumento dos defensores da economia do lado da oferta: "Os pobres não trabalham porque têm renda demais; os ricos não trabalham porque não têm renda suficiente. Você expande e revitaliza a economia dando aos pobres menos, aos ricos mais." Ele rejeitou o "trickle-down" como "a teoria do cavalo e do pardal: se você der bastante aveia ao cavalo, alguma dela cairá na estrada para os pardais". Mas concordou em que um aperto na oferta de moeda "funcionará contra a inflação, à sua própria maneira cruel".[63] Walter Mondale, o opositor democrata de Reagan na eleição presidencial de 1984, transformou o "trickle-down" em questão de classe, ironizando que, "a ideia por trás da *Reaganomics* é esta: a maré montante levanta todos os iates".[64]

Enquanto o aperto monetário de Volcker levou a uma profunda recessão que durou 16 meses em 1981-82, a inflação caiu drasticamente, de 11,8% em 1981 para 3,7% em 1983. Mas o preço foi alto. O desemprego galgou ao nível mais alto desde a Grande Depressão. Em 1980, Reagan herdara uma taxa de desemprego de 7,1%; em 1983 e 1984, atingira 9,7% e 9,6%, respectivamente. A curva de Phillips, muito ironizada, e que parecia ter perdido a relevância quando a estagflação bateu, em meados dos anos 1970, voltou a ter funcionalidade. Pelo cálculo de Laffer, as reduções de impostos de Reagan provaram ser tão eficientes quanto as de Kennedy. Nos quatro anos depois que os cortes de Kennedy reduziram a taxa mais alta de 90% para 70%, o crescimento do índice de arrecadação real do governo federal saltou de 2,1% nos quatro anos anteriores para 8,6%. O crescimento do Produto Interno Bruto real subiu de 4,6% para 5,1% no mesmo período, e a taxa de desemprego caiu de 5,8% em janeiro de 1962 para 3,8% em dezembro de 1966.

Os cortes de impostos de Reagan foram mais profundos. Ele cortou as alíquotas dos impostos em 25% para todo mundo, com as alíquotas para os que mais ganhavam diminuídas de 70%, em 1981, para 28%, em 1988. Os impostos corporativos caíram de 28% para 20%. De acordo com Laffer, os resultados foram impressionantes. Enquanto entre 1978 e 1982 a economia cresceu a uma taxa de 0,9% em termos reais, entre 1983 e 1986 ela subiu para 4,8%. Esse crescimento, por sua vez, se traduziu em empregos e, quando Reagan deixou a presidência, em janeiro de 1989, o índice de desemprego estava em 5,3%.[65]

Mas essa não foi a história toda. Apesar da curva de Laffer, os cortes no imposto de renda pesaram profundamente na receita. Em 1982,

Reagan, alarmado com o crescente déficit orçamentário, rescindiu várias isenções fiscais para os de renda mais alta, elevando o imposto para um recorde de pós-guerra de US$ 37 bilhões, ou 0,8% do PIB.[66]

Mesmo assim, os monetaristas cantaram vitória. A inflação tinha sido purgada do sistema e as forças livres do capitalismo tinham sido liberadas. "Essas ações de Reagan, baixando alíquotas dos impostos, além da ênfase na desregulação, liberaram as forças construtivas básicas do livre mercado e, de 1983 em diante, [a inflação] tem sido quase inteiramente controlada",[67] exultou Friedman. Mas havia um importante elemento que Friedman não mencionou: Reagan também irrigou a economia com dinheiro dos contribuintes a uma taxa sem precedentes. Reagan também podou os programas de assistência aos pobres, mas isso foi uma mudança pequena em comparação com os crescentes gastos com a defesa, que saltaram de US$ 267 bilhões, em 1980, para US$ 393 bilhões, em 1988, em dólares constantes.[68] O déficit público subiu de um terço do PIB, em 1980, para mais da metade do PIB no fim de 1988, de US$ 900 bilhões para US$ 2,8 trilhões.[69]

O desequilíbrio orçamentário era pago pelo empréstimo público. Quando Reagan entrou na Casa Branca, os Estados Unidos eram o maior credor do mundo; quando Reagan se retirou para o seu rancho de cavalos em Santa Bárbara, os Estados Unidos tinham se tornado os maiores devedores do mundo, devendo a emprestadores estrangeiros cerca de US$ 400 bilhões.[70] Herbert Stein, consultor econômico de Nixon, observou que "a característica mais distintiva da política econômica de Reagan — à parte a linguagem — foi o tamanho dos déficits orçamentários".[71] Reagan, gozando o calor de uma economia em desenvolvimento, encolheu os ombros ante o déficit orçamentário. "Não me preocupo com o déficit", gracejou. "Ele é grande o suficiente para cuidar de si mesmo."[72]

Para a maioria dos keynesianos, a *Reaganomics* foi pouco mais que um blefe; um truque político que, por trás da retórica valente de

Hayek sobre reduzir o tamanho do governo, deslanchou um chuveiro de gastos públicos na defesa que estimulou a demanda agregada e o crescimento econômico. De acordo com o vencedor do Prêmio Nobel do MIT, economista Robert Solow, "o *boom* que durou de 1982 a 1990 foi engendrado pela administração Reagan de um modo diretamente keynesiano, mediante o aumento do gasto e a redução de impostos, um caso clássico de déficit orçamentário expansionista.[73]

Galbraith concordou. "[Reagan] entrou na presidência quando o país experimentava uma recessão bastante desagradável e [implementou] muitas políticas keynesianas fortes", disse. "Um dos resultados foi uma economia propícia nos anos 1980 durante o governo de Ronald Reagan. E um dos fatos divertidos é que isso foi feito por gente que, realmente, não entendia Keynes e o criticava. Tivemos um keynesianismo anônimo involuntário."[74]

17.

A batalha reiniciada

Economistas de água doce e de água salgada, 1989-2008

As duas décadas seguintes viram crescer em popularidade a advertência de Hayek sobre o potencial para tirania na intervenção do governo. O colapso da União Soviética, em 1991, encerrou 75 anos de experimento comunista criminoso ao apagar o livre mercado da vida dos russos. Os líderes dos novos governos democráticos, como Václav Havel e Václav Klaus, primeiros presidentes da República Tcheca, e Leszek Balcerowicz, vice-premiê polonês, louvavam Hayek como inspiração em seus dias mais tenebrosos.[1] Com o recuo das ideias keynesianas e a volta às ideias do livre mercado e a queda do marxismo-leninismo, Hayek viveu tempo suficiente para se sentir vingado. Observando os acontecimentos se desenrolarem, observou: "Eu disse isso a vocês."[2] Ele morreu aos 92 anos, em 23 de março de 1992, em Freiburg im Breisgau, Alemanha.

Enquanto nos Estados Unidos o debate sobre o papel do governo nos assuntos nacionais era pintado em cores cada vez mais severas, as escolhas preto ou branco da discussão acadêmica que outrora se travava assumiram tons de cinza. Houve um intervalo no que o chanceler trabalhista britânico Denis Healey[3] chamou de "sadomonetarismo"[4] e do que a *Economist* veio a denominar "keynesianismo bruto".[5] Descobriu-se que medidas monetárias severas eram indicadores tão incertos que as taxas de juros tornaram-se o instrumento preferido por meio do qual a inflação era mantida sob controle. As discussões econômicas mais importantes eram conduzidas em torno das questões comumente percebidas: o tamanho do déficit público e como reduzi-lo; a lucratividade do livre comércio; a extensão e natureza dos impostos; e a remoção dos direitos a concessões do Estado a quem não os merecia.

O debate sobre a administração centralizada da economia, em si mesma uma ideia keynesiana, evoluiu para uma prolongada fase "pós--keynesiana", a acomodação entre ideias keynesianas e hayekianas. Embora houvesse acordo geral entre administradores da economia nacional de que um coquetel de Keynes e Friedman devia ser empregado para maximizar o crescimento econômico e o bloqueio da inflação, ainda permanecia uma profunda diferença entre economistas acadêmicos, que, dos anos 1970 em diante, se dividiram, a grosso modo, ao longo das linhas do velho debate Keynes-Hayek. De um lado estavam os "economistas de água doce", assim chamados porque suas universidades se agrupavam em torno dos Grandes Lagos; do outro, os "economistas de água salgada" que vinham das faculdades das Costas Leste e Oeste. Os economistas de água doce consideravam, como Hayek, que a inflação era a pior maldição de um país; os economistas de água salgada achavam, como Keynes, que o desemprego era mais grave.

O grupo de água doce acreditava que a economia devia ser pensada como um organismo sensível, governado por decisões racionais daqueles que participavam do mercado. O governo deveria assegurar que o mercado fosse livre e justo, os gastos do governo e os impostos pervertiam a ordem natural da economia. Eles partiam do princípio de que os indivíduos tomavam decisões racionais baseados no que entendiam que o futuro traria; que os empresários se abstinham de novos investimentos quando temiam que os gastos do Estado para impulsionar o crescimento econômico levassem a impostos mais altos e à inflação; e que a globalização e o aumento das comunicações eletrônicas levariam a mercados mais eficientes que beneficiariam todos. As recessões, afirmavam, eram aspectos de rotina de um ciclo econômico que deviam ser suportados, não curados. Eles preferiam remédios "do lado da oferta", que estimulavam os empresários a fornecer bens mais baratos e, assim, fortalecer a demanda pela remoção de inibições governamentais, como regulações e impostos à empresa.

A tribo de água salgada acreditava que uma economia deixada aos seus próprios artifícios não servia para todos. Consideravam doenças os sintomas de recessão de uma economia, ou o resultado de choques inesperados, e buscavam curar o desemprego na base do ciclo de negócios. Acreditavam que os mercados, particularmente o do trabalho sindicalizado, são lentos em responder às mudanças, e que a concorrência é imperfeita. Reconheciam a lógica das reformas "do lado da oferta", mas punham mais ênfase nos remédios de "pressão da demanda" que se concentravam em jogar mais dinheiro no sistema para tornar os bens mais acessíveis.

A roda havia completado a volta. Hayek estava agora por cima e Keynes por baixo. Muitos economistas de água salgada relutavam em reconhecer o débito com Keynes. "Em 1980 era difícil encontrar um macroeconomista acadêmico americano com menos de quarenta anos que professasse ser keynesiano",[6] informou Alan S. Blinder, keynesiano de Princeton laureado com o Prêmio Nobel. Robert Lucas, da Universidade de Chicago,[7] ganhador do Prêmio Nobel, que fez muito para solapar as ideias keynesianas tradicionais, descobriu que "as pessoas até se sentem ofendidas se referidas como 'keynesianas'. Em seminários de pesquisa, as pessoas não levam mais a sério a teorização keynesiana. A audiência começa a cochichar e a dar risadinhas".[8] A contrarrevolução hayekiana parecia completa. James K. Galbraith, filho do papa keynesiano John Kenneth Galbraith, relembrou que, "subitamente, os conservadores é que eram os caras corajosos e autoconfiantes da cultura americana, enquanto liberais como eu se tornaram os desmancha-prazeres do país, jovens fósseis nas garras de velhas ideias."[9] De acordo com Blinder, em 2004 o keynesianismo era tão redundante que "virtualmente toda a discussão contemporânea de política estabilizadora entre economistas... é sobre política monetária, não política fiscal [impostos e gastos]".[10]

Hayek declarou em 1978, "no que diz respeito ao movimento de opinião intelectual [sic], ele está agora, pela primeira vez em minha vida, movendo-se na direção certa."[11] Entre 1978 e 2008, o livre mercado cantou de galo. Por mais dúvidas que um economista pudesse ter, privadamente, sobre a eficácia e a justiça das forças de mercado, elas eram louvadas como virtuosas por economistas e políticos de todos os lados. Como Hayek predissera em Mont Pèlerin, após perambular no deserto durante trinta anos, os hayekianos tinham vencido a influência de Keynes. A Era de Hayek sucedeu a Era de Keynes. Um ar triunfalista impregnava aqueles que acreditavam que o novo consenso pós-keynesiano dissolvera o enigma que tanto Keynes quanto Hayek colocaram para si mesmos nos anos 1920: se o ciclo de negócios — e a interminável série de *booms* e recessões — poderia ou deveria ser domesticado.

Lucas não tinha dúvida. O dragão cíclico estava vencido. "A macroeconomia... venceu", anunciou. "Seu problema central de depressão-prevenção foi resolvido, para todos os propósitos práticos."[12] Quando a Guerra Fria terminou, o economista político americano Francis Fukuyama[13] declarou que os estágios evolucionários do desenvolvimento social, do feudalismo, passando pela revolução agrária e a revolução industrial para uma moderna democracia capitalista, tinham chegado ao fim; o mundo havia chegado ao "fim da história".[14] Foi com confiança semelhante que economistas anunciaram "o fim da história econômica": a economia mundial estava curada da perspectiva de retorno da depressão. Friedman, e não Keynes, recebeu o crédito de decifrar o mistério de por que a Grande Depressão dos anos 1930 ocorreu e como se poderia impedir que ocorresse novamente. Em homenagem a Friedman em seu aniversário de noventa anos, Ben Bernanke,[15] o presidente do Federal Reserve na época, ofereceu uma desculpa atrasada pelos revezes do FED nos anos 1920. "Em relação à Grande Depressão", declarou, "você está certo. Nós a fizemos. Pedimos desculpas. Mas, graças a você, não a faremos novamente."[16]

O indivíduo que representa o conjunto desse período, apelidado de a "Grande Moderação", e que veio a personificar a abordagem bipartidária de uma política monetária amplamente friedmanista* dentro de uma economia administrada ordinariamente, foi Alan Greenspan. Sua permanência no FED de 1987 a 2006 foi saudada como magistral. Se deu passos em falso, estes não se tornaram aparentes até muito tempo depois de ele deixar o posto. Em sua juventude, Greenspan aprendeu saxofone com Stan Getz, foi músico acompanhante de uma banda de jazz do artista pop Larry Rivers e flertou tanto com a rabugenta Ayn Rand quanto com suas ideias liberais. Foi, acima de tudo, a confiança com que Greenspan expressava sua inescrutável avaliação dos eventos que convenceu quatro presidentes sucessivos de que ele era o homem para assegurar a estabilidade econômica. Como disse o jornalista americano Michael Kinsley,[17] "Greenspan tomou a recém-descoberta importância da política monetária, misturou em uma das mãos com seus talentos de mentalizar grandes quantidades de dados e, na outra, com seu prestígio social e empresarial, temperou com as asneiras que

---

Friedmanites, apoiadores de Milton Friedman. [*N. da T.*]

logo se tornariam legendárias em suas audiências, agitou a mistura, bebeu-a e se transformou em um feiticeiro."[18]

Greenspan foi o que o mundo do pôquer chama de "percentage player". Ele resumia sua filosofia ultracautelosa assim: "Sempre me faço a pergunta: quais serão os custos para a economia se estivermos errados? Se não existe risco adverso, pode-se tentar a política que se quer. Mas, se o custo do fracasso é potencialmente muito grande, a política deve ser evitada, mesmo que a probabilidade de sucesso seja cinquenta-cinquenta, porque não se pode aceitar o custo do fracasso."[19]

A chegada do alto e formal ex-aviador da Marinha americana George H. W. Bush[20] à Casa Branca, em 1989, trouxe pequena mudança para o curso econômico estabelecido por Ronald Reagan. Inúmeras lições tinham sido aprendidas do experimento de dois mandatos com *Reaganomics*. Ajustes foram feitos, e prioridades, alteradas. Os anos de roda livre com Reagan haviam alterado o clima nos Estados Unidos. A empresa privada substituiu a ação comunitária como meio preferido de mudar a sociedade. As crianças do amor livre e das flores da "Geração do amor" dos anos 1960 tinham dado lugar à autocentrada "Geração do eu" dos anos 1980 e 1990. O chamado à ação de Bob Dylan em "Os tempos estão mudando" tinha sido sucedido pelo mantra de Gordon Gekko, "A ganância é boa".[21] A batalha nacional pelos direitos civis das minorias foi substituída por uma exigência de governo menor, direitos dos estados da federação e mais direitos individuais.

No início dos anos 1990, a regra de Taylor, mostrando o *trade-off* entre taxas de juros e a taxa de inflação, que tomou o nome de John Taylor,[22] economista de Stanford, substituiu a curva de Phillips, o *trade-off* entre emprego e inflação, como a equação de escolha para os que administravam a economia. Bush, um homem do nordeste dos Estados Unidos que se transformou em patrício texano, se formara em economia pré-keynesiana em Yale[23] e rejeitou o monetarismo durante as primárias republicanas de 1978 como "economia vudu",[24] mas manteve o ceticismo para si mesmo quando Reagan o colocou na chapa como vice-presidente. Na época em que concorreu para presidente contra o democrata Michael Dukakis,[25] na eleição de 1988, Bush adotou a redução de impostos do reaganismo, a retórica do "small government" que os republicanos queriam ouvir. Durante a campanha, em uma frase curta de impacto que voltaria para desmoralizá-lo, prometeu: "Leiam meus lábios. Nada de impostos novos."[26]

Bush entrou de cabeça em uma tempestade econômica. Os 92 meses de *boom* no governo de Reagan, o mais longo desde a prosperidade Kennedy/Johnson dos anos 1960 e o segundo mais longo período de expansão econômica desde 1854, chegaram a um fim abrupto em 1990, deixando Bush pendurado na brocha. A inflação subiu para 6,1%, no fim do ano, e o desemprego se elevou para 6,7%, em 1991, e 7,4%, em 1992. O déficit orçamentário dobrou de US$ 152 bilhões, em 1989, para US$ 290 bilhões, em 1992.

Obrigado a fazer um acordo com um Congresso democrata, o compromisso de Bush foi elevar impostos em lugar de cortar gastos, uma decisão que solapou sua credibilidade com muitos republicanos, incluindo Friedman. Ainda irritado pela rejeição cheia de desdém de Bush, Friedman foi sarcástico em relação à reversão de Bush, repudiando a política econômica da administração como "*Reaganomics* de marcha a ré" e "economia uduv" (sendo "uduv" a palavra vudu de trás para a frente). "O Sr. Bush pode ter convicções fortes em áreas como política externa. Ele, claramente, não tem nenhuma em política econômica",[27] atacou Friedman.

O ciclo econômico estava em descompasso com o ciclo eleitoral e, com Greenspan no FED, Bush ficou impotente para alinhá-los. Bush estava consciente de que uma política monetária muito apertada ameaçava sua reeleição, e ele disse isso. "Eu não quero nos ver avançando tão fortemente contra a inflação a ponto de impedir nosso crescimento",[28] disse a repórteres. Mas Greenspan não estava preparado para afrouxar o aperto monetário a fim de fomentar um *boom* pré-eleitoral. À medida que a eleição presidencial de 1992 se avizinhava, a má situação de Bush se tornou terminal pela emergência de um terceiro candidato, o diminuto Ross Perot, Dom Quixote texano que se chocou com o livre comércio e o déficit federal. O beneficiário final da intercessão de Perot foi o vistoso ex-governador do Arkansas governador Bill Clinton,[29] cujo mantra de campanha era: "É a economia, estúpido." Clinton defendia orçamento equilibrado e progresso na direção de reduzir a dívida nacional; educar os americanos com habilidades para torná-los mais empregáveis; e livre comércio.

Uma vez na Casa Branca, Clinton estava ansioso para não ser percebido como um liberal keynesiano do tipo cobra-e-gasta. Atento ao fato de que, sob Reagan e Bush a dívida nacional disparara para US$ 3 trilhões, Clinton advogou um "terceiro caminho", que misturava medidas econômicas conservadoras com políticas sociais progressistas. Misturou uma política monetária restritiva com programas sociais específicos que custaram pouco ao governo, como conceder licença-maternidade e licença por doença sem perda salarial. Pressionou por reduções de impostos seletivas para a "classe média" e impostos de renda maiores para os ricos. Para aumentar o mercado para os produtos americanos, pressionou pela ratificação de um acordo de livre comércio com Canadá e México que herdara de Bush.

A principal crença hayekiana de que o governo deveria ser mantido em tamanho mínimo manifestou-se no início dos anos 1990 nas ambições de Newt Gingrich, professor universitário que se tornara congressista da Georgia. Em 1993, Clinton apresentou um projeto de lei destinado a reduzir o déficit em US$ 125 bilhões por ano durante quatro anos por meio da retirada das isenções fiscais de Reagan para os ricos[30] e o corte de US$ 255 bilhões dos programas sociais. O impaciente Gingrich, no entanto, abrigava planos muito maiores de reduzir o tamanho do governo federal e "queria virar o navio do

Estado instantaneamente".³¹ Gingrich contribuiu para o manifesto republicano hayekiano nas eleições de meio de mandato de 1994, o "Contrato com os Estados Unidos" que prometia viabilizar "o fim do governo grande demais, intrometido demais e muito folgado com o dinheiro público,³² equilibrar o orçamento, reduzindo as regulações para as empresas e cortando impostos". Nas eleições, ambas as Casas ficaram com maioria republicana pela primeira vez em quarenta anos. Gingrich e outros afirmaram ter mandato popular para deter a intromissão do Estado.

Gingrich não perdeu tempo em montar um confronto com o presidente, propondo cortes profundos em tudo, de Medicare e Medicaid até educação e controles ambientais. O novo líder da maioria na Câmara, Tom DeLay, sentia que "o *big government* vinha se alimentando no cocho público por tempo demais, e estamos em posição de impor uma dieta — uma dieta drástica, se necessário".³³ O plano republicano era parar temporariamente o governo federal, privando-o de fundos, se o presidente não concordasse. Como Gingrich explicou, "era como um alcoólatra deixando de beber subitamente. Você tem que ter o efeito do choque de fazer uma coisa como essa para fazer com que esta cidade o leve a sério".³⁴ Em meados de novembro de 1995, os elementos não necessários do governo foram devidamente paralisados. Oitocentos mil funcionários do governo federal foram demitidos.

Mas o que Gingrich pretendia que fosse uma confrontação de princípios logo se transformou em farsa. No início do mês, o presidente transportou os líderes do Congresso para o funeral do líder israelense Yitzak Rabin a bordo do Air Force One, e Gingrich se queixou em voz alta de estar sentado no fundo do avião. Até aliados de Gingrich, como DeLay, perceberam que o líder da grandiosamente apelidada "Revolução republicana" tinha "cometido o erro de sua vida". "Foi lamentável", lembrou DeLay. "Newt foi descuidado ao dizer tal coisa, e agora todo o tom moral do confronto se perdeu. O que tinha sido uma nobre batalha pela sanidade fiscal começou a parecer queixa de criança mimada."[35]

Quando Gingrich provocou um segundo confronto, jogando 260 mil funcionários federais na rua durante vinte e um dias que englobaram os feriados natalinos, republicanos moderados, como o senador Bob Dole, que avaliava se concorreria à presidência, abandonaram a luta. O levante hayekiano de Gingrich fracassou. A longa marcha de Mont Pèlerin até Capitol Hill vacilou. Como concluiu DeLay, Gingrich "foi sitiado pela clássica disfunção acadêmica: ele pensou que apenas ideias eram suficientes, que o pensamento as tornava suficientes".[36]

A revolução fracassada de Gingrich fez com que o debate submarino entre economistas de água doce e de água salgada subisse à superfície. Clinton estava comprometido a usar a arrecadação de impostos para pagar a dívida nacional, política que Keynes defendia para tempos de prosperidade. "Devemos buscar um corajoso programa de governo para nos tirar da rotina", Keynes argumentou em 1930, e, "se isso tem o efeito de restaurar o lucro das empresas, então a máquina da empresa privada poderia capacitar o sistema econômico a prosseguir, novamente, com sua própria força".[37] O dinheiro que o governo tomava emprestado para estimular a economia preguiçosa deveria ser recuperado assim que o *boom* econômico começasse e as arrecadações de impostos começassem a fluir.

Em 1993, Clinton herdou um déficit federal de US$ 290 bilhões, e o Escritório Orçamentário do Congresso advertiu que poderia chegar a US$ 455 bilhões em 2000. Como recordou Greenspan, "a dura verdade era que Reagan havia pedido emprestado a Clinton, e Clinton estava tendo que pagar".[38] Clinton prometeu cortar o déficit pela metade e, segundo Greenspan, estava resolvido a cumprir a promessa. Com esse fim, Clinton indicou conselheiros econômicos que relutavam em aumentar impostos e gastos. E foi feliz também. Beneficiou-se dos "dividendos da paz", o poder de cortar gastos com a defesa com o fim da Guerra Fria, e presidiu durante o advento da era digital, em que os computadores aumentaram a eficiência das empresas.

Em 1997, Clinton conseguiu aprovar a Lei do Orçamento Equilibrado, em sua maior parte cortando custos de Medicare para equilibrar o orçamento em 2002. No verão de 2000, anunciou um superávit nas contas-correntes orçamentárias pelo terceiro ano consecutivo, US$ 69 bilhões no ano financeiro de 1998, US$ 124 bilhões em 1999 e uma estimativa de, no mínimo, US$ 230 bilhões em 2000, o primeiro superávit em três anos consecutivos desde 1947-49, quando Harry Truman era presidente. A dívida tinha sido reduzida em US$ 360 bilhões em três anos, com US$ 223 bilhões pagos em 2000, a maior redução do déficit em um só ano da história dos Estados Unidos.[39] A essa taxa, os US$ 5,7 trilhões da dívida nacional estariam completamente pagos em 2012.[40] Greenspan saudou Clinton como "o melhor presidente republicano que tivemos em muito tempo"[41] e "tão longe do clássico cobra e gasta liberal quando se poderia estar e, assim mesmo, ser um democrata".[42]

A virtude conservadora aparente de Clinton, no entanto, provocou uma resposta improvável de seus opositores. O vácuo no pensamento econômico que tinha sido ocultado desde o fim da era Reagan se revelou em discussões sobre como gastar a renda de um *boom*. Congressistas republicanos impelidos por linhas de raciocínio afiadas por economistas novo-clássicos como Robert Lucas Jr., que baseava modelos macroeconômicos em fundamentos microeconômicos, eram a favor de gastar os superávits em reduções de impostos para estimular os americanos a trabalharem mais. Clinton preferiu gastar os superávits na liquidação da dívida nacional e na subscrição dos custos crescentes do Medicare e da seguridade social. Greenspan era a favor de pagar a dívida nacional em lugar de cortar impostos.

Em seu discurso sobre o Estado da União, em 1996, Clinton orgulhosamente cantou o hino de Hayek: "Sabemos que o *big government* não tem todas as respostas. A era do *big government* acabou."[43] Clinton seguiu o pensamento hayekiano cortando regulações de empresas. Em movimento facilitado pelo secretário do Tesouro, Robert Rubin, e fortemente apoiado por Greenspan, Clinton aprovou, em 1999, a Lei Gramm-Leach-Bliley, abandonando as regras para bancos, seguradoras e companhias financeiras que Franklin Roosevelt estabelecera durante a Grande Depressão. Pela primeira vez em sessenta anos, bancos de investimento tiveram permissão de fundir-se com bancos depositários. Aconselhado por Rubin, Greenspan, o presidente da SEC (Comissão de Valores Mobiliários) Arthur Levitt e o sucessor de Rubin, Lawrence Summers, Clinton também declinou de regular o crescente negócio de derivativos de crédito que especulava sobre o risco de crédito de títulos e empréstimos.

O ex-governador do Texas e homem do petróleo George W. Bush[44] foi eleito presidente em janeiro de 2001, depois de uma eleição descontinuada. Graças ao cuidado de seu predecessor, Bush herdou um superávit de US$ 128 bilhões no ano fiscal 2000-1 que deveria chegar a US$ 280 bilhões no ano seguinte. O Escritório Orçamentário do Congresso calculou que o superávit chegaria a US$ 5,6 trilhões ao longo da década seguinte, dos quais US$ 3,1 trilhões já tinham sido alocados para cobrir compromissos da Seguridade Social e do Medicare. Em 2006, o Escritório esperava que US$ 3,4 trilhões da dívida nacional estivessem completamente pagos, com um superávit de US$ 500 bilhões em cada ano seguinte. Bush não pensou muito sobre como gastar essa rara herança: quis estourar todo o superávit — e mais — em cortes nos tributos sobre rendas pessoais. Com a maioria republicana em ambas as Casas, Bush ficou livre para anunciar um corte nos impostos de US$ 1,35 trilhão até o fim de 2010, com abatimento instantâneo de US$ 400 bilhões, ou US$ 600 por família americana.

Mas, em suas primeiras semanas no poder, o novo presidente descobriu que estava diante de uma iminente recessão, o resultado atrasado do colapso do mercado grandemente inflado das companhias de internet e os efeitos da redução de preços da concorrência maior que resultava da globalização. Greenspan começou a reduzir as taxas de juros para minimizar o efeito da inevitável desaceleração do crescimento econômico. Mas coisa pior viria. Em julho, a arrecadação de impostos federais começou a cair enquanto uma queda de 20% no índice Standard & Poor's entre janeiro e setembro levou a despencarem as receitas de impostos sobre ganhos de capital de transações na bolsa. Um urso espreitava em Wall Street, e o superávit outrora imenso se tornava fogo-fátuo. Então, vieram os ataques da Al Qaeda nos Estados Unidos em setembro de 2011.

O objetivo declarado do líder da Al Qaeda Osama bin Laden era levar os Estados Unidos à bancarrota por meio do terror, exatamente, dizia ele, como havia levado a União Soviética à ruína por ocupar o Afeganistão. Bush enfrentou essa ameaça com um grande estímulo keynesiano. Após um encontro com Greenspan, Rubin, ex-secretário do Tesouro de Clinton, o conselheiro de Bush, Barry Lindsey, e líderes do Congresso, novos e maciços gastos federais foram rapidamente aprovados. Gastos para fortalecer as fronteiras dos Estados Unidos e aumentar a segurança nos aeroportos foram acompanhados de verbas governamentais para melhoramentos locais com fins políticos, como a construção de estações de bombeiros no Maine, que não tinha nada a ver com a segurança americana. Greenspan reduziu a taxa de juros a 1% para injetar dinheiro rápido na economia — a perspectiva da inflação resultante sendo considerada de longe preferível a uma recessão inspirada pelo terrorismo.

Mas essas medidas keynesianas para animar a economia não pareciam funcionar. No fim de 2002, o crescimento era lento, os lucros eram fracos e o mercado de ações estava abatido, o desemprego em alta e o déficit orçamentário atingira US$ 158 bilhões, uma reviravolta de US$ 250 bilhões em relação ao superávit de US$ 127 bilhões do ano anterior. Em setembro de 2002, permitiu-se que caducasse a Lei de Reforço Orçamentário de 1990, que assegurava que todo novo gasto federal teria de ser combinado com impostos para pagá-lo. Os Estados Unidos pareciam enfrentar um novo perigo: deflação crônica do tipo que o Japão havia suportado nos anos 1990, quando uma combinação de taxas de juros zero e generoso gasto público fracassou em dar novamente a partida na economia japonesa outrora em expansão.

Bush continuou a pressionar por reduções de impostos e aumento nos gastos da defesa e acrescentou uma dispendiosa extensão de benefícios de prescrição de remédios para os que estavam no Medicare.[45] "Essas metas não eram irrealistas à luz dos grandes superávits projetados", lembrou Greenspan. "Mas os superávits se foram em seis a nove meses desde que George W. Bush assumiu o governo."[46] Depois das vitórias republicanas de eleições de meio de mandato de 2002, Bush cortou impostos sobre dividendos de ações em 50%, medida a que seu secretário de Tesouro, Paul O'Neill, resistiu. Em um encontro, em dezembro de 2002, quando o vice-presidente Dick Cheney pressionou por isenções na taxação dos dividendos e um estímulo maior em dinheiro para a economia, O'Neill disse que o déficit já era grande demais e que o país "se encaminhava para uma crise fiscal". "Reagan provou que déficits não importam", interrompeu Cheney. "Vencemos as eleições de meio de mandato. Essa é a nossa obrigação."[47] Pouco depois, O'Neill renunciou ao cargo.

O início da guerra no Iraque, a continuação das operações militares no Afeganistão e as medidas antiterroristas mostraram-se dispendiosos: US$ 120 bilhões no ano fiscal de 2006, além dos mais de US$ 2 trilhões do orçamento federal. Mas esses gastos representaram pequena proporção do total de US$ 13 trilhões da economia em comparação com guerras anteriores.[48] Os ideais hayekianos do Contrato com os Estados Unidos em 1994 foram apenas um chuvisco na areia, enquanto a prevaricação corporativa, como a da escala sem precedentes das fraudes da Enron e da WorldCom, se combinava com gastos clientelistas dos republicanos no Congresso. O congressista John Boehner de Ohio, um arquiteto do Contrato com os Estados Unidos, escreveu em 2003: "Revelou-se que o povo americano não queria uma grande redução do governo."[49] Brian Riedl, um analista de orçamento do *think tank* conservador Heritage Foundation, concluiu que o "Partido Republicano simplesmente não está interessado em *small government* agora".[50] Como observou Herbert Stein em 1985, presidente do Conselho de Consultores Econômicos de Nixon, "a revolução conservadora radical é o sonho dos conservadores que não estão no governo, mas não a prática dos conservadores que estão no governo".[51] As despesas discricionárias do governo federal aumentaram 19% em dois anos, de US$ 734 bilhões em 2002 para US$ 873 bilhões em 2004. Em 2004, o déficit corrente federal se encaminhava para US$ 400 bilhões.

Em novembro de 2006, o Partido Republicano perdeu a maioria em ambas as Casas. A derrota, segundo Dick Armey, líder da maioria na Câmara de 1995 a 2002, assinalou o fim da revolução hayekiana do *small government* de 1994. Rememorando o Contrato com os Estados Unidos, ele escreveu: "Nossa questão básica naqueles anos iniciais era: como podemos reformar o governo e restituir dinheiro e poder para o povo americano? Finalmente, os inovadores políticos e o 'Espírito de 94' foram amplamente substituídos por burocratas políticos impulsionados por uma visão estreita. Sua questão se tornou: como conservamos o poder político?"[52] A visão idealista de Hayek fora derrotada pela política da velha escola.

Outra linha de pensamento hayekiano, de que o livre mercado, deixado aos seus próprios recursos, corrigiria os próprios erros e asseguraria prosperidade para todos, sofreu um golpe quase mortal no verão de 2007. Temerosos do valor duvidoso de dívidas empacotadas que continham hipotecas *subprime* de imóveis residenciais que simplesmente haviam perdido seu valor, os bancos começaram a ficar paralisados, incapazes ou sem vontade de emprestar até mesmo para outros bancos. O nervosismo entre os banqueiros assustou os clientes de bancos e provocou a primeira corrida a um banco na Grã-Bretanha desde meados do século XIX. Northern Rock, um banco de poupanças e empréstimos que havia tomado emprestado extensivamente no mercado aberto, não conseguiu crédito suficiente para cobrir as retiradas dos clientes. Multidões sitiaram as filiais do banco, exigindo que suas poupanças fossem restituídas. Para impedir que o pânico se espalhasse para outras instituições financeiras, o governo britânico nacionalizou o Northern Rock. Foi um aviso para todos os bancos do mundo, grande parte dos quais tinha pacotes contaminados de dívida. A difusão do pânico seguiu-se em instituições financeiras e entre poupadores e investidores dos dois lados do Atlântico.

A confusão sugeriu que fracassara o experimento, de décadas de duração, para permitir que mercados escassamente controlados gerassem crescimento e prosperidade. "Todo o edifício intelectual ruiu", disse Greenspan ao Congresso. "Cometi um erro ao presumir que os interesses próprios das organizações, especificamente bancos e outros, eram tais que elas seriam mais capazes de proteger seus próprios acionistas e suas participações nas empresas... Fiquei chocado."[53] As observações de Greenspan ecoaram as de Keynes oitenta anos antes, ao comentar a Grande Depressão. "Nós nos envolvemos em uma desordem colossal ao estragar uma máquina delicada cujo funcionamento não compreendemos", escreveu Keynes. "O resultado é que nossas possibilidades de riqueza podem ir para o lixo por algum tempo — talvez por um longo tempo."[54]

Em resposta ao que Greenspan chamou de "o tipo de crise financeira violenta que acontece apenas uma vez no século",[55] Bush perdeu pouco tempo avaliando se deveria permitir que o mercado sem obstáculos continuasse a fazer o seu pior. Estendeu a mão para Keynes, que disse uma vez, "não compreendo como a bancarrota universal pode fazer algum bem ou nos trazer para mais perto da prosperidade".[56] "Durante cerca de trinta anos a reputação de Keynes definhou", escreveu Peter Clarke, biográfo de Keynes. "Em cerca de trinta dias, o defunto economista foi redescoberto e reabilitado."[57] Perguntado, em 2000, se a Era de Keynes se perdera para sempre, John Kenneth Galbraith declarou: "Se fôssemos ter outra recessão, o que é possível, iríamos novamente usar parte do superávit bruto do governo para criar emprego e pôr a economia em movimento novamente."[58] Ele pouco imaginava o quão profética seria sua observação. Em fevereiro de 2008, Bush pediu ao Congresso um estímulo econômico keynesiano de US$ 168 bilhões em abatimentos do imposto de renda. O Tesouro comprou US$ 700 bilhões de bancos com "ativos problemáticos", um eufemismo para dívidas podres. O Estado, o gastador de última instância, interveio no atacado para impedir que a economia deslizasse para o vazio. Na Grã-Bretanha, os bancos foram resgatados em troca de ações; nos Estados Unidos, os banqueiros receberam dinheiro diretamente, para que o presidente não fosse acusado de "socialismo".

O pacote de estímulo de Bush foi acompanhado de um pacote de medidas de Ben Bernanke, que sucedeu Greenspan como presidente do FED, para estimular os bancos a retomar empréstimos. As taxas de juros foram reduzidas à metade entre setembro de 2007 e abril de 2008, enormes empréstimos de curto prazo foram feitos aos bancos e o FED comprou dívidas hipotecárias podres. Em março de 2008, o Bear Stearns, líder em empréstimos hipotecários *subprime*, foi vendido por preço de liquidação para o JPMorgan Chase. No mês de setembro seguinte, Lehman Brothers foi à falência. Nenhuma falência foi aplaudida, nem mesmo por aqueles que admitiam acreditar que o mercado devia seguir seu curso. Ao contrário, a crítica mais comum era que a administração "permitira" que o Lehman parasse de negociar. Em outubro de 2008, o secretário do Tesouro, Henry Paulson, recebeu

US$ 700 bilhões do Congresso para resgatar outras companhias que estavam falindo. Em 16 de dezembro de 2008, o FED reduziu para zero as taxas de juros. Ações similares foram adotadas por governos e bancos centrais em todo o mundo.

Keynes estava de volta, com ímpeto. A revista *Time* saudou a volta do velho com a manchete "A recuperação de Keynes".[59] "O que estamos vendo agora", escreveu o jornalista Justin Fox, "é o medo de estarmos nos dirigindo para um colapso econômico, causado pelo colapso da demanda, causado por um colapso do crédito. Confrontados com essa ameaça, os governos aparentemente não podem evitar voltar-se para o remédio formulado por Keynes durante os anos negros do início da década de trinta: estimular a demanda, gastando muito mais do que arrecadam, preferivelmente, mas não necessariamente, em obras públicas úteis, como rodovias e escolas."[60] Robert Lucas, o ganhador do Prêmio Nobel que fez mais do que a maioria dos economistas de Chicago para enterrar Keynes, declarou: "Imagino que todo mundo é um keynesiano em uma trincheira."[61] Enquanto a ressurgida maré keynesiana engolfava o Tesouro e o FED, e os economistas de água salgada ganhavam novamente prestígio e controle, os economistas de água doce ficavam visivelmente silenciosos. "Pensei que todos concordássemos em que o keynesianismo não funciona", foi a queixa isolada de Chris Edwards, do conservador Cato Institute. "Mas agora, com o novo pacote de estímulo ante o Congresso, todos esses keynesianos emergiram e, me pergunto, onde estão todos os teóricos que se opõem ao sistema keynesiano."[62]

Em fevereiro de 2009, o presidente Barack Obama[63] pressionou o Congresso a aprovar um projeto de lei de US$ 787 bilhões em estímulos fiscais e gastos com seguro-desemprego e infraestrutura. "Agimos porque o fracasso em fazer isso teria levado à catástrofe", explicou. "É, em grande medida, graças à Lei da Recuperação, que uma segunda Depressão não é mais uma possibilidade."[64] Mas a mudança de presidente trouxe uma volta às velhas divisões ideológicas. Nem um único republicano votou pelo estímulo. E, com escasso e semitrêmulo repouso, as velhas discussões Keynes-Hayek irromperam novamente. Foi como se os oitenta anos intervenientes não tivessem acontecido.

De 2009 em diante, um novo debate emergiu, questionando a eficácia do estímulo e se ele era grande o suficiente. Para os keynesianos, o mais importante da discussão foi a questão que Keynes levantou em 1936 sobre a falácia da Lei de Say, que afirmava que a renda é sempre automaticamente gasta. Como as isenções fiscais em meio à recessão eram mais acumuladas que gastas, e as companhias começaram a armazenar dinheiro, poupar em lugar de gastar levava o multiplicador de Kahn a ter pouco efeito. Havia necessidade de injetar dinheiro na economia o mais rápido possível, embora grande parte do pacote de Obama fosse *backloaded*, isto é, com dinheiro pingando na economia meses depois, às vezes, anos. Em lugar dos projetos requisitados pela administração que poderiam ser imediatamente executados e se traduziriam rapidamente em emprego para os desempregados, os legisladores frequentemente propunham projetos de longo prazo em seus próprios estados que teriam pouco efeito imediato na economia.

A noção de que o que era bom para a General Motors era bom para os Estados Unidos foi tomada literalmente. Os americanos, temerosos por seus empregos, adiavam a decisão de comprar um carro novo, deixando três das quatro maiores companhias automobilísticas domésticas, e sua longa lista de fornecedores, à beira da bancarrota. Elas receberam dinheiro do Tesouro em troca de participação acionária.

Em novembro de 2008, líderes mundiais reunidos no encontro do G-20 em Washington acordaram uma política comum para evitar a Grande Depressão que se aproximava. Prometeram cortar as taxas de juros e permitir que o gasto público superasse a arrecadação de impostos. Na época em que se reuniram em Pittsburgh, em setembro de 2009, a perspectiva de uma recessão prolongada parecia ter sido evitada. No início do verão de 2010, o clima entre os líderes mundiais tinha mudado. Nem bem os remédios keynesianos começaram a funcionar, os consumidores se arrependeram. A escala da dívida nacional ameaçava as moedas, enquanto credores temiam que os governos não pagassem. O alto endividamento da periclitante economia grega forçou a União Europeia, em maio de 2010, a reunir, apressadamente, um empréstimo conjunto para impedir o governo grego de renegar suas dívidas. Em novembro de 2010, a Irlanda também foi resgatada, seguida, em abril de 2011, por Portugal. Dúvidas semelhantes sobre a dívida soberana foram expressas acerca da economia de Itália, Espanha, Bélgica, até França. Permitir que Grécia, Irlanda e Portugal falissem teria ameaçado a viabilidade da moeda da União Europeia, o euro, que, em troca, solaparia o movimento rumo à integração política da Europa. Em junho de 2010, no encontro do G-20 em Toronto, Canadá, os mesmos líderes mundiais que apoiaram soluções keynesianas apenas dezoito meses antes insistiram na redução acentuada do gasto do governo e no pagamento da dívida nacional. Sua reviravolta foi como dar aspirina a alguém com dor de cabeça, e depois imediatamente fazer lavagem estomacal.

 Dois anos depois que o pacote de estímulo de Obama foi aprovado, havia pouca evidência de que tivesse dado certo. A taxa de desemprego subiu para 9,8% em novembro de 2010, com mais de 15 milhões sem trabalho. A execução de hipoteca de casas continuou a passos rápidos. Opositores do estímulo, incluindo todos os republicanos no Congresso, afirmavam que ele não estava funcionando, que a recuperação estava sendo impedida pelas "expectativas racionais" daqueles que acreditavam que os gastos e os empréstimos federais extras poderiam levar a impostos mais altos e condições menos indulgentes para os negócios. Eles queriam que o déficit federal fosse reduzido o quanto antes. Paul Krugman,[65] o laureado Prêmio Nobel de economia do *New York Times*, lembrou àqueles que desejavam a volta imediata a uma política de redução de impostos e gastos que eles estavam convidando a uma recessão dupla, exatamente como Franklin Roosevelt havia instigado a Recessão de Roosevelt de 1937.

Em breve, keynesianos como Krugman, que sempre duvidaram de que o estímulo fosse grande e rápido o bastante, exigiam uma segunda e maior injeção de dinheiro e crédito na economia. "Estamos agora, temo, nos estágios iniciais de uma terceira depressão", escreveu. "Em todo o mundo... os governos estão obcecados com a inflação, quando a ameaça real é a deflação, pregando a necessidade de apertar o cinto, quando o problema real é o gasto inadequado."[66]

Quando os democratas perderam as eleições de meio de mandato em novembro de 2010, eleições dominadas por exigências do "Tea Party"[67] de que os empréstimos do governo fossem suspensos e que o déficit fosse pago sem adiamento, o governo Obama se viu administrando uma economia severamente limitada pela visão da liderança republicana, que insistia na perpetuação dos cortes de impostos de Bush para os ricos, assim como para a classe média, e tinha na mira o seguro-saúde universal compulsório do governo. As reduções de impostos e a extensão na mesma medida do seguro-desemprego forneceram mais um estímulo keynesiano, que acrescentou US$ 858 bilhões em dois anos ao déficit federal. Enquanto isso, o FED continuava a comprar de volta títulos do governo para manter baixas as taxas de juros de longo prazo, levando à queda do valor do dólar. Aumentar a oferta de moeda da nação quando as empresas já estavam inundadas de dinheiro apenas confirmou o aviso de Marriner Eccles, o presidente do FED de Franklin Roosevelt, sobre a impotência da política monetária como estímulo: "Não se pode empurrar uma corda", isto é, por mais dinheiro que se ponha à disposição, não se pode forçar os empresários a fazer investimentos.

18.

E o vencedor é...

Evitando a Grande Recessão de 2008 em diante

Então, oitenta anos depois que Hayek e Keynes cruzaram os sabres pela primeira vez, quem ganhou o mais famoso duelo da história da economia? Por várias décadas, Keynes pareceu emergir da refrega um pouco machucado, mas triunfante, embora dificilmente fosse a sua uma vitória decisiva. Como Robert Skidelsky explicou: "Acho que Hayek foi derrotado por Keynes nos debates de 1930 não porque Keynes 'tenha provado' que estava certo e sim porque, com a queda da economia mundial, ninguém estava muito interessado em saber exatamente o que a havia causado."[1]

Embora o keynesianismo tenha sido declarado morto inúmeras vezes desde meados de 1970, o reconhecimento de Friedman em 1966, de que, "em certo sentido, todos somos keynesianos agora; em outro, ninguém é mais keynesiano",[2] é uma avaliação mais precisa, senão importunamente ambígua, do estado da economia no início do século XXI. Uma diferença decisiva entre os dois homens, se uma economia é mais bem compreendida de cima para baixo ou de baixo para cima, por meio da macroeconomia ou da microeconomia, deixou Keynes em situação dominante. Sua abordagem generalizada é universalmente usada hoje, da mesma forma que conceitos como produto interno bruto —, ferramentas importantes com as quais os economistas medem a economia. Como Friedman colocou: "Todos usamos muitos dos detalhes analíticos da *General Theory*; todos aceitamos, no mínimo, uma grande parte da mudança de pauta para análise e pesquisa que a *General Theory* introduziu."[3]

Com suas prescrições monetárias, Friedman refinou Keynes, mas não o substituiu. "O [monetarismo] beneficiou-se muito do trabalho de Keynes", escreveu Friedman em 1970. "Se Keynes fosse vivo hoje, estaria, sem dúvida, à frente da contrarrevolução [monetarista]."[4] Keynes buscava a cura para o desemprego em massa. Seu remédio era aumentar a demanda agregada total. Ele sugeriu diversos caminhos: usando meios monetários, baixando taxas de juros e canalizando dinheiro para a economia, por meio de isenções fiscais e obras públicas.

Friedman persuadiu economistas de que, quando em águas calmas, a economia seria mais bem servida por um aumento gradativo, moderado, previsível, da oferta de moeda. Foi Friedman, não Keynes, a quem a maioria dos economistas e políticos adotou como guia a partir de meados dos anos 1970, depois que a aplicação simultânea de todos os três remédios de Keynes durante três décadas resultou em estagflação. Desde o momento, em 1979, em que Paul Volcker, presidente do FED, reiniciou a economia introduzindo, deliberadamente, uma recessão, os princípios de Friedman foram aplicados em grande medida. Friedman adotou a ideia de Keynes de administrar a economia por meio da macroeconomia, e os políticos continuam com isso, seja qual for a retórica hayekiana que, às vezes, empreguem.

A posição de Friedman oferece pistas de como aferir quem venceu o concurso Keynes-Hayek. Na economia, Friedman estava mais próximo de Keynes e, frequentemente, elogiava a economia de Keynes, em particular *A Tract on Monetary Reform*. Hayek admitia que "o monetarismo de Milton e o keynesianismo têm mais em comum um com o outro do que tenho com ambos".[5] Quando se tratava de política, no entanto, Friedman estava mais próximo de Hayek. Keynes acreditava que a intervenção do Estado era um meio adequado de melhorar a vida dos cidadãos. Friedman concordava com Hayek em que, sempre que intervinha na economia, o Estado era um empecilho à habilidade do livre mercado de criar riqueza. Friedman aprovava a redução de impostos não para injetar dinheiro na economia, como Keynes recomendava, mas porque acreditava que o governo encolheria como resultado. A esse respeito, Hayek deu passos largos. As tiranias comunistas finalmente caíram, estimuladas por aqueles que se inspiraram nos sentimentos antiestatizantes de Hayek.

Enquanto celebrava o fim do comunismo soviético, Hayek sentiu que havia sido derrotado por Keynes na ampla introdução do planejamento econômico. De acordo com Friedman, falando em 2000, "não existe dúvida sobre quem venceu a discussão intelectual... A opinião intelectual do mundo de hoje é muito menos favorável aos planejamentos centrais e controles do que era em 1947. O que é mais duvidoso é quem venceu a discussão prática. O mundo é mais socialista hoje do que era em 1947. O gasto governamental em quase todos os países do Ocidente é mais alto hoje do que era em 1947... A regulação governamental das empresas é maior".[6]

Hayek adotava a posição absolutista de que, como ninguém podia saber o que estava na mente de cada membro da sociedade e que o melhor indicador de suas necessidades conflitantes eram os preços de mercado, todas as tentativas de dirigir a economia estavam fora de lugar. Com o tempo, seu fracasso em atrair apoio durante a hegemonia keynesiana pareceu levá-lo a defender sua posição *ad absurdum*. Finalmente, Hayek queria que o poder do Estado se retirasse para uma cidadela mínima e queria ver até o último elemento de uma economia, até mesmo a emissão de moeda, em mãos privadas, porque desafiava o monopólio do Estado dos poderes de criar moeda. Isso o colocou em oposição direta a Friedman, que, embora desejasse que o governo fosse minimizado, acreditava que uma economia deveria ser administrada para proporcionar crescimento firme. O instrumento escolhido por Friedman, a política monetária, requeria um banco central administrado pelo Estado. Hayek acreditava que a emissão de moeda era a chave para encerrar o ciclo de negócios, preocupação comum dele e de Keynes. "Acredito que, se não fosse pela interferência do governo no sistema monetário, não teríamos flutuações industriais ou períodos de depressão", declarou Hayek. "Se a questão da emissão de moeda for colocada nas mãos de empresas cujo negócio depende de seu sucesso em manter estável a moeda que emitem, a situação muda completamente."[7]

Os dois líderes que promoveram as ideias de Hayek, Ronald Reagan e Margareth Thatcher, avançaram no caminho de encolher o Estado para permitir que o livre empreendedorismo florescesse. Em seu nonagésimo aniversário, Thatcher escreveu para Hayek: "Faz dez anos esta semana desde que recebi o privilégio de me tornar Primeira-Ministra... A liderança e a inspiração que o seu trabalho e seu pensamento nos deram foram absolutamente cruciais; e temos uma grande dívida com você."[8] Thatcher premiou Hayek com o título de nobreza *Companion of Honour*, uma das maiores distinções britânicas, como recompensa. O cumprimento não foi inteiramente retribuído. Entrevistado pela filha adotiva de Mises, Gita Sereny,[9] em 1985, Hayek estava ansioso para destacar que "naturalmente, não é verdade que eu aconselhe a Sra. Thatcher".[10] O desapontamento de Hayek ficou evidente também quando um redator da *Forbes* lhe pediu, em 1989, que avaliasse as realizações de Reagan e Thatcher. Ele achou as políticas deles "tão razoáveis quanto poderiam ser na época. Eles são modestos em suas ambições".[11] Nem Thatcher nem Reagan deram mais que a partida para alcançar o derradeiro objetivo de Hayek de substituir o Estado pela empresa privada. Dos dois, foi Thatcher quem avançou mais, embora tivesse começado de uma base inferior, tendo herdado uma economia mista madura para a reforma. A retórica hayekiana de Reagan sempre superava sua vontade de reduzir o tamanho do Estado, como atesta o extraordinário aumento do orçamento federal durante seus anos na presidência.

Hayek escreveu *The Road to Serfdom* em tempo de guerra, quando a luta contra o despotismo era mais aguda, descrevendo o livro quarenta anos depois como "um tratado para os tempos".[12] Mais de sessenta anos após, entretanto, o livro é citado sem que se levem em consideração as condições especiais em que foi escrito. Até aqueles de quem se poderia esperar que concordassem com Hayek rapidamente admitem que as opiniões apocalípticas dele não fazem justiça à benignidade de governos social-democratas no pós-guerra europeu. O pensador neoconservador Adam Wolfson concluiu que, "as mais modernas democracias têm vivido em Estados do bem- -estar social mais extensivos e altamente socializados que os Estados Unidos, sem, de alguma forma, chegar 'ao cume', de onde caem no totalitarismo. Não existe, na verdade, nenhuma estrada para a servidão por meio do Estado do bem-estar."[13] Paul Samuelson, o principal propagandista do keynesianismo, foi, como se esperava, mais vigoroso. "Como escrevi em 2007, a Suécia e outros lugares escandinavos... são os mais 'socialísticos' pela definição crua de Hayek. Onde estão seus campos de câmaras de gás?", perguntou. "Os elementos mais vis subiram ao poder? Quando pesquisas são compiladas sobre 'infelicidade mensurável' são lugares como Suécia, Dinamarca, Finlândia e Noruega que melhor exemplificam a escravidão? Não. Claro que não."[14] Mesmo pelas próprias medidas de Hayek do bem-estar, crescimento econômico, as sociais-democracias superaram seus vizinhos de livre mercado.[15]

Hayek não abria mão desse ponto. Ele acreditava que a Suécia conquistara o sucesso econômico apesar, e não por causa, de seu grande setor estatal e que o tédio que sentia entre os suecos era um sintoma de sua perda de liberdade. "Suécia e Suíça são dois países que escaparam dos danos [*sic*] de duas guerras e se tornaram depositários de uma grande parte do capital da Europa", sugeriu. Mas essa riqueza amplamente compartilhada e a ausência de desemprego vieram a um alto preço. "Existe, talvez, mais descontentamento social [pelo qual ele, talvez, quisesse se referir aos suicídios] na Suécia que em quase qualquer outro país em que estive. O sentimento padrão de que a vida não vale realmente a pena ser vivida é muito forte na Suécia."[16]

A rejeição de Hayek da opinião entre muitos intelectuais de que países social-democratas, como a Suécia, eram mais civilizados que as economias de livre mercado levou a que ele fosse amplamente ridicularizado. Foi tratado com desdém por figuras importantes tanto da direita quanto da esquerda. Em 1967, quando a maré hayekiana atingira seu ponto mais baixo, Anthony Quinton, o filósofo favorito de Thatcher, o chamou de "magnífico dinossauro",[17] enquanto o historiador marxista britânico Eric Hobsbawm o descreveu como "profeta da selva".[18] "Durante grande parte de sua vida, suas posições econômicas e políticas estiveram completamente fora de sincronia com as da *intelligentsia*", escreveu o editor de suas obras reunidas, Bruce Caldwell. "Ele atacou o socialismo quando este era considerado o "meio-termo", quando aparentemente todas as pessoas de boa consciência tinham simpatias socialistas... Durante grande parte do século, Hayek foi alvo do ridículo, desprezo, ou, talvez pior, para um homem de ideias, da indiferença."[19]

Hayek ainda é amplamente considerado inaceitável, particularmente na Europa. Entretanto, há movimentos para lhe dar o que merece desde que recebeu o Nobel de economia, em 1974. Em 2003, o verbete de 250 palavras da *Enciclopédia Britânica* sobre Hayek foi substituído por um relato mais longo, mais generoso. Foi incluído no programa de estudos sociais de Harvard, fonte americana do keynesianismo. Mas, apesar do patrocínio do comentarista político Glenn Beck, que devotou tempo considerável a popularizar a mensagem de *The Road to Serfdom*, Hayek permanece uma figura pouco conhecida, paradoxalmente tanto um herói para aqueles que se definem como marginalizados quanto o economista predileto das grandes empresas.

Hayek não se deteve por seu fracasso em conquistar a opinião daqueles em posição de influência. Ele parecia pensar que ser banido da corrente principal da academia confirmava a verdade de sua mensagem. Foi uma surpreendente demonstração de autoconfiança, que, com o tempo, trouxe solidão, isolamento e depressão. Hayek prosseguiu, levando *The Road to Serfdom* à sua última consequência: que, apenas voltando-se o conjunto da sociedade para as forças do mercado, os indivíduos podem tornar-se verdadeiramente livres. Em *The Constitution of Liberty*, de 1960, *Law, Legislation and Liberty*, de 1973-1979, e seu trabalho final, *A arrogância fatal: os erros do socialismo*, de 1988, ele propôs uma utopia em todos os detalhes tão irrealizável quanto todas as sociedades ideais anteriores antevistas por pensadores, de Thomas More a Karl Marx.

Ele exibia um sentimento missionário tão forte que isso deixou muitos hayekianos com o sentimento de que, inadvertidamente, se haviam unido a uma seita espiritual. Isso era intencional. Hayek declarou, em 1949, "o que precisamos é de uma Utopia liberal, um programa que não pareça nem a mera defesa das coisas como são, nem uma espécie de socialismo diluído, mas de um radicalismo verdadeiramente liberal. A principal lição que o verdadeiro liberal precisa aprender do sucesso do socialismo é que eles tiveram a coragem de ser utópicos, com o que conquistaram o apoio dos intelectuais e, portanto, influência na opinião pública".[20]

A utopia de Hayek frequentemente se derramava em religiosidade. Como descreveu seu discípulo Ralph Harris, "uma vez... que você entenda que não existe outro caminho para preservar a substância da liberdade individual exceto por meio da propriedade privada dispersada... você pode dizer que é quase um sentimento religioso... Eu tenho dito — e isso tem ofendido alguns de meus outros amigos cristãos; eles dizem que isso é horrível, sacrilégio — ... que o mercado é quase ordenado por Deus".[21] Na visão de Hayek, o governo deveria ser deixado a administrar apenas os elementos da sociedade que não poderiam ser administrados por mais ninguém, como a defesa. Entre os serviços que Hayek acreditava que deveriam ser privatizados, estavam "todos aqueles da educação ao transporte e comunicações, incluindo correios, telégrafo, telefone e serviços de transmissão, todos os assim chamados de 'utilidade pública', os vários seguros 'sociais' e, acima de tudo, a emissão de moeda".[22] Impressionantemente, e talvez surpreendentemente para aqueles que subscrevem os objetivos gerais de Hayek hoje, ele defendia seguro-saúde universal e seguro-desemprego obrigatórios, reforçados, se não diretamente fornecidos, pelo Estado, e acreditava que deveria haver livre movimentação de trabalhadores pelas fronteiras nacionais.

Hayek, nunca um conservador, se tornara um libertário, mas não propôs um estado de anarquia. Em lugar do governo, sugeriu que empresas privadas desempenhassem deveres comunitários. "Não havia necessidade de o governo central decidir quem deveria ser autorizado a prestar serviços diferentes, e é altamente indesejável que possua poderes mandatórios para fazer isso."[23] Em vez disso, antevia "corporações quase comerciais competindo por cidadãos".[24] Aqueles que não gostassem do que a companhia oferecesse deveriam mudar-se para outro lugar.

Ele concluiu que a democracia representativa com demasiada frequência oferecia uma "tirania da maioria" que reduzia as liberdades individuais e impunha custos desnecessários. Insistia em que "o livre mercado é o único mecanismo jamais descoberto para conquistar a democracia participativa".[25] À luz desse derradeiro objetivo, substituir um governo representativo, com todos os seus grupos de interesse, *lobbies* e partidos, por uma sociedade privatizada, não é, então, de surpreender que Hayek tenha sentido que Reagan e Thatcher quase não avançaram.[26]

Reagan e Thatcher administraram com sucesso a democracia representativa. Expor a opinião total de Hayek os deixaria abertos à acusação eleitoralmente venenosa de que eram antidemocráticos. Outros políticos do pós-guerra estavam preocupados, principalmente, em assegurar que a todos fosse dada uma chance de exercer as liberdades prometidas para eles. Enquanto Hayek se concentrava em uma utopia abstrata, os progressistas venciam batalhas pelos direitos civis afro-americanos, mulheres, homossexuais e incapacitados físicos. Muitas campanhas políticas, como o movimento ambientalista e a mudança cultural sísmica que emanou dos costumes mudados dos anos 1960, não foram inspiradas de maneira alguma por noções de governança. Para muitos, o materialismo heroico de Hayek não parecia nada a não ser heroico.

Mas o debate público lentamente se movimentou em favor de Hayek. No Chile dos anos 1970, Hayek foi invocado para conter o comunismo. Enquanto a maioria da Europa Ocidental manteve a economia mista e o Estado do bem-estar social, na Grã-Bretanha o thatcherismo ofereceu um novo rumo, apesar das luzes "Hayek light" que o governo neotrabalhista de Tony Blair abraçou. Foi nos Estados Unidos, então, onde o livre empreendedorismo sempre foi um credo nacional, que as crenças de Hayek mais progrediram, em parte porque a nação foi fundada na noção de que os indivíduos deveriam ser livres de governo. Gerações de americanos praticaram a filosofia de Hayek muito antes de ele articulá-la. A crença no mercado sem restrições era importante para os cavalheiros do século XVIII que escreveram a Constituição. No entanto, a democracia representativa ao longo do tempo transgrediu as liberdades absolutas. Como diz o cientista político conservador Adam Wolfson, citando Alexis de Tocqueville, "o *big government* está, como esteve, escrito no DNA político da democracia".[27]

Hayek chamou a atenção para o paradoxo no âmago da Constituição americana, que parecia endossar tanto direitos individuais quanto poderes de um forte governo federal. Irritação com o efeito forçoso da influência silenciosa e insinuante do governo sublinhava a mensagem de líderes como Goldwater e Reagan. O Partido Republicano, antes o lar de conservadores que Hayek tanto desprezava, tornou-se o principal agente do libertarianismo hayekiano. Podado de patrícios do Nordeste, como Nelson Rockefeller, que acreditava que o keynesianismo facilitava o casamento corporativista entre o gasto público e o lucro privado, os republicanos, estimulados pelo *Tea Party*, adotaram o grito de Hayek por um governo menor e desafiaram os democratas a defender o *status quo*. Nesse sentido, os políticos americanos se tornaram crescentemente hayekianos.

O Contrato com os Estados Unidos, de 1994, dos republicanos foi uma tentativa de remover poderes do governo federal. Falhou. Qualquer movimento para desmantelar um sistema democrático inevitavelmente encontra problemas. Os políticos permanecem políticos. Aqueles que trabalharam duro para se eleger, até aqueles que acreditam que o governo é grande demais, acham inconveniente votar contra os poderes obtidos com dificuldade. As campanhas populares para reduzir o alcance do governo pela legislação ou aprovar emendas constitucionais levaram similarmente a contradições: limitar a elevação de impostos por lei está em desacordo com o compromisso legal de pagar o déficit orçamentário.

Embora Hayek possa ter crescido em influência nos últimos trinta anos, Keynes nunca esteve longe do pensamento dos economistas. A resposta urgente do governo federal à crise financeira de 2007-8, iniciada por George W. Bush e continuada por Barack Obama, foi completamente keynesiana, com ambas as administrações intervindo no mercado para impedir o colapso da economia. Os Estados Unidos enfrentaram uma ameaça existencial e, como em 1930, o fracasso em agir era considerado um descuido tão grande que mal era contemplado.

No auge da crise houve poucos que se opuseram a esse ressurgimento, no curto prazo, do keynesianismo, e menos ainda os que, de cara séria, promoviam a solução hayekiana: deixar o mercado encontrar seu próprio nível. A opinião do filósofo político austríaco-americano Joseph Schumpeter, de que o livre mercado precisa, de tempos em tempos, suportar um período de "destruição criativa", não teve permissão para ser testada. Tendo provado de forma tão marcante que estava errada, a suposição amplamente aceita, de que o livre mercado sempre consertava a si mesmo com o tempo, não teve uma segunda chance. Poucos tentaram tramar em favor das terríveis consequências que acompanhariam o colapso da economia: quantos privados de seus lares; quantos declarados em bancarrota; quantas empresas fechadas.

Mas Bush e Obama receberam pouco crédito por agir rapidamente para evitar um *armagedom* econômico. E o keynesianismo mostrou não ser panaceia. Quando o estímulo para reduzir rapidamente o número de desempregados falhou, e os relatos de dinheiro "desperdiçado" por programas públicos controversos começaram a se espalhar, muitos americanos se alarmaram com a extensão do empréstimo governamental. Para muitos, como Robert Barro, professor de economia de Harvard, Keynes se tornou figura de zombaria, um feiticeiro que atraiu as crianças das futuras gerações para uma caverna escura de endividamento intolerável. Outros acusaram Obama e seus conselheiros econômicos de serem socialistas secretos. O argumento da Escola Austríaca de Hayek de que dinheiro público colocado em investimentos seria desperdício foi escovado.

Descrevendo a batalha dos anos 1930 entre Keynes e Hayek, Herbert Stein, conselheiro econômico de Nixon, escreveu em 1986, "conservadores convencionais têm visto Keynes como influência obscura e má, inclinada a minar o sistema econômico. De fato, no entanto, ele ajudou a salvar o sistema livre em um tempo em que mudanças muito mais radicais nele estavam sendo seriamente defendidas."[28] Vinte e cinco anos depois, as palavras de Stein ainda parecem verdadeiras, mas um número crescente de americanos parecia mais preparado para apostar que as prescrições dolorosas de Hayek eram preferíveis a pagar o preço dos remédios de Keynes.

Um sentimento similar de ansiedade afetou os europeus. Para eles, porém, não era tanto escolher entre Keynes e Hayek como encontrar um meio de evitar uma crise financeira mais adiante para assegurar a sobrevivência do euro e manter o ritmo da integração política europeia. Liderados pelos alemães, que vêm pagando desproporcionalmente há sessenta anos para assegurar o sucesso da União Europeia, os europeus ficaram temerosos de que as crises da dívida soberana na Grécia, Irlanda, em Portugal e outros lugares poderiam acarretar uma corrida irreversível contra o euro. Os alemães agiram, mas à custa das medidas keynesianas que haviam minorado os piores efeitos da crise financeira de 2008. O preço de prosseguir com a integração política europeia foram um maior aperto na oferta de moeda e cortes profundos nos gastos públicos.

A Grã-Bretanha também sofreu pressão para impor cortes ou enfrentar corrida contra a libra. Depois da eleição geral de 2010, em que nenhum partido obteve maioria, a coalizão do governo de David Cameron, entre Conservadores e Democratas Liberais, anunciou um experimento sem precedentes para reduzir o setor público britânico: cortes de 10% em gastos identificados no primeiro ano; uma meta de 25% de cortes ao fim do Parlamento de cinco anos. A desculpa para abraçar uma solução hayekiana não foi perdida pelos Conservadores britânicos, como o secretário de relações exteriores William Hague e o secretário do Trabalho e Previdência Iain Duncan Smith, que abrigavam havia muito o sonho de completar a revolução de Thatcher.

O restabelecimento da Segunda Era de Keynes teve vida curta, mas a invocação do nome de Hayek permaneceu tão desagregadora que poucos daqueles que defendiam um Estado menor poderiam ser levados a expressar abertamente sua inspiração. Nem teriam reconhecido sua dívida com Keynes por salvar o capitalismo duas vezes em oitenta anos.

Hayek não tinha tais inibições para expressar sua admiração por Keynes, a quem considerava "uma das mentes mais influentes e brilhantes de sua geração", que tinha tido "uma profunda influência... no desenvolvimento das ideias".[29] Enquanto Hayek acreditava que a "revolução keynesiana" iria aparecer como episódio durante o qual concepções errôneas do método científico apropriado levaram à obliteração temporária de muitos *insights* importantes", ele o achava "tão versátil que, quando se chegava a estimá-lo como homem, parecia quase irrelevante que se pensasse que sua economia fosse ao mesmo tempo falsa e perigosa... Ele teria sido lembrado como um grande homem por todos aqueles que o conheceram, mesmo que nunca tivesse escrito sobre economia".[30]

Como Keynes e Hayek, John Kenneth Galbraith não viveu para ver a Grande Recessão, mas tinha uma explicação de por que os Conservadores não podiam aplaudir Keynes por salvar o capitalismo pela segunda vez. "Keynes estava extremamente à vontade com o sistema econômico que tão brilhantemente explorou", observou Galbraith. "O impulso amplo de seus esforços, assim como o de Roosevelt, era conservador; era para ajudar a assegurar que o sistema sobrevivesse. Mas tal conservadorismo nos países de língua inglesa não agrada aos Conservadores verdadeiramente comprometidos... É melhor aceitar o desemprego, fábricas ociosas e o desespero maciço da Grande Depressão, com todo o resultante dano para a reputação do sistema capitalista, que recuar em verdadeiro princípio... Quando o capitalismo finalmente sucumbir, será com os trovejantes vivas daqueles que estão celebrando sua vitória final sobre pessoas como Keynes."[31]

Agradecimentos

Sou grato ao meu amigo e mentor A. O. H. Quick, diretor da Faculdade Rendcomb, por ser o primeiro a me estimular a estudar economia política, e aos meus professores de economia da Universidade de York, Alan T. Peacock e Jack Wiseman, por fugir do senso comum, sugerindo que havia mais na teoria econômica que John Maynard Keynes. Sou grato àqueles, como Enoch Powell, Alfred Sherman, John Hoskyns, Keith Joseph e Margaret Thatcher, cuja injeção de pensamento de livre mercado em um relutante Partido Britânico Conservador me obrigou a reavaliar o pensamento de Friedrich Hayek.

Ao escrever este livro fiquei profundamente em dívida com Bruce Caldwell — cujo conhecimento da vida e do trabalho de Hayek é sem paralelo — por ler até o rascunho final, sugerindo melhoras e me permitindo dar uma olhada prévia em sua mais recente contribuição a *Collected Works* de Hayek, publicado pela University of Chicago Press. Também gostaria de agradecer a Sidney Blumenthal por sua crítica detalhada e atenta. Tom Sharpe, que recebeu ensinamento e depois ensinou junto com membros do Circus de Cambridge, ofereceu seu olhar crítico e original, assim como Rockwell Stensrud. Fiquei contentíssimo por minha pesquisa ter levado ao revigoramento de minha longa amizade com Paul Levy, distinto historiador do Grupo de Bloomsbury. Devo apressar-me a acrescentar que sou inteiramente responsável por quaisquer erros factuais ou de julgamento que ainda permaneceram no texto final.

Também gostaria de agradecer a Patricia McGuire, a arquivista em King's College, Cambridge, e sua colega Jane Clarke; Carol A. Leadenham, assistente de arquivista para referência na Hoover Institution Archives, Standord, California; e Sue Donnelly, arquivista na London School of Economics. Todas forneceram respostas rápidas e minuciosas às minhas perguntas, assim como as equipes em vários ramos em Manhattan da New York Public Library. Agradecimentos também a Dominick Harrod, Andrew Gilmour, Philip Zabriskie, Dominique Lazanski, Guy Sorman e David Johns no *New York Times*.

Não poderia ter esperado um editor mais inteligente e simpático que Brendan Curry em W. W. Norton. A editora-assistente Melanie Tortoroli foi de constante ajuda e orientação. O trabalho de copidesque de Mary Babcock foi completo e apropriado, não menos ao sugerir como traduzir melhor meu inglês-inglês para inglês-americano.

Meus profundos agradecimentos ao meu agente literário, Raphael Sagalyn, por compreender, em nossa primeira breve conversa sobre Keynes, que havia uma boa história para ser contada se eu, simplesmente, pudesse encontrá-la. Ele percorreu um longo caminho para substituir o falecido Giles Gordon, de minha mais afetuosa memória, o excepcional e talentoso autor de Londres e Edimburgo e agente dos meus primeiros cinco livros.

Uma vez mais estou em dívida com Fern Hurst e Beverly Zabriskie por sua generosa hospitalidade e caloroso estímulo. Em momentos decisivos na redação deste livro, ofereceram um refúgio bucólico que inspirou novos pensamentos e renovado vigor.

Finalmente, devo desculpas à minha mulher, Louise Nicholson, e aos meus dois filhos, William e Oliver, obrigados nos últimos anos a suportar uma série de discursos domésticos improvisados sobre os méritos relativos de Keynes e Hayek. Agradeço-lhes por sua interminável paciência, bom humor e compreensão. Eu conquistaria muito pouco sem eles.

NICHOLAS WAPSHOTT
Nova York, fevereiro de 2011

Notas

Prefácio

1. "Obituário: Laurence Joseph Henry Eric Hayek", em King's College, Cambridge, Annual Report, 2008, p. 142. Laurence era filho de Friedrich Hayek e, como Keynes, um homem de King's. Seu obituário afirma que Keynes e Hayek "até se revezaram no telhado da Capela do King's durante a guerra". Alguma dúvida foi lançada sobre a verdade dessa sugestão. No mínimo, ambos os homens vigiaram a eclosão de incêndios desde o telhado do King's.
2. Citado por John Cassidy, "The Economy: Why They Failed", Nova York Review of Books, 9 de dezembro de 2010, pp. 27-29.

1. O herói glamoroso

1. Francis Ysidro Edgeworth estava no fim de uma longa linhagem de proprietários de terras anglo-irlandeses, escritores e excêntricos e tornou-se um dos homens mais pitorescos, originais e brilhantes a praticar economia no século XIX. Suas origens foram tão românticas que mereceram um lugar em um dos romances moralistas de maior vendagem escrito por sua idosa tia Maria Edgeworth, cujas vívidas descrições da vida irlandesa, tanto das classes altas quanto das baixas, inspiraram Sir Walter Scott a escrever os romances Waverley. O pai de Francis, Francis Beaufort Edgeworth, um estudante de filosofia em Cambridge, passava por Londres a caminho da Alemanha quando, nos degraus do British Museum, ele tropeçou literalmente com Rosa Florentina Eroles, uma garota catalã de dezesseis anos que se refugiava em Londres da persistente violência que varria seu país natal. Edgeworth pai apaixonou-se no ato e espontaneamente decidiu evitar o austero protocolo exigido por sua subaristocrática família fugindo com seu amor recém-encontrado. O par se casou em três semanas. O quinto filho dessa união improvável foi Ysidro Francis Edgeworth, que inverteu a ordem de seus nomes cristãos quando era

adulto, quando não havia mais oportunidade de ser confundido com seu pai. Francis não se casou, embora por um tempo tivesse cortejado em vão Beatrix Potter, a criadora de Peter Rabbit, e em vez disso devotou suas energias a aplicar fórmulas matemáticas para entender melhor os problemas humanos. Se a contribuição de Edgeworth à teoria econômica mal foi reconhecida durante sua vida, seu trabalho foi confiscado, sem o adequado crédito, por Alfred Marshall, o economista britânico dominante do fim do século XIX e gigante econômico residente em Cambridge que pessoalmente ensinou a John Maynard Keynes e ao pai do economista, Neville.
2. Alfred Marshall (1842-1924), o mais influente economista de seu tempo, reuniu os conceitos econômicos fundamentais de oferta e demanda, de utilidade marginal, e dos custos de produção em seu compêndio *Principles of Economics* (1890), que conformou a base do conhecimento econômico na época.
3. Ludwig Heirich Edler von Mises (1881-1973), economista da Escola Austríaca que fugiu da Alemanha nazista para a Suíça em 1934 e emigrou para os Estados Unidos em 1940. Inspirado por Carl Menger e Eugen von Böhm-Bawerk, tornou-se o mais influente economista liberal, inspirando F.A. Hayek, Ayn Rand, Wilhelm Röpke, Fritz Machlup e Lionel Robbins e o movimento libertário americano.
4. A avó de Ludwig Wittgenstein era irmã do bisavô de Hayek. Hayek citado na Coleção de História Oral, Departamento de Coleções Especiais, Biblioteca da Universidade, Universidade da Califórnia, Los Angeles, 1983, p. 139.
5. Carta de Wittgenstein a Keynes, mandada de K.u.K. Art. Autodetachment, "Oblt. Gurth", Feldpost nº 186 em 25 de janeiro de 1915. Citado em Ludwig Wittgenstein, *Ludwig Wittgenstein Cambridge Letters*, Ed. Brian McGuinness e George Henrik Wright (Wiley-Blackwell, Hoboken, N.J., 1997), p. 52.
6. Keynes, que não se esforçava para reprimir seu senso de humor até em circunstâncias ruins, fez uma piada existencialista inteiramente pertinente para Wittgenstein em uma carta datada de 10 de janeiro de 1915, acusando o recebimento da primeira missiva de Wittgenstein. "Fiquei surpreso por receber uma carta sua. Você acha que ela prova que você existiu no curto espaço de tempo em que eu a recebi? Acho que sim."
7. F.A. Hayek, *The Collected Works of F.A. Hayek, vol. 9: Contra Keynes and Cambridge: Essays and Correspondence*, ed. Bruce Caldwell (University of Chicago Press, 1995), p. 58. Daqui em diante abreviada para "*Collected Works*".
8. George Clemenceau (1841-1929), primeiro-ministro francês (1906-9, 1917-1920).
9. David Lloyd George (1863-1945), primeiro-ministro Liberal britânico (1916-1922) e fundador do Estado do bem-estar social.

10. Primeira referência ao "Grupo de Bloomsbury" feita por Lytton Strachey. Ver Stanford Patrick Rosembaum, *The Bloomsbury Group* (University of Toronto Press, Toronto, 1995), p. 17.
11. Giles Lytton Strachey (1880-1932), biógrafo da Rainha Vitória cujo Eminent Victorians introduziu uma nova situação crítica às vidas dos grandes bretões.
12. Adeline Virginia Woolf, nascida Stephen (1882-1941), autora inglesa modernista inovadora e ensaísta, cujos romances incluíram *Mrs. Dalloway* (1925), *To The Lighthouse* (1927) e *Orlando* (1928). Ela fundou, com o marido, Leonard Woolf, a Hogarth Press em 1917.
13. Edward Morgan Foster (1879-1970), autor inglês e confrade do King's College, Cambridge, cujos romances incluem *Where Angels Fear to Trade* (1905), *A Room with a View* (1908), *Howards End* (1910) e *A Passage to India* (1924).
14. Duncan James Corrowr Grant (1885-1978), pintor escocês e amante de Lytton Strachey e John Maynard Keynes que formou uma improvável parceria com a pintora Vanessa Bell, irmã de Virginia Woolf.
15. Vanessa Bell, nascida Stephen (1879-1961), artista inglesa que se casou com o crítico de arte Clive Bell antes de estabelecer um caso não convencional com Duncan Grant e seu amante David Garnett em sua casa de fazenda, Charleston, em East Sussex.
16. Roger Eliot Frey (1866-1934), artista inglês e crítico de arte paladino do modernismo e que cunhou o termo "pós-impressionismo". Fry desfrutou um breve caso de amor com Vanessa Bell.
17. George Edward Moore (1873-1958), filósofo inglês da moralidade cujo *Principia Ethica*, de 1903, inspirou Keynes e outros membros do Grupo de Bloomsbury.
18. *Collected Works*, vol. 9: *Contra Keynes and Cambridge*, p. 240.
19. R. F. Harrod, *The Life of John Maynard Keynes* (Macmillan, Londres, 1952), p. 200.
20. Carta de Keynes para Grant, 25 de abril de 1915, em ibid., p. 201.
21. Sir Roy Forbes Harrod (1900-1978), economista inglês e lente da Universidade de Oxford, cujo *Life of John Maynard Keynes* (1952) permaneceu como a biografia definitiva de Keynes até os três volumes de Robert Skidelsky (1983, 1992, 2000).
22. Harrod, *Life of John Maynard Keynes*, p. 206.
23. Os integrantes do Grupo de Bloomsbury não eram pacifistas; acreditavam, no entanto, que não deveriam ser alistados para a guerra se não concordavam com ela. Para um relato completo, ver Robert Skideksky, *John Maynard Keynes*, vol. 1: *Hopes Betrayed 1883-1920* (Viking Penguin, Nova York, 1986), pp. 315-327.
24. Ibid., p. 324.

25. Ibid.
26. Robert Jacob Alexander, Baron Skidelsky (1939-), historiador britânico do pensamento econômico, professor emérito de economia política da Universidade de Warwick, Inglaterra, e membro fundador do Partido Social Democrata (1981), cujos três volumes da biografia de John Maynard Keynes permanecem o relato definitivo da vida de Keynes.
27. Skidelsky, *John Maynard Keynes*, vol. 1: *Hopes Betrayed*, p. 353.
28. Memorando dos Aliados para o Presidente Wilson, no Departamento de Estado americano, *Papers Relating to the Foreign Relations of the United States, 1918. Supplement 1, The World War* (Government Printing Office, Washington, D.C., 1918), pp. 468-694.
29. Rosalia "Rosa" Luxemburg (1871-1919), marxista alemã e líder da Liga Espártaco, executada após o fracassado levante espartaquista em Berlim, em janeiro de 1919.
30. Carl Melchior (1871-1933), banqueiro alemão do M. M. Warburg que liderou o contingente que representou o derrotado governo alemão na Conferência de Paz de Paris. Apesar do declarado "amor" de Keynes por Melchior, não há prova de que sua estreita amizade tenha sido outra coisa senão platônica. Melchior tinha uma amante antiga, a autora francesa Marie de Molènes, com quem finalmente se casou. Eles tiveram um filho.
31. Slidelsky, John Maynard Keynes, vol. 1: *Hopes Betrayed*, p. 374.
32. Carta de Keynes para a mãe, 14 de maio de 1919, citada em Harrod, *Life of John Maynard Keynes*, p. 249.
33. Carta de Keynes para Grant, 14 de maio de 1919, citado em ibid., p. 250.
34. Carta de Keynes para Chamberlain, 26 de maio de 1919, citado em ibid., p. 251.
35. Carta de Chamberlain para Keynes, 21 de maio de 1919, citado em ibid., p. 250.
36. Marechal de campo Jan Christiaan Smut (1870-1950), político da África do Sul e primeiro-ministro da União da África do Sul (1919-24, 1939-48).
37. Carta de Keynes para a mãe, 3 de junho de 1919, citado em Harrod, *Life of John Maynard Keynes*, p. 252.
38. Carta de Keynes para Lloyd George, 5 de junho de 1919, citado em ibid., p. 253.
39. J. M. Keynes, *The Economic Consequences of the Peace* (Harcourt, Brace & Howe, Nova York, 1920), p. 5.
40. Ibid., p. 3.
41. Ibid., p. 30.
42. Ibid., p. 35.

43. Harrod, *Life of John Maynard Keynes*, p. 256.
44. Keynes, *The Economic Consequences of the Peace*, p. 94.
45. Ibid., p. 96.
46. Ibid., p. 158.
47. Ibid., p. 167.
48. Ibid., p. 168.
49. Carta de Strachey para Keynes, Skidelsky, *John Maynard Keynes*, vol. 2: *The Economist as Savior 1920-1937* (Viking Penguin, Nova York, 1994), p. 392.
50. Carta de Keynes para Strachey, citado em ibid., p. 392.
51. Ibid., p. 393.
52. Harrod, *Life of John Maynard Keynes*, p. 255.
53. Skidelsky, *John Maynard Keynes*, vol. 1: *Hopes Betrayed*, p. 384.
54. *Collected Works*, vol. 9: *Contra Keynes and Cambridge*, p. 58.

2. Fim do império

1. "Nobel Prize-Winning Economist, Friedrich A. von Hayek", Programa de História Oral, Universidade da Califórnia, Los Angeles, 1983 (entrevistas com Hayek conduzidas em 28 de outubro e em 4, 11 e 12 de novembro de 1978), p. 475. Disponível em: <http://www.archive.org/stream/nobelprizewinnin00haye#page/n7/model/2up> (acessado em fevereiro de 2011). Daqui em diante "UCLA Oral History Program".
2. F. A. Hayek, *Hayek on Hayek*, ed. Stephen Kresge and Leif Wenar (University of Chicago Press, Chicago, 1994), p. 35.
3. Erich Streissler, ed., *Roads to Freedom: Essays in Honour of Friedrich A. von Hayek* (Augustus M. Kelley, Nova York, 1969), p. xi.
4. UCLA Oral History, p. 387.
5. Ibid., p. 177.
6. Ibid., p. 57.
7. Ibid.
8. Ibid., p. 59.
9. Ibid., p. 434.
10. Keynes, *The Economic Consequences of the Peace*, p. 240.
11. Ibid., p. 241.
12. Ibid., p. 233.
13. Ibid., p. 263.
14. Ibid., p. 258, nota de rodapé 1.
15. UCLA, Oral History Program, p. 41.
16. Ibid.

17. Carl Menger (1840-1921), economista austro-húngaro, nascido na Polônia, que desenvolveu a teoria da utilidade marginal e fundou a Escola Austríaca de economia. Seu trabalho mais importante, *Principles of Economy* (1871), inspirou Eugen von Böhm-Bawerk e gerações de economistas de mercado, notadamente Mises e Hayek.
18. Friedrich Freiherr von Wieser (1851-1926), economista vienense que, com Eugen von Böhm-Bawerk, desenvolveu as teorias de Carl Menger, da Escola Austríaca.
19. Hayek, *Hayek on Hayek*, p. 54.
20. Ibid., p. 55.
21. Maximilian Carl Emil "Max" Weber (1864-1920), sociólogo alemão e economista político que, com Karl Marx e Émile Durkheim, revolucionou a teoria e o estudo da sociologia. Seu *Protestant Ethic and the Spirit of Capitalism* sugeriu que a austeridade inerente ao protestantismo permitiu que o consumo fosse deixado de lado em prol do investimento que levou ao capitalismo moderno. Foi coautor da Constituição de Weimar, incluindo o notório artigo 48, que permitia ao presidente adotar poderes emergenciais, o que forneceu a Adolf Hitler meios para estabelecer o totalitarismo.
22. Hayek, *Hayek on Hayek*, p. 55.
23. UCLA, Oral History Program, p. 283.
24. Hayek, *Hayek on Hayek*, p. 60.
25. Richard M. Ebeling, "The Great Austrian Inflation", *Freeman: Ideas on Liberty*, abril de 2006, pp. 2-3. Disponível em: <http://www.fee.org/pdf/the-freeman/0604RMEbeling.pdf>.
26. Keynes, *The Economic Consequences of the Peace*, pp. 246-247.
27. Ibid., p. 134.
28. Ibid., p. 224.
29. *Collected Works*, vol. 9: *Contra Keynes and Cambridge*, p. 58.
30. J. M. Keynes, *A Tract on Monetary Reform* (1923), p. 54, reimpresso em J. M. Keynes, *The Collected Works of John Maynard Keynes*, vol. 4: *A Tract on Monetary Reform* (1823) (Macmillan para a Royal Economic Society, Londres, 1971). Daqui em diante abreviado para *"Collected Writings"*. Itálicos do autor.
31. *Collected Works*, vol. 9: *Contra Keynes and Cambridge*, p. 58 e nota de rodapé.
32. Skidelsky, *John Maynard Keynes*, vol. 2: *Economist as Savior*, p. 102.
33. Walter Lippmann (1889-1974), jornalista americano ganhador do Prêmio Pulitzer que introduziu a ideia da Guerra Fria.
34. Foi um problema que Keynes tentou tratar ao longo da vida, culminando com sua contribuição à conferência de Bretton Woods de 1944, que estabeleceu o regime internacional de câmbio fixo acordado depois da Segunda Guerra Mundial.

35. *Collected Writings*, vol. 4: *Tract on Monetary Reform*, p. 16.
36. Ibid., p. 36.
37. Ibid., p. 134.
38. Ibid., p. 136.
39. Ibid., p. 65.
40. Ibid.
41. Havia pouco de revolucionário ou aventureiro no remédio proposto por especialistas: eles defendiam interrupção de dois anos do pagamento de reparações de guerra, um modesto empréstimo estrangeiro e o equilíbrio do orçamento nacional. Donald Edward Moggridge, Maynard Keynes: *An Economist's Biography* (Routledge, Nova York, 1992), p. 380.
42. Milton Friedman estudaria mais tarde sob orientação de Wesley Clair Mitchell.

3. As linhas da batalha são traçadas

1. Prefácio de F. A. Hayek à nova edição de Ludwig von Mises, *Socialism: An Economic and Sociological Analysis* (LibertyClassics, Indianapolis, 1981), pp. xix-xx.
2. Ludwig von Mises, *Economic Calculation in the Socialist Commonwealth*, trad. S. Alder, p. 14. Disponível em: <http://mises.org/pdf/econcalc.pdf> (acessado em fevereiro de 2010).
3. Tanto Harrod quanto Skidelsky consideram que esse aumento na taxa de desconto bancário causou o início da Revolução Keynesiana. "Nunca, talvez, foi a decisão do Banco da Inglaterra mais fértil em consequências de longo alcance; ela levou a mente de Keynes a trabalhar em uma linha de pensamento que tem tido ampla influência mundial até os dias de hoje." Harrod, *Life of John Maynard Keynes*, p. 338. "Foi o começo da Revolução Keynesiana." Skidelsky, *John Maynard Keynes*, vol. 2: *The Economist as Savior*, p. 147.
4. J. M. Keynes, "Note on Finance and Investment", *Nation*, 4 de julho de 1923.
5. *Collected Writings*, vol. 19: *Activities 1922-9: The Return to Gold and Industrial Policy* (Macmillan for the Royal Economic Society, Londres, 1981), pp. 158-162.
6. Esta foi a primeira sugestão de Keynes do que se tornaria a ideia do "multiplicador", explicação teórica de como o gasto monetário tem efeito cumulativo sobre uma economia, mais tarde desenvolvida pelo colega de Keynes, Richard F. Kahn. Foi uma ideia que desempenharia grande papel na discussão de *General Theory*, de Keynes. Uma vez mais, a intuição de Keynes correu muito à frente de sua teoria.
7. *Collected Writings*, vol. 19: *Activities 122-9*, p. 220.

8. *House of Commons Debates*, 5th series (HMSO, Londres, 1924), vol. 1.786, 30 de julho de 1924, cols. 2.091-2.092.
9. *Collected Writings*, vol. 19: *Activities 122-9*, p. 283.
10. Ibid., p. 229.
11. John Locke (1632-1704), pensador do Iluminismo inglês conhecido como "Pai do Liberalismo Clássico", cujas teorias sobre empirismo, contrato social e o império da lei informaram o Iluminismo que inspirou os Pais Fundadores dos Estados Unidos.
12. David Hume (1711-76), filósofo e economista escocês, figura importante do Iluminismo escocês.
13. Edmund Burke (1729-97), filósofo irlandês e membro do Parlamento do partido Whig, conhecido como "Pai do Conservadorismo Moderno".
14. Jean-Jacques Rousseau (1712-78), filósofo suíço, autor de *O contrato social*.
15. William Paley (1743-1805), filósofo cristão britânico.
16. Jeremy Bentham (1748-1832), filósofo inglês.
17. J. M. Keynes, *The End of Laissez-Faire* (Hogarth Press, Londres, 1926), p. 11.
18. Charles Dickens, *Hard Times* (Harper & Brothers, Nova York, 1854), cap. 23, p. 281.
19. Charles Robert Darwin (1809-92), naturalista inglês que propôs a teoria da evolução por meio da seleção natural. Geoffrey, irmão de Keynes, casou-se com a filha de Darwin, Margaret.
20. Keynes, *The End of Laissez-Faire*, p. 40.
21. Ibid., p. 44.
22. Ibid., p. 45.
23. Ibid., p. 47.
24. *Collected Writings*, vol. 19: *Activities 1922-9*, pp. 267-272.
25. Citado em Skidelsky, *John Maynard Keynes*, vol. 2: Economist as Savior, p. 198.
26. Ibid., p. 202.
27. J. M. Keynes, *The Economic Consequences of Mr. Churchill* (Hogarth Press, Londres, 1925), p. 9.
28. Ibid., p. 19.
29. *Collected Writings*, vol. 9: *Essays in Persuasion* (1931) (Macmillan for the Royal Economic Society, Londres, 1972), p. 223.
30. "The Monetary Policy of the United States after the Recovery from the 1920 Crisis", em F. A. Hayek, *Money, Capital and Fluctuations: Early Essays*, ed. Roy McCloughry (Routledge & Kegan Paul, Londres, 1984), pp. 5-32.
31. Ibid., p. 17.
32. Knut Wicksell (1851-1926), economista sueco cujo livro *Interest and Prices* foi uma contribuição prematura ao que se tornaria conhecido como "monetarismo".

4. Stanley e Livingstone

1. Hayek é contraditório sobre exatamente quando ele se encontrou com Keynes pela primeira vez. Em uma palestra na Universidade de Chicago, em 1963, "The Economics of the 1930s as Seen from London" (publicada em *Collective Works, vol. 9: Contra Keynes and Cambridge*, p. 59), ele disse, "eu o conheci em uma Conferência intelectual... em 1929". Em ensaio no *Oriental Economist* (vol. 34, n° 663, janeiro de 1966, pp. 78-80, reproduzido em ibid., p. 240), ele escreveu: "Eu o conheci em 1928 em Londres." Não há registro em *Collected Writings*, de Keynes, de seu primeiro encontro com Hayek.
2. The London and Cambridge Economic Service (LCES) foi dirigido por um comitê executivo formado por William Beveridge e Arthur Bowley, da London School of Economics and Political Science (LSE), e John Maynard Keynes e Hubert Henderson de Cambridge. Tinha por objetivo apoiar os empresários fornecendo estatísticas de maneira utilizável e desenvolver novos indicadores, como preços de ações, salários nominais e produção industrial.
3. Lionel C. Robbins, mais tarde Lord Robbins (1898-1984), economista britânico.
4. "Economics of the 1930s as Seen from London" (publicado em *Collected Works, vol. 9: Contra Keynes and Cambridge*, p. 59).
5. Hayek, *Hayek on Hayek*, p. 78.
6. Eugen Ritter von Böhm-Bawerk (1851-1914), economista vienense, discípulo de Carl Menger, professor de Ludwig von Mises e persistente crítico contemporâneo de Karl Marx. Böhm-Bawerk nasceu em Brno, Tcheco-Eslováquia, quando este país era parte da Austro-Hungria.
7. William Henry Beveridge, Lord Beveridge (1879-1963), economista britânico cujo relatório de 1942, *Social Insurance and Allied Services*, inspirou os Trabalhistas a estabelecer o Estado do bem-estar social e o Serviço Nacional de Saúde.
8. Lionel Robbins, *Autobiography of an Economist* (Macmillan/St. Martin's Press, Londres, 1971), p. 150.
9. Hayek, *Hayek on Hayek*, p. 78.
10. Ibid.
11. F. A. Hayek, "The 'Paradox' of Saving", publicado pela primeira vez em 1929 em *Zeitschrift für Nationalökonomie*, vol. 1, n° 3. Ver nota 15 a seguir.
12. Waddill Catchings (1879-1967), banqueiro americano que se tornou economista, e William Trufant Foster (1879-1950), economista americano e primeiro reitor do Reed College, Portland, Oregon.
13. W. T. Foster e W. Catchings, "The Dilemma of Drifts", publicado pela Fundação Pollak, Newton, Mass., 1926.

14. Herbert Clark Hoover (1874-1964), secretário de Comércio (1921-28) e 31° presidente dos Estados Unidos (1929-33).
15. Hayek, "The 'Paradox' of Saving", traduzido por Nicholas Kaldor e George Tugendhat, foi publicado no *Economica*, vol. 11, maio de 1931, e reproduzido em *Collective Works, vol. 9: Contra Keynes and Cambridge*, p. 88.
16. Ibid., pp. 118-119.
17. Ibid., p. 119.
18. Ibid.
19. Hayek, Hayek on Hayek, p. 77.
20. Hayek, "The 'Paradox' of Saving", em *Collective Works, vol. 9: Contra Keynes and Cambridge*, p. 88.
21. Jörg Guido Hülsman, *Mises: The Last Knight of Liberalism* (Ludwig von Mises Institute, Auburn, Ala., 2007), p. 514.
22. Margit von Mises, *My Years with Ludwig von Mises* (Arlington House, New Rochelle, Nova York, 1976), p. 14.
23. Ibid., p. 85.
24. Tilton está no espólio de Lord Gage, cujo ancestral General Gage perdeu a primeira batalha da Guerra da Independência Americana, a Batalha de Bunker Hill.
25. Ver J. M. Keynes e Lydia Lopokova, *Lydia and Maynard: The Letters of Lydia Lopokova and John Maynard Keynes*, ed. Polly Hill and Richard Keynes (Charles Scribner's Sons, Nova York, 1989).
26. Skidelsky, *John Maynard Keynes*, vol. 2: *Economist as Savior*, p. 285.
27. Harrod, *Life of John Maynard Keynes*, p. 206.
28. Skidelsky, *John Maynard Keynes*, vol. 2: *Economist as Savior*, p. 314.
29. J. M. Keynes, *A Treatise on Money* (Macmillan, Londres, 1930), p. vi.
30. *Collected Writings*, vol. 13: *The General Theory and After, Part I, Preparation* (Macmillan for the Royal Economic Society, Londres, 1973), pp. 19-22.
31. Ibid.
32. Embora Keynes tenha dado crédito a Wicksell pela definição das diferentes taxas de juros, ele chegou a essa conclusão independentemente do trabalho de Wicksell.
33. J. M. Keynes, *A Treatise on Money*, p. 408.
34. Harrod, *Life of John Maynard Keynes*, p. 413.
35. J. M. Keynes, *A Treatise on Money*, p. 376.
36. Skidelsky, *John Maynard Keynes*, vol. 2: *Economist as Savior*, p. 302.
37. *Collected Writings*, vol. 19: *Activities 1922-9*, p. 765.
38. Skidelsky, *John Maynard Keynes*, vol. 2: *Economist as Savior*, p. 302.
39. *Collected Writings*, vol. 9: *Essays in Persuasion*, p. 91.

40. *Collected Writings*, vol. 19: *Activities 1922-9*, p. 825.
41. *Collected Writings*, vol. 9: *Essays in Persuasion*, p. 93.
42. Ibid., p. 106.
43. *Collected Writings*, vol. 20: *Activities 1929-31*: *Rethinking Employment and Unemployement Policies* (Macmillan for the Royal Economic Society, Londres, 1981), p. 148.
44. Ibid., p. 76
45. Harrod, *Life of John Maynard Keynes*, p. 416.
46. *Collected Writings*, vol. 20: *Activities 1929-31*, p. 64.
47. Ibid., p. 318.
48. Ibid., p. 102.
49. Ibid., p. 144.
50. Robbins, *Autobiography of an Economist*, p. 187.
51. Harrod, *Life of John Maynard Keynes*, p. 429.
52. Skidelsky, *John Maynard Keynes*, vol. 2: *Economist as Savior*, p. 368.
53. Harrod, *Life of John Maynard Keynes*, p. 429.
54. *Collected Writings*, vol. 13: *General Theory and after, Part 1*, p. 185.
55. Robbins, *Autobiography of an Economist*, p. 151.
56. Susan Howson and Donald Winch, *The Economic Advisory Council, 1930-1939: A Study in Economic Advice during Depression and Recovery* (Cambridge University Press, Cambridge, U.K., 1977), p. 63.
57. Robbins, *Autobiography of an Economist*, p. 152.
58. Norman Mackenzie and Jeanne Mackenzie, eds., *The Diary of Beatrice Webb*, vol. 4: "*The Wheel of Life*", 1924-1943 (Virago, Londres, 1985), p. 260.

5. O homem que matou Liberty Valance

1. F. A. Hayek, "The 'Paradox' of Saving", publicado pela primeira vez em 1929 em *Zeitschrift für Nationalökonomie*, vol. 1, n° 3, 1929.
2. Joan Robinson foi além. Ela acreditava, "Tudo pode ser encontrado em Marshall, até a *General Theory* [de Keynes]". Joan Robinson, Economic: *An Essay on the Progress of Economic Thought Philosophy* (Aldine Transaction, Piscataway, N.J., 2006), p. 73.
3. Richard Ferdinand Kahn, Baron Kahn (1905-89), economista britânico. Kahn foi um aluno de Keynes cujo trabalho sobre as consequências de injetar dinheiro público em um sistema econômico, como sugerido por Keynes, levou à afirmação de que o acúmulo de dinheiro aumentaria a demanda agregada e resultaria em aumentos mensuráveis na atividade econômica, noção que Keynes apelidou como "o multiplicador".

4. Richard F. Kahn, *The Making of Keyne's General Theory* (Cambridge University Press, Cambridge, U.K., 1984), p. 171.
5. Joan Violet Robinson, nascida Maurice (1903-83), a primeira mulher membro do conselho do King's College, a mais virulenta discípula de Keynes e membro proeminente do "Circus de Cambridge". Ela continuou sua carreira para conceber a ideia de concorrência imperfeita; foi cofundadora das Escolas Neoricardiana e Pós-Keynesiana; desenvolveu com Nicholas Kaldor teorias de crescimento econômico, particularmente a respeito de países subdesenvolvidos; e ressuscitou o estudo das teorias econômicas de Karl Marx. Casou-se com Arthur Robinson em 1925.
6. Piero Sraffa (1898-1983), economista italiano salvo por Keynes das ameaças do fascismo de Mussolini para tornar-se palestrante de economia de Cambridge e bibliotecário de Marshall, posto que Keynes criou especialmente para ele. Sraffa foi cofundador, com Joan Robinson, da Escola Neo-Ricardiana. Ludwig Wittgenstein creditou a discussões com Sraffa muitas descobertas em seus pensamentos sobre filosofia.
7. James Edward Meade (1907-95), economista britânico, primeiro na LSE, depois em Cambridge, e covencedor (com Bertil Ohlin) do Prêmio Nobel de Economia de 1977. Escreveu o primeiro rascunho do British White Paper sobre pleno emprego (1944) e o primeiro esboço do GATT, o Acordo Geral de Tarifas e Comércio. Entre 1945 e 1947 foi economista-chefe do governo trabalhista de Clement Attlee.
8. Citado em Marjorie Shepherd Turner, *Joan Robinson and the Americans* (M. E. Sharpe, Armonk, Nova York, 1989), p. 51.
9. Ibid., p. 62.
10. *Collected Writings*, vol. 13: *General Theory and After, Part 1*, p. 339.
11. Joseph Alois Schumpeter (1883-1950), economista austríaco nascido na Tcheco-Eslováquia e cientista político que estudou com Böhm-Bawerk. Suas teorias da "destruição criativa" em economia complementaram as noções da Escola Austríaca. Fugiu do nazismo para os Estados Unidos em 1932, encontrando abrigo em Harvard.
12. Richard F. Kahn, *The Making of Keyne's General Theory*, p. 170.
13. Carta de Keynes a Pigou, citado em Charles H. Hession, *John Maynard Keynes* (Macmillan, Nova York, 1984), p. 263.
14. Joseph Alois Schumpeter e Elizabeth Boody Schumpeter, *History of Economic Analysis* (Oxford University Press, Oxfords, U.K., 1954, p. 1.118. De sua parte, o equilibrado Kahn rejeitou alegação tão extravagante como "claramente absurda". "Talvez isso tenha sido inspirado em uma hostilidade inconsciente a Keynes... A amizade dele com Keynes... manchada, no final, por um traço de

ciúme. Keynes encontrou uma solução para o problema básico que Schumpeter procurou em vão durante grande parte de sua vida. Schumpeter costumava dizer aos amigos: 'Quando eu era jovem tinha três ambições: tornar-me um grande amante, um grande cavaleiro e um grande economista. Realizei apenas duas.'" Kahn, *The Making of Keyne's General Theory*, p. 178.
15. Schumpeter and Schumpeter, *History of Economic Analysis*, p. 1.152.
16. Michael Senzberg, ed., *Eminent Economists: Their Life Philophies* (Cambridge University Press, Cambridge, U.K., 1993), p. 204.
17. Ibid., p. 205.
18. Ibid., p. 211.
19. Skidelsky, *John Maynard Keynes*, vol. 2: *Economist as Savior*, p. 703.
20. G. C. Harcourt, 'Some Reflections on Joan Robinson's Changes of Mind and Their Relationship to Post-Keynesianism and the Economics Profession", em Joan Robinson, Maria Cristina Marcuzzo, Luigi Pasinetti e Alesandro Roncaglia, eds., *The Economics of Joan Robinson*, Routledge Studies in The History of Economics, vol. 94 (CRC Press, Londres, 1996), p. 331.
21. Carta de Keynes para Lydia, 1º de fevereiro de 1932, King's College, Cambridge, U.K.
22. F. A. Hayek, "Preface to Second Edition" (1935), em *Prices and Production* (Augustus M. Kelley, Nova York, 1967), p. ix. Disponível em: <http://mises.org/books/pricesproduction.pdf>.
23. Kahn, *The Making of Keyne's General Theory*, p. 181-182.
24. Joan Robinson, "The Second Crisis of Economic Theory", *History of Political Economy*, vol. 8, primavera de 1976, p. 60.
25. Robbins, *Autobiography of an Economist*, p. 127.
26. F. A. Hayek, *Prices and Production and Other Works: F. A. Hayek on Money, the Business Cycle and the Gold Standard* (Ludwig von Mises Institute, Auburn, Ala., 2008), p. 197. Disponível em: <http://mises.org/books/hayekcollection.pdf>. Primeira publicação por Routledge & Sons, Londres, 1931.
27. Ibid., p. 198.
28. Ibid., p. 199.
29. Richard Cantillon (1680-1734), economista irlandês-francês que se referiu ao comportamento "natural" da economia e à noção de que as economias tendiam a um equilíbrio.
30. Hayek, *Prices and Production*, p. 205.
31. Henry Thornton (1769-1815), economista inglês e membro do Parlamento.
32. David Ricardo (1772-1823), economista inglês.
33. Thomas Tooke (1774-1858), economista inglês que deu seu nome à cadeira de economia com que Hayek foi recompensado por suas palestras na LSE.

34. Thomas Malthus (1766-1834), economista inglês.
35. John Stuart Mill (1806-73), filósofo inglês, teórico político, economista e membro do Parlamento.
36. Marie-Esprit-Léon Walras (1834-1910), economista francês.
37. Não se sabe se Hayek havia lido *A Treatise*, de Keynes, publicado em dezembro de 1930, quando fez sua primeira palestra na LSE, em fevereiro de 1931.
38. Hayek, *Prices and Production*, p. 215.
39. Ibid., pp. 218-218.
40. Ibid., p. 219.
41. Ibid., pp. 220-221.
42. Ibid., p. 241.
43. Ludwig von Mises, *Theorie des Geldes und der Umlaufsmittel* (Duncker & Humblot, Munich, 1912), p. 431.
44. Hayek, *Prices and Production*, p. 215.
45. Ibid., p. 273.
46. Ibid., p. 275.
47. Ibid., p. 299.
48. Ibid., p. 288.
49. Ibid.
50. Ibid., p. 290.
51. Ibid., p. 298.
52. Ibid.
53. Robbins, *Autobiography of an Economist*, p. 127.
54. John Cunningham Wood and Robert D. Wood, eds., *Friedrich A. Hayek. Critical Assessment of Leading Economists* (Routledge, Londres, 2004), p. 201.
55. Existe alguma confusão sobre o papel que Robbins desempenhou na indicação. Embora estivesse claro que Robbins ficou encantado e algumas fontes, como Daniel Yergin e Joseph Stanislaw em *The Commanding Heights: The Battle for the World Economy* (Simon & Schuster, Nova York, 2002), descrevem a indicação "por pedido urgente específico de Lionel Robbins", Robbins afirmou em sua *Autobiography of an Economist* (p. 127) que, "muito para a minha surpresa, Beveridge perguntou se gostaríamos de convidar o palestrante a se juntar permanentemente a nós como titular da Cadeira Tooke... Houve voto unânime a favor."
56. Robbins, *Autobiography of an Economist*, p. 127.

6. Duelo ao alvorecer

1. BBC radio, 14 de janeiro de 1931, em *Collected Writings*, vol. 9: *Essays in Persuasion*, p. 138.
2. Ibid.

NOTAS 369

3. Ibid., p. 139.
4. Skidelsky, *John Maynard Keynes*, vol. 2: *Economist as Savior*, p. 384.
5. Howson and Winch, *Economic Advisory Council*, p. 82.
6. Royal Commission on Unemployment Insurance, *Minutes of Evidence* (HMSO, Londres, 1931), p. 381.
7. Não há prova de que Churchill disse isso. A citação não é feita pelos biógrafos de Keynes, Roy Harrod e Robert Skidelsky, nem pelos biógrafos de Churchill, Martin Gilbert e Roy Jenkins.
8. Nem existe prova de que Keynes fez essa observação frequentemente atribuída a ele. Novamente, ela não é encontrada nem em Harrod, nem em Skidelsky.
9. Hubert Henderson Papers, Nuffield College, Oxford, pasta 21, 17 de junho de 1931.
10. Skidelsky, *John Maynard Keynes*, vol. 2: *Economist as Savior*, p. 390.
11. Oswald Toynbee "Foxy" Falk (1881-1972), corretor de títulos da City londrina, amigo de Keynes e sócio de investimento a quem convidou para se tornar membro da equipe de 1917 do Tesouro.
12. O. T. Falk's papers, British Library, Londres, 22 de junho de 1931.
13. *Collected Writings*, vol. 20: *Activities, 1929-31*, p. 563.
14. *Collected Writings*, vol. 13: *General Theory and After, Part 1*, p. 343.
15. Ibid., p. 335.
16. Philip Quincy Wright (1890-1970), membro do departamento de Ciências Sociais da Universidade de Chicago de 1923 em diante.
17. Skidelsky, *John Maynard Keynes*, vol. 2: *Economist as Savior*, p. 392.
18. J. M. Keynes, *Daily Herald*, 17 de setembro de 1931.
19. Em artigo para o *New Statesman*, republicado em John Maynard Keynes, *Essays in Persuasion* (W. W. Norton, Nova York, 1963), p. 161.
20. Harrod, *Life of John Maynard Keynes*, p. 438.
21. Hayek, *Prices and Production*, p. 425.
22. Ibid.
23. Ibid., p. 426.
24. Ibid.
25. Ibid.
26. Ibid.
27. Ibid.
28. Ibid., p. 427.
29. Ibid., p. 429.
30. Ibid.
31. Ibid., p. 447
32. Ibid., p. 430.

33. Robbins, *Autobiography of an Economist*, p. 128.
34. Hayek, *Prices and Production*, p. 434.
35. Hayek, *Prices and Production*, p. 436.
36. Frank William Taussig (1859-1940), economista americano.
37. Hayek, *Prices and Production*, p. 436.
38. Ibid., p. 455.
39. Ibid., pp. 455-456.
40. Hayek, "Preface to Second Edition" (1935), in *Prices and Production* (Augustus M. Kelly, Nova York, 1967), p. xiv. Disponível em: <http://mises.org/books/pricesproduction.pdf>.
41. Keynes, *Essays in Persuasion* (W. W. Norton, 1963), p. 1.

7. Devolver fogo!

1. Bertrand Russell (1872-1970), filósofo britânico, matemático e historiador.
2. Bertrand Russell, *Autobiography* (Allen & Unwin, Londres, 1967), p. 61.
3. Kenneth Clark, Barão Clark (1903-83), historiador de arte e diretor da National Gallery, Londres.
4. Kenneth Clark, *The Other Half: A Self Portrait* (Harper & Row, Nova York, 1977), p. 27.
5. Harrod, *Life of John Maynard Keynes*, p. 644.
6. *Collected Writings*, vol. 5: *A Treatise on Money, I: The Pure Theory of Money* (1930) (Macmillan for the Royal Economic Society, Londres, 1971), p. xviii.
7. Sir Arthur Quilley-Couch (1863-1944), escritor inglês.
8. Sir Arthur Quilley-Couch, *On the Art of Writing* (G. P. Putnam's Sons, Nova York, 1916, p. 281.
9. *Collected Writings*, vol. 13: *General Theory and After, Part I*, p. 243.
10. Ibid., p. 252.
11. De longe a mais clara e convincente tentativa de reconciliar as duas linhas de pensamento pode ser encontrada na exemplar introdução de Bruce Caldwell a *Contra Keynes and Cambridge*, p. 25, vol. 9 de *Collected Writings* (Hayek). Mas veja também Heinz-Dieter Kurtz, "The Hayek-Keynes-Sraffa Controversy Reconsidered", em Kurtz, *Critical Essays on Piero Sraffa's Legacy in Economics* (Cambridge University Press, Cambridge, U.K., 2000), pp. 257-304.
12. *Collected Writings*, vol. 13: *General Theory and After, Part I*, p. 244.
13. Ibid., p. 247.
14. Ibid.
15. Ibid., p. 248.
16. Citado por Robert Skidelsky, "Ideas and the World", *Economist*, 23 de novembro de 2000.

17. Arthur Cecil (A. C.) Pigou (1877-1959).
18. O torneio de críquete The Ashes de 1932-33 entre Austrália e Inglaterra foi arruinado por acusações de que o time inglês permitia "críquete na linha do corpo", mirando a bola no jogador e não na meta. Este foi o maior insulto de escola pública inglesa feito por Pigou, de que o que Keynes infligira a Hayek simplesmente "não era críquete".
19. Arthur Pigou, *Economics in Practice* (Macmillan, London, 1935), pp. 23-24.
20. Ibid., p. 24.
21. *Collected Works*, vol. 9: contra Keynes and Cambridge, p. 159.
22. Ibid.
23. Ibid., p. 160.
24. Ibid.
25. Ibid.
26. Ibid., pp. 162-163.
27. *Collected Writings* vol. 13: *General Theory and After, Part I*, p. 243.
28. Ibid., pp. 257-258.
29. Ibid., p. 258.
30. Ibid.
31. Ibid., p. 259.
32. Ibid.
33. Ibid., pp. 259-260.
34. Hayek, *Prices and Production*, p. 434.
35. Ibid., pp. 262-263.
36. Ibid., pp. 263-264.
37. Ibid., p. 265.
38. Ibid.
39. Ibid., p. 470.
40. Don Patinkin e J. Clark Leith, eds. *Keynes, Cambridge and The General Theory* (University of Toronto Press, Toronto, 1978), p. 74.
41. Ibid., p. 40
42. Joan Robinson, *Contributions to Modern Economics* (Blackwell, Oxford, U.K., 1978), p. xv.
43. *Collected Writings*, vol. 14: *General Theory and After, Part 2, Defence and Development* (Macmillan for the Royal Economic Society, Londres, 1973), p. 148.
44. A observação de Kahn em 1932, citada por Paul Samuelson, "A Few Remembrances of Friedrich von Hayek (1899-1992)", *Journal of Economic Behavior and Organization*, vol. 69, n° 1, janeiro de 2009, pp. 1-4.
45. Hugh Gaitskell (1906-63), líder do Partido Trabalhista.

46. Citado em Elizabeth Durbin, *New Jerusalems: The Labour Party and the Economics of Democratic Socialism* (Routledge & Kegan Paul, Londres, 1985), p. 108.

8. A empreitada italiana

1. BBC radio, 14 de janeiro de 1931, em *Collected Writings*, vol. 9: *Essays in Persuasion*, p. 138.
2. Ibid.
3. *Collected Works*, vol. 9: *Contra Keynes and Cambridge*, p. 193.
4. Ibid.
5. Ibid., p. 195.
6. Ibid., p. 197.
7. Ibid., p. 182.
8. John Cunningham Wood, ed., *Piero Sraffa: Critical Assessments* (Psychology Press, Hove, U. K., 1995), p. 34.
9. Ludwig Wittgenstein, *Philosophical Investigations* (Wiley-Blackwell, Londres, 2001), prefácio.
10. Wood, *Piero Sraffa*, p. 34.
11. Ludwig M. Lachmann, *Expectations and the Meaning of Institutions: Essays in Economics*, ed. Don Lavoie (Psychology Press, Hove, U.K., 1994), p. 148.
12. Jean-Pierre Potier, *Piero Sraffa, Unorthodox Economist (1898-1983): A Biographical Essay* (Psychology Press, Hove, U.K., 1991), p. 9.
13. Bernard Berenson (1865-1959).
14. Sraffa informou sobre esse telegrama de Mussolini em uma carta para Keynes, datada no Natal de 1922, em Keynes Papers, The Marshall Library, Cambridge, citada por Nicholas Kaldor, "Piero Sraffa (1898-1983)", *Proceedings of the British Academy*, vol. 71, 1985, p. 618.
15. Terenzio Cozzi e Roberto Marchionatti, Eds. *Piero Sraffa's Political Economy: A Centenary Estimate* (Psychology Press, Hove, U.K., 2001), pp. 31-32.
16. Conhecido como modelo Investimento Poupança / Liquidez (preferência pela) Moeda (oferta de) (IS-LM), que traça a relação entre taxas de juros e produto real.
17. John Richards Hicks, *Critical Essays in Monetary Theory* (Clarendon Press, Oxford, U.K., 1967), p. 204.
18. Frank Hyneman Knight (1885-1972), cofundador da Escola de Economia de Chicago, preferia com relutância o *laissez-faire* à intervenção do Estado principalmente porque considerava o *laissez-faire* marginalmente menos ineficiente.
19. Carta de Knight para Morgenstern, citado em Michael Lawlor e Bobbie Horn, "Notes on the Hayek-Sraffa Exchange", *Review of Political Economy*, vol. 4, 1992, p. 318, nota de rodapé.

20. Piero Sraffa, "Dr. Hayek on Money and Capital", *Economic Journal*, vol. 2, março de 1932, pp. 42-53.
21. Ibid.
22. F. A. Hayek, "Money and Capital: A Reply", *Economic Journal*, vol. 2, junho de 1932, pp. 237-249.
23. Piero Sraffa, "Rejoinder", *Economic Journal*, vol. 42, junho de 1932, pp. 249-251.
24. Cartas de Knight para Oskar von Morgenstern, 4 de maio de 1933, papéis Oskar von Morgenstern, Duke University, Durham, N.C.
25. John Cunningham Wood e Robert D. Wood, eds., *Friedrich A. Hayek* (Taylor & Francis, Londres, 2004), p. 200.
26. Lachmann, *Expectations and the Meaning of Institutions*, p. 148.

9. Rumo à *Teoria Geral*

1. Ainda em dezembro de 1933, o título provisório para o que se tornou *The General Theory* era "The Monetary Theory of Production". Ele pode ter sido estimulado a mudar o título por medo de ser confundido com o livro *Monetary Theory and the Trade Cycle*, de Hayek, publicado no mesmo ano.
2. Skidelsky, *John Maynard Keynes*, vol. 2: *Economist as Savior*, p. 459.
3. Carta de Keynes para Lydia, 5 de março de 1933, citado em ibid.
4. Prefácio em *Economics as a Coordination Problem*, de Gerald O'Driscoll (Andrews & McKeel, Kansas City, 1977), p. ix.
5. Mark Blaug, *Great Economists since Keynes: An Introduction to the Lives and Works of One Hundred Modern Economists* (Edward Elgar, Cheltenham, U.K., 1998), p. 94.
6. Harrod, *Life of John Maynard Keynes*, p. 452.
7. Ibid., p. 453.
8. Kahn, *Making of Keynes' General Theory*, p. 178.
9. Don Patinkin e J. Clark Leith, eds. *Keynes, Cambridge and "The General Theory" Proceedings of a Conference at the University of Western Ontario* (Macmillan, Londres, 1977).
10. Kahn, *Making of Keynes' General Theory*, p. 106.
11. Austin Robinson, "John Maynard Keynes, 1883-1946", *Economic Journal*, março de 1947, p. 40.
12. *Collected Writings*, vol. 5: *A Treatise on Money*, p. 125.
13. Kahn, *Making of Keynes' General Theory*, p. 107.
14. *Collected Writings*, vol. 13: *The General Theory and After, Part 1*, p. 270.
15. De fato, Keynes já estava bem adiantado no tratamento do que determinava o volume do produto. Em carta ao economista do Tesouro Ralph Hawtrey,

em resposta a comentários sobre *A Treatise*, escreveu: "Não estou tratando do conjunto completo de causas que determinam volume do produto. Porque isso teria me levado a uma viagem interminavelmente longa na teoria da oferta de curto prazo e a uma distância grande da teoria monetária [o tema nominal de *A Treatise*]... Se fosse escrever esse livro novamente, eu, provavelmente, tentaria investigar mais as dificuldades do último." Ibid., pp. 145-146.
16. Kahn, *Making of Keynes' General Theory*, p. 175.
17. Ibid., p. 178.
18. Ibid. p. 177.
19. *Collected Writings*, vol. 9: *Essays in Persuasion*, p. 106.
20. Ibid.
21. Kahn, *Making of Keynes' General Theory*, p. 93.
22. Ibid.
23. Ibid., p. 94.
24. Ibid., p. 95.
25. Ibid., p. 98.
26. Carta de Dennis Robertson para Keynes em *Collected Writings*, vol. 29: *The General Theory and After: A Supplement* (Macmillan for the Royal Economic Society, Londres, 1979), p. 17.
27. Kahn, *Making of Keynes' General Theory*, p. 100.
28. Ibid., p. 104.
29. L. Tarshis, "The Keynesian Revolution: What It Meant in the 1930s", texto datilografado não publicado, citado em Skidelsky, *John Maynard Keynes*, vol. 2: *Economist as Savior*, p. 460.
30. Ibid.
31. Citado em Turner, *Joan Robinson and the Americans*, p. 55.
32. J. M. Keynes, *The Means to Prosperity* (Macmillan, Londres, 1933), p. 6.
33. Ibid., p. 10.
34. Ibid., p. 12.
35. Ibid., p. 15.
36. Ibid., p. 14.
37. Ibid., p. 16.
38. Harrod, *Life of John Maynard Keynes*, p. 441.
39. Keynes, *Means to Prosperity*, p. 19.
40. Harrod, *Life of John Maynard Keynes*, p. 443.
41. Keynes, *Means to Prosperity*, p. 27.
42. Ibid., p. 31.
43. Ibid., p. 22.

10. Hayek pisca

1. *Collected Works of F. A. Hayek*, vol. 9: *Contra Keynes and Cambridge*, p. 173.
2. J. M. Keynes, *A Treatise on Money* (Macmillan, Londres, 1930), p. 199, nota de rodapé.
3. Correspondência de P. M. Toms e Alan Ebenstein, citada em Alan Ebenstein, *Friedrich Hayek: A Biography* (Palgrave, Nova York, 2001), p. 75.
4. John Richards Hicks, *Money, Interest and Wages*, vol. 2 de *Collective Essays on Economic Theory* (Harvard University Press, Cambridge, Mass., 1982), p. 3.
5. Correspondência de Theodore Draimin e Alan Ebenstein, 2 de agosto de 1995, citado em *Friedrich Hayek*, de Ebenstein, p. 75.
6. Carta de Ralph Arakie nos arquivos da LSE, citado em ibid., p. 74.
7. Aubrey Jones (1911-2003), ministro britânico conservador que, em 1965, se tornou chefe da Direção de Rendas e Preços do governo trabalhista, regulando pagamentos e preços.
8. John Abse, ed., *My LSE* (Robson Books, Londres, 1977), p. 35.
9. F. A. Hayek, "Monetary Theory and The Trade Cycle", Ludwig von Mises Institute, 27 setembro de 2008. Disponível em: <http://mises.org/daily/3121>.
10. Embora, como Milton Friedman argumentaria depois, esse foi, realmente, o caso.
11. F. A. Hayek, *Monetary Theory and The Trade Cycle* (Jonathan Cape, Londres, 1933), p. 19.
12. Ibid., p. 23.
13. D. H. Macgregor, A. C. Pigou, J. M. Keynes, Walter Layton, Arthur Salter e J. C. Stamp, Letter to the Editor, *The Times* (Londres) 17 outubro de 1932.
14. T. E. Gregory, F. A. von Hayek, Arnold Plant and Lionel Robbins, Letter to the Editor, *The Times* (Londres) 17 outubro de 1932.
15. Arquivo Hayek, Hoover Institution, Stanford, Calif., box 105, folder 10. O memorando está datado "Spring 1933".
16. Hayek, *Hayek on Hayek*, p. 102. Aqui Hayek datou seu memorando em 1939, mas Bruce Caldwell, em *Collected Works*, vol. 2: *The Road to Serfdom: Text and Documents, The Definitive Edition* (University of Chicago Press, Chicago, 2007), p. 5, acredita que ele estava enganado e que o memorando foi, mais provavelmente, escrito em maio ou junho de 1933.
17. F. A. Hayek, *Individualism and Economic Order* (University of Chicago Press, Chicago, 1948), p. 87.
18. Hayek, *Hayek on Hayek*, p. 100.
19. *Collected Writings*, vol. 13: *General Theory and After, Part 1*, p. 492.
20. J. M. Keynes, *The General Theory of Employment, Interest and Money*, edição inglesa (Macmillan, Londres, 1936), prefácio.

21. Paul Anthony Samuelson (1915-2009), professor de economia do MIT, pós--keynesiano proeminente e primeiro americano a ganhar o Prêmio Nobel de economia, em 1970. Autor do compêndio de economia mais vendido de todos os tempos, *Economics: An Introductory Analysis* (McGraw-Hill, Nova York, 1948) e conselheiro dos presidentes John F. Kennedy e Lyndon B. Johnson.
22. Paul A. Samuelson, *The Collected Scientific Papers of Paul A. Samuelson*, ed. Joseph E. Stiglitz, vol. 2 (MIT Press, Cambridge, Mass., 1966), p. 1.521.
23. John Kenneth (1908-2006), economista de Harvard nascido no Canadá e conselheiro importante de John F. Kennedy.
24. John Kenneth Galbraith, "General Keynes", *New York Review of Books*, 22 de novembro de 1983.
25. Harrod, *Life of John Maynard Keynes*, p. 451.
26. J. M. Keynes, *The General Theory of Employment, Interest and Money* (Macmillan, 1936; fac-símile reimpresso por Harcourt, Orlando, Fla.), p. 34.
27. Ibid., p. 3.
28. Ibid., p. 16.
29. Nas palavras da filosofia que sustenta a trama do filme de 1989 *Field of Dreams*, "Se você construir, eles virão."
30. Keynes, *General Theory* (Macmillan, 1936; fac-símile reimpresso por Harcourt, Orlando, Fla.), p. 19.
31. Ibid., p. 21.
32. Ibid., p. 179.
33. Ibid., p. 211.
34. Ibid., p. 129.
35. Ibid., p. 130.
36. Ibid., p. 379.
37. J. M. Keynes, *The General Theory of Employment, Interest and Money*, edição alemã (Duncker & Humblot, Berlim, 1936), prefácio.
38. Keynes, General Theory (Macmillan, 1936), p. 379.
39. Ibid., p. 380.
40. Entrevista de Robert Skidelsky, 18 de julho de 2000, para *Commanding Heights: The Battle for the World Economy*, PBS. Disponível em: <http://www.pbs.org/wgbh/commandingheights/shared/ministext/int_robertskidelsky.html>.
41. Keynes, *General Theory* (Macmillan, 1936), p. 378.
42. Ibid., p. 60.
43. Ibid., p. 80.
44. Ibid., p. 214.

11. Keynes arrebata os Estados Unidos

1. Harrod, *Life of John Maynard Keynes*, p. 448.
2. Keynes, *Economic Consequences of the Peace*, p. 84.
3. Ibid., p. 85.
4. Ibid.
5. Ibid., p. 41.
6. J. M. Keynes, "The Consequences of the Banks Collapse of Money", *Vanity Fair*, janeiro de 1932.
7. Roosevelt cunhou o termo ao aceitar a indicação do Partido Democrata para concorrer à presidência, prometendo "um novo acordo [*a new deal*] para o povo americano".
8. Jonathan Alter, *The Defining Moment: FDR's Hundred Days and the Triumph of Hope* (Simon & Schuster, Nova York, 2006), p. 2.
9. Arthur M. Schlesinger Jr. (1917-2007), historiador americano de causas liberais e "historiador da corte" da família Kennedy, cujo *A Thousand Days* (1968) romanceou o breve reinado de JFK.
10. Arthur M. Schlesinger Jr., *The Coming of the New Deal* (Mariner Books, Nova York, 2003), p. 3.
11. Felix Frankfurter (1882-1965), juiz assistente da Suprema Corte dos Estados Unidos.
12. Skidelsky, *John Maynard Keynes*, vol. 2: *The Economist as Savior*, p. 492.
13. Carta de Frankfurter para Roosevelt, 6 de dezembro de 1933, em Max Freedman, ed., *Roosevelt and Frankfurter: Their Correspondence, 1928-1945* (Atlantic-Little, Brown, Boston, 1976), p. 177.
14. Carta aberta completa de Keynes, em Freedman, *Roosevelt and Frankfurter*, pp. 178-183.
15. "Professor" nesse sentido é o termo americano que denota, simplesmente, um professor universitário. Keynes não era nem nunca se tornou professor, no sentido inglês. Como observou certa vez para um cinegrafista, em 1930, "não os deixe pôr 'professor' na tela. Não quero a indignidade sem os emolumentos". Citado em Milo Keynes, ed., *Essays on John Maynard Keynes* (Cambridge University Press, Cambridge, U.K., 1975), p. 249, nota de rodapé.
16. Carta de Roosevelt para Frankfurter, 22 de dezembro de 1933, em Freedman, *Roosevelt and Frankfurter*, pp. 183-184.
17. Com o estímulo de O. T. Falk e Geoffrey Marks, Keynes tornou-se membro da diretoria da National Mutual Life Assurance Society em Londres, em 1919, e presidente dois anos depois, posição que manteve até 1938. Em 1923, Keynes também entrou para a diretoria da Provincial Insurance Company e dirigiu a política de investimento, posição que manteve até morrer.

18. Carta de Frankfurter para Roosevelt, 7 de maio de 1934, em Freedman, *Roosevelt and Frankfurter*, p. 213.
19. Nota de Roosevelt para a Srta. LeHand, em ibid., p. 215.
20. Skidelsky, *John Maynard Keynes*, vol. 2: *Economist as Savior*, p. 505.
21. Harrod, *The Life of John Maynard Keynes*, p. 20.
22. Herbert Stein, *On the Other Hand — Essays on Economics, Economists and Politics* (AEI Press, Washington, D.C., 1995), p. 85.
23. Frances Perkins, *The Roosevelt I Knew* (Viking Press, Nova York, 1946), p. 226.
24. Ibid.
25. Ibid.
26. Ibid., p. 225.
27. Carta de Frankfurter para Roosevelt, em Freedman, *Roosevelt and Frankfurter*, p. 222.
28. Carta de Roosevelt para Frankfurter em ibid.
29. Carta de Lippmann para Keynes, 17 de abril de 1934, citado em Harrod, *Life of John Maynard Keynes*, p. 450.
30. Ronald Steel, *Walter Lippmann and the American Century* (Bodley Head, Londres, 1981), p. 308.
31. Ted Morgan, *FDR: A Biography* (Simon & Schuster, Nova York, 1985), p. 409.
32. Skidelsky, *John Maynard Keynes*, vol. 2: *Economist as Savior*, p. 508.
33. J. M. Keynes, *Speech to the American Political Economy Club*, citado em *Collected Writings*, vol. 13: General Theory and After, Part 1, p. 462.
34. William Rogers Louis, *Adventures with Britannia: Personalities, Politics and Culture in Britain* (I. B. Tauris, Londres, 1997), p. 191.
35. John Kenneth Galbraith, *A Life in Our Times* (Houghton Miflin, Boston, 1981), p. 68.
36. Galbraith se desapontaria. Keynes estava ausente de Cambridge, recuperando-se de um de uma série de nefastos ataques cardíacos.
37. Galbraith, *A Life in Our Times* (Houghton Miflin, 1981), p. 70.
38. Marriner Stoddard Eccles (1890-1977), presidente do Federal Reserve (1934-48).
39. U.S. Senate, *Evidence to the Senate Finance Committee Investigation of Economic Problems: Hearings, 72nd Congress, 2nd Session, February 13-28, 1933* (Government Printing Office, Washington, D.C., 1933), p. 8.
40. Ibid., p. 9.
41. Ibid., p. 21.
42. Richard Parker, *John Kenneth Galbraith: His Life, His Politics, His Economics* (Farrar, Straus & Giroux, Nova York, 2005), p. 95.
43. Keynes, *Essays on John Maynard Keynes*, p. 135.

44. William Breit e Roger W. Spencer, eds., *Lives of the Laureates: Seven Nobel Economists* (MIT Press, Mass., 1986), p. 98.
45. Ibid.
46. Ibid.
47. Keynes, *Essays on John Maynard Keynes*, p. 136.
48. Paul A. Samuelson en Robert Lekachman, ed., *Keynes' General Theory: Reports of Three Decades* (St. Martin's Press, Nova York, 1964), pp. 315-316.
49. Keynes, *Essays on John Maynard Keynes*, p. 136.
50. Ibid.
51. Robert Broughton Bryce (1910–97), vice-ministro da Fazenda (1953-68).
52. Galbraith, *A Life in Our Times* (Houghton Miflin, 1981), p. 90.
53. Keynes, *Essays on John Maynard Keynes*, p. 136.
54. John Kenneth Galbraith, *The Essential Galbraith*, ed. Andrea D. Williams (Mariner Books, Boston, 2001), p. 242.
55. Segundo JSTOR citado em Parker, *John Kenneth Galbraith*, p. 94.
56. Keynes, *Essays on John Maynard Keynes*, p. 138.

12. Irremediavelmente empacado no capítulo 6

1. F. A. Hayek, "The Economics of the 1930s as Seen from London", Conferência na Universidade de Chicago, 1963, publicada em *Collected Works*, vol. 9: *Contra Keynes and Cambridge*, p. 60.
2. Robbins, *Autobiography of an Economist*, p. 151.
3. Pigou, *Economics in Practice*, pp. 23-24.
4. Arthur Pigou, "Mr. J. M. Keynes' General Theory of Employment, Interest and Money", *Economica* (New Series), vol. 3, n° 10, maio de 1936, pp. 115-132.
5. *Collected Writings*, vol. 29: *General Theory and After: Supplement*, p. 208.
6. *Collected Works*, vol. 9: *Contra Keynes and Cambridge*, p. 240.
7. Ibid.
8. Ibid.
9 F. A. Hayek "The Keynes Centenary: The Austrian Critique", *Economist*, 11 de junho de 1983, pp. 45-48, reproduzido em *Collected Works*, vol. 9: *Contra Keynes and Cambridge*, p. 247.
10. *Collected Works*, vol. 9: *Contra Keynes and Cambridge*, p. 251.
11. O Rockfeller Research Fund Committee já financiava um assistente de pesquisa, E. S. Tucker, que Hayek dividia com Robbins.
12. Minutas dos encontros do Rockfeller Research Fund Committee de 14 de dezembro de 1933, Arquivos LSE, Londres.

13. Gottfried von Haberler (1900-95), economista nascido na Áustria e estudante de Mises que defendia o livre comércio e se mudou para a Universidade de Harvard em 1936, onde trabalhou estreitamente com Joseph Schumpeter.
14. Carta de Hayek para Haberler, 15 de fevereiro de 1936, Haberler, Hoover Institution, Stanfor, Calif., box 67, citado em Susan Howson, "Why Didn't Hayek Review Keynes' General Theory? A Partial Answer", *History of Political Economy*, vol. 33, n° 2, 2001, pp. 369-374.
15. Carta de Hayek para Haberler, 15 de março de 1936, Haberler Papers, box 67.
16. Ibid.
17. Ibid., 3 de maio de 1936, Haberler Papers, box 67.
18. Para um relato completo do grande plano de Hayek ver a introdução de Lawrence H. White a *Collected Works*, vol. 12: *The Pure Theory of Capital* (University of Chicago Press, Chicago, 2007), pp. xvii-xxi.
19. Fritz Machlup (1902–83), economista nascido na Áustria e estudante de Mises que fugiu do nazismo para os Estados Unidos em 1933.
20. Hayek, *Individualism and Economic Order*, p. 43.
21. Ibid.
22. *Collected Works*, vol. 9: *Contra Keynes and Cambridge*, p. 62.
23. Ebenstein, *Friedrich Hayek*, p. 79.
24. John Kenneth Galbraith, *A Life in Our Times* (Houghton Mifflin, Nova York, 1981), p. 78.
25. Ibid.
26. Ebenstein, *Friedrich Hayek*, p. 79.
27. Paul Samuelson, "A Few Remembrances of Friedrich Hayek (1899-1992)".
28. Milton Friedman (1916-2006), Ganhador do Prêmio Nobel — pai do monetarismo e membro proeminente da Escola de Economia de Chicago.
29. Ebenstein, *Friedrich Hayek*, p. 79.
30. F. A. Hayek, *The Pure Theory of Capital* (University of Chicago Press, Chicago, 2009), p. vi.
31. Ibid., p. viii.
32. Hayek, *Hayek on Hayek*, p. 142.
33. Ibid., p. 141.
34. Hayek, *Pure Theory of Capital*, p. 5.
35. Ibid., p. 374.
36. Ibid.
37. Ibid., p. 406, nota de rodapé.
38. Ibid., p. 408.
39. Ibid., p. 452.
40. Ibid., p. 441.

41. Ibid., p. 410.
42. Ibid., p. 440.
43. Ibid.
44. Friedrich August von Hayek, "The Pretence of Knowledge", palestra ao comitê de premiações do Nobel, 11 dezembro de 1974, nobelprize.org/nobel_prizes/economics/laureates/1974/hayek-lecture.htm (acessado em fevereiro de 2011).
45. Hayek, *Pure Theory of Capital*, p. 471.

13. A estrada para lugar nenhum

1. Patrick J. Maney, *The Roosevelt Presence: The Life and Legacy of FDR* (University of California Press, Berkeley, 1992), pp. 102-103.
2. O déficit federal foi cortado de US$ 4,6 bilhões em 1936 para US$ 2,7 bilhões em 1937. Franklin Delano, *FDR's Fireside Chats*, ed. Russell D. Buhite e David W. Levy (University of Oklahoma Press, Norman, 1992). p. 111.
3. Thomas Emerson Hall e J. David Ferguson, *The Great Depression: An International Disaster of Perverse Economies Policies* (University of Michigan Press, Ann Arbor, 1998). p. 151.
4. Franklin Delano Roosevelt, "On the Current Recession", programa de rádio, 14 de abril de 1938, *Roosevelt's Fireside Chats*, New Deal Network. Disponível em: <http://newdeal.feri.org/chat/chat12.htm>.
5. Carta de Keynes para Roosevelt, 1° de fevereiro de 1938, em *Collected Writings*, vol. 21: *Activities 1931-39: World Crisis and Policies in Britain and America* (1982) (Macmillan for Royal Economic Society, Londres, 1982).
6. Murray Newton Rothbard, *America's Great Depression* (Ludwig von Mises Institute, Auburn, Ala., 2000), p. xv.
7. Ibid.
8. Ibid.
9. F. D. Roosevelt, discurso em Boston, outubro de 1940, em Robert Dallek, *Franklin D. Roosevelt and American Foreign Policy, 1932-1945* (Oxford University Press, Nova York, 1979), p. 250.
10. J. M. Keynes, "Will Rearmament Cure Unemployment?" Programa da BBC, junho de 1939, reproduzido em *Listener*, 1° de junho de 1939, pp. 1.142-1.143.
11. Hall and Ferguson, *Great Depression*, p. 155.
12. Entrevista de J. K. Galbraith, 28 de setembro de 2000, *CommandingHeights*, PBS. Disponível em: <http://www.pbs.org/wgbh/commandingheights/shared/minitext/int_johnkennethgalbraith.html>.
13. Alguns lançaram dúvida sobre o vínculo entre os gastos de guerra e o fim da Grande Depressão, sendo a principal entre eles Christina Romer, indicada pelo presidente Barack Obama para chefe do Conselho de Consultores

Econômicos em 2009-10. Ver Christina D. Romer, "Changes in Business Cycles: Evidence and Explanations", *Journal of Economic Perspectives*, vol. 13, n° 2, primavera de 1999, pp. 23-24.
14. *Collected Works*, vol. 10: *Socialism and War: Essays, Documents, Review*, ed. Bruce Caldwell (Liberty Fund, Indianapolis, 1997), p. 36.
15. Hayek, *Hayek on Hayek*, p. 94.
16. Skidelsky, *John Maynard Keynes*, vol. 3: *Fighting for Freedom 1937-1946* (Viking, Nova York, 2000), p. 47.
17. *Collected Writings*, vol. 9: *Essays in Persuasion*, p. 410.
18. John Allsebrook Simon, 1° Visconde Simon (1873-1954), secretário do Interior, secretário de Relações Exteriores, ministro da Fazenda e presidente da Câmara dos Lordes. Seu apoio à política de apaziguamento de Chamberlain em relação a Hitler fez com que Churchill não o convidasse para o gabinete britânico de tempo de guerra.
19. Skidelsky, *John Maynard Keynes*, vol. 3: *Fighting for Freedom*, p. 52.
20. Hayek, "Mr. Keynes and War Costs", *Spectator*, 24 de novembro de 1939, em *Collected Works*, vol. 10: *Socialism and War*, p. 164.
21. Ibid., p. 171.
22. Ibid., p. 164.
23. Ibid., p. 166.
24. Ibid., pp. 167-168.
25. Hayek, *Hayek on Hayek*, p. 142.
26. Ibid., p. 98.
27. Ibid., p. 91.
28. Hayek recebeu o título de Tocqueville, "que fala sobre a estrada para a *servitude*. Eu gostaria de ter escolhido esse termo, mas não soava bem. Então, mudei para "serfdom" por motivos meramente fonéticos. [*N. da T*.: Ambas as palavras significam a mesma coisa em português, servidão, escravidão, trabalho forçado.] *Collected Works*, vol. 2: *Road to Serfdom*, p. 256, nota de rodapé.
29. Ebenstein, *Friedrich Hayek*, p. 114.
30. Hayek Archive, Hoover Institution, citado em ibid., p. 129.
31. Carta de Hayek para Lippmann, citado em Gary Dean Best, "Introduction", em Walter Lippmann, *The Good Society* (Transaction Publishers, Piscataway, N.J., 2004), p. xxxi.
32. *Collected Works*, vol. 2: *Road to Serfdom*, p. 137. Para um relato completo de como Hayek pretendia inserir *The Road to Serfdom* no esquema mais amplo de *Abuse of Reason*, ver *Collected Works*, vol. 13: *Studies on the Abuse and Decline of Reason*, ed. Bruce Caldwell (University of Chicago Press, Chicago, 2010).
33. Ibid., p. 67.

NOTAS

34. Ibid., p. 58.
35. Hayek citou Keynes, "The Economics of War in Germany", *Economic Journal*, vol. 25, setembro de 1915, p. 450, em referência ao "pesadelo" de ler um autor alemão defendendo a continuação do ethos militar na vida industrial em tempo de paz. *Collected Works*, vol. 2: *Road to Serfdom*, p. 195, nota de rodapé.
36. F. A. Hayek, Prefácio à edição original de *The Road to Serfdom*, em *Collected Works*, vol. 2: *Road to Serfdom*, p. 37.
37. *Collected Works*, vol. 2: *Road to Serfdom*, pp. 148-149.
38. Ibid.
39. Ibid., p. 214.
40. Hayek, prefácio à edição de 1976 de *The Road to Serfdom*, em *Collected Works*, vol. 2: *Road to Serfdom*, p. 55.
41. *Collected Works*, vol. 2: *Road to Serfdom*, pp. 58-59.
42. Ibid., p. 105.
43. Hayek, Prefácio à edição americana de 1956 de *The Road to Serfdom*, em *Collected Works*, vol. 2: *Road to Serfdom*, p. 37.
44. Carta de Keynes a Hayek, 4 de abril de 1944, LSE Archives, Londres.
45. *Collected Writings*, vol. 17: *Activities 1920-2: Treaty Revision and Reconstruction* (Macmillan for the Royal Economic Society, Londres, 1977), pp. 385-387.
46. Chicago Round Table [Mesa-redonda de Chicago], citado em Ebenstein, *Friedrich Hayek*, p. 126.
47. *Collected Works*, vol. 2: *Road to Serfdom*, p. 148.
48. *Collected Writings*, vol. 17: *Activities 1920-2*, pp. 385-387.
49. Entrevista a Hayek por Thomas W. Hazlett, 1977, publicado em *Reason*, julho de 1992. Disponível em: <http://reason.com/archives/1992/07/01/the-road-from-serfdom>.
50. *Collected Works*, vol. 2: *Road to Serfdom*, p. 118.
51. Ibid., p. 148.
52. Ibid., pp. 249-250.
53. Henry Hazlitt, "An Economist's View of 'Planning'", crítica a *The Road to Serfdom*, por F. A. Hayek, *The New York Times*, 24 de setembro de 1944, *Sunday Book Review*, p. 1.
54. Max Forrester Eastman (1883-1969), autor americano abrangente que condenou o comunismo soviético após visita à URSS em 1923, mas continuou comprometido com ideias esquerdistas até 1941, quando começou a escrever comentários conservadores para *Reader's Digest*.
55. George Orwell, pseudônimo de Eric Arthur Blair (1903-50), autor inglês e ativista político socialista contra o totalitarismo.

56. "Grounds for Dismay", de George Orwell, *Observer*, Londres, 9 de abril de 1944.
57. Barbara Wootton, nascida Adam, Baronesa Wootton de Abinger (1897-1988), economista britânica, socióloga e criminologista. Em 1968, o governo de Harold Wilson encarregou-a oficialmente de investigar as implicações do uso da *cannabis*. A recomendação dela no "Relatório Wootton" (1969), de que a posse de pequenas quantidades da droga não deveria ser crime, foi ignorada.
58. Programa de História Oral da UCLA, p. 229.
59. Barbara Wootton, *Freedom under Planning* (G. Allen & Unwin, Londres, 1945).
60. Harold Macmillan escreveu em suas memórias que Churchill "robusteceu suas apreensões com a leitura de *The Road to Serfdom*, do professor Hayek. *Tides of Fortune* (Macmillan, Londres, 1969), p. 32.
61. Clement Richard Attlee, Conde de Attlee (1883-1967), político britânico, líder do Partido Trabalhista (1935-55). Vice de Churchill na coalizão de tempo de guerra e primeiro-ministro (1945-51) que presidiu a fundação do Estado abrangente do bem-estar social e a descolonização de Índia, Paquistão, Sri Lanka, Burma, Palestina e Jordânia.
62. Citado em Martin Gilbert, *Churchill: A Life* (Henry Holt, Nova York, 1991), p. 846.
63. Roy Harris Jenkins, Barão Jenkins de Hillhead (1920-2003), secretário do Trabalho britânico (duas vezes), ministro da Fazenda e presidente da União Europeia. Deixou o Partido Trabalhista para fundar o Partido Social Democrata, que liderou de 1982 a 1983.
64. Roy Jenkins, *Churchill* (Macmillan, Londres, 2001), p. 791.
65. Roy Jenkins, ed. *Purpose and Policy: Selected Speeches of C. R. Attlee* (Hutchinson, Londres, 1947), p. 3.
66. Tony Benn, em *Commanding Heights*, PBS. Disponível em: <http://www.pbs.org/wgbh/commandingheights/shared/minitext/tr_show01.html>.
67. F. A. Hayek, em ibid.
68. Alvin Hansen, "The New Crusade against Planning", *New Republic*, vol. 12, 1° de janeiro de 1945, pp. 9-10.
69. Professor T. V. Smith (1890-1964), professor de filosofia da Universidade de Chicago e representante de Illinois na Câmara dos Deputados.
70. Crítica do livro "The Road to Serfdom, por T. V. Smith, *Ethics* (University of Chicago Press, Chicago), vol. 55, n° 3, abril de 1945, p. 226.
71. Ibid., pp. 225-226.
72. Russell Kirk, James McClellan e Jeffrey Nelson, *The Political Principles of Robert A. Taft* (Transaction Publishers, Piscataway, N.J., 2010), p. 86.

73. Ibid.
74. Herman Finer (1898-1969), cientista político britânico que ensinou nas universidades de Chicago e Harvard.
75. Herman Finer, *The Road to Reaction* (Little, Brown, Boston, 1945), prefácio.
76. Ibid. p. ix.
77. Ayn Rand O'Connor, nascida Alissa Zinov'yevna Rosenbaum (1905-82), autora americana nascida na Rússia, anticoletivista, polemista e roteirista. Ela é mais conhecida por seu romance didático *The Fountainhead* (1943), filmado por King Vidor em 1949, estrelado por Gary Cooper e Patricia Neal, e *Atlas Shrugged* (1957), filmado por Paul Johansson em 2010 e estrelado por ele mesmo.
78. Rand para Theodore J. Lowi, citado em Theodore J. Lowi, *The End of Republican Era* (University of Oklahoma Press, Norman, 2006), p. 22, nota de rodapé.
79. Rand, citada em Ayn Rand, *Ayn Rand's Marginalia: Her Critical Comments on the Writings of Over 20 Authors*, ed. Robert Mayhew (Second Renaissance Books, New Milford, Conn., 1995), pp. 145-160.
80. Hayek, *Hayek on Hayek*, p. 90.
81. *Collected Works*, vol. 9: *Contra Keynes and Cambridge*, p. 240.
82. Programa de História Oral da UCLA, p. 117.
83. Ele sofria de endocardite bacteriana, infecção das válvulas do coração, doença incurável antes da era dos antibióticos.
84. Skidelsky, *John Maynard Keynes*, vol. 3: *Fighting for Freedom*, p. 472.
85. Citado em *Friedrich Hayek*, Ebenstein, p. 344.
86. Hayek, *Hayek on Hayek*, p. 143.
87. Ibid., p. 103.

14. Os anos no deserto

1. Programa de História Oral da UCLA, p. 463.
2. Helen Elna Hokinson (1893-1949), cartunista americana do *The New Yorker* que se especializou em retratar matronas imponentes, respeitáveis e empertigadas de uma certa idade.
3. Programa de História Oral da UCLA, p. 463.
4. Entrevista de Ralph Harris, 17 de julho de 2000, *Commanding Heights*, PBS. Disponível em: <http://www.pbs.org/wgbh/commandingheights/shared/minitext/int_ralphharris.html>.
5. Hayek, *Hayek on Hayek*, p. 143.
6. Ralph Harris (1924-2006), recebeu de Thatcher o título nobiliárquico de *Baron Harris of High Cross*, fundador do *think tank* do livre mercado Institute of Economic Affairs, Londres.

7. Entrevista de Ralph Harris, 17 de julho de 2000, *Commanding Heights*, PBS.
8. Ibid.
9. Programa de História Oral da UCLA, p. 10.
10. *Collected Works*, vol. 4: *The Fortunes of Liberalism: Essays on Austrian Economics and the Ideal of Freedom*, ed. Peter G. Klein (University of Chicago Press, Chicago, 1992), p. 191.
11. Raymond-Claude-Ferdinand Aron (1905-83), sociólogo francês e cientista social amigo de Jean-Paul Sartre.
12. Michael Polanyi, nascido Polányi Mihály (1891-1976), economista inglês nascido na Hungria, químico, filósofo da ciência que fugiu da Alemanha nazista em 1933 para evitar a perseguição aos judeus.
13. Wilhelm Röpke (1899-1966), economista alemão cujas ideias sobre a necessidade de moderar as devastações do livre mercado com "humanismo econômico" levaram-no a ajudar a estabelecer na Alemanha de pós-guerra a economia social de mercado altamente bem-sucedida que sustentou o "milagre alemão".
14. Agora Hotel Mirador.
15. Albert Hunold (1899-1981).
16. Philip Mirowski e Dieter Plehwe, *The Road from Mont Pèlerin: The Making of the Neoliberal Thought Collective* (Harvard University Press, Cambridge, Mass., 2009), p. 15.
17. George H. Nash (1945-), historiador, autoridade em Herbert Hoover e autor do *The Conservative Intellectual Movement in America since 1945* (Basic Books, Nova York, 1976).
18. Nash, *Conservative Intellectual Movement in America*, p. 26.
19. George Joseph Stigler (1911-91) que, após pesquisa para o Projeto Manhattan, tornou-se membro proeminente da Escola de Economia da Universidade de Chicago e protegido de Frank Knight, que ganhou o Prêmio Nobel de Economia em 1982.
20. John Jewkes (1902-88), professor de organização econômica em Merton College, Oxford.
21. Sir Karl Raimund Popper (1902-94), filósofo da ciência britânico nascido em Viena, ex-marxista e defensor da hipercrítica tradição liberal democrática que forma a "sociedade aberta".
22. Dama (Cicely) Veronica "C. V." Wedgwood (1910-97), historiadora inglesa e biógrafa de figuras destacadas dos séculos XVI e XVII, particularmente da Guerra Civil Inglesa e da Guerra dos Trinta Anos.
23. Aaron Director (1901-2004), ex-esquerdista radical cujo magistério na Faculdade de Direito da Universidade de Chicago influenciou magistrados americanos de inclinação direitista, incluindo Robert Bork, Richard Posner, o juiz Antonin Scalia e o presidente da Suprema Corte William Rehnquist.

24. Milton Friedman e Rose D. Friedman, *Two Lucky People: Memoirs* (University of Chicago Press, Chicago, 1998), p. 158.
25. Ibid.
26. Ibid., p. 159. Depois de 1957, quando seus filhos tinham idade suficiente para ficar sozinhos nos Estados Unidos, Milton Friedman, com frequência acompanhado de sua mulher, Rose, tornou o encontro anual em Mont Pèlerin suas férias de verão. Foi indicado presidente da Sociedade em 1971.
27. Citado em Friedman e Friedman, *Two Lucky People*, p. 159.
28. Ibid.
29. Paul Samuelson, "A Few Remembrances of Friedrich Hayek (1899-1992)".
30. Entrevista de Milton Friedman, 1° de outubro de 2000, *Commanding Heights*, PBS. Disponível em: <http://www.pbs.org/wgbh/commandingheights/shared/minitext/int_miltonfriedman.html>.
31. Samuelson, "A Few Remembrances of Friedrich Hayek (1899-1992)".
32. A Declaração de Propósitos completa, 8 de abril de 1947, The Mont Pèlerin Society. Disponível em: <http://www.montpelerin.org/montpelerin/mpsGoals.html>.
33. *Collected Works*, vol. 4: *Fortunes of Liberalism*, p. 192.
34. Entrevista a Milton Friedman, 1° de outubro de 2000, *Commanding Heights*, PBS.
35. Citado por William Buckley em seu discurso na Sociedade Mont Pèlerin, Hillsdale College, Hillsdale, Mich., 26 de agosto de 1975, em William F. Buckley Jr., *Let Us Talk of Many Things: The Collected Speeches* (Basic Books, Nova York, 2008), p. 224.
36. Stephen Kresge, "Introduction", em Hayek, *Hayek on Hayek*, p. 22.
37. Programa de História Oral da UCLA, p. 395.
38. Ibid.
39. Hayek, *Hayek on Hayek*, p. 127.
40. Jacob Viner (1892-1970), cofundador da Escola de Economia de Chicago que aconselhou o secretário do Tesouro de Roosevelt, Henry Morgenthau, contra tentar soluções keynesianas durante a Grande Depressão. Viner foi professor de Milton Friedman.
41. Citado em Ebenstein, *Friedrich Hayek*, p. 174.
42. John Ulric Nef, *The Search for Meaning: The Autobiography of a Nonconformist* (Public Affairs Press, Washington, D.C., 1973), p. 37.
43. Ebenstein, *Friedrich Hayek*, p. 174.
44. F. A. Hayek, *The Constitution of Liberty* (University of Chicago Press, Chicago, 1960), p. 6.
45. Ibid., p. 87.

46. Ibid., p. 13.
47. Ibid., pp. 86-87.
48. Ibid., p. vi.
49. Ibid., p. 42.
50. Ibid., pp. 46-47.
51. Ibid., p. 397.
52. Ibid., p. 400.
53. Ibid., p. 402.
54. Ibid., p. 401.
55. Ibid., p. 403.
56. Ibid., p. 405.
57. Ibid.
58. Ibid.
59. Lionel Robbins, "Hayek on Hayek", *Economica* (New Series), vol. 28, n° 109, fevereiro de 1961, p. 67.
60. Jacob Viner, "Hayek on Freedom and Coercion", *Southern Economic Journal*, vol. 27, n° 3, janeiro de 1961, p. 231.
61. Ibid., p. 235.
62. Ibid., p. 232.
63. Ibid., p. 235.
64. Ibid., pp. 235-236.
65. Ibid., p. 235.
66. Robbins, "Hayek on Liberty", p. 68.
67. Ibid., p. 80.
68. Ibid., pp. 79-80.
69. F. A. Hayek em *Commanding Heights*, PBS. Disponível em: <http://www.pbs.org/wgbh/commandingheights/shared/minitextlo/tr_show01.html#1>.
70. Robbins, *Autobiography of an Economist*, p. 154.
71. Ibid., p. 155.
72. Ralph Harris, em *Commanding Heights*, PBS. Disponível em: <http://www.pbs.org/wgbh/commandingheights/shared/minitextlo/tr_show01.html#1>.
73. Lawrence Hayek, em ibid.
74. Entrevista Hayek-North/Skouken, citado em Ebenstein, *Friedrich Hayek*, p. 252.

15. A era de Keynes

1. Keynes pediu em seu testamento que suas cinzas fossem enterradas no King's College, mas o executor do testamento, seu irmão Geoffrey, decidiu espalhar as cinzas em Sussex.

2. Alexander Kerensky (1881-1970), primeiro-ministro do governo russo provisório, substituído por Vladimir Lenin após a Revolução de Outubro.
3. Alan Peacock, *Liberal News*, 23 de fevereiro de 1951.
4. Martin Gilbert, *Winston Churchill, the Wilderness Years* [Winston Churchill, os anos de turbulência] (Houghton Mifflin, Nova York, 1982), p. 31.
5. William Beveridge, *Full Employment in a Free Society* (Allen & Unwin, Londres, 1944), p 135.
6. Programa de História Oral da UCLA, p. 111.
7. Ibid., pp. 111-112.
8. Ibid., p. 111.
9. Artigos 55 e 56, Carta das Nações Unidas, 1945. Disponível em: <http://un.org/en/documents/charter/index.shtml>.
10. Johannes Morsink, *The Universal Declaration of Human Rights: Origins, Drafting, and Intent* (University of Pennsylvania Press, Philadelphia, 2000), p. 160.
11. Robert J. Donovan, *Conflict and Crisis: The Presidency of Harry S. Truman, 1945-1948* (University of Missouri Press, Columbia, 1996), p. 112.
12. Franklin D. Roosevelt, "State of the Union Message to Congress", 11 de janeiro de 1944, The American Presidency Project. Disponível em: <http://www.presidency.ucsb.edu/ws/index.php?pid=16518>.
13. James Murray (1376-1961), americano nascido no Canadá que foi senador de Montana por cinco mandatos.
14. Leon H. Keyserling (1908-87), economista que aprendeu com Rexford Tugwell, arquiteto do New Deal e membro do grupo de especialistas de Franklin Roosevelt. Ver W. Robert Brazelton, "The Economics of Leon Hirsch Keyserling", *Journal of Economic Perspectives*, vol. 11 n° 4, outono de 1997, pp. 189-197.
15. Entrevista para história oral com Leon Keyserling por Jerry N. Hess, Washington, D.C., 3 de maio de 1971, Biblioteca Harry S. Truman, Independence, Mo., pp. 25-26.
16. Lei do Pleno Emprego de 1945, em Stephen Kemp Bailey, *Congress Makes a Law: The Story Behind the Employment Act of 1946* (Vintage, Nova York, 1964), p. 57.
17. Senado dos EUA, *Assuring Full Employment in a Free Competitive Economy. Report from the Committee on Banking and Currency*, S. Rept. 583, 79° Congresso, 1ª seção (Escritório de Imprensa do Governo, Washington, D.C., 22 de setembro de 1945), p. 81.
18. Harry S. Truman (1884-1972), 33° presidente dos Estados Unidos (1945-53).
19. Lei do Pleno Emprego de 1945, seção 2 (b-c).

20. Seymour E. Harris, "Some Aspects of the Murray Full Employment Bill", *Review of Economics and Statistics*, vol. 27, n° 3, agosto de 1945, pp. 104-106.
21. Gottfried Haberler, "Some observations on the Murray Full Employment Bill", *Review of Economics and Statistics*, vol. 27, n° 3, agosto de 1945, pp. 106-109.
22. Lei do Emprego de 1946, seção 2.
23. Edwin Griswold Nourse (1883-1974), economista agrícola e presidente do Conselho de Consultores Econômicos (1946-49).
24. Entrevista para história oral com Edwin Nourse por Jerry N. Hess, Washington, D.C., 7 de março de 1972, Biblioteca Harry S. Truman, Independence, Mo., pp. 24-26.
25. David McCullough, *Truman* (Simon & Schuster, Nova York, 1992), p. 633.
26. Entrevista para história oral com Leon Keyserling por Jerry N. Hess, Washington, D.C., 10 de maio de 1971, p. 117.
27. Silvia Nasar, entrevista a Paul Samuelson, "Hard Act to Follow?" *The New York Times*, 14 de março de 1995.
28. Dwight David "Ike" Eisenhower (1890-1969), comandante supremo das Forças Aliadas na Europa que dirigiu a invasão da França ocupada pelos nazistas e a Alemanha em 1944 e se tornou o 34° presidente dos Estados Unidos (1953-61).
29. John W. Sloan, *Eisenhower and the Management of Prosperity* (University Press of Kansas, Lawrence, 1991), p. 13.
30. Arthur Frank Burns (1904-87), presidente do Conselho de Consultores Econômicos no governo de Eisenhower (1953-56) e presidente do Federal Reserve (1970-78).
31. Discurso de Burns, 16 de junho de 1955, documentos Dwight D. Eisenhower, Dwight D. Eisenhower Presidential Library and Museum, Abilene, Kans., Ann Whitman File, Administrative Series, box 10.
32. Parker, *John Kenneth Galbraith*, p. 319.
33. Editorial, "People's Success Story", *Life*, 1° de agosto de 1960, p. 20.
34. Os gastos com a defesa subiram pelo menos à metade de todo o gasto federal nos anos 1950. Nos anos 1960, as cifras eram US$ 48,1 bilhão em um orçamento federal de US$ 92,2 bilhões. Escritório de Administração e Orçamento dos EUA, *Historical Tables: Budget of the United States Government, 2006* (Escritório de Imprensa do Governo, Washington, D.C., 2005).
35. James Oberg, *NBC News*, 27 de abril de 2004.
36. Richard Hofstadter, *American Perspective*, vol. 4 (Foundation for Foreign Affairs, Washington, D.C., 1950), p. 35.
37. Os contratos federais de defesa eram outorgados a grandes corporações, como Lockheed, Grumman, Hughes, Litton Industries, TRW, General Motors, IBM e General Electric.

38. Dwight D. Eisenhower, "Discurso de Adeus", 17 de janeiro de 1961, The American Presidency Project, www.presidency.ucsb.edu.
39. Entrevista a Eisenhower, 5 de novembro de 1958, The American Presidency Project. Disponível em: <http://www.presidency.ucsb.edu/ws/index.php?pid=11286>.
40. Richard Milhous Nixon (1913-94), 36° vice-presidente (1953-61) e 37° presidente dos Estados Unidos (1969-74).
41. John Fitzgerald "Jack" Kennedy (1917-63), 35° presidente dos Estados Unidos (1961–63).
42. Stein, *On the Other Hand*, p. 85.
43. John Kenneth Galbraith, *Ambassador's Journal* (Houghton Mifflin, Nova York, 1969), p. 48.
44. William McChesney Martin Jr. (1906-98), o presidente do Fed que ficou mais tempo no cargo, de abril de 1951 a janeiro de 1970, e filho do arquiteto da Lei do Federal Reserve, William McChesney Martin.
45. Quando Leon Keyserling queixou-se com Kennedy de que este estava indicando muitos conservadores para posições-chave, Kennedy retorquiu: "Você não percebe que fui eleito com a metade de um por cento", ao que Keyserling respondeu: "Acho que, se Dick Nixon tivesse sido eleito com metade de um por cento, teria me indicado secretário do Tesouro para agradar aos Liberais." Entrevista para história oral com Leon Keyserling por Jerry N. Hess, Washington, D.C., 10 de maio de 1971.
46. Walter Wolfgang Heller (1915-87), catedrático de economia da Universidade de Minnesota. Ajudou a projetar o Plano Marshall de 1947 que revigorou a Europa após a Segunda Guerra Mundial. Sugeriu a Johnson a "Guerra contra Pobreza".
47. Kermit Gordon (1916-76), mais tarde presidente do Instituto Brookings que supervisionou o primeiro orçamento da Grande Sociedade de Johnson.
48. "Mensagem do Estado da União ao Congresso" de John F. Kennedy, 2 de fevereiro de 1961, O Projeto Americano da Presidência. Disponível em: <http://www.presidency.ucsb.edu/ws/index.php?pid=8111&st=kennedy&st1=congress>.
49. Michael O'Brien, *John F. Kennedy: a Biography* (Macmillan, Londres, 2006), p. 637.
50. Arthur M. Schlesinger Jr., *A Thousand Days: John F. Kennedy in the White House* (Houghton Mifflin, Nova York, 1965), p. 630.
51. Citado por várias fontes em Parker, *John Kenneth Galbraith*, p. 340.
52. Entrevista para história oral com Leon Keyserling para Jerry N. Hess, Washington, D.C, 10 de maio de 1971, p. 94.

53. Discurso de JFK para o Clube Econômico de Nova York, 14 de dezembro de 1962, John F. Kennedy Presidential Library and Museum. Disponível em: <http://www.jfklibrary.org/Historical+Resources/Archives/Reference+Desk/Speeches/Speeches+of+John+F.+Kennedy.htm>.
54. Michael M. Weinstein, "Paul A. Samuelson, Economist, morre aos 94", *The New York Times*, 13 de dezembro de 2009.
55. Robert M. Collins, *The Business Response to Keynes*, 1929-1964 (Columbia University Press, Nova York, 1981), p. 192.
56. Evsey Domar (1914-97), economista americano nascido na Polônia que estudou a ligação entre os déficits e o crescimento econômico.
57. Robert Merton Solow (1924-), economista americano da Universidade de Columbia e do MIT e vencedor do Prêmio Nobel de economia de 1987 que identificou a importância da inovação tecnológica no crescimento econômico.
58. William Phillips (1914-75), engenheiro elétrico que se tornou economista da LSE e construiu um precursor computador analógico. Em 1958, postulou um vínculo entre mudanças no desemprego e na inflação em sua "curva de Phillips".
59. Entrevista II com Douglass Cater para história oral por David G. McComb, 8 de maio de 1969, Lyndon Baines Johnson Library and Museum, Austin, Tex., Coleção de História Oral, p. 16.
60. S. Douglass Cater (1923-95), assistente especial do Presidente Johnson.
61. "Redução de impostos de Kennedy aumentou a receita", Heritage Foundation. Disponível em: <http://www.heritage.org/static/reportimages/1326E87331F4B5FC87405FF5C1BFC7EE.gif>.
62. Números do Escritório de Estatísticas do Trabalho. Disponível em: <http://www.bls.gov>.
63. *Time*, 31 de dezembro de 1965. Sem assinatura do autor.
64. "Observações do Presidente Lyndon B. Johnson na Universidade de Michigan", 22 de maio de 1964, Lyndon Baines Johnson Library and Museum. Disponível em: <http://www.lbjlib.utexasedu/johnson/archives.hom/speeches.hom/640522.asp>.
65. Barry Goldwater (1909-98), pensador conservador e libertário, senador por cinco legislaturas pelo Arizona e candidato presidencial republicano em 1964.
66. Wilbur Mills (1909-92), congressista de Arkansas, presidente do Comitê de Meios e Modos nos anos 1960 e candidato presidencial putativo democrata que perdeu para George McGovern na convenção de 1972.
67. Entrevista I para História Oral com Wilbur Mills por David McComb, 11 de fevereiro de 1971, Lyndon Baines Johnson Library and Museum, Austin, Tex., Coleção de História Oral, p. 15.

68. Richard Nixon, "Discurso do Estado da União", 22 de janeiro de 1970, Miller Center of Public Affairs, University of Virginia. Disponível em: <http://millercenter.org/scripps/archives/speeches/detail/3889>.
69. Paul McCracken (1915-), economista americano.
70. Herbert Stein (1916-99), jornalista pró-bem-estar social, propagandista do livre mercado e presidente do Conselho de Consultores Econômicos de Nixon.
71. George Shultz (1920-), secretário do Trabalho de Nixon, diretor do Escritório de Administração e Orçamento (1970-72), secretário do Tesouro (1972-74), depois secretário de Estado de Ronald Reagan (1982-89).
72. U.S. Bureau of Labor Statistics (BLS): Current Population Survey (CPS) [Household Survey — LNS14000000]. Disponível em: <http://zimor.com/chart/Unemployment_Rate>.
73. Stein, *On the Other Hand* [Por outro lado], p. 96.
74. Nixon, "State of the Union Adress", 22 de janeiro de 1970.
75. Stein, *On the Other Hand*, p. 101.
76. Ibid.
77. Ibid., p. 105.
78. Entrevista com Milton Friedman, 1° de outubro de 2000, *Commanding Heights*, PBS. Disponível em: <http://www.pbs.org/wgbh/commandingheights/shared/minitextlo/int_miltonfriedman.html>.
79. John Connally (1917-93), político hábil que jogava dos dois lados do corredor. Foi secretário Naval de JFK; depois, o governador do Texas que se feriu ao viajar no mesmo carro que John F. Kennedy quando este foi assassinado em Dallas em novembro de 1963; depois, secretário do Tesouro de Nixon.
80. Stein, *On the Other Hand*, p. 101.
81. Ibid., p. 102.
82. William Safire, "Do Something!" *The New York Times*, 14 de fevereiro de 1974.
83. Richard Nixon, *The Memoirs of Richard Nixon* (Arrow Books, Londres, 1979), p. 971.
84. George Shultz, em *Commanding Heights*, PBS. Disponível em: <http://www.pbs.org/wgbh/commandingheights/shared/minitextlo/tr_show01.html#1>.
85. Acredita-se que a palavra foi cunhada pelo porta-voz das finanças do Partido Conservador Britânico, Iain Macleod, em 1965, embora seu primeiro uso também tenha sido creditado a Paul Samuelson.
86. Gerald Ford (1913-2006), nascido Leslie Lynch King Jr., membro antigo da Câmara, elevado a vice-presidente, que se tornou depois o 38° presidente dos Estados Unidos (1974-77) quando Richard Nixon renunciou, na esteira do escândalo de Watergate.
87. Alan Greenspan (1926-), presidente do Fed (1987-2006).

88. As audiências de confirmação de Greenspan se realizaram no dia em que Nixon renunciou.
89. "Inflação Histórica", InflationData.com. Disponível em: <http://inflationdata.com/inflation/Inflation_Rate/HistoricalInflation,aspx?dsInflation_currentPage=2>.
90. Entrevista com Milton Friedman, 1° de outubro de 2000, *Commanding Heights*, PBS.
91. Alan Greenspan, *The Age of Turbulence: Adventures in a New World* (Penguin, Londres, 2008), p. 72.
92. Oficialmente conhecido como "Full Employment and Balanced Growth Act" [Lei do Pleno Emprego e Crescimento Equilibrado].
93. Canute (985-1035), rei viking da Dinamarca, Inglaterra, Noruega e partes da Suécia.
94. Jimmy Carter, discurso "Crisis of Confidence", 15 de julho de 1979, Miller Center of Public Affairs, University of Virginia. Disponível em: <http://millercenter.org/scripps/archives/speeches/detail/3402>.
95. Jimmy Carter, "Anti-Inflation Program Speech", 24 de outubro de 1978, Miller Center of Public Affairs, University of Virginia. Disponível em: <http://millercenter.org/scripps/archives/speeches/detail/5547>.
96. Paul Volcker (1927-), presidente do Fed (1979-87) nos governos Carter e Reagan e presidente da Direção Consultiva de Recuperação Econômica do presidente Obama (2008-).

16. A contrarrevolução de Hayek

1. Aaron Director, "Review of F. A. Hayek, The Road to Serdom", *American Economic Review*, vol. 35, n° 1, março de 1945, p. 173.
2. Friedman and Friedman, *Two Lucky People*, p. 58.
3. Stanley Dennison (1912-92), palestrante de economia em Cambridge (1945-57) e vice-chanceler da Universidade de Hull (1972-80).
4. Milton Friedman e Anna D. Schwartz, *A Monetary History of The United States, 1867-1960* (Princeton University Press, Princeton, N.J., 1963).
5. A apresentação definitiva de Friedman de sua teoria monetária foi "The Quantity of Money — A Restatement, an Essay in Studies in the Quantity Theory of Money", em Friedman, ed., *Studies in the Quantity Theory of Money* (University of Chicago Press, Chicago, 1956).
6. Milton Friedman, "The Role of Monetary Policy", discurso ao tomar posse como presidente da American Economic Association, 29 de dezembro de 1967, em *American Economic Review*, vol. 58, n° 1, março de 1968.

7. Milton Friedman, "John Maynard Keynes", em J. M. Keynes, *The General Theory of Employment, Interest and Money* (fac-símile da edição de 1936 reimpressa por Verlag Wirtschaft und Finanzen GmbH, Düsseldorf, 1989), p. 11.
8. Robert J. Gordon, ed., *Milton Friedman's Monetary Framework: A Debate with His Critics* (University of Chicago Press, Chicago, 1974), pp. 133-34.
9. Friedman, "John Maynard Keynes", p. 20.
10. Ibid., pp. 21-22.
11. Friedman, "Foreword", em Fritz Machlup, *Essays on Hayek* (Routledge, Londres, 2003), p. xxi.
12. Friedman, "John Maynard Keynes", p. 20.
13. Barry M. Goldwater, *Conscience of a Conservative* (Victor, Nova York, 1960), p. 17.
14. Barry M. Goldwater com Jack Casserley, *Goldwater* (St. Martin's Press, Nova York, 1988), p. 140.
15. Goldwater, *Conscience of a Conservative*, p. 44.
16. Milton Friedman "The Goldwater View of Economics", *The New York Times*, 11 de outubro de 1964.
17. Paul Samuelson, *The New York Times*, 25 de outubro de 1964.
18. Ronald Reagan (1911-2004), ator de Hollywood, governador da California e 40° presidente dos Estados Unidos.
19. Rowland Evans e Robert Novak, *The Reagan Revolution* (E. P. Dutton, Nova York, 1981), p. 237.
20. Ibid.
21. Ronald Reagan, "Time for Choosing", discurso transmitido em rede de televisão, 27 de outubro de 1964.
22. Newton Leroy Gingrich (1943-), nascido Newton Leroy McPherson. Após completar uma dissertação de doutorado em política educacional da Bélgica no Congo de 1945 a 1960, lecionou na Faculdade de West Virginia antes de se eleger para a Câmara dos Deputados em 1978. Presidente da Câmara (1995-99).
23. Entrevista com Newt Gingrich, primavera de 2001, *Commanding Heights*, PBS. Disponível em: <http://www.pbs.org/wgbh/commandingheights/shared/pdf/int_newtgingrich.pdf>.
24. Friedman and Friedman, *Two Lucky People*, p. 58.
25. Ibid., p. 286.
26. Ibid., pp. 386-87.
27. Milton Friedman, em *Commanding Heights*, PBS. Disponível em: <http://www.pbs.org/wgbh/commandingheights/shared/minitextlo/tr_show01.html#1>.

28. Herbert Stein, *Presidential Economics* (Simon & Schuster, Nova York, 1985), p. 255.
29. Paul Samuelson, "A Few Remembrances of Friedrich von Hayek (1899-1992)".
30. Gunnar Myrdal (1898–1987), economista sueco e ministro de governo cujo trabalho pioneiro sobre as condições de vida de afro-americanos é creditado por uma campanha para educar todos os americanos que culminou na decisão da Suprema Corte *Brown v. Board of Education*. Friedman, que se encontrou inúmeras vezes com ele na Universidade de Columbia, o achava "terrivelmente agradável e inteligente". Friedman and Friedman, *Two Lucky People*, p. 78.
31. Ibid.
32. Entrevista com Ralph Harris, 17 de julho de 2000, *Commanding Heights*, PBS. Disponível em: <http://www.pbs.org/wgbh/commandingheights/shared/minitextlo/int_ralphharris.html>.
33. George H. Nash, "Hayek and the American Conservative Movement", palestra dada na Conferência do Instituto de Estudos Intercolegiados de Indianapolis, Indianapolis, Ind., 3 de abril de 2004. Disponível em: <http://www.isi.org/lectures/text/pdf/hayek4-3-04.pdf>.
34. Hayek fez seu discurso do Prêmio Nobel em 11 de dezembro de 1974.
35. "The Pretence of Knowledge", de F. A. Hayek, foi citado em Assar Lindbeck, ed., *Nobel Lectures in Economic Sciences 1969-1980* (World Scientific, Singapore, 1992), p. 179.
36. Programa de História Oral da UCLA, p. 195.
37. Milton Friedman, "Inflation and Unemployment", palestra comemorativa do Nobel, 13 de dezembro de 1976. Disponível em: <http://nobelprize.org/nobel_prizes/economics/laureates/1976/friedman-lecture.pdf>.
38. Um relato completo da competição pela liderança pode ser encontrado em Nicholas Wapshott, *Ronald Reagan and Margaret Thatcher: A Political Marriage* (Sentinel, Nova York, 2007), pp. 76-82.
39. Ralph Harris duvida de que este seja o caso, dizendo aos pesquisadores de *Commanding Heights* em sua entrevista em 17 de julho de 2000: "Eu ficaria surpreso se um estudante de ciência em Oxford tivesse em sua lista de leitura "The Road to Serfdom", de Hayek. Não era amplamente acessível: não era amplamente criticado. Figurava [apenas] em certos documentos intelectuais."
40. John Ranelagh, *Thatcher's People: An Insider's Account of the Politics, the Power, and the Personalities* (HarperCollins, Londres, 1991), p. ix.
41. O consenso foi apelidado de "Butskellism", uma vez que confundia duas abordagens quase idênticas do governo, a do Conservador R. A. Butler e a de Hugh Gaitskell, o líder trabalhista.

42. Nicholas Wapshott e George Brock, *Thatcher* (Macdonald/Futura, Londres, 1983), p. 176.
43. Entrevista a Ralph Harris, 17 de julho de 2000, *Commanding Heights*, PBS.
44. Laurence Hayek, em *Commanding Heights*, PBS. Disponível em: <http://www.pbs.org/wgbh/commandingheights/shared/minitextlo/tr_show01.html#1>.
45. Margareth Thatcher, em ibid.
46. Nicholas Kaldor, *The Economic Consequences of Mrs.Thatcher: Speeches in the House of Lords, 1979, 1982*, ed. Nick Butler (Duckworth, Londres, 1983).
47. Margaret Thatcher, "The Lady's Not for Turning", *Guardian*, 30 de abril de 2007. Texto integral disponível em: <http://www.guardian.co.uk/politics/2007/apr/30/conservatives.ukl>. A frase "The lady's not for turning" foi adaptada pelo principal criador de slogans de Thatcher, o dramaturgo Ronald Millar, do título da peça de 1948, *The Lady's Not for Burning*.
48. Thatcher, Câmara dos Comuns, 5 de fevereiro de 1981. Disponível em: <http://www.margaretthatcher.org/document/104593>.
49. Thatcher, aluna de escola pública, adotou os termos de tratamento ofensivo que seus oponentes Tories, educados em escolas privadas, tradicionalmente assacavam contra ela. Assim, menosprezava os de valores patrícios que resistiam à sua dura política econômica chamando-os "molhados", enquanto aqueles que concordavam com ela eram chamados de "secos". Para saber em que lado da divisa um Conservador estava, ela perguntava: "Ele é um de nós?"
50. Para um relato completo da implementação das políticas monetárias de Thatcher, ver Wapshott e Brock, *Thatcher*, pp. 183-212.
51. O *think tank* conservador é o Centre for Policy Studies, fundado por Sir Keith Joseph e Margaret Thatcher e administrado pelo ex-marxista Alfred Sherman.
52. Jürg Niehans (1919-2007), economista monetarista suíço, historiador econômico e professor na Universidade de Berna e da Universidade John Hopkins.
53. Milton Friedman, entrevista à BBC, março de 1983, citado em *The Iron Lady: A Biography of Margareth Thatcher* (Noonday Press, Nova York, 1990), p. 319.
54. Ronald Reagan, em *Commanding Heights*, PBS. Disponível em: <http://www.pbs.org/wgbh/commandingheights/shared/minitextlo/tr_show01.html#1>.
55. Martin Anderson (1936-), economista, veterano conselheiro político das campanhas presidenciais de Reagan de 1976 e 1980 e membro do Conselho Consultivo de Inteligência Externa (1980-86).
56. Martin Henderson, *Revolution: The Reagan Legacy* (Harcourt Brace Jovanovich San Diego, 1990), p. 267.
57. Paul Volcker, em *Commanding Heights*, PBS. Disponível em: <http://www.pbs.org/wgbh/commandingheights/shared/minitextlo/tr_show01.html#1>.
58. Ibid.

59. George Shultz, em *Commanding Heights*, PBS. Disponível em: <http://www.pbs.org/wgbh/commandingheights/shared/minitextlo/tr_show01.html#1>. Reagan ficou firme em relação à necessidade de uma recessão, mas seu secretário do Tesouro, Donald Regan, minimizou o risco para o caso de Reagan mudar de ideia, pondo em marcha uma campanha boca a boca contra o Fed na imprensa e no Congresso que punha a culpa pelas más notícias econômicas em Volcker.
60. Arthur Lafer (1940-), economista fiscal conservador americano, libertário e professor da University of Chicago Graduate School of Business.
61. *Collected Writings*: vol. 9: *Essays in Persuasion*, p. 338.
62. Entrevista com Hayek, "Business People; a Nobel Winner Assesses Reagan", *The New York Times*, 1° de dezembro de 1982.
63. John Kenneth Galbraith, "Recession Economics", *New York Review of Books*, 4 de fevereiro de 1982.
64. Discurso de Mondale em Springfield III, em Steven M. Gillon, *The Democrats' Dilemma: Walter F. Mondale and the Liberal Legacy* (Columbia University Press, Nova York, 1995), p. 371.
65. Todas cifras de Arthur Laffer, *The Laffer Curve: Past, Present and Future*, Executive Summary Backgrounder n° 1765 (Heritage Foundation, Washington, D.C., junho de 2004).
66. Jerry Tempalski, "Revenue Effects of Major Tax Bills", OTA Working Paper 81, Office of Tax Analysis, U. S. Treasury Department, Washington, D.C., julho de 2003.
67. Milton Friedman, em *Commanding Heights*, PBS. Disponível em: <http://www.pbs.org/wgbh/commandingheights/shared/minitext/tr_show01.html>.
68. Cifras da defesa expressas em dólares constantes de 2000. U.S. Office of Management and Budget, Historical Tables: Budget of the United States Government, 2006 (Government Printing Office, Washington, D.C., 2005), tabela 6.1.
69. Ibid.
70. John Case, "Reagan's Economic Legacy", Inc., 1° de outubro de 1988.
71. Stein, *Presidential Economics*, p. 308.
72. Discurso de Reagan no Gridiron Club, em 24 de março de 1984, citado em Lou Cannon, *President Reagan: The Role of a Lifetime* (PublicAffairs, Nova York, 2000), p. 100.
73. Citado em Holcomb B. Noble, "Milton Friedman, Free Market's Theorist, Dies at 94", *The New York Times*, 16 de novembro de 2006.
74. Entrevista com John Kenneth Galbraith, 28 de setembro de 2000, *Commanding Heights*, PBS. Disponível em: <http://www.pbs.org/wgbh/commandingheights/shared/minitext/tr_show01.html>.

17. A batalha reiniciada

1. Segundo Tom G. Palmer, "O nome que você ouve mais que qualquer outro em toda a Europa Central e Leste é Friedrich Hayek. Nos subterrâneos ou em cópias clandestinas de literatura, edições e raras cópias em inglês de *The Road to Serfdom* são amplamente lidas", Tom G. Palmer, "Why Socialism Collapsed in Eastern Europe", *Cato Policy Report*, setembro/outubro de 1990.
2. John Cassidy, "The Price Prophet", *The New Yorker*, 7 de fevereiro de 2000.
3. Denis Winston Healey, Barão Healey (1917-), ministro da Fazenda britânico.
4. Denis Wilson Healey, *The Time of My Life* (Michael Joseph, Londres, 1989), p. 491.
5. Citado em "Austerity Alarm", *Economist*, 1º de julho de 2010. Disponível em: <http://www.economist.com/node/16485318>.
6. Alan S. Blinder, "The Fall and Rise of Keynesian Economics", *Economic Record*, dezembro de 1988.
7. Robert Emerson Lucas Jr. (1937-), economista da Universidade de Chicago, vencedor do Prêmio Nobel de economia de 1955 e fundador do Novo Keynesianismo. Ele enfatizou a importância das expectativas racionais nas decisões econômicas individuais e das decisões microeconômicas na determinação dos agregados macroeconômicos.
8. Citado em Brian Snowdon e Howard R. Vane, *A Macroeconomics Reader* (Routledge, Londres, 1997), p. 445.
9. James K. Galbraith, *The Predator State: How Conservatives Abandoned the Free Market and Why Liberals Should Too* (Free Press, Nova York, 2008), p. 4.
10. Citado em Kevin A. Hassett, "The Second Coming of Keynes", *National Review*, 9 de fevereiro de 2009.
11. Programa de História Oral da UCLA, p. 195.
12. Robert E. Lucas Jr., "Macroeconomic Priorities", discurso presidencial para a American Economic Association, 10 de janeiro de 2003. Disponível em: <http://home.uchicago.edu/%7Esogrodow/homepage/paddress03.pdf>.
13. Yoshihiro Francis Fukuyama (1952–), economista político americano.
14. Francis Fukuyama, *The End of the History and the Last Man* (Simon & Schuster, Nova York, 1992).
15. Ben Bernanke (1953-), presidente do Fed (2006-), presidente do Conselho de Consultores Econômicos do presidente George W. Bush (2005-6).
16. Observações de Bem Bernanke em "Uma Conferência em honra de Milton Friedman", University of Chicago, Chicago, 8 e novembro de 2002.
17. Michael Kinsley (1951-), jornalista político americano.

18. Michael Kinsley, "Greenspan Shrugged" [Greenspan encolheu os ombros], *The New York Times*, 14 de outubro de 2007.
19. Greenspan, *Age of Turbulence* [Era da Turbulência], p. 68.
20. George H. W. Bush (1924-), embaixador nas Nações Unidas, diretor da CIA e 41º presidente dos Estados Unidos (1989-93).
21. O discurso "A ganância é boa", de Gordon Gekko, o herói do filme de 1987 de Oliver Stone, *Wall Street*, baseou-se em um discurso de formatura na Universidade da California, em 1986, pelo corretor de ações Ivan Boesky, condenado por usar informações confidenciais: "Acho que a ganância é saudável. Pode-se ser ganancioso e ainda se sentir bem consigo mesmo."
22. John Brian Taylor (1946-), economista americano, e Robert Raymond, professor de economia na Stanford University.
23. George H. W. Bush frequentou Yale de 1945 a 1948.
24. Uma frase cunhada pelo secretário de imprensa de Bush, Peter Teeley, e usada por Bush em um discurso antes da primária da Pennsylvania, em abril de 1978.
25. Michael Stanley Dukakis (1933-), governador de Massachusetts (1975-79, 1983-91), e candidato presidencial democrata nomeado (1988).
26. A frase proferida por Bush na Convenção Nacional Republicana em Nova Orleans é atribuída a Peggy Noonan, redatora de discursos de Bush.
27. Milton Friedman, "Oodoov Economics", *The New York Times*, 2 de fevereiro de 1992.
28. Citado em Greenspan, *Age of Turbulence*, p. 113.
29. William Jefferson "Bill" Clinton, nascido William Jefferson Blythe III (1946-), governador de Arkansas e 42º presidente dos Estados Unidos (1993-2001).
30. Isso foi subsequentemente descrito como "o maior aumento de impostos da história", embora em US$ 32 bilhões e 0,5% do PIB, foi pouco menos que a alta de Reagan em 1982. Ver Tempalski, "Revenue Effects of Major Tax Bills".
31. Citado em *No Retreat, No Surrender, One American's Fight*, de Tom DeLay e Stephen Mansfield (Sentinel, Nova York, 2007), p. 115.
32. Newt Gingrich, Ed Gillespie e Bob Schellas, *Contract with America* (Time Books, Nova York, 1994), p. 7.
33. DeLay e Mansfield, *No Retreat, No Surrender*, p. 112.
34. Entrevista com Newt Gingrich, primavera de 2001, *Commanding Heights*, PBS. Disponível em: <http://www.pbs.org/wgbh/commandingheights/shared/minitext/int_newtgingrich.html>.
35. DeLay e Mansfield, *No Retreat, No Surrender*, p. 112.
36. Ibid., p. 115.
37. *Collected Writings*, vol. 20: *Activities 1929-31*, p. 147.
38. Greenspan, *Age of Turbulence*, p. 147.

39. Kelly Wallace, "President Clinton Announces Another Record Budget Surplus", reportagem *CNN*, 27 de setembro de 2000.
40. Anúncio da Casa Branca, 27 de setembro de 2000. Disponível em: <http://clinton4.nara.gov/WH/new/html/Tue_Oct_3_113400_2000.html>.
41. Entrevista a Alan Greenspan por Tim Russert, *Meet the Press*, NBC, 23 de setembro de 2000.
42. Greenspan, *Age of Turbulence*, p. 145.
43. William Jefferson Clinton, "Discurso do Estado da União", 23 de janeiro de 1996. Disponível em: <http://clinton2.nara.gov/WH/New/other/sotu.html>.
44. George Walker Bush (1946-), 43° presidente dos Estados Unidos (2001-9).
45. A lei do remédio controlado custou mais US$ 500 bilhões extras em dez anos.
46. Greenspan, *Age of Turbulence*, p. 233.
47. Ron Suskind, *The Price of Loyalty: George W. Bush, the White House, and the Education of Paul O'Neill* (Simon & Schuster, Nova York, 2004), p. 291.
48. A Guerra do Vietnã custou 9,5% do PIB; a Guerra da Coreia, 14%.
49. Citado no boletim informativo dos senadores republicanos, *American Sound*, 19 de novembro de 2003.
50. Gail Russell Chaddock, "US Spending Surges to Historic Level", *Christian Science Monitor*, 8 de dezembro de 2003.
51. Stein, *Presidential Economics*, p. 313.
52. Dick Armey, "End of the Revolution", *Wall Street Journal*, 9 de dezembro de 2006.
53. Alan Greenspan, testemunho ante o Comitê da Câmara sobre Fiscalização e Reforma do Governo, 23 de outubro de 2008, citado em "Greenspan 'Shocked' that Free Markets Are Flawed", *The New York Times*, 23 de outubro de 2008.
54. J. M. Keynes, "The Great Slump of 1930" (1930), em *Collected Writings, vol. 9: Essays in Persuasion*, p. 126.
55. Alan Greenspan, "Markets and the Judiciary", Conferência sobre o projeto de Sandra Day O'Connor, Georgetown University, Washington, D.C., 2 de outubro de 2008.
56. *Collected Writings*, vol. 13: *The General Theory and After, Part I*, p. 349.
57. Peter Clarke, *Keynes: The Rise, Fall, and Return of the 20th Century Most Influential Economist* (Bloomsbury, Nova York, 2009).
58. Entrevista de J. K. Galbraith, 28 de setembro de 2000, *Commanding Heights*, PBS. Disponível em: <http://www.pbs.org/wgbh/commandingheights/shared/minitext/int_johnkennethgalbraith.html>.
59. Justin Fox, "The Comeback Keynes", *Time*, 3 de outubro de 2008.
60. Ibid.
61. Ibid.

62. Chris Edwards, *All Things Considered* [Considerando todas as coisas], NPR, 29 de janeiro de 2009.
63. Barack Hussein Obama II (1961-), senador pelo Illinois e 44º presidente dos Estados Unidos, eleito em 2008.
64. Presidente Obama, discurso transmitido pela televisão, 16 de fevereiro de 2010, em "Obama Says Stimulus Halted 'Catastrophe'" ["Obama diz que estímulo deteve 'catástrofe'", *Financial Times*, 7 de fevereiro de 2010.
65. Paul Krugman (1953-), economista americano de Princeton e LSE e ganhador do Prêmio Nobel de Economia de 2008.
66. Paul Krugman, "The Third Depression", *The New York Times*, 27 de junho de 2010.
67. O populista Tea Party emergiu durante 2009 e é uma coalizão indefinida de infiltrados no Partido Republicano favorável a impostos mais baixos, governo menor e ao pagamento da dívida pública.

18. E o vencedor é...

1. Robert Skidelsky, "After Serfdom", crítica de *The Iron Cage of Liberty*, de Hayek, por Andrew Gamble, Oxford, Polity, em *Times Literary Supplement*, 20 de setembro de 1996.
2. Milton Friedman, Carta, *Time*, 4 de fevereiro de 1966.
3. Milton Friedman, "John Maynard Keynes", em *The General Theory of Employment, Interest and Money* (fac-símile da edição de 1936 reimpresso por Verlag Wirtshaft und Finanzen GmbH, Düsseldorf, 1989), p. 6.
4. Milton Friedman, *The Counter-Revolution in Monetary Theory: First Wincott Memorial Lecture, Delivered at the Senate House, University of London, 16 de setembro de 1970* (Institute of Economic Affairs, Londres, 1970), p. 8.
5. Entrevista a Hayek por Thomas W. Hazlett, 1977, publicada em *Reason*, julho de 1992. Disponível em: <http://reason.com/archives/1992/07/01/the-road-from-serfdom>.
6. Entrevista de Milton Friedman, 1º de outubro de 2000, *Commanding Heights*, PBS. Disponível em: <http://www.pbs.org/wgbh/commandingheights/shared/minitext/int_miltonfriedman.html>.
7. Entrevista a Hayek por Thomas W. Hazlett, 1977.
8. Richard Cockett, *Thinking the Unthinkable: Think Tanks and the Economic Counter-Revolution, 1931-1983* (HarperCollins, Londres, 1994), p. 175.
9. Gita Sereny (1921-), autora britânica nascida na Áustria, biógrafa de Albert Speer, arquiteto de Hitler.
10. Citado em Gita Sereny, *The Times* (Londres), 9 de maio de 1985.

11. Entrevista de F. A. Hayek, *Forbes*, 15 de maio de 1989, pp. 33-34.
12. *Collected Works*, vol. 2: *Road to Serfdom*, prefácio à edição de 1976, p. 53. Hayek tinha descrito *General Theory*, de Keynes, em termos idênticos.
13. Adam Wolfson, "Conservatives and Neoconservatives", em Irwin Stelzer, ed., *The New Reader* (Grove Press, Nova York, 2004), p. 224.
14. Paul Samuelson, "A Few Remembrances of Friedrich von Hayek (1899-1992)".
15. Ver Jeffrey D. Sachs, "The Social Welfare State, beyond Ideology: Are Higher Taxes and Strong 'Safety Nets' Antagonistic to a Prosperous Market Economy?" *Scientific American*, 16 de outubro de 2006.
16. Entrevista de Hayek por Thomas W. Hazlett, 1977.
17. John Cassidy, "The Price Prophet", *The New Yorker*, 7 de fevereiro de 2000.
18. Ibid.
19. Bruce Caldwell, *Hayek's Challenge: An Intelectual Biography of F. A. Hayek* (University of Chicago Press, Chicago, 2005), p. 3.
20. F. A. Hayek, *Studies in Philophy, Politics and Economics* (University of Chicago Press, Chicago, 1967), p. 194.
21. Entrevista de Ralph Harris, 17 de julho de 2000, *Commanding Heights*, PBS. Disponível em: <http://www.pbs.org/wgbh/commandingheights/shared/minitext/int_ralphharris.html>.
22. F. A. Hayek, *Law, Legislation and Liberty*, vol. 3: *The Political Order of a Free People* (University of Chicago Press, Chicago, 1979), p. 147.
23. Ibid., p. 146.
24. Ibid., p. 147.
25. *Collected Works*, vol. 2: *Road to Serfdom*, p. 260.
26. Na verdade, mediante esforços habilidosos de seu chanceler, Nigel Lawson, Thatcher havia ao menos respondido à ideia de Hayek de liberar a oferta de moeda do controle do Estado. Thatcher sempre resistiu às persistentes exigências da União Europeia pelo estabelecimento de uma moeda única, com a libra esterlina unindo-se ao euro, com base em fundamentos nacionalistas: isso privaria a Grã-Bretanha de sua completa soberania — os meios pelos quais o governo podia fixar taxas de juros adequadas à Grã-Bretanha e somente à Grã-Bretanha e uma moeda flutuante no mercado que refletisse as forças e as fraquezas da economia britânica. Lawson, talvez não inteiramente a sério, propôs uma "forma alternativa de união monetária... baseada na ideia hayekiana de moedas concorrentes... A criação de moeda ficaria nas mãos das moedas concorrentes... Com total intercâmbio e sem impedimentos legais, as boas moedas ameaçariam gradualmente expulsar as más... até que, finalmente, a Europa pudesse teoricamente encontrar-se com uma moeda única, livremente escolhida". (Ver Nigel Lawson, *The View from Number 11* [Bantam Press,

Londres, 1992], p. 939.) O artifício de Lawson deu em nada, como ele esperava. Como Thatcher explicou em *The Downing Street Years* (HarperCollins, Londres, 1995, p. 716): "não estava de forma alguma no modelo estatista, centralizado, que os nossos parceiros da comunidade europeia prefeririam". Mas até os esforços engenhosos de Thatcher e de Lawson para se opor à persistente pressão da Europa para construir um único e enorme Estado com um só governo e uma só moeda não passaram exatamente pelo teste de Hayek, uma vez que continuavam a permitir que os governos possuíssem bancos centrais para emitir moeda. De fato, a perspectiva de uma moeda única a que se chegasse livremente por pressões do mercado teria fornecido um endosso ao monopólio do Estado para emitir moeda, que teria sido politicamente difícil e embaraçoso passar a mãos privadas, como Hayek preferirira.

27. Wolfson, "Conservatives and Neoconservatives", p. 224.
28. Herbert Stein, Washington Bedtime Stories: The Politics of Money and Jobs (Free Press, Nova York, 1986), p. 116.
29. F. A. Hayek, "Review of Harrod's Life of J. M. Keynes", *Journal of Modern History*, vol. 24, n° 2, junho de 1952, pp. 195-198.
30. F. A. Hayek, "Personal Recollections of Keynes and the 'Keynesian Revolution'", *Oriental Economist*, vol. 34, n° 663, janeiro de 1996, pp. 78-80.
31. J. K. Galbraith, "Keynes, Roosevelt, and the Complementary Revolutions", *Challenge* (Nova York University Institute of Economic Affairs, M. E. Sharpe, Nova York), vol. 26, 1983, p. 76.

Bibliografia selecionada

Abse, Joan, ed. *My LSE* (Robson Books, Londres, 1977).
Alter, Jonathan. *The Defining Moment: FDR's Hundred Days and the Triumph of Hope* (Simon & Schuster, Nova York, 2006).
Ambrose, Stephen. *Nixon: Ruin and Recovery, 1973-1990* (Simon & Schuster, Nova York, 1991).
Anderson, Martin. *Revolution: The Reagan Legacy* (Harcourt Brace Jovanovich, San Diego, 1990).
Beveridge, William. *Full Employmnent in a Free Society* (Allen & Unwin, Londres, 1944).
Black, Conrad. *Roosevelt: Champion of Freedom* (PublicAffairs, Nova York, 2003).
Blaug, Mark. *Great Economists since Keynes: An Introduction to the Lives and Works of One Hundred Modern Economists* (Edward Elgar, Cheltenham, U.K., 1998).
Blinder, Alan S. *Hard Heads, Soft Hearts: Tough-Minded Economistcs for a Just Society* (Addison-Wesley, Reading, Mass., 1987).
———. "The Fall and Rise of Keynesian Economics", Economic Record, dezembro de 1988.
Boyer, Paul S., ed. *The Oxford Companion to United States History* (Oxford University Press, Nova York, 2001).
Breit, William, and Roger W. Spencer, eds. *Lives of the Laureates: Seven Nobel Economists* (MIT Press, Cambridge, Mass., 1986).
Bridges, Linda, and John R. Coyne Jr. *Strictly Right: William F. Buckley Jr. and the American Conservative Movement* (Wiley, Hobboken, N.J., 2007).
Buckley, William F., Jr. *On the Firing Line: The Public Life of Our Public Figures* (Random House, Nova York, 1989).
———. *Let Us Talk of Many Things: The Collected Speeches* (Basic Books, Nova York, 2008).
Caldwell, Bruce. *Hayek's Challenge: An Intellectual Biography of F. A. Hayek* (University of Chicago Press, Chicago, 2005).

Cannon, Lou. *President Reagan: The Role of a Lifetime* (PublicAffairs, Nova York, 1991).
Carter, Jimmy. *Keeping Faith: Memoirs of a President* (Collins, Londres, 1982).
Clark, Kenneth. *The Other Half: A Self Portrait* (Harper & Row, Nova York, 1977).
Clarke, Peter. *The Rise, Fall, and Return of the 20th Century Most Influential Economist* (Bloomsbury, Nova York, 2009).
Cockett, Richard. *Thinking the Unthinkable: Think Tanks and the Economic Counter-Revolution, 1931-1983* (HarperCollins, Londres, 1994).
Collins Robert M. *The Business Response to Keynes, 1929-1964* (Columbia University Press, Nova York, 1981).
Cozzi, Terenzio, and Roberto Marchionatti, eds. *Piero Sraffa's Political Economy: A Centenary Estimate* (Psychology Press, Hove, U.K., 2001).
Dallek, Robert. Franklin Delano Roosevelt and the American Foreign Policy, 1932-1945 (Oxford University Press, Nova York, 1979).
DeLay, Tom, with Stephen Mansfield. *No Retreat, No Surrender: One American's Fight* (Sentinel, Nova York, 2007).
Dickens, Charles. *Hard Times* (Harper & Brothers, Nova York, 1854).
Dimand, Robert W. *The Origins of the Keynesian Revolution* (Stanford University Press, Stanford, Calif., 1988).
Dolan, Chris J., John Frendreis, and Raymond Tatlovich. *The Presidency and Economic Policy* (Rowman & Littlefield, Lanham, Md., 2008).
Donovan, Robert J. *Conflict and Crisis: The Presidency of Harry S. Truman, 1945-1948* (University of Missouri Press, Columbia, Columbia, 1996).
Durbin, Elizabeth. *New Jerusalems: The Labour Party and The Economics of Democratic Socialism* (Routledge & Kegan Paul, Londres, 1985).
Ebenstein, Alan. *Friedrich Hayek: A Biography* (Palgrave, Nova York, 2001).
Ebenstein, Lanny. *Milton Friedman: A Biography* (Palgrave MacMillan, Nova York, 2007).
Edwards, Lee. *Goldwater: The Man Who Made a Revoltion* (Regnery, Washington, D.C., 1995).
Evans, Rowland, and Robert Novak. *The Reagan Revolution* (E. P. Dutton, Nova York, 1981).
Finer, Herman. *The Road to Reaction* (Little, Brown, Boston, 1945).
Freedman, Max, ed. *Roosevelt and Frankfurter: Their Correspondence, 1928-1945* (Atlantic-Little, Brown, Boston, 1967).
Friedman, Milton, ed. "The Quantity Theory of Money — A Restatement, an Essay in Studies in the Quantity Theory of Money" (in Friedman, ed., *Studies in the Quantity Theory of Money* [University of Chicago Press, Chicago, 1956]).
Friedman, Milton, and Rose D. Friedman. *Two Lucky People: Memoirs* (University of Chicago Press, Chicago, 1998).

Friedman, Milton, and Anna D. Schwartz. *A Monetary History of the United States, 1867-1960* (Princeton University Press, Princeton, N.J., 1963).
Fukuyama, Francis. *The End of History and the Last Man* (Free Press, Nova York, 1992).
Galbraith, James K. *Ambassador's Journal* (Houghton Mifflin, Nova York, 1969).
———. *A Life in Our Times* (Houghton Mifflin, Boston, 1981).
———. *The Essential Galbraith*, ed. Andrea D. William (Mariner Books, Orlando Fla., 2001).
———. *The Predator State: How Conservatives abandoned the Free Market and Why Liberals Should Too* (Free Press, Nova York, 2008).
Gamble, Andrew. *Hayek: The Iron Cage of Liberty* (Westview Press, Boulder, Colo., 1996).
Gilbert, Martin. *Winston Churchill, the Wilderness Years* (Houghton Mifflin, Nova York, 1982).
———. *Churchill: A Life* (Henry Holt, Nova York, 1991).
Gillon, Steven M. *The Democrat's Dilemma: Walter F. Mondale and the Liberal Legacy* (Columbia University Press, Nova York, 1995).
Gingrich, Newt, Ed Gillespie, and Bon Schellhas. *Contract with America* (Times Books, Nova York, 1994).
Goldwater, Barry M. *Conscience of a Conservative* (Victor, Nova York, 1960).
Goldwater, Barry M., com Jack Casserley. *Goldwater* (St. Martin's Press, Nova York, 1988).
Gordon, Robert J., ed. *Milton Friedman's Monetary Framework: A Debate with His Critics* (University of Chicago Press, Chicago, 1974).
Greenspan, Alan. *The Age of Turbulence: Adventures in a New World* (Penguin, Nova York, 2008).
Hall, Thomas Emerson, and J. David Ferguson. *The Great Depression: An International Disaster of Perverse Economic Policies* (University of Michigan Press, Ann Arbor, 1998).
Hansen, Alvin H. A Guide to Keynes (McGraw-Hill, Nova York, 1953).
———. Business Cycles and National Income: Expanded Edition (W. W. Norton, Nova York, 1964).
Harcourt, G. C. "Some Reflections on Joan Robinson's Changes of Mind and Their Relationship to Post-Keynesianism and the Economics Profession", in Joan Robinson, Maria Cristina Marcuzzo, Luigi Pasinetti e Alesandro Roncaglia, eds., *The Economics of Joan Robinson*, Routledge Studies in the History of Economics, vol. 9 (CRC Press, Londres, 1996).
Harrod, R. F. *The Life of John Maynard Keynes* (Macmillan, Londres, 1952).
Hayek, F. A. *Monetary Theory and the Trade Cycle* (Jonathan Cape, Londres, 1933).

_____. *Individualism and Economic Order* (University of Chicago Press, Chicago, 1948).
_____. *The Constitution of Liberty* (University of Chicago Press, Chicago), 1960.
_____. *Studies in Philosophy, Politics and Economics* (University of Chicago Press, Chicago, 1967).
_____. *Prices and Production* (Augustus M. Kelley, Nova York, 1967).
_____. *Law, Legislation and Liberty*, vol. 3: *The Political Order of a Free People* (University of Chicago Press, Chicago, 1979).
_____. *A Tiger by the Tail: The Keynesian Legacy of Inflation* (Cato Institute, San Francisco, 1979).
_____. *The Collected Works of F. A. Hayek*, ed. Bruce Caldwell. Vol. 2: *The Road to Serfdom, Text and Documents, The Definitive Edition*, ed. Caldwell (University of Chicago Press, Chicago, 2007). Vol. 4: *The Fortunes of Liberalism: Essays on Austrian Economics and the Ideal of Freedom*, ed. Peter G. Klein (University of Chicago Press, Chicago, 2007). Vol. 9: *Contra Keynes and Cambridge: Essays and Correspondence*, ed. Caldwell (University of Chicago Press, Chicago, 1995). Vol. 10: *Socialism and War: Essays, Documents, Reviews*, ed. Caldwell (Liberty Fund, Indianapolis, 1997). Vol. 12: *The Pure Theory of Capital*, ed. Lawrence H. White (University of Chicago Press, Chicago, 2009). Vol. 13: *Studies on the Abuse and Decline of Reason*, ed. Caldwell (University of Chicago Press, Chicago, 2010).
_____. *Hayek on Hayek*, ed. Stephen Kresge and Leif Weinar (University of Chicago Press, Chicago, 2009).
_____. *Prices and Production and Other Works: F. A. Hayek on Money, The Business Cycle and the Gold Standard* (Ludwig von Mises Institute, Auburn, Ala., 2008).
_____. *The Pure Theory of Capital* (University of Chicago Press, Chicago, 2009).
_____. University of California Los Angeles Oral History Project, entrevistas com Hayek em 28 de outubro e 4, 11, 12 de novembro de 1978. Disponível em: <http://www.archive.org/stream/nobelprizewinning00haye#page/n7/mode/2up> (acessado em fevereiro de 2011).
Healey, Denis, *The Time of My Life* (Michael Joseph, Londres, 1989).
Hession, Charles H. *John Maynard Keynes* (Macmillan, Nova York, 1984).
Hicks, John Richard. *Critical Essays in Monetary Theory* (Clarendon Press, Oxford, U.K., 1967).
_____. *Money, Interest, and Wages*. Vol. 2 of *Collective Essays on Economic Theory* (Harvard University Press, Cambridge, Mass., 1982).
Howson, Susan, and Donald Winch, *The Economic Advisory Council, 1930–1939: A Study in Economic Advice during Depression and Recovery* (Cambridge University Press, Cambridge, U.K., 1977).

Hülsmann, Jörg Guido. *Mises: The Last Knight of Liberalism* (Ludwig von Mises Institute, Auburn, Ala., 2007).
Jenkins, Peter. *Mrs. Thatcher's Revolution: The Ending of the Socialist Era* (Harvard University Press, Cambridge, Mass., 1987).
Jenkins, Roy, ed. *Purpose and Policy: Selected Speeches of C. R. Attlee* (Hutchinson, Londres, 1947).
_____. *Churchill* (Macmillan, Londres, 2001).
Johnson, Elizabeth S., and Harry G. Johnson. *The Shadow of Keynes* (University of Chicago Press, Chicago, 1978).
Jordan, Hamilton. *Crisis: The Last Year of the Carter Presidency* (Michael Joseph, Londres, 1982).
Judis, John B., and William F. Buckley Jr. *Patron Saint of the Conservatives* (Simon & Schuster, Nova York, 1988).
Kahn, Richard F. *The Making of Keyne's General Theory* (Cambridge University Press, Cambridge, U.K., 1984).
Kaldor, Nicholas. *The Economic Consequences of Mrs. Thatcher.* Speeches in the House of Lords, 1979-82, ed. NickButler (Duckworth, Londres, 1983).
Keynes, J. M. *The Economic Consequences of the Peace* (Harcourt, Brace and Howe, Nova York, 1920).
_____. *The Economic Consequences of Mr. Churchill* (Hogarth Press, Londres, 1925).
_____. *The End of Laissez-Faire* (Hogarth Press, Londres, 1930).
_____. *A Treatise on Money* (Macmillan, Londres, 1930).
_____. *The Means to Prosperity* (Macmillan, Londres, 1933).
_____. *The General Theory of Employment, Interest and Money* (Macmillan, Londres, 1936).
_____. *The Collected Writings of John Maynard Keynes*. Vol. 4: *A Tract on Monetary Reform* (1923) (Macmillan for the Royal Economic Society, Londres, 1971). Vol. 5: *A Treatise on Money, i: The Pure Theory of Money* (1930) (Macmillan for the Royal Economic Society, Londres, 1971). Vol. 9: *Essays in Persuasion* (1931) (Macmillan for the Royal Economic Society, Londres, 1972). Vol. 13: *The General Theory and After, Part 1, Preparation* (Macmillan for the Royal Economic Society, Londres, 1973). Vol. 14: *The General Theory and After, Part 2, Defence and Development* (Macmillan for the Royal Economic Society, Londres, 1973). Vol. 17: *Activities 1920-22: Treaty Revision and Reconstruction* (Macmillan for the Royal Economic Society, Londres, 1977). Vol. 19: *Activities 1922-9: The Return to Gold and Industrial Policy* (Macmillan for the Royal Economic Society, Londres, 1981). Vol. 20: *Activities 1929-31: Rethinking Employment and Unemployment Policies* (Macmillan for the Royal Economic

Society, Londres, 1981). Vol. 21: *Activities 1931-39: World Crises and Policies in Britain and America* (1982) (Macmillan for the Royal Economic Society, Londres, 1981). Vol. 29: *The General Theory and After: A Supplement* (1979) (Macmillan for the Royal Economic Society, Londres, 1979).

Keynes, J. M., and Lydia Lopokova. *Lydia and Maynard: The Letters of Lydia Lopokova and John Maynard Keynes*, ed. Polly Hill and Richard Keynes (Charles Scribner's Sons, Nova York, 1989).

Keynes, Milo, ed. *Essays on John Maynard Keynes* (Columbia University Press, Cambridge, U.K., 1975).

Kirk, Russell, James McClellan, and Jeffrey Nelson. The *Political Principles of Robert A. Taft* (Transaction Publishers, Piscataway, N.J., 2010).

Lachmann, Ludwig M. *Expectations and the Meaning of Institutions: Essays in Economics*, ed. Don Lavoie (Psychology Press, Hove, U.K., 1994).

Laffer, Arthur. *The Laffer Curve: Past, Present and Future, Executive Summary Backgrounder* n° 1765 (Heritage Foundation, Washington, D.C., junho de 2004).

Lawson, Nigel. *The View from Number 11* (Bantam Press, Londres, 1992).

Lekachman, Robert, ed. *Keyne's General Theory: Reports of Three Decades* (St. Martin's Press, Nova York, 1964).

Lindbeck, Assar, ed. *Nobel Lectures in Economic Sciences 1969–1980* (World Scientific, Cingapura, 1992).

Louis, William Rogers. *Adventures with Britannia: Personalities, Politics and Culture in Britain* (I. B. Tauris, Londres, 1997).

Lowi, Theodore J. *The End of the Republican Era* (University of Oklahoma Press, Norman, 2006).

Machlup, Fritz. *Essays on Hayek* (Routledge, Londres, 2003).

Mackenzie, Norman, and Jeanne Mackenzie, eds. *The Diary of Beatrice Webb, vol. 4: "The Wheel of Life", 1924-1943* (Virago, Londres, 1985).

Macmillan, Harold. *Tides of Fortune* (Macmillan, Londres, 1969).

Malabre, Alfred L., Jr. *Lost Prophets: An Insider's History of the Modern Economists* (Harvard Business School Press, Boston, 1994).

Maney, Patrick J. *The Roosevelt Presence: The Life and Legacy of FDR* (University of California Press, Berkeley, 1992).

Martin, Kingsley. *Editor: A Second Volume of Autobiography*, 1931-45 (Penguin, Londres, 1969).

McCullough, David. *Truman* (Simon & Schuster, Nova York, 1992).

Mirowski, Philip, and Dieter Plehwe. *The Road from Mont Pèlerin: The Making of the Neoliberal Thought Collective* (Harvard University Press, Cambridge, Mass., 2009).

Mises, Ludwig von. *Theorie des Geldes ind der Umlaufsmittel* (Dunker & Humblot, Munique, 1912).
_____. *Socialism: An Economic and Sociological Analysis*, trans. I. Kahane (LibertyClassics, Indianapolis, 1981).
Mises, Margit von. *My Years with Ludwig von Mises* (Arlington House, New Rochelle, Nova York., 1976).
Moggridge, Donald Edward. *John Maynard Keynes* (Penguin Books, Nova York, 1976).
_____. *Maynard Keynes: An Economist's Biography* (Routledge, Nova York, 1992).
Morgan, Ted. *FDR: A Biography* (Simon & Schuster, Nova York, 1985).
Morsink, Johannes. *The Universal Declaration of Human Rights: Origins, Drafting and Intent* (University of Pennsylvania Press, Philadelphia, 2000).
Nash, George H. *The Conservative Intellectual Movement in America since 1945* (Basic Books, Nova York, 1976).
Nef, John Ulric. *The Search for Meaning: The Autobiography of a Nonconformist* (PublicAffairs Press, Washington, D.C., 1973).
Nell, Edward, and Willi Semmler, eds. *Nicholas Kaldor and Mainstream Economics: Confrontation or Convergence?* (St. Martin's Press, Nova York, 1991).
Niskanen, William A. *Reaganomics: An Insider's Account of the Policies and the People* (Oxford University Press, Nova York, 1988).
Nixon, Richard. *The Memoirs of Richard Nixon* (Arrow Books, Londres, 1979).
Noonan, Peggy. *When Character Was King: A Story of Ronald Reagan* (Viking Penguin, Nova York, 2001).
O'Brien, Michael. *John F. Kennedy: A Biography* (Macmillan, Londres, 2006).
O'Driscoll, Gerald. *Economics as a Coordination Problem* (Andrews & McMeel, Kansas City, 1977).
Parker, Richard. *John Kenneth Galbraith: His Life, His Politics, His Economics* (Farrar, Strauss & Giroux, Nova York, 2005).
Patinkin, Don, and J. Clark Leith, eds. *Keynes, Cambridge and the General Theory* (University of Toronto Press, Toronto, 1978).
Peacock, Alan T., and Jack Wiseman. *The Growth of Public Expenditure in the United Kingdom* (George Allen & Unwin, Londres, 1961).
Perkins, Frances. *The Roosevelt I Knew* (Viking Press, Nova York, 1946).
Pigou, Arthur. *Economics in Practice* (Macmillan, Londres, 1935).
Potier, Jean-Pierre. *Piero Sraffa, Unorthodox Economist (1898-1983): A Biographical Essay* (Psychology Press, Hove, U.K., 1991).
Rand, Ayn. *Ayn Rand's Marginalia: Her Critical Comments on the Writings of Over Twenty Authors*, ed. Robert Mayhew (Second Renaissance Books, New Milford. Conn., 1995).

Reagan, Ronald. *An American Life* (Simon & Schuster, Nova York, 1990).
Reeves, Richard. *President Reagan: The Triumph of Imagination* (Simon & Schuster, Nova York, 2005).
Robbins, Lionel. *Autobiography of an Economist* (Macmillan/St. Martin's Press, Londres, 1971).
Robinson, Joan. *Contributions to Modern Economics* (Blackwell, Oxford, U.K., 1978).
_____. Economic Philosophy: An Essay on the Progress of Economic Thought (Aldine Transaction, Piscataway, N.J., 2006).
Rockefeller, David. *Memoirs* (Random House, Nova York, 2002).
Roosevelt, Franklin Delano. *FDR's Fireside Chats*, ed. Russell D. Buhite and David W. Levy (University of Oklahoma Press, Norman, 1992).
Rothbard Murray Newton. *America's Great Depression* (Ludwig von Mises Institute, Auburn, Ala., 2000).
Royal Comission on Unemployment Insurance. *Minutes of Evidence*, Vol. 2 (HMSO, Londres, 1931).
Russell, Bertrand. *Autobiography* (Allen & Unwin, Londres, 1967).
Samuelson, Paul A. *Economics: An Introductory Analysis* (McGraw-Hill, Nova York, 1948).
_____. *The Collected Scientific Papers of Paul A. Samuelson*, ed. Joseph E. Stiglitz, Vol. 2 (MIT Press, Cambridge, Mass., 1966).
Schlesinger, Arthur M., Jr. *A Thousand Days: John F. Kennedy in the White House* (Houghton Mifflin, Nova York, 1965).
_____. *The Coming of the New Deal* (Mariner Books, Nova York, 2003).
Schumpeter, Joseph Alois, and Elizabeth Boody Schumpeter. *History of Economic Analysis* (Oxford University Press, Oxford, U.K., 1954).
Senzberg, Michael, ed. *Eminent Economists: Their Life Philosophies* (Cambridge University Press, Cambridge, U.K., 1993).
Shlaes, Amity. *The Forgotten Man: A New History of the Great Depression* (HarperCollins, Nova York, 2007).
Skidelsky, Robert. *John Maynard Keynes*. Vol. 1: *Hopes Betrayed 1883-1920* (Viking Penguin, Nova York, 1986). Vol. 2: *The Economist as Savior 1920-1937* (Viking Penguin, Nova York, 1994). Vol. 3: *Fighting for Freedom 1937-1946* (Viking, Nova York, 2000).
_____. *Keynes: The Return of the Master* (Public Affairs, Nova York, 2009).
Sloan, John W. *Eisenhower and the Management of Prosperity* (University Press of Kansas, Lawrence, 1991).
Snowdon, Brian, and Howard R. Vane. *A Macroeconomics Reader* (Routledge, Londres, 1997).

Steel, Ronald. *Walter Lippmann and the American Century* (Bodley Head, Londres, 1981).
Stein, Herbert. *Presidential Economics* (Simon & Schuster, Nova York, 1985).
_____. *Washington Bedtime Stories: The Politics of Money and Jobs* (Free Press, Nova York, 1986).
_____. *On the Other Hand — Essays on Economics, Economists and Politics* (AEI Press, Washington, D.C., 1995).
Stelzer, Irwin, ed. *The Neocon Reader* (Grove Press, Nova York, 2004).
Stigler, George J. *Memoirs of an Unregulated Economist* (Basic Books, Nova York, 1988).
Streissler, Erich, ed. *Roads to Freedom: Essays in Honour of Friedrich A. von Hayek* (Augustus M. Kelley, Nova York, 1969).
Suskind, Ron. *The Price of Loyalty: George W. Bush, The White House, and the Education of Paul O'Neill* (Simon & Schuster, Nova York, 2004).
Tempalski, Jerry. "Revenue Effects of Major Tax Bills", OTA Working Paper 81, Office of Tax Analysis, U.S. Treasury Department, Washington, D.C., julho de 2003.
Thatcher, Margaret. *The Downing Street Years* (HarperCollins, Londres, 1995).
Turner, Marjorie Shepherd. *Joan Robinson and the Americans* (M. E. Sharpe, Armonk, Nova York, 1989).
U.S. Senate. *Evidence to the Senate Finance Committee Investigation of Economic Problems: Hearings, 72nd Congress, 2nd Session. February 13-28, 1933* (Government Printing Office, Washington, D.C., 1933).
_____. *Assuring Full Employment in a Free Competitive Economy, Report from the Committee on Banking and Currency*, S. Rep. nº 583, 79th Congreess, 1st session (Government Printing Office, Washington, D.C., 22 de setembro de 1945).
Wapshott, Nicholas, and George Brock. *Thatcher* (Macdonald/Futura, Londres, 1983).
Winch, Donald. *Economics: A Historical Study* (Walker, Nova York, 1969).
Wittgenstein, Ludwig. *Ludwig Wittgenstein: Cambridge Letters*, ed. Brian McGuinnessand George Henrik Wright (Wiley-Blackwell, Hoboken, N.J., 1972).
Wood, John Cunningham, ed. *Piero Sraffa: Critical Assessments* (Psychology Press, Hove, U.K., 1995).
Wood, John Cunningham, and Robert D. Wood, eds. *Friedrich A. Hayek: Critical Assessments of Leading Economists* (Routledge, Londres, 2004).
Wootton, Barbara. *Freedom under Planning* (G. Allen & Unwin, Londres, 1945).
Yergin, Daniel, and Stanislw, Joseph, *Commanding Heights: The Battle for the World Economy* (Simon & Schuster, Nova York, 2002).
Young, Hugo. *The Iron Lady: A Biography of Margaret Thatcher* (Macmillan, Londres, 1989).

Índice

1984 (Orwell), 243

Abadia de Westminster, 271
ações, 175
acúmulo de riqueza, 77, 145-149, 155, 175, 182, 266, 288, 332, 341
Addis, Charles, 54
Adler, Sol, 136
administração pública, 299
Afeganistão, 330
afro-americanos, 288, 347
agricultura, 23, 41, 109, 191-193, 196, 320
"água doce" *versus* "água salgada", 317-318, 326
Air Force One, 325
Airways British, 308
ajuda externa, 166, 273
Al Qaeda, 329
Alemanha, 350
   imperial, 16-21, 25, 31-34, 36, 43
   nazista, 9-10, 110, 166, 169, 190, 239, 252-254, 258
   Ocidental, 254-255, 267-268, 273
   Weimar, 22
algébricos, modelos, 130, 204
alistamento militar, 21, 23
All Souls College, 191

Alsácia-Lorena, 25
"Ambição do Conhecimento, A" (Hayek), 306
"American Economic Goal, The" (Keyserling), 274
análise estatística em, 149, 154-155, 201
análise teórica em, 15, 72-73, 93-95, 102-103, 112-117, 129-135, 140-150, 171, 196-197, 214-218, 221, 224-225, 251, 305-307
análise teórica, 15, 72, 93-95, 102, 112-116, 130-134, 140-150, 171, 195-196, 214-218, 221, 224, 251, 306
Anderson, Martin, 311
"Apóstolos", grupo dos, 88, 112
Arakie, Ralph, 136, 172
Arbeiter-Zeitung, 33
Arkansas, 258
Arkansas, University of, 258
armazenamento, 175, 335
Armey, Dick, 331
arrogância fatal: os erros do socialismo, A (Hayek), 345
Asquith, H. H., 39
Athenaeum Club, 152
Attlee, Clement, 244, 271-272
aumentos em, 146, 147-149, 163
Austrália, 273

Áustria, 11-12, 15-16, 22-23, 29-45, 58, 62, 108, 113, 169, 177, 229, 236, 260, 269
Austro-Húngaro, Banco, 37
Austro-Húngaro, Império, 22, 29-44

Balcerowicz, Leszek, 317
Baldwin, Stanley, 57
"banco central supranacional", 76
Banco da Inglaterra, 39, 48, 49, 54-55, 80, 82-83
Banco di Roma, 141
Banco Mundial, 166, 233
Bancos, Lei dos (1935), 200
bancos:
    alemão, 110
    Austríaco, 37, 108
    britânico, 39, 49, 54, 56, 80, 82-83
    central, 37, 41, 47-50, 54, 57, 59, 61, 76, 80, 82-83, 103, 109, 173, 198-201
    crédito, políticas de, 40, 61, 75, 103, 109, 126, 145-146, 166, 174, 194, 227, 332-334
    depósitos em, 175, 327
    empréstimos de, 47-50, 59, 108
    EUA, 44, 59, 109
    falência de, 107-108, 164, 331
    internacional, 77, 166
    investimento, 139, 328
    italiano, 142
    políticas de empréstimo de, 49, 80, 103, 107, 192
    regulação de, 328
    reservas de dinheiro de, 76
    taxa de empréstimo de, 49, 75, 80
    taxas de juros de, 59-62, 109, 173, 194
Barro, Robert, 349
Barry, Charles, 171
Beck, Glenn, 12, 345
Bélgica, 336

Bell, Clive, 271
Bell, Vanessa, 18, 24, 88, 271
Benn, Tony, 245
bens:
    capital, 60, 74, 94, 97
    consumo, 74, 97-101, 107, 138-139, 222-225
    escassez de, 222
    "gargalos" de, 223
    oferta e demanda de, 22, 58-61, 68, 101, 139, 150, 160, 163, 181, 222-225, 297
    produtor, 99, 147, 156
    utilidade marginal de, 127
    valor de, 98, 128, 145
Bentham, Jeremy, 51, 97
Berenson, Mary, 142
Berlim, 51, 177, 190
Berlim, Universidade de, 51
Bernanke, Ben, 321, 333
Beveridge Report, 272
Beveridge, William, 67, 85, 87, 220, 272
Bíblia, 277
Biblioteca Britânica, 171
bin Laden, Osama, 329
Blair, Tony, 347
Blinder, Alan, S., 319
Blitz, 9, 232
Bloomsbury, Grupo de, 18-20, 39, 51, 72-73, 88, 353
Blum, Léon, 39
Blunt, Anthony, 112
Boehner, John, 331
Böhm-Bawerk, Eugen von, 67, 69-70, 97-98, 117, 126, 130, 356n, 360n, 363n
Bolchevique, Revolução, 22, 37
bolchevismo, 230
Bowley, Arthur, 363n
Bretton Woods, Conferência de (1944). 76, 233, 238, 291, 304
britânica, escola, 15, 67, 80, 82, 87-88,

ÍNDICE

171, 112-114, 129, 149-150, 169, 179-180, 215
British Petroleum, 308
Brooke, Rupert, 19
Brookings, Instituto, 277
Bryce, Robert, 135, 203
Burgess, Guy, 112
Burke, Edmund, 51
Burns, Arthur, 278, 290, 304
burocracia, 16, 244
Bush, George W., 11, 328-334, 337, 348-349
Bush, George, H. W., 322, 323-324
Byrd, Harry F., Sr., 284

Caldwell, Bruce, 344, 353
Califórnia, 303
Callaghan, James, 293
Câmara de Deputados, EUA, 265, 281, 325, 328
Câmara dos Comuns, britânica, 49, 79, 111, 310
Cambridge, Universidade de, 9, 13, 15, 17-18, 48, 65, 67, 73, 87-95, 98, 112, 116, 118, 127, 130, 134-136, 141, 154, 161, 170, 179, 199, 201, 203, 208, 214-215, 220, 232, 234, 296, 309, 355*n*
Cameron, David, 350
campos de concentração, 184
Canadá, 135, 324, 336
Cantillon, Richard, 96-97, 367*n*
capital:
    acumulação de, 76-77, 145-149, 156, 175, 182-183, 288, 332, 341
    dissipação de, 147-148
    equilíbrio de, 268
    "existente", 131
    fluxos de, 163-166, 176
    investimento de, 15, 61, 69-70, 82, 99-101, 124, 126, 129, 133, 138, 139-140, 155-156, 185, 204, 210, 327
    movimento de, 41, 49, 95-98, 103, 130-131, 160, 163-164, 165, 173, 176
    opiniões de Hayek sobre, 116, 130, 145-146, 170, 171, 211-255, 300, 305, 306, 311
    opiniões de Keynes sobre, 74, 115, 116, 127, 130, 138, 139-140, 185, 203-204, 211
    por trabalhador, 139-140
    poupança como base de, 132, 145-146
    teoria de, 34, 59-62, 74, 116, 117, 126, 130, 138, 139-140, 185, 203-24, 211
Capitalism and Freedom (Friedman), 303
capitalismo:
    opiniões de Hayek sobre, 233, 243, 262
    opiniões de Keynes sobre, 48, 112, 151, 167, 176-177, 183-184, 239, 351
    produção em, 100, 132-133, 286-287
    reforma de, 59-63, 65, 151, 166-167, 176-178, 183-184, 351
    socialismo *versus*, 48-53, 176-178
cartéis, 266
Carter, Jimmy, 293, 311
casas construídas pelo governo, 266
Catchings, Waddill, 68-69
Cater, Douglass, 286
Cato Institute, 324
"cédulas de ouro", 166-167
Chamberlain, Austen, 23
Chamberlain, Neville, 230
Cheney, Dick, 312, 330
Chicago, Universidade de, 107-108, 234, 242-243, 245, 254, 259-261, 265-266, 295, 300
Chile, 347
China, 276-277
Churchill, Winston S., 55-56, 107, 244-245, 272, 362*n*
ciclo eleitoral, 323-324

ciclos de negócios, 42-44, 58-59, 87, 92-93, 103, 116, 137, 173, 276, 278, 319-320, 321, 341
"circulação efetiva total", "velocidade" como, 132-133
Circus de Cambridge, 88-95, 112, 130, 135-136, 140-143, 152, 153-157, 220-221
Civilian Conservation Corps, 197
civis, direitos, 266-267, 288, 321, 347
Clark, J. B., 43
Clark, Kenneth, 121
Clarke, Peter, 333
clássica, 96-96, 103-104, 127, 142, 152, 153-155, 157, 160, 178, 179-182, 183, 185-186, 204, 207, 208-209, 211, 215-216, 231, 238, 252, 277
classificações de títulos, 109
Clemenceau, Georges, 15, 21, 189
Clinton, Bill, 324, 326-329
Clube Econômico de Detroit, 259
Cole, G. D. H., 39
coletiva, negociação, 81
coletivismo, 45, 176-177, 243, 269-270
Collectivist Economic Planning: Critical Studies on the Possibilities of Socialism (Hayek, ed.), 176
"Colóquio Walter Lippmann", 253
Columbia University, 43, 194, 259, 296
combustível para aquecimento, 35, 38
comércio:
 ciclos de, 137-138, 139
 equilíbrio de, 48, 176, 293
 exportações *versus* importações, 48, 160, 293
 global, 16
 impostos sobre 82-86, 106-108, 111, 295, 319

livre, 52-53, 82-83, 107-108, 176, 291, 318, 324
opiniões de Keynes sobre, 82-86, 106-108, 111, 1160
preços e, 38, 39
suprimento de moeda e, 96
Comissão de Valores Mobiliários (SEC), 328
Comitê de Informação Econômica, 152
Comitê do Conselho Econômico Consultivo sobre Perspectiva Econômica, 83
Comitê Econômico Conjunto, 274-5
Comitê Legislativo de Atividades Antiamericanas, 265
Comitê de Pensamento Social [Committee on Social Thought], 261
commodities, 72
Companion of Honour, 342
compêndios de economia, 13-15, 17, 34, 204, 278
compêndios em, 13-15, 17, 35, 204, 278
"concorrência imperfeita", 14, 91, 320
"Condições de Equilíbrio entre a Produção de bens de Consumo e a Produção de Bens de Produção, As" (Hayek), 98
competição, 14, 51-52, 91, 216-218, 232, 320
complexo industrial-militar, 280
compostas, taxas de juros, 149
comunismo, 22, 48, 112, 177, 231, 234, 236-238, 255, 265,, 318, 341
Congresso, EUA., 191, 199, 228, 265, 274-275, 281, 282, 283, 284, 293, 322, 323-326, 327, 331, 332, 333, 334, 335
conhecimento como questão em, 216-218, 306
Connally, John, 290, 393*n*
consciência de um conservador, A (Goldwater), 300

ÍNDICE

Conselho de Consultores Econômicos, 274, 277-278, 282, 289, 292, 331
"Conselho do Orçamento Federal", 68
Conselho Econômico Consultivo, 79, 82-83, 152
conservadorismo, 10-11, 31, 53-54, 120, 152-153, 165, 196, 244-247, 259, 264-265, 278, 279, 285, 239, 299-311, 320, 324, 327-328, 331, 334, 342, 347, 348, 351
Constituição da Liberdade, A (Hayek), 261-267, 345
Constituição, EUA, 245, 276, 348-349
"Capital Consumption" (Hayek), 152
consumo, 105-106, 148-149, 156, 160, 175-176, 222-225, 228, 230
contrações, monetárias, 250, 296-297
"Contrato com os Estados Unidos", 324-326, 331, 348
contratos sociais, 81, 261
controle sobre, 291-292
cooperativas imobiliárias, 175-176
coroa, 37, 41-42
corporações, 177, 279, 312, 315, 318-319, 327, 348
corrupção, 192, 299, 330, 331
Credit-Ansalt, Banco, 108
crédito ao consumidor, 101
créditos em conta-corrente, 103
crise do mercado de ações (1929), 11, 57, 62, 72-73, 78, 107, 139, 173, 190, 228
Crise dos Mísseis em Cuba, 284
crise financeira (2007-8), 11-12, 109, 165, 331-339, 351
cristandade, 255, 258, 309
Cromwell, Oliver, 171
Croome, H. M., 170, 173
Currie, Lauchlin, 200, 205

Curtin, John, 273
curva de abastecimento, 160
custos de oportunidade, 34
custos de produção e, 240-241

Daily Herald (Londres), 110
Darwin, Charles, 52, 161
darwinismo, 61, 266
Davenport, John, 265
Dawson Geoffrey, 162
deflação, 39-40, 48, 55, 56, 138-139, 165, 173, 227-228, 328-329
DeLay, Tom, 325-326
demanda agregada, 68, 93, 164, 185-186, 201, 225, 293, 297, 316, 340, 365n
"demanda artificial", 101
democracia, 22, 54, 184, 228, 233, 236-237, 243, 245-246, 262-267, 301, 317, 342-343, 346-349
"democratas igualitários", 51
Dennison, Stanley, 296
Departamento de Comércio, EUA., 201
Departamento de Defesa, EUA., 277
Departamento de Estado, EUA, 273
depósitos, 201, 266, 292
depressões, econômicas, 75, 101-102, 103, 273, 275, 342, *ver também* Grande Depressão
derivativos de crédito, 328
desemprego:
  auxílios pagos por ("esmola"), 78-79, 81, 82, 163, 240-241, 283, 302, 336-337, 346
  gasto do consumidor e, 105-106
  gasto público e, 41, 50-51, 68, 69, 101-102, 109, 310
  impacto econômico de, 105-106, 109, 160, 162

índices da moeda e, 47-48, 55-58, 76, 110-112
inflação e, 160, 192, 278, 285-286, 292, 313, 323
 na Grã-Bretanha, 55, 76, 77-78, 105-106, 110-112, 157, 163, 215-216, 228, 231, 245, 246, 310
 níveis salariais e, 180
 nível natural de, 297
 nos EUA, 156, 190, 206, 215, 239, 274-276, 278, 282-294, 300, 302, 312, 329, 336, 337
 opiniões de Hayek sobre, 11, 14, 93-94, 100-101, 135, 137, 175-176, 215, 221-222, 225, 234-235, 239-240, 306
 opiniões de Keynes sobre, 14, 47-48, 72, 75, 76, 78, 92-93, 100-101, 105-106, 109, 120, 137, 14, 47-48, 72, 75, 76, 78, 92-93, 100-101, 105-106, 109, 120, 137, 152, 153, 155, 156, 158-167, 175-178, 180, 182-184, 186, 187-199, 206, 221-222, 225, 234-235, 239, 271, 351
 preços e, 41, 58, 275
 programa de criação de empregos para, 68, 72, 77-78, 93, 158-159, 162, 163, 183-184, 197, 222, 225, 234-235, 238-239, 273-276, 286-287, 324, 333
 tributação e, 159, 197, 231
"Desemprego Necessita de uma Solução Drástica, O?" (Keynes), 49
"destruição criativa", 350
desvalorização, moeda, 193, 291
Diaghilev, Sergei, 73
"Dilemma of Thrift, The" (Catchings e Foster), 68-70

Dillon, C. Douglas, 282
Dinamarca, 343
dinheiro:
 análise de, 14, 37, 59-62, 95, 102-103, 114-115, 130-134, 135, 143-144, 147-173, 214-215, 224, 297, 305, 309-324, 337, 340, 341-342
 armazenamento, 175-176, 334-335
 contradições de, 260, 297-298
 "fácil" ou baixo custo, 138, 139, 145-146, 181
 fluxo de, 42, 49, 95-98, 103, 131, 160, 164, 165, 173-174, 176
 impressão de, 37, 40, 160, 166, 182-183, 341
 neutralidade de, 144, 172
 opiniões de Hayek sobre, 14, 37, 59-63, 95, 102-103, 114-115, 129-134, 135, 144-145, 173-174, 214-215, 305, 341-342
 opiniões de Keynes sobre, 73-78, 80-81, 160, 161
 rotatividade de, 132-134
 "saudável", 195
 suprimento de, 37, 41-42, 59-62, 69, 95-98, 102, 260, 282, 296-297, 309, 310-313, 337, 342
 taxas de juros e valor de, 149
 valor de, 38-39, 97-98, 149, 195
 ver também capital
diplomacia, 33, 34
Direção do Federal Reserve, EUA, 43, 59, 109-110, 172, 198, 199-200, 227, 277, 278, 279, 293, 294, 297-298, 304, 311, 320-324, 339, 333, 334, 335, 338
Director, Aaron, 255, 295-296, 386*n*
Conselho Consultivo de Política Econômica (EBAP), 311

discursos sobre o Estado da União, 273, 276, 289, 328
"hiato de crescimento", 282
dívida de guerra, 36, 45, 231, 248
dívida:
    guerra, 17-18, 21-27, 36-37, 47-48, 109, 189-191, 248
    juro sobre, 97
    nacional, 25, 106, 107, 108, 164, 187-188, 199, 268, 283, 288-289, 309, 314-315, 324-327, 328, 336
    pessoal, 175, 331-334
    políticas bancárias, 48-49, 59, 109
dólar, EUA., 37, 40, 47-48, 55-57, 77, 193, 290
Dole, Bob, 326
Domar, Evsey, 285
Douglas, Lewis, 198
Draimin, Theodore, 172
Dukakis, Michael, 323
Dulan, Harold, 258
Dylan, Bob, 322

Eastman, Max, 243, 383*n*
Ebenstein, Alan, 218, 233, 261
Eccles, Marriner, 199-200, 227, 337
École des Hautes Études, 254
econometria, 236
"economia do lado da oferta", 312-313, 318-320, 323
Economic Calculation in the Socialist Commonwealth (Mises), 45, 176
Economic Consequences of Mr. Churchill, The (Keynes), 57
Economic Consequences of Mrs. Thatcher, The (Kaldor), 309
Economic Consequences of the Peace, The (Keynes), 10, 16-17, 25-27, 37, 55-58, 91, 167, 188, 273

Economic Journal, 14, 136, 143, 146-147, 158, 210, 213
Economica, 70, 112-150, 170, 208-290, 213-214, 266, 318
Economics of Wellfare, The (Pigou), 131
Economics: An Introductory Analysis (Samuelson), 204, 278*n*
"Economics and Knowledge" (Hayek), 215-219, 225
economia:
    Escola Austríaca de, 14-15, 34, 40, 43, 54, 57, 58, 59-61, 66, 67, 80, 82, 83, 87-88, 89, 93, 95, 104, 112-116, 117, 122, 123-129, 130, 142, 143, 144, 149-151, 153-157, 169, 180-181, 212, 215, 217, 252, 254, 260, 278, 300, 311, 350
    Escola Britânica de, 14, 67, 80, 82, 83, 87-88, 92, 112-114, 123-129, 149-151, 152-156, 169, 180-181, 215
economias de escala, 68
economias:
    administração centralizada de, 30-31, 175-176, 216-218, 233-247, 251
    agricultura em, 22-23, 42, 109, 190, 191-192, 196, 320
    ciclos de negócios em, 42-44, 58, 87, 93, 103, 115, 137, 174, 276, 278, 319-320, 321, 341
    competição em, 14, 51-52, 92, 216-219, 233, 319
    comportamento de, 36, 41, 216-219, 257, 306
    contrações de, 261, 297-298
    depressões em, 75, 101, 102, 273, 276, 279, 341, *ver também* Grande Depressão
    desenvolvimento de longo prazo de, 223, 266, 320

efeito "multiplicador" em, 79, 158-160, 163-164, 195-196, 230, 285, 296, 313, 334-335*n*
equilíbrio em, 14, 40-41, 60-61, 73, 77, 83, 101, 124, 157, 171, 215-219, 290-292, 349-350
estabilidade de, 11-12, 37-39, 41, 45-46, 75, 97, 174-175, 205, 266-267, 279, 286, 301, 319, 328
estímulo de, 158, 191-192, 282, 285, 287-291, 297, 332-337, 348-350
fechada, 125, 156
global, 16, 83, 162-167, 233, 238, 273, 318-320, 321
influências políticas e sociais em, 13, 20, 37-38, 52, 53-54, 62-63, 81, 97, 132-133, 183-184, 240, 262, 280-281, 297-298, 320
intervenção do governo na, 39-40, 49, 58-62, 139-140, 157-159, 238-294, 341-342
misto, 266-267, 270, 301, 342
oferta e demanda, 17, 22, 59-61, 68, 87, 100, 128-129, 138, 149, 160, 163, 180-181, 222-225, 297, 318-319
operação eficiente de, 102-104, 192, 286-287, 319-320
planejada, 30-31, 45-46, 175-176, 217-218, 233-247, 251
recessões em, 68, 80, 87, 198, 227-228, 229, 261, 280-281, 287, 289, 297, 309-312, 316, 318-320, 332-337, 340
reforma de, 58-62, 151, 166-167, 177-178, 183-184, 351
setor industrial em, 33, 43, 81, 83, 111-112, 132-133, 138, 144, 171, 193, 218, 297, 320

tempo de guerra, 16, 167, 169, 229-231, 234, 274, 276-280
economistas clássicos, 96-97, 103, 127, 143, 152, 153-155, 157, 160, 178, 179-181, 183, 185-186, 204, 207, 208-209, 212, 215-216, 232, 237, 252, 278
"economistas de água doce", 318-319, 334
"economistas de água salgada", 318-320, 334
Edgeworth, Francis Ysidro, 13-15, 58, 355*n*
educação, 164, 287, 324, 334, 346
Edwards, Chris, 334
efeito de "escoamento", 313
Einstein, Albert, 209
Eisenhower, Dwight D., 278-281, 284, 288
eleições britânicas:
 de 1924, 55
 de 1929, 57, 73, 77, 79
 de 1931, 111
 de 1945, 244
 de 2010, 350
eleições, EUA:
 de 1932, 320*n*
 de 1938, 228
 de 1940, 229
 de 1958, 280
 de 1960, 280, 281, 289
 de 1964, 287, 300-303
 de 1968, 290, 303-304
 de 1970, 289
 de 1972, 292, 304
 de 1976, 292
 de 1978, 322
 de 1980, 294, 310
 de 1984, 314
 de 1988, 323
 de 1992, 323
 de 1994, 325

de 2000, 327-328
de 2002, 329
de 2006, 330
de 2010, 336
eletricidade, 32, 49, 192
Emanuel, Aaron, 135
Eminent Victorians (Strachey), 25
empírica, 47
empreendedorismo, 99, 110, 115, 156, 165-166
emprego primário, 160
emprego secundário, 160
emprego:
empresa privada, 50-53
"empréstimo inapropriado", 147-149
empréstimos de curto prazo, 333
Enciclopédia Britânica, 344
encontro do G-20 (2008), 335
encontro do G-20 (2010), 335-336
Enron, 331
Escandinávia, 298, 343
Escola Americana de, 43-44, 50, 58, 117, 255, 260-261
Escola Austríaca, 14-15, 35, 40, 43, 54, 57, 58, 60-62, 67, 80, 82, 83, 87-88, 89, 93, 95, 103, 112-116, 117, 122, 123-129, 130, 141, 142, 143, 148-150, 152-155, 169, 180, 212, 215, 217, 254, 255, 261, 278, 299, 311, 349
Escritório de Administração e Orçamento [Office of Management and Budget (OMB)], 289
Escritório de Orçamento do Congresso, 326, 328
"esmola" (benefícios do desemprego), 78, 81, 82, 163, 240-241, 283, 302, 336-337, 346
Espanha, 336

Espártaco, Liga, 22, 177
especulação, 39, 71-72
estado de bem-estar social, 240-241, 242, 266, 272, 279, 280-281, 287, 298-299, 302, 308-311, 314, 318, 342-343, 350
estados corporativos, 177, 348
Estados Unidos:
  ajuda estrangeira de, 165, 273
  capitalismo nos, 65, 176-179
  economia de, 65, 72-73, 83, 133, 138, 172-173, 227-229, 273-294, 301-304, 311-316, 320-324
  gastos militares nos, 229, 277-280, 283, 287, 311, 314, 327, 328-329
  índice de desemprego nos, 157, 191, 206, 215-216, 240, 274, 278, 282-294, 300, 302, 310, 330, 336
  índice de inflação e, 230, 232, 236, 238-39, 242-46, 248, 251, 255, 261-62, 263, 267, 271
  influência de Hayek em, 11-12, 242-253, 280, 294, 296, 299, 304, 311-312, 313, 318, 323
  infraestrutura de, 193, 197, 228, 334
  keynesianismo em, 178-179, 187-205, 227-229, 273-294, 328-337
  na Segunda Guerra Mundial, 228-230, 275
  programa espacial dos, 280, 284
  programas de bem-estar social nos, 287, 314
  programas domésticos de, 190-205, 243, 246, 273, 277-278, 296, 302, 305
  segurança nacional dos, 279-280, 284, 329-330
  sistema bancário de, 43, 58, 109
  taxas de juros nos, 278, 281, 282, 294, 330, 333, 336, 337

Tratado de Versalhes e, 17-18, 188-191
tributação nos, 277, 313
estagflação, 292-293, 306, 312-313, 314
estatísticas, 149-150, 158-160, 201
estradas de ferro, 25
Eton College, 17-18
Eureka College, 302
euro, 282, 336, 350, 403n
Europa Ocidental:
   créditos de exportação, 82, 84
   economias de, 95-96, 228, 273, 317, 336, 342, 347, 350-351
   Europeia, União (UE), 335, 350
   evolução, 52
   execução de hipotecas, 337
   moedas de, 37, 39, 41-42, 55-57, 75-76, 77, 95, 106, 110-112, 320, 335
   padrões de vida em, 32, 55, 273
   taxas de câmbio, 37, 41-42
   ver também países específicos
Europa Oriental, 273, 347

fabianismo, 31, 39, 53, 177-178
fábricas, 132-133, 144, 145-147, 351
falácias em, 156-157, 182, 242, 246
falências, 46, 166, 306, 333
Falk, O. T., 109
Farnese, Palácio, 171
fascismo, 233-234, 280
Federação Nacional Liberal, 77
feudalismo, 320
"fim da história", 321
"Fim do Laissez-faire, O" (Keynes), 51
financiamento de déficit, 111, 164-165, 175-176, 188, 198, 203, 268, 274, 279-281, 283-285, 287, 289-291, 293, 315-316, 318, 323-324
Finer, Herman, 246

Finlândia, 343
First Security Corporation., 199
Fiscal Policy and Business Cycles (Hansen), 204
Forbes, 342
Ford, Gerald R., 292
Forster, E. M., 18
Foster, William Trufant, 68-69
Fox, Justin, 334
França, 16, 25-26, 39, 143, 336
Francesa, Revolução, 261
Frankfurter, Felix, 191, 194, 196, 199
Freedom under Planning (Wooton), 244
Freiburg, Universidade de, 253, 268, 317
Friedman, Milton, 221, 224, 255-257, 260-261, 290, 292, 295-301, 303-305, 307, 309-312, 315, 318, 321, 323, 339-342, 361n
Friedman, Rose, 256, 296, 387n
Fry, Roger. 18, 357n
"Funcionamento do Mecanismo de Preço no Curso do Ciclo do Crédito, O" (Hayek), 99
Fukuyama, Francis, 320
Fulbright, bolsas de estudos, 296
Full Employment in a Free Society (Beveridge), 219, 220, 389n
função do emprego, 68, 70
Fundação para a Educação Econômica, 254
fundo fiduciário, 57-58, 72, 78-79
Fundo Monetário Internacional (FMI), 233

Gaitskell, Hugh, 136
Galbraith, John Kenneth, 179, 199-205, 219, 229, 257, 273, 279, 282, 285, 313, 316, 320, 333, 351, 376n
Galbraith, Kitty, 199
Gallipoli, Batalha de, 19

ÍNDICE 425

gastos, 106-107, 148-149, 156, 160, 163-176, 222, 225, 230
General Electric (GE), 301
General Motors (GM), 287, 355
General Theory of Employment, Interest and Money (Keynes), 89-90, 134, 149-150, 152-157, 161-162m 164, 177-178, 181, 183, 185-187, 190-191, 201-203, 208-215, 219-222, 225, 227, 234-236, 271, 364n
George V. Rei da Inglaterra, 111
Gifford, C. H. P., 89
Gilbert, Martin, 272
Gingrich, Newt, 303, 324-326, 395n
Goldwater, Barry, 287, 295, 300-304
Good Society, The (Lippmann), 253
Gordon Square, 20
Gordon, Kermit, 282, 39_n
Gorky, Maxim, 39
Governo Nacional, 57, 111
governo:
 burocracia de, 17, 192, 244, 331
 coalizão, 57, 111
 como empregador, 42, 158, 326-327
 cortes nos gastos por, 42, 110, 226, 289, 323, 324-325, 336
 déficits de, 111, 169, 188-189, 197, 199, 278, 279, 280, 283, 287, 288-289, 290, 293, 314-315, 318, 327-328, 330, 337
 democrático, 22, 54, 184, 288, 233, 236-237, 244, 245-246, 262-267, 301, 317, 343, 346
 dívida de, 106, 109, 110, 158, 160, 164, 188, 194, 199, 230-231, 326-327
 fechamentos de, 326
 gastos de, 196-197, 231-232, 274-278, 287-289, 318, 329, 332, 341
 intervenção econômica de, 39-40, 49-50, 59-62, 139-140, 158-159, 342-343
 lei da maioria em, 301, 346-347
 opiniões de Hayek sobre, 11, 14, 59-63, 67-68, 114, 139-140, 169, 171, 175-176, 216-218, 222, 232-247, 251, 261, 262-268, 287, 288, 300-301, 317, 318-319, 328, 340-351
 opiniões de Keynes sobre, 14, 40-41, 48-51, 60-63, 72, 82, 101-102, 109-111, 163-167, 174-179, 181-184, 188-205, 224-238, 298, 332-342, 349-351
 orçamentos de, 164, 195-196, 272, 275, 283, 284, 288, 312-313, 324
 programas sociais de, 42, 50, 69, 70, 78, 81, 82, 101, 109, 163, 240-241, 284, 302, 310
 projetos de obras públicas de, 11, 47, 50, 59-60, 67-68, 72, 77-78, 81-82, 93-94, 106, 114, 120, 139, 151, 154, 158-159, 164, 169, 176, 180-182, 192-193, 195-196, 197, 218-219, 222-223, 225, 226, 232-247, 280-281, 333-334, 349
 receitas de, 25, 166, 281, 312, 314, 318, 326, 328
 regulação por, 38, 177, 184, 217-218, 225, 293, 294, 325, 327
 tamanho de, 300, 303, 311, 321, 324-325, 327, 331, 347
 totalitarismo, 11, 112, 116, 176-177, 183-184, 233-247, 262, 265, 288, 317, 341, 342-344
Grã-Bretanha:
 casas bancárias em, 39, 48-49, 54, 56, 80, 82, 332, 333
 como estado de bem-estar social, 299, 308-311, 351

economia de, 49-51, 55, 56-58, 95-96, 105-106, 107, 109-111, 138, 162, 163-164, 267, 310, 317, 333, 351
eleições em, *ver* eleições, setor industrial britânico de, 81, 83, 111-112
infraestrutura de, 78-79, 81, 106, 193
moeda de (libra esterlina), 39, 56-58, 76-77, 78, 95, 109-111, 310*n*
padrões de vida em, 55
parlamento de, 50, 57, 79, 91, 111, 310
período de pós-guerra, 233, 272
programas públicos em, 193, 194
rearmamento de, 228, 229-232
taxa de desemprego de, 55, 72, 78-79, 105-106, 110-111, 157, 163, 15-216, 228, 230, 245
Gramsci, Antonio, 142
"Grande Moderação", 321
Grande Sociedade, 287-288
Grant, Duncan, 18-20, 23-24, 26, 39, 88, 271, 357*n*
Great Depression, The (Robbins), 269
Grécia, 336, 350
Greenspan, Alan, 292-293, 321-323, 326, 330, 332-333
greve geral (1926), 57
greves, trabalho, 55, 56-57, 242
Grey, Edward, 171, 195
grupo de especialistas, 191
grupos de pensadores, 259, 309, 331
guerra à pobreza, 288
guerra ao terror, 329-330
Guerra da Coréia, 279
Guerra da Crimeia, 25
guerra de trincheira, 17, 18-20
Guerra Franco-Prussiana, 25
Guerra Fria, 279, 320, 327
Guerra Mundial, Primeira, 10, 15, 16, 19, 34, 37, 48, 76, 91, 95, 108, 141, 188, 229-230
Guerra Mundial, Segunda, 9-10, 165, 177, 234, 280, 302
guerra, 16, 166, 169, 229-231, 233, 275, 277-280
Guide to Keynes, A (Hansen), 204
Guilherme II, Imperador da Alemanha, 22

Haberler, Gottfried von, 213-214, 275, 380*n*
Hague, William, 350
Hampstead Garden Suburb, 171, 238, 258
Hansen, Alvin, H., 203-204, 254, 274, 277, 384*n*
Harcourt, Brace, 170
Hard Times (Dickens), 51
Harding, Warren G., 68
Harris, Ralph, 251, 269, 306, 308, 345, 385*n*
Harris, Seymour E., 204, 275
Harrod-Domar, modelo, 285
Harrod, Roy, F., 74, 121, 153, 166, 179, 285, 357*n*
Harvard, Universidade de 191, 195, 197, 200-204, 245, 275, 282, 285, 305, 349
Hayek, August, 29-30
Hayek, Christine Maria Felicitas, 170, 257
Hayek, Friedrich:
  abordagem microeconômica de, 149, 210-211, 300
  análise matemática por, 93, 98, 130, 145, 149, 213, 221
  análise teórica por, 93-95, 102, 116, 130-134, 140-150, 151, 214-219, 224, 251, 306
  anos finais de, 267-268

aparência física de, 66, 172
apoio conservador para, 11-12, 308-311, 320, 342, 347, 348
background de, 17
biografias de, 218
bolsa Rockefeller concedida a, 44
carreira acadêmica de, 29-30, 36-37, 43-44, 45, 57, 67, 258-261, 267-268
cartas para o editor por, 175-176
cobertura de imprensa de, 175, 243
coletivismo em oposição a, 176-177, 263-264
combatividade de, 112-150, 207-212, 234
como administrador da dívida de guerra, 36, 45
como diretor da pesquisa sobre o ciclo de negócios, 58
como economista, 20, 30-31, 33, 34-36, 45, 65-70, 87-95, 112-150, 212-225, 265-269
como professor, 87-95, 134-135, 172
como residente nos EUA, 253-254, 258-262
como social-democrata, 30-31
conservadorismo de, 53-54, 120, 152-153, 245, 264-265
correspondência de Keynes com, 13-15, 58, 65, 124, 130-134, 170, 298
correspondência de, 14-15, 175-176, 212-214, 308
criação católica de, 258
crítica de Keynes a, 119-136, 153, 157, 207-213, 239-242, 246
crítica de Sraffa de, 136, 140-150
cúpula de Mont Pèlerin organizada por, (1947), 253-257, 296, 320
décimo oitavo aniversário de, 308

depressão sofrida por, 87, 267-268, 269, 305
diagramas usados por, 92, 98, 145, 221
dissertação doutoral de, 173
distinção Companion of Honor para, 342
divórcio de, 258-260
economias planejadas criticadas por, 216-219, 233, 247, 251
educação de, 30, 31, 34, 35-37, 171
em King's College, 9-10, 232-233
em Londres, 65-67, 87, 169-177, 231, 257-259, 274
em Zurique, 36
Escola Austríaca representada por, 93, 95, 104, 113-115, 117, 122, 123-129, 130, 141, 142, 143, 148-150, 152-155, 170, 179-180, 211, 215, 217, 261, 278, 299, 311, 349
escritos de, 12-14, 67-71, 72, 87, 95-110, 112-150, 152, 170, 173, 177, 211-225, 232-248
EUA visitados por, 43, 50, 65, 71, 250-251, 252, 257, 258
exemplos pragmáticos de, 72-73, 99-100, 132-133, 149, 173, 215
identidade britânica de, 177, 229, 231, 251, 342
individualismo apoiado por, 217-218, 233-247, 250, 253, 261-267, 298-301, 345-346
influência dos EUA em, 12, 253, 286, 294, 295-316, 318-327
influência política e opiniões de, 20, 31, 53, 62-63, 259-267, 345
inglês falado e escrito por, 66, 92, 119, 132, 142, 172, 177, 213, 220, 221, 250

Keynes comparado a, 20, 36, 65-67, 112-116, 170, 218-225, 250, 339-351
Keynes criticado por, 92-93, 97, 98, 101-103, 112-150, 152, 170, 172-173, 178-186, 187, 207-213, 271-272, 276
keynesianismo em oposição a, 72, 207-213, 218-221, 224-227, 251-252, 257, 269, 277, 272-278, 305, 308, 310, 312-322, 350-351
liberalismo de, 252, 254, 256, 262, 345-346
"meio-termo" sugerido por, 53, 237, 241
Mises como mentor de, 14, 36, 43, 45, 58-60, 71, 100, 177, 252
morte de, 317
na London School of Economics (LSE) palestras e seminários de, 71, 87, 92, 93, 94-104, 120, 142, 170, 189, 203, 213, 220, 251
na New York University, 43, 49
na Sociedade Mont Pèlerin, 254-257, 267, 264, 295, 296, 298, 309, 320, 326
na Universidade de Cambridge, 10-11, 87-95, 98, 116, 132, 232-233, 234
nacionalidade austríaca de, 10-11, 23, 29-43, 113, 138, 169, 178, 230, 236, 269
no Reform Club, 171
nonagésimo aniversário de, 342
opiniões de Keynes sobre, 9-10, 106, 153, 157, 207-213, 239-242
oposição a programas públicos de obras por, 11, 68, 114, 139-140, 169, 217-218, 222, 233-247
palestra na Marshall Society de, 87-95, 98, 116, 131
palestras e discursos de, 87-104, 135, 172, 215-221, 251, 256

pensão de, 267-268
personalidade de, 62-66, 94, 112-113, 115, 142, 152, 154, 251, 267-268, 298
pessimismo de, 62-63, 153, 251, 298
posições sustentadas por, 36-37, 43-45
Prêmio Nobel outorgado a, 306
primeiro casamento de, 45, 67, 170, 257-259
primeiro encontro de Keynes com, 65-67, 70, 306n
relação de Keynes com, 9-10, 65-67, 70, 130-132, 153, 232-233, 247n
relação de Robbins com, 67-68, 69-72, 85, 95, 98, 103, 112-113, 115, 117-120, 124, 127, 140, 171-172, 186, 208, 210, 214, 257-258, 266-269
reputação de, 12, 36, 58, 67, 70-72, 87-95, 98, 103, 112-113, 134, 136, 149-150, 186, 207-221, 233, 242-253, 258-262, 267-269, 278-279, 294, 295-327, 340-345
residência em Arkansas de, 258
saúde de, 32, 36, 87, 92, 267-268, 269, 305
segundo casamento, 257,-259, 265, 267-268
serviço na guerra de, 29-30
serviço na Primeira Guerra Mundial de, 34-35
serviço na Segunda Guerra Mundial de, 11, 190, 191-192
situação financeira de, 35-36, 37, 43, 212, 258-259, 265, 267-268, 269
sobre a Grande Depressão, 11, 94-96, 101, 137-138, 268, 297
sobre a teoria do capital, 115, 129, 145-146, 170, 171, 211-225, 305, 306, 311

sobre bancos, 171
sobre ciclos de negócios, 58-59, 87, 92-93, 103, 115, 137, 174, 342
sobre comunismo, 177, 234, 236-237, 265
sobre conhecimento econômico, 1217-219, 307
sobre demanda agregada, 93, 225, 340
sobre democracia, 233, 236-237, 243, 246-247, 262, 342-343, 346-349
sobre desemprego, 11, 24, 93, 101, 135, 137, 175, 215, 222, 229, 234-235, 239, 306
sobre direitos iguais, 261, 262
sobre empreendedorismo, 98-99, 115
sobre equilíbrio, 14, 156, 215, 218
sobre gasto do consumidor, 176, 222, 243
sobre inflação, 11, 39, 43, 63, 94, 103, 138, 145-146, 169, 173, 231, 235, 256
sobre investimento, 117, 126, 130, 138-141, 185, 211, 215
sobre Keynes, 14, 16, 18, 23, 25-26, 27, 58, 93-94, 97, 101-102, 112-150, 170-172, 173, 178, 208, 211, 235, 246-248, 251, 271-272, 276, 351
sobre liquidez, 223
sobre lucro, 115, 129
sobre mercados livres, 11, 31-32, 39-40, 66, 217-128, 156, 171, 215-216, 218, 222-223, 237, 240, 241-242, 250-251, 256, 262, 268-269, 317-320, 327, 331, 340-351
sobre monopólios, 171, 242-243
sobre o capitalismo, 193, 232, 243, 262-263
sobre o nacionalismo, 264-265
sobre o nazismo, 175-176, 236, 240
sobre o setor industrial, 132-133, 138, 144, 218
sobre o socialismo, 30-31, 45-46, 234, 236-237, 251, 264, 344-346
sobre poupança 67-72, 86, 117, 126, 130-133, 145-148, 175, 185, 211, 215
sobre produção, 99-100, 116, 123-124, 186, 214, 222-225, 260
sobre programas sociais, 240
sobre questões de trabalho, 171, 225, 240-242
sobre relações internacionais, 263
sobre taxação, 266, 301, 313
sobre taxas de juro, 59-62, 66, 97, 126, 219, 223, 268
sobre totalitarismo, 11, 176, 183, 233-247, 262, 265, 288, 317, 341, 342-344
teoria do preço de, 87, 94-102, 120, 123-124, 128, 136, 138-139, 143-145, 171-174, 218-219, 222-224, 260
teoria monetária (monetarismo), 14, 37, 58-62, 95, 102-104, 114, 130-135, 144-145, 173, 214-215, 305, 341-342
terminologia de, 117, 129-134, 141-150, 171, 214-221, 251, 306
Thatcher influenciada por, 308-311
título aristocrático de, 31, 173, 268
traduções de trabalhos por, 170
Treatise on Money criticado por, 93, 98, 112-150, 170, 178, 208, 210
turnê de livro nos EUA de, 250, 252
Hayek, Gustave, 29
Hayek, Helen Berta Maria von Fritsch ("Hella"), 45, 170, 248, 257
Hayek, Helene, 257-259, 268
Hayek, Laurence Joseph Heinrich, 171, 258, 269

Hayek, Václav, 317
Hazlitt, Henry, 254, 265
Healey, Denis, 318
Heath, Edward, 308
Heller, Walter, 282-286, 391*n*
Henderson, Hubert, 108, 158-159, 363*n*
Henrique VI, Rei da Inglaterra, 9
Heritage, Foundation, 331
Hicks, John, 143, 171, 204, 214, 220
hidrelétricas, usinas, 193
Higgins, Ben, 134-135
hiperinflação, 11, 29, 37, 138, 140-141, 163
hipotecas de risco, 331
hipotecas, 331
historicismo, 266
Hitler, Adolf, 10, 110, 167, 169, 177, 190, 228, 239, 278
Hobsbawm, Eric, 344
Hockinson, Helen, 248
Hofstadter, Richard, 280
Holden, William, 302
Hollywood, 302
homossexualidade, 19, 73, 112, 347
Hoover Institution, 14
Hoover, Herbert, 69, 187, 265
Hopkins, Harry, 197
Hopkins, Richard, 82
Hülsmann, Jörg Guido, 71
Hume, David, 51, 96-97
Humphrey-Hawkins, Lei de Pleno Emprego (1978), 293
Hungria, 22, 32, 34, 37
Hunold, Albert, 253
Hutchins, Robert Maynard, 259-260

IBM, 287
Ickes, Harold, 197
Iluminismo, 51

impostos, 78, 82, 159, 164, 176, 188, 275
inanição, 36
individualismo, 42, 51-53, 183, 199, 217-220, 233-247, 253, 262-267, 299-300, 321, 345-346
indústria automobilística, 335
indústria de moradias, 49, 77, 182, 331-332, 336, 350
indústria do aço, 21
indústria do carvão, 25, 32, 55, 182, 308
indústria do seguro, 302
Industrial, Revolução, 171, 321
industrial, setor, 33, 43, 81, 83, 111, 132-133, 138, 171, 192, 297, 320
industrialização, 33, 43, 171, 320
inflação:
    como alta de preços, 34, 37, 39-43, 60, 74-75, 108, 148, 154, 160, 164-166, 192, 275-276, 278, 288, 323
    como aumentos salariais, 146-148, 163
    desemprego e, 131, 192, 278, 285, 286, 291, 313, 323
    nos EUA, 276, 278, 282, 285, 286, 291, 313, 323
    opiniões de Hayek sobre, 11, 37, 43, 62-63, 94, 103
    taxa de poupança e, 34, 145
infraestrutura, 33, 49, 78, 81, 106, 169, 193, 228, 279-278, 334, 346
Institute for Economic Affairs [Instituto de Assuntos Econômicos], 308-309
Instituto Austríaco de Pesquisa do Ciclo de Negócios, 58
Instituto para Estudos Avançados, 259
interesse próprio, 51
internet, 328
interrupção de atividades do governo, 325-326

Investigations into the Method of Social Sciences (Menger), 35
investimento estrangeiro, 82, 160
investimento:
  bancos de, 139, 211
  capital, 15, 61, 69, 82, 98-100, 116, 126, 130, 132, 138-141, 152, 187, 204, 210, 324
  em produção, 76, 99-101, 182-183, 145-148, 156-157
  estrangeiro, 82, 160
  lucros de, 98, 110
  modelo Investimento poupança / preferência pela liquidez / suprimento de dinheiro (IS-LM), 204
  opiniões de Hayek sobre, 116, 126, 130, 138-141, 185, 210, 215
  opiniões de Keynes sobre, 74, 116, 127, 130, 138, 139-140, 185, 204-205, 210
  poupança e, 60, 69, 80-81, 99-100, 124, 127, 144-145, 180-181
  taxa de, 94, 338
  taxas de juros e, 35, 60, 77, 323, 340
Irã, 294
Iraque, guerra no, 330
Irlanda, 336, 350
Israel, 291, 325
Itália, 11, 15, 16, 22, 44, 137, 141-142, 228, 273, 336
Iugoslávia, 32

Japão, 229, 273, 330
"jarra da viúva", 155-156
"jarra das Dainaides", 156
Jenkins, Roy, 244, 369*n*
Jenks, Jeremiah Whipple, 42-43
Jewkes, John, 254
Johnson, Lyndon B., 285-288, 290, 301, 323

Jones, Aubrey, 172
JPMorgan Chase, 333
Juraschek, Franz-von, 29

Kahn, Richard F., 88-94, 135-136, 154-160, 163, 186, 213, 247, 296, 313, 361, 365*n*, 366*n*
Kaldor, Nicholas, 170, 172, 219-220, 273, 296, 309
Karl I, Imperador da Áustria, 31
Keats, John, 202
Kennedy, John F., 281-284, 286-287, 314, 323, 376*n*
Kerensky, Alexander, 272
Keynes, Florence, 17, 25, 271
Keynes, Geoffrey, 362*n*
Keynes, John Maynard:
  abordagem macroeconômica de, 149, 211, 236, 300
  análise estatística para teorias de, 158-160
  análise teórica por, 112, 117, 183-184, 238-240
  aparência física de, 19, 62-66
  artigos de jornais por, 49-51, 56, 162, 170, 190
  artigos do Guardian de, 9-10, 133-134, 153, 156, 207-213, 238-242
  background de, 17, 29, 66
  biografias de, 20, 26, 74, 230
  cartas para o editor por, 190-192, 197
  casa de fazenda em Tilton de, 73, 157, 161, 248, 271
  casamento de, 73, 92, 106, 152, 157, 194, 232, 248, 271
  Churchill criticado por, 56-57
  cobertura de imprensa de, 27, 47, 49-50, 56, 106, 109, 162, 170, 188, 190, 197, 205, 286

colapso nervoso de, 23-24
combatividade de, 82-85, 120, 127-128, 151, 153-154, 179, 186, 188-190, 195, 207-213
como administrador da dívida de guerra, 16, 36-37, 248
como colecionador de arte, 19, 88
como consultor do Tesouro, 10, 19-24, 106, 110-112, 182, 231, 233
como economista, 15, 25-26, 47-59, 65-67, 73-86, 121-136, 137, 150, 151-150, 161-162, 178-186, 187, 190, 195, 207, 272, 296-298
como investidor em ações, 72-73
como membro do Partido Liberal, 25, 31, 49, 53-54, 73, 80, 111, 151, 157
como professor, 88, 161, 170
conceito de "ouro imaginário", 166
conceito de "preferência pela liquidez" de, 181, 204, 209, 210, 222
conceito do "multiplicador" de, 79, 158-160, 164, 186, 195, 230, 285, 296, 313, 335-336n
contatos austríacos de, 22
correspondência de Hayek com, 13-15, 57, 65, 129-134, 170, 185, 298
correspondência de, 13-15, 19, 23-24, 152-153, 156-157, 191-193
crítica de Hayek a, 93, 97-98, 101-103, 121-150, 152, 170, 171, 173, 178-186, 187, 207-213, 272-273, 276
crítica de Pigou a, 209-210, 213
críticas de Friedman a, 296-298
discípulos de Cambridge de, 73, 83, 87-95, 101, 112-113, 121, 122, 129, 136, 141-143, 152, 153-160, 161, 188, 203-209, 220, 250-251, 296
doença cardíaca de, 19, 107, 247

economia do laissez-faire criticada por, 50, 54, 83-85, 197, 198
economistas clássicos criticados por, 152, 153-155, 157, 178, 179-180, 181, 182, 183-184, 207, 208-209, 211
em King's College, 10-11, 13-4, 18-22, 73, 88, 127, 153, 161, 170, 199, 203, 232, 234
em Londres, 73, 93, 107, 151, 193
encontro de FDR com (1934), 190-193
Escola britânica representada por, 123-128, 152-156
escritos de, 13, 17, 25, 27, 38, 47, 50, 55-59, 73-78, 80, 88, 92-93, 121-136, 140, 149, 151, 152-153, 154, 169, 178-186, 187, 188, 189, 190, 201, 202, 203, 207-214, 215, 218, 220, 222-225, 234, 271, 244, 340n *ver também* escritos específicos
exemplos pragmáticos de, 72-73, 133, 149, 162-167, 188, 195
família de, 18, 24, 248, 271
Hayek comparado a, 20, 36, 62-66, 112-115, 169-170, 218-225, 250, 339-351
Hayek criticado por, 121-136, 152-153, 156, 207-213, 238-242, 245
impostos sobre a renda apoiados por, 682-86
influência de (keynesianismo), 63, 72, 77, 80, 126, 161, 186, 187, 199-213, 219-227, 235-236, 247, 251-252, 257, 268-294, 295, 296-298, 305, 308, 310, 312-313, 317-322, 339-342, 344, 348-351
influência nos EUA de, 179, 187-205, 227-229, 273-294, 329-337
influência política e opiniões de, 17, 25,

ÍNDICE

31, 37-38, 48-56, 62-63, 73, 76-86, 105-112, 119, 138, 143, 152, 158, 162-163, 187-205, 227-229, 230, 233, 247-248
intervenção do governo apoiada por, 10, 14, 40, 49-51, 60-63, 72, 81-82, 101, 110-112, 162-167, 175-178, 182-184, 187-206, 234, 298, 332-342, 348-351
Marshall como mentor de, 17, 179, 209
modelos matemáticos para trabalho de, 143, 201, 203-204
morte de, 248, 250, 271, 286, 294n
na Conferência de Bretton Woods (1944), 76, 233, 238
na Conferência de Paz de Paris, 10, 15, 21-27, 44, 76, 166, 167, 188-189, 192
na Conferência Econômica Mundial (1933), 161-162
na Universidade de Chicago, 107-110
no Eton College, 18
no grupo "Apóstolos", 88, 112
no Grupo de Bloomsbury, 17-18, 39, 51, 72, 271
opiniões de Hayek sobre, 14, 17, 19, 23, 25, 27, 38, 58, 92-93, 97-98, 101-103, 121-150, 170, 172, 173, 178, 208, 210, 234, 247-248, 250-251, 272-273, 276, 305
otimismo de, 63, 183-184, 250
pacifismo de, 19-21
palestra no Sidney Ball Memorial, 50-53, 59
palestras e discursos de, 49-53, 59, 77, 80, 88, 91, 107-112, 161, 170, 190, 231-232
personalidade de, 18, 51, 66, 73, 82-86, 113, 115, 121-122, 152-156, 199, 231, 247
políticas de FDR influenciadas por, 191-199, 227-230
primeiro encontro de Hayek com, 65-68, 70n
programas de obras públicas apoiado por, 47, 50, 59, 69, 72, 78, 81-82, 93, 106, 114, 120, 152, 154, 157-160, 169, 182-184, 192, 222, 225, 227, 234, 235, 334
programas de rádio de, 81, 138
propostas de criação de emprego de, 72, 78, 94-95, 183-184, 222, 225
relação de Hayek com, 9-10, 65-68, 70, 129, 132, 152-153, 232-233, 234, 247
relação de Kahn com, 88-92, 135, 154, 155, 156-160
relação de Robbins com, 82-86, 112-113, 115, 125, 128, 152, 156, 161, 208, 209-210, 214, 248, 268-269
relação de Sraffa com, 130, 133, 140-143, 152
relações homossexuais de, 18, 173, 112
reparações criticadas por, 10, 21-27, 188-191
reputação de, 10, 13, 16, 25-27, 47, 49, 58, 79, 82-85, 121-149, 151-156, 161-162, 169, 178, 187-215, 227, 229, 230, 233, 247-248, 271-294, 328-337
saúde de, 24, 108, 230, 247
senso de humor de, 73n
serviço na Primeira Guerra Mundial de, 9, 16-19, 36-37, 231, 248
serviço na Segunda Guerra Mundial de, 9-10, 230-232
situação financeira de, 72n
sobre a economia global, 165-167

sobre a Grande Depressão, 11, 58, 72-73,
  81, 101, 105-110, 137-138, 157-167,
  172-176, 187-206, 227-230, 282,
  296-297, 320, 351
sobre bancos, 47-50, 76, 80, 160, 332
sobre capitalismo, 48, 112, 151, 167, 176-
  179, 183-184, 351
sobre ciclos de negócios, 115, 137, 138-
  139, 271
sobre comunismo, 112, 230
sobre consumo 105-106, 175, 221-225
sobre demanda agregada, 93, 164-165,
  186, 193, 201, 225, 340n
sobre desemprego, 14, 47, 72, 75-79, 93,
  101, 106, 110, 121-126, 151-154,
  155, 156, 157, 158-158-166, 175-
  178, 181, 182-184, 186, 187-199,
  205, 201, 271, 351
sobre empreendedorismo, 110, 115, 156,
  164-165
sobre equilíbrio econômico, 156
sobre financiamento de déficit, 164, 187-
  188
sobre impostos, 160, 192, 231, 284, 312-
  313, 315
sobre inflação, 37, 74, 103, 138, 160, 173,
  192, 230, 231
sobre investimento, 74, 116, 127, 129,
  138, 139-140, 185, 203-204, 214
sobre liberdade individual, 183-184
sobre livres mercados, 40, 50-53, 59, 66,
  82-86, 169, 184, 222, 240, 241
sobre lucro, 115, 129, 156, 326
sobre nazismo, 240
sobre o Comitê de Informação Econômica 152
sobre o Comitê Macmillan, 79-86, 119
Sobre o Conselho Econômico Consultivo, 79, 83, 151-152

sobre o padrão-ouro, 37-38, 40-44, 76,
  120, 192-194
sobre o setor industrial, 81, 133, 138, 193
sobre opinião pública, 247-248
sobre pleno emprego, 183
sobre poupança, 74-75, 116, 126, 130-
  133, 175-176, 181, 185, 204, 209,
  210, 223
sobre preços, 138-139, 155, 173, 222-
  223, 225
sobre produção, 101, 123-124, 156, 185,
  222, 225
sobre questões de comércio, 82-85, 107,
  160
sobre questões de moeda, 37-38, 48-49,
  54-58, 76, 110, 166-167, 193, 233
sobre questões monetárias, 73-78, 80,
  160, 161
sobre questões morais, 238-242
sobre questões trabalhistas, 56, 225
sobre renda nacional, 81, 204
sobre *Road to Serfdom*, 238-242, 245
sobre socialismo, 48-53, 80, 178-179,
  184, 199, 239-240
sobre tarifas de importação, 82-85, 107,
  111
sobre taxas de juros, 39, 48, 59, 66, 80,
  126, 153-154, 194, 204
sobre teoria do capital, 74, 115-116, 126,
  130, 138, 139-140, 185, 204, 211
sobre totalitarismo, 112, 117, 183-184,
  238-240
terminologia usada por, 114-116, 125,
  129-130, 137, 178, 209
título outorgado a, 73
Tratado de Versalhes criticado por, 10-11,
  15-18, 21-27, 43, 77, 108, 166, 167,
  189-190, 191

Treatise on Money defendido por, 121-136
turnê de palestras nos EUA de (1931), 107-110, 112, 190
visita aos EUA de (1934), 194-197
voz de, 19, 66
Wilson criticado por, 24, 188-192
Keynes, Lydia Lopokova, 73, 92, 106, 108, 153, 157, 194, 232, 247, 271
Keynes, Neville, 17
Keynesiana, Revolução, 63, 76, 80, 126-127, 161, 187, 199-213, 288, 317-319
"keynesianismo empresarial", 279
keynesianismo, 63, 72, 76, 80, 126, 161, 186, 187, 199-212, 218-219, 224-225, 227, 235-236, 247, 251-252, 257, 268-294, 295, 296-298, 305, 307, 312-313, 317-321, 339-341, 345, 348-351
Keyserling, Leon H., 274, 277, 284, 389n, 390n
King's Chapel, 9-10, 232
King's College, 9-10, 13, 16, 17, 19, 21, 73, 88-90, 119, 153, 232, 354, 355n
Kinsley, Michael, 321
Klaus, Václav, 317
Knight, Frank, 143, 150, 242-243, 254, 256, 259-260, 265, 295-296, 364n
Krugman, Paul, 336-337
Kuznets, Simon, 201

Lachmann, Ludwig M., 150
Laffer, Arthur, 312-314
Laffer, curva de, 312-314
laissez-faire, 35, 40, 49, 50-51, 54, 84, 182-183, 196-197, 266, 291, 362n
laissez-faire, economia do, 35, 40, 49-51, 54, 84, 182, 196, 266, 291, 362n
Laski, Harold, 39
Law, Legislation and Liberty (Hayek), 345

Lawson, Nigel, 403n, 404n
Lehman Brothers, 333
National Industrial Recovery Act (NIRA) (1933), 192
Lei de Reforço Orçamentário (1990), 330
Lei do Emprego (1946), 276, 301
Lei do Orçamento Equilibrado (1997), 277, 283, 285
Lei Gramm-Leach-Bliley (1999), 328
lei:
    natural, 52, 61
    regra de, 242, 245, 262, 298
Lenin, V.I., 37
Lerner, Abba, 135-136, 220
Levitt, Arthur, 328
Liberais, Democratas, 350
Liberal Summer School, 48
Liberal, Partido, 25, 31, 49, 53, 73, 76-80, 151, 157
liberalismo, 12, 53-54, 252, 254, 256, 262, 264, 289, 319, 324, 327, 344-347
"liberdade natural", 52
libertarismo, 259, 260, 266, 300-301, 305, 346-347, 348
libras esterlinas, 39, 55-57, 75-77, 95, 106, 112, 310n
Life, 279
Liga das Nações, 32, 42, 188
Lindsey, Barry, 329
língua alemã, 15-18, 38, 70, 172-173
Lippmann, Walter, 39, 197, 233, 253, 265
"liquidez, preferência pela", 181-182, 186, 204, 209-210, 223
Lloyd George, David, 17, 21, 24-25, 49, 77-78, 91, 107, 157-158, 189
Locke, John, 51, 261-263
London and Cambridge Economic Service, 39, 65, 363n

London School of Economics (LSE), 39, 65-66, 87, 94, 141, 170, 208, 232, 251, 272, 309, 354, 363
Londres, 52, 67-68, 70, 73, 87, 92, 134, 162, 194, 214, 273, 308
Londres, Clube Econômico de, 215
Lucas Robert, Jr., 319-320, 327
Luce, Henry, 265
lucros decrescentes, lei dos, 156
Luftwaffe, 9-10
Luhnow, Harold W., 259
Luxemburgo, Rosa, 22

MacDonald, Ramsay, 39, 49, 55, 79, 85, 106-108, 110-111, 151-152
Machlup, Fritz, 215, 255, 295, 356n
Macmillan, 26, 80
Macmillan, Comitê de Finanças e Indústria, 79, 82-83, 119
Macmillan, Daniel, 74
Macmillan, Harold, 280
macroeconomia, 149-150, 210-211, 236, 276-9, 299, 320, 328, 340-1
Magee, J. D., 43
malária, 31, 35
Malthus, Thomas, 97
Manchester Guardian, 38
manufatureiro, setor, 96, 132-134, 143, 145, 351
marginal, utilidade, 128
marinha mercante, 21, 23
Marshall, Alfred, 15, 18, 41, 47, 67, 87-88, 92, 113, 179, 204, 278
Marshall, Plano, 273
Marshall, Sociedade, 94, 116, 132, 231
marshalliana, 15, 17, 40-41, 47, 67, 87-88, 113, 116-117, 125, 179, 204, 209, 277

marshalliana, economia, 15, 17, 41, 48, 67, 87-88, 113, 125, 179, 204, 209, 278
Martin, William McChesney, Jr., 282, 391n
Marx, Karl, 92, 171, 291, 345, 369n, 363n
marxismo, 22, 31-32, 34, 52-53, 177, 253, 344,
marxista-leninista, 317
materialismo, 262-264
Mathematical Psychics: An Essay on the Application of Mathematics to the Moral Sciences (Edgeworth), 13-15, 58
Maurice, Frederick Barton, 91
May, George, 110
Mayflower Hotel, 195, 254
McCarthy, Joseph, 265
McCracken, Paul, 289
McGovern, George, 292
McKenna, Reginald, 55
Meade, James, 89, 136, 154
Means to Prosperity, The (Keynes), 162-163, 166, 191, 285
média, classe, 324, 337
Medicaid, 289, 325
Medicare, 288, 325, 327-328, 330
Médio, Oriente, 294
"meio-termo", 31, 241, 303, 344
Melchior, Carl, 22-23, 39, 358n
Mencheviques, 22
Menger, Carl, 35, 356n
mercado de ações, 11, 58, 61, 72, 79, 107, 139, 173, 175, 181, 190, 228, 329
mercado, 36, 218-219
"mercado, socialistas de", 177
mercados:
ações, 11, 58, 62, 72, 78, 107, 140, 172, 175, 181, 190, 228, 329
capital, 145-146

ÍNDICE 437

competição perfeita em 14, 91, 216-218, 319
comportamento de, 36, 41, 218, 257
conhecimento de, 216-218
eficiente, 101-104, 319, 320
equilíbrio de, 14, 41, 60, 77, 83, 102, 157, 171, 215-218, 291, 349
estabilidade de, 13-14, 174, 206, 267, 279, 319, 329
forças naturais de, 40
global, 83, 162-167, 232, 239, 273, 318, 320, 328, 335-336
livre, 40, 66, 222, 240, 241-242, 273, 279, 290-291, 296
moeda, 37, 42, 72
opiniões de Hayek sobre, 11, 31, 39, 66-67, 128, 156, 171, 215, 218, 222, 237, 240-241-242, 250, 251, 255-257, 262, 268, 269, 270, 317, 319, 320, 341-342, 344, 346-350
opiniões de Keynes sobre, 40, 50, 52-53, 59, 66, 83-86, 169, 184, 222, 240, 241-242
regulação de, 177, 218
taxas de juros e, 61, 75, 97, 100, 126
mercantilismo, 15
México, 324
Meyer, Eugene, 108-109
Michigan, Universidade de, 287
microeconomia, 149, 210-1, 236, 276-77, 300, 328, 339-340
militares, gastos, 229, 277-280, 284, 288, 311, 314, 326, 328-329
Mill, John Stuart, 97
Mills, Wilbur, 287
Mineiros, Federação dos, 55
mineração, indústria de, 22, 25, 32, 55, 182, 309

Ministério do Interior britânico, 143
ministro da Fazenda, 23-24, 50, 78, 106, 110
Ministro da Informação, britânico, 229
minoria, relatórios da, 84-85
Mises, Ludwig von, 15, 36, 99, 136, 141, 150, 252, 356n
Mises, Margit, 71
Mitchell, Wesley Clair, 43
modelos matemáticos para, 142, 200, 203-204
modelos matemáticos, 143, 201, 203-204
moedas:
  acordo de Bretton Woods sobre, 76, 232, 239, 291, 304
  desvalorização de, 193, 291
  dólar como base de, 48, 54, 58, 76, 193
  estabilidade de, 166
  mercados para, 37, 40, 160, 165, 182
  opiniões de Keynes sobre, 37, 47-48, 54-58, 76, 106, 110, 166, 193, 232
  padrão-ouro para, 37-38, 40-44, 54-58, 76, 95-96, 109-112, 166, 193, 232, 291
  preço fixo, 38, 54-58, 76
  preço flutuante de, 54-57, 76
  regulação internacional de, 76, 232, 291, 304, 336-337
  taxa de desemprego e, 48, 55-58, 110-112
  taxas de câmbio para, 37, 42
  valor de, 42
monarquia, 261
Mondale, Walter, 314
monetarismo, 14, 37, 59-62, 95, 102-104, 130-134, 135, 144, 173, 214-215, 223, 296-297, 305, 309-324, 337, 340, 341-342
Monetary Theory and The Trade Cycle (Hayek), 170, 173

"Monetary Theory of Production, The" (Keynes), 161
monopólios, 171, 192, 242, 243, 266
Mont Pèlerin Society, 249, 253-254, 256, 258, 267-268, 295-296, 299, 309
Montagu, Edwin, 20
Moore, G. E., 18, 88, 357*n*
More, Thomas, 345
Morgan, J. P., 333
Morgan's Chase, 199
Morgenstern, Oskar, 143
"multiplicador", conceito do, 79, 157-159, 163-164, 182, 186, 195-196, 213, 229, 285, 296, 313, 335, 361*n*
Murray, James, 274, 277
Mussolini, Benito, 142, 190, 230, 366*n*
Myrdal, Gunnar, 305-306

Nacionais, Comitê de Recursos [National Resources Committee], 296
Nacionais, Direção de Planejamento dos Recursos [National Resources Planning Board], 273
nacionais, parques, 193
Nacional de Planejamento, Associação [National Planning Association], 201
Nacional, Administração de Recuperação [National Recovery Administration (NRA)], 198
nacional, dívida, 25, 109-110, 268, 283, 288-289, 309, 315-316, 324-328, 329, 336
nacional, segurança , 279, 284
nacionalismo, 237, 264-265
nacionalização, 272, 308, 332
Nações Unidas, 273, 275
Nash, George H., 254, 306
Nation, The, 49-50, 55-56

National Aeronautic and Space Administration (NASA), 279
National Bureau of Economic Research (NBER), 201
National City Bank, 199
National Liberal Club, 48
National Mutual Life Assurance Society, 377*n*
Nationalbank, 67
naturais, leis,
nazismo, 9-10, 167, 169, 176, 177, 189, 228, 234, 236-240, 252, 253, 258
Nef, John, 261
neoclássica, economia, 127
neoclássico, 128
"New Crusade Against Planning, The", (Hansen), 245
New Deal, 187, 190, 194, 196, 198-199, 202, 227, 243, 246, 273-274, 277, 287, 296, 301, 307*n*
New York Federal Reserve Bank, 198
New York Times, 191, 197, 243, 254, 301, 336, 354
New York University, 42
New Yorker, 249
Newham College, 5
Newton, Isaac, 161, 209
Nicolau II, Czar da Rússia, 22
Niemeyer, Otto, 55
Nightingale, Florence, 25
Nixon, Richard M., 265, 281, 283, 289-292, 303-305, 315, 331, 349, 391*n*
Nobel, Prêmio, 202, 305-307, 316, 319, 334, 336
Norte, Coreia do, 279
Noruega, 343
notas promissórias, 37, 160, 166, 182
Nourse, Edwin, 277

Nova Carta de Direitos, 273
"Nova Economia", 282
Nova Escola, 109
"Nova Política Econômica", 290
Nova York, N.Y., 109, 293
Novo Clássico, 275

O'Neill, Paul, 330
Obama, Barack, 12, 334-337, 348-349
oferta de alimentos, 22-23, 41
oferta e demanda, 241, 58-61, 68, 138, 149, 160, 163, 181, 221-225, 297
Old Combination Room, 89
"On First Looking into Chapman's Homer" (Keats), 203
opositores de consciência, 21
Organização dos Países Exportadores de Petróleo (OPEP), 291
Orwell, George, 243, 266, 383n
otimismo, 228
"ouro imaginário", 165
ouro, 182
Oxford University, 51, 136, 153, 171, 251, 254, 308

pacifismo, 19-21n
padrões morais e, 238-242, 256-257
padrões morais, 238-242, 256-257
"pagamento diferido", 231
Paley, William, 51
Palin, Sarah, 12
papel-moeda, 41, 136
"'Paradox' of Saving, The" (Hayek), 68-70
Paris, Conferência de Paz de (1919), 10, 21-25, 39, 91, 191
Parker, Richard, 200, 279
Parlamento Britânico, 49, 57, 78, 111, 309
Partido Conservador (Tories), 12, 25, 49-51, 53, 55, 57, 78-79, 151, 171, 237, 244, 276, 346
Partido Democrata, 228, 246, 274, 292, 305, 314, 323, 358n
Paulson, Henry, 12, 333
"paz, dividendos da", 326
Peacock, Alan, 272, 353
Pearl Harbor, ataque a (1941), 229
perfeita, competição, 14, 91, 216-218, 319
Perkins, Frances, 196
Perot, Ross, 324
pesos e medidas, 242
pessoais (ao homem) ataques em, 112-119, 123, 137-150, 152, 153-156, 209
pessoal, dívida, 331-333
Peterhouse College, 232
Phillips, curva de, 285, 291, 314, 322
Phillips, William, 285
Pigou, Arthur, 127, 131, 174, 179, 208-210, 213-214, 220, 232, 366n
Pleno Emprego na Austrália, 273
pleno, 48, 75, 156, 183-184, 215, 219, 222, 225, 228, 272-276, 277, 282-285, 288-289, 293
ver também desemprego
Plumptre, A. E. W., 89
pobreza, 63, 81, 287
"Pode Lloyd George Fazer Isso?" (Keynes e Anderson), 157-158
poder de compra, 192
Polanyi, Michael, 253
polêmica, 82-86, 112-120, 121-122, 123, 126-127, 137-150, 151, 152, 153-156, 179-180, 186, 189-190, 195, 207, 251
polêmicas em, 82-86, 112-119, 120, 121-122, 123, 127, 137-150, 151, 152, 153-156, 179-180, 185-186, 188-190, 195, 207-212, 251

política social, 31
política, 13, 52, 53-54, 62-63, 97
política, economia, 13, 51-54, 62-63, 97
políticas de crédito, 40, 61, 75, 103, 109, 126, 145-146, 166-167, 173, 193, 332, 333-334
políticas de empréstimo, 49, 75, 80, 103, 107, 193
Polônia, 22, 32
Popper, Karl, 254, 386*n*
"Por que não sou um conservador" (Hayek), 263
Portugal, 336, 350
pós-keynesiana, 318, 320
Positive Theory of Capital (Böhm-Bawerk), 70
potências do Eixo, 229
poupança:
  capital de, 132, 145-146
  demanda e, 68
  gastos *versus*, 105-106, 148, 156, 160, 175-176, 222-225, 230
  inflação e, 22, 145
  investimento e, 60, 69, 80, 100, 124, 126, 144-145, 181
  liquidez em, 181-182, 204, 209, 210, 223
  medida de, 130
  obrigatório, 97, 131, 148-149
  opiniões de Hayek sobre, 67-70, 72, 87, 116, 126, 130-133, 145-149, 175-176, 185, 210, 215
  opiniões de Keynes sobre, 74-75, 116, 126, 130-133, 175, 181, 185, 204, 209, 210, 222
  taxa de, 75, 105-106
  taxas de juros e, 144-145, 181
  voluntária, 131, 134
pragmatismo em, 15, 72-73, 99-100, 133, 149, 162-167, 173, 182, 188, 195, 196, 215

pragmatismo, 15, 72, 100, 133, 149-150, 162-167, 173, 182, 188, 195, 196, 215
prata, 96
preços ao consumidor, 59, 69, 75, 100, 105, 145-146, 175-176, 221-225, 228, 230, 268, 275-276, 318-320
preços da energia, 35-37, 292, 294
preços do petróleo, 291, 294
preços fixos, 38, 54-57, 76, 177, 192
preços flutuantes, 54-57, 77
preços no atacado, 83
preços:
  agrícola, 158-59, 162
  atacado, 196
  comparativo, 145
  consumidor, 59, 69, 75, 100, 105, 145-146, 175-176, 221-225, 228, 268, 274, 275, 318-319
  controles para, 38, 81, 177, 191, 231, 291, 294
  crédito, 61
  deflação de, 40, 49, 54, 56, 139, 164-165, 173, 227-228, 328, 329
  desemprego e, 42, 58, 275-276
  em comércio exterior, 38, 48
  energia, 35-37, 291, 294
  equilíbrio de, 60, 218
  estabilidade de, 37-38, 42, 45-46, 75, 286, 301
  fixo, 38, 54-57, 76, 177, 191
  flutuante, 54-57, 77
  inflação de, 34, 37, 40-43, 60, 75, 108, 147-148, 155, 160, 163, 164-165, 192-193, 275-276, 278, 288, 313, 331
  mecanismo de, 45-46
  moeda, 38
  níveis de, 35, 39, 81, 97, 193, 275, 276, 278, 279

opiniões de Hayek sobre, 87, 95-102, 120, 124-125, 128, 136, 138-139, 143, 144-145, 171, 172-173, 218, 219, 221, 223, 261
opiniões de Keynes sobre, 138-139, 154, 173, 221-222
regulação de, 37-38
salários *versus*, 81, 84
suprimento de moeda e, 41, 96-98, 145, 146
suprimento *versus* demanda e, 18, 87, 128-129, 318-320
taxas de juros e, 60
previsões em, 275
Prices and Production (Hayek), 119, 123-124, 128, 136, 143-144, 170, 219-221, 260
Princípios da Economia (Marshall), 52
privatização, 257, 309, 346
produção indireta, 69, 132, 139, 185
produção:
    capitalista, 100, 132-133
    consumo e, 105-106, 147-149, 175-176, 221-225
    custos de, 35, 147-149
    depreciação e, 133, 145-147
    eficiente, 193, 286-287
    equilíbrio em, 99
    estágios de, 35, 59, 69, 132, 133, 143-148, 173, 185, 214-215
    estímulo de, 192, 288
    indiretos, 69, 132, 139, 185
    investimento em, 75, 98-101, 133, 145-149, 155-156
    lucro, 99, 109, 116, 128, 155, 227, 282-283, 326
    meios de, 117, 139
    níveis de, 227-228, 288

opiniões de Hayek sobre, 100, 116, 123-124, 185, 214-215, 222-224, 225, 261
opiniões de Keynes sobre, 101, 117, 124-125, 156, 185, 221-223, 225
produções de, 132-133, 143, 144-148, 156, 182, 191-192, 205, 227, 351
suprimento de moeda e, 97
Produto Interno Bruto (PIB), 229, 315
professores, 164
Profits, Interest and Investment (Hayek), 170
programas de criação de empregos, 69, 72, 78, 93, 158-159, 162, 163, 183-184, 197, 221-222, 225, 228, 273-276, 288-289, 324, 333
progressiva, tributação, 231, 266, 300, 302
projetos de obras públicas, 11, 47, 50, 59, 68, 72, 78, 81-82, 93, 106, 114, 120, 139-140, 151-152, 154, 157-160, 163, 169, 176, 181-184, 191-192, 195-196, 197, 218, 221-222, 225, 227, 233, 279-280, 334, 349
propaganda, 230, 256
propriedade imobiliária, 109
propriedade privada, 256
protecionismo, 52
Provincial Insurance Co., 377*n*
Prudential Assurance, 110
Public Works Administration (PWA), 192, 197
Pure Theory of Capital, The (Hayek), 170, 214, 220-221, 225
Pure Theory of Money, The (Hayek), 137, 161, 225, 232

Quadrangle Club, 259
Quiller-Couch, Arthur, 122
Quinton, Anthony, 344

Rabin, Yitzak, 325
racionamento, 230
Rand, Ayn, 246, 321, 356*n*
Rappard, William, 254
Rathenau, Walter, 31
"razão", 157
Reader's Digest, 243, 249, 265
Reagan, Jack, 301
Reagan, Nancy, 302, 304
Reagan, Ronald, 294, 301-302, 316, 322, 342, 393*n*
"Reaganomics", 312-313, 321, 322
rearmamento, 228-230
"Recessão de Roosevelt" (1937), 227-228, 229, 337
recessões, econômicas, 69, 80, 87, 198, 227-228, 260, 280-281, 287, 289, 310-312, 316, 318-319, 332-337, 340*n*
"Reconstrução na Europa", série, 142
reconstrução, 38, 142-143, 273
redundante, maquinaria, 145-147
"Reflections on the Pure Theory of Money of Mr. J. M. Keynes" (Hayek), 137, 138, 141
Reform Club, 171
Reforma, Lei da (1832), 171
Regan, Donald, 398*n*
Reichsbank, 110
"Réplica, Uma" (Sraffa), 147-150
"Relação do Investimento Doméstico com o Desemprego, A", (Kahn), 158-160
"Relatório pelo Professor L. Robbins" (Robbins), 85
"Relatório Econômico do Presidente", 276
religião, 256, 258, 266, 308
renda, impostos sobre a, 82
renda:
    distribuição de, 105-206, 256, 334-335
    escala de, 163-164
    maximização de, 266
    nacional, 81, 133, 159-160, 164, 201, 203-204
    pessoal, 146-147, 176, 331-333
    taxação de, 192, 230, 266, 276, 301, 302, 303, 312-313, 314 *ver também* capital
reparações de guerra, 17, 21-27, 109, 188-190
República Tcheca, 317
Republicano, Partido, 200, 278, 279, 298-281, 289, 290, 299-316, 323, 324-326, 327, 328, 329, 331, 334, 348
reservas em dinheiro, 75, 146-149, 155-156
"Resposta ao Dr. Hayek" (Keynes), 121-136
Review of Economics Studies, 135
revolução, 22, 37, 56, 166, 190, 199, 228
"Revolução republicana", 325
Richard, David, 97
Riedl, Brian, 331
riqueza das nações, A (Smith), 261
Rivers, Larry, 321
Road to Serfdom, The (Hayek), 12, 233-238, 240-241, 243-244, 246, 248-249, 251, 254-255, 257, 259, 261-263, 265-266, 295, 300-301, 306, 308, 343, 375*n*
Robertson, Dennis, 136, 160
Robinns, Lionel, 66-72, 82-86, 95, 98, 103, 112, 116, 118-120, 124, 128, 140, 152, 155, 161, 170, 171, 179-181, 186, 208, 209-210, 253, 254, 256-257, 258, 266-269*n*
Robinson, Austin, 89, 91, 135, 154-155
Robinson, Joan Violet Maurice, 89, 94, 136, 141, 156, 247, 296, 365*n*
Rockefeller, bolsas, 44, 57
Rockefeller, Comitê do Fundo de Pesquisa, 43, 57, 175-76

Rockefeller, Nelson, 348
Rodovia de Defesa Nacional, ["National Defense Highway"], 279
Romênia, 39
Roosevelt, Franklin D., 187-200, 202, 205-206, 227-229, 243, 274, 280, 287, 296, 328, 337, 351, 377*n*
Röpke, Wilhelm, 253-254, 356*n*
Rosenstein-Rodan, Paul, 136
Rousseau, Jean-Jacques, 51
Routledge, 170, 233
Rubin, Robert, 328-329
Rumsfeld, Donald, 312
Russell, Bertrand, 15, 121
Rússia, 16, 22, 33, 37, 253, 279

Saar, região do, 25
Safire, William, 291
Saint-Germain-en-Laye, Tratado de, 32-33
salários, 48, 55-57, 80-81, 84, 128, 146, 148, 163, 227, 289, 291-292, 305
salas de cinema, 78
Salzburgo, Universidade de, 269
Samuelson, Paul, 179, 202-204, 220, 256, 277-278, 282, 284-285, 301, 305, 343, 371*n*
saque, 148-149
Say, Lei de, 181, 335
Schlesinger, Arthur M., Jr., 191, 283
Schumpeter, Joseph, 90, 103, 113, 203, 349, 366*n*
Schweirzerische Kreditanstalt, 253
Scott, C. P., 38
Seguro social, 241-272
Senado, Comitê de Finanças do, 284
Senado, EUA, 188, 191, 199-200, 265, 274, 284-285, 300, 326
Sereny, Gita, 342

serviço de saúde, 81, 107, 267, 268, 287, 346
serviço de saúde, 81, 107, 267, 268, 287, 346
Serviço Nacional de Saúde [National Health Service (NHS)], 272
serviços de utilidade pública, 346
serviços financeiros, setor, 327
serviços públicos,
servidão, 183, 245, 382*n*
Setembro, ataques de 11 de (2001), 329
Shaw, George Bernard, 177-178
Shultz, George, 289-291, 305, 311-312
Sidney Ball Memorial, palestra no, 51, 54, 58
Sidney Sussex College, 91
Simon, John, 230
sindicatos, 49, 55, 56-57, 81, 266, 295
Sionismo, 191
sistema de estradas, 78, 81, 159, 169, 308
sistema telefônico, 81
Skidelsky, Robert, 21, 27, 83, 91, 184, 230, 339, 357*n*
Sloan, John W., 278
Smith, Adam, 261
Smith, Iain Duncan, 350
Smith, T. V., 245
Smuts, J. C., 24
Snowden, Phillip, 50, 106-107, 110-111
social-democracia, 30-31, 45, 53, 184, 343
Socialism, An Economical and Sociological Analysis (Mises), 45
socialismo de economia mista, 177
socialismo, 30, 36, 45-46, 48-53, 80, 177-178, 184, 198, 237-240, 244, 251, 264-265, 278, 289, 344, 345-346, 340
sociologia, 240
Solow, Robert, 285, 316
Soviética, União, 32, 234, 253, 317, 329
Sputnik, lançamento do (1957), 279

Sraffa, Angelo, 142
Sraffa, Piero, 89, 130, 137, 141, 153, 154, 230, 366n
SS Adriatic, 108
St. Paul's Catedral, de 10
Stálin, José, 234
Standard & Poor's, 329
Stanford, Universidade de, 14
Stearns, Bear, 333
Stein, Herbert, 289, 305, 315, 331, 349
Stigler, George, 254-256, 296, 386n
Strachey, James, 20
Strachey, Lytton, 18-20, 357n
Straight, Michael, 161
subsídios à alimentação, 42
Suécia, 343-344
Suíça, 35, 253, 255, 257, 344
Sul, América do, 96
Sul, Vietnã do, 288
Summers, Lawrence, 328

tarifas de importação, 82-86, 107-108, 295
Tarshis, Lorie, 89, 161
Taussig, Frank, 117
Tawney, Richard, 39
taxa natural de juros, 61, 75, 97, 100, 143, 149-150
taxas de empréstimo, 49, 75, 80
taxas de juros:
  composta, 149
  de bancos, 59-62, 109, 172-173, 193
  em mercados, 61, 76, 97, 100, 126
  inflação e, 323, 340
  investimento e, 34, 60, 78, 323, 340
  longo termo, 194
  natural, 61, 76, 97, 99, 126, 143, 149-150
  níveis de, 39, 48, 59-62, 78, 80, 97

opiniões de Hayek sobre, 59-62, 66, 97, 126, 219, 268
opiniões de Keynes sobre, 39, 48, 59, 66, 77, 126, 153-154, 193, 204
política do Federal Reserve de, 278, 281, 282, 294, 329, 333, 336, 337
teoria clássica de, 153-154
valor monetário e, 149
Taylor, John, 322
Taylor, regra de, 322
Tchecoslováquia, 32
"Tea Party", movimento, 12, 337, 348, 402n
tecnologia, 212, 329
tendências históricas em, 266, 320
teoria do "crescimento perdido", 282
teoria dos jogos, 14
"Teorias da Influência da Moeda sobre os Preços" (Hayek), 95
terminologia usada em, 114-117, 124-125, 129-134, 137, 178, 209, 221, 245
terrorismo, 329-331
Tesouro Britânico, 10, 20-24, 39, 48, 78, 81-82, 83, 95, 107, 110-112, 157, 182, 183, 230, 232
Tesouro, EUA, 197, 282, 290-291, 333-334
Thatcher, Margaret, 295, 308-311, 342-344, 347, 350, 353, 385n, 396n
Thornton, Henry, 97
Thorp, Willard, 43
Tilton, 73, 157, 161, 247, 364n
Time and Tide, 254
Time, 265, 286-287, 334
Times (Londres), 47, 162, 170, 174-175
títulos:
  do governo, 34, 58, 197, 337
  empresariais, 327
Tobin, James, 201-203, 282

Tocqueville, Alexis de, 348, 382*n*
Today, 303
Toms, P. M., 171
Tooke, Thomas, 97
totalitarismo, 11, 12, 117, 176-177, 183, 232-247, 262, 265, 288, 317, 341-344
trabalhadores rurais, 109, 190, 191-193
trabalho:
  alocação de, 297
  direitos de, 274-276
  divisão de, 218
  fornecimento de, 171, 225, 239-241, 242, 266, 288-289
  poder de, 175
Tract on Monetary Reform, A (Keynes), 38-39, 49, 58-59, 73, 143, 341
Treatise on Money, A (Keynes), 47, 73, 89, 97, 113, 122, 124, 151, 170, 208, 364*n*
tributação:
  achatada, 266
  aumentos em, 227, 288, 323
  cortes na, 164, 284-285, 291, 297, 308, 311, 312-314, 316, 323, 324, 325, 327, 328, 337, 340, 341
  créditos de impostos, 329, 333, 335, 339, 341
  desemprego e, 159, 297, 231
  emprego e, 159, 197, 230
  negócios, 278, 312, 314, 318-319
  obras públicas financiadas por, 50, 68, 197, 280-281
  opiniões de Keynes sobre, 160, 193, 230, 285, 312-313, 316
  programa de bem-estar social sustentado por, 272, 279, 281, 287, 318
  progressiva, 230, 266, 301, 302
  renda, 192, 231, 266, 277, 302, 303, 312-313, 314

rendas de, 25, 160, 280-281, 313, 314, 318, 326-329
Trinity, College, 18, 89
Truman, Harry S., 274, 276-278, 327
Turati, Filippo, 142

University of Chicago Press, 233, 242, 255, 259, 295, 353
utopias, 345, 347

valor:
  da moeda, 37
  de bens, 97-98, 127, 145
  de equipamento (depreciação), 132-133, 146-148
  determinação do, 18, 37
  monetário, 37, 97-98, 148-149, 195
Vanity Fair, 190
"Velha Europa", 189
Velho Testamento, 308
"velocidade de circulação", 41, 131
Versalhes, Tratado de, 10-11, 16-17, 23, 32, 166, 188, 190, 228
Viena, 11, 15, 22, 27, 29, 31-32, 34, 36, 42, 45, 57-58, 62, 67, 85, 87, 108, 138, 173, 257
Viena, Universidade de, 15, 29, 31, 34-36, 173
Vietnã, guerra do, 288
Viner, Jacob, 259, 265-266, 387*n*
Volcker, Paul, 294, 311, 314, 340
voluntária, poupança, 130
von Szeliski, Victor, 198
voto, direitos de, 171
"vudu", 323

Walras, Léon, 97
"War Potential and War Finance" (Keynes), 231-232

Watergate, escândalo de, 292
Webb, Beatrice, 39, 85
Webb, Sidney, 39
Weber, Max, 36, 360*n*
Wedgwood, Veronica, 254, 386*n*
Weimar, República de, 22
Wicksell, Knut, 59, 61, 67, 75, 97, 117, 126, 130, 149
Wieser, Friedrich von, 35-36
William Volcker Charities Fund, 254, 259
Wilson, Woodrow, 17, 25, 43, 188-190, 195

Winant, John, 271
Wittgenstein, Ludwig, 15, 141, 356*n*
Wolfson, Adam, 343, 348
Woolf, Leonard, 73, 271
Woolf, Virginia, 18, 73, 357*n*
Wootton, Barbara, 244, 384*n*
WorldCom, 331
Wright, Quincy, 110

Yale, Universidade de, 322
Yom Kippur, Guerra do, 291

Este livro foi composto na tipografia
Adobe Garamond Pro, em corpo 12/16,5, e impresso
em papel off-white no Sistema Digital Instant Duplex
da Divisão Gráfica da Distribuidora Record.